儒家典籍與思想研究

第十二輯

北京大學《儒藏》編纂與研究中心　編

圖書在版編目(CIP)數據

儒家典籍與思想研究. 第十二輯 / 北京大學《儒藏》編纂與研究中心編. —北京：北京大學出版社，2020.6
ISBN 978-7-301-29555-7

Ⅰ. ①儒… Ⅱ. ①北… Ⅲ. ①儒家—文集 Ⅳ. ① B222.05-53

中國版本圖書館 CIP 數據核字 (2020) 第 089102 號

書　　　名	儒家典籍與思想研究（第十二輯） RUJIA DIANJI YU SIXIANG YANJIU (DI-SHIER JI)
著作責任者	北京大學《儒藏》編纂與研究中心　編
責任編輯	陳軍燕
標準書號	ISBN 978-7-301-29555-7
出版發行	北京大學出版社
地　　　址	北京市海淀區成府路 205 號　100871
網　　　址	http://www.pup.cn　　新浪微博：@北京大學出版社
電子信箱	dianjiwenhua@163.com
電　　　話	郵購部 010-62752015　發行部 010-62750672　編輯部 010-62756694
印　刷　者	河北灤縣鑫華書刊印刷廠
經　銷　者	新華書店
	787 毫米 ×1092 毫米　16 開本　24.75 印張　400 千字 2020 年 6 月第 1 版　2020 年 6 月第 1 次印刷
定　　　價	80.00 圓

未經許可，不得以任何方式複製或抄襲本書之部分或全部內容。
版權所有，侵權必究
舉報電話：010-62752024　電子信箱：fd@pup.pku.edu.cn
圖書如有印裝質量問題，請與出版部聯繫，電話：010-62756370

《儒家典籍與思想研究》編委會

編　　委：（按姓氏筆畫排列）
　　　　安平秋　李中華　吳同瑞　馬辛民　陳　來
　　　　陳蘇鎮　孫通海　孫欽善　張玉範　張忱石
　　　　張衍田　程郁綴　湯一介　騈宇騫　魏常海
　　　　龐　樸

名譽主編：孫欽善
主　　編：陳蘇鎮
副 主 編：甘祥滿

編　　輯：王豐先　李峻岫　李暢然　谷　建　沙志利
　　　　　胡仲平　馬月華　張麗娟　楊　浩　楊韶蓉
校　　對：曹　建

目　録

· 儒藏講壇 ·

日本思想家對中國儒學的受容與轉化：從伊藤仁齋到三島由紀夫
.... 張崑將（1）
大徐本《説文解字》的流傳與刊刻 .... 董婧宸（22）
"儒學研究範式的歷史與展望"學術研討會綜述 ...... 李文豔　郜　喆（48）

· 專人專書 ·

《孔子家語·本命解》成篇考 .... 楊雲荃（56）
默堂年表 .... 孫逸超（72）
日本尊經閣藏《春秋左氏音義》考略 .... 馮先思（90）
明刻六卷本《青陽集》的版本與影響 .... 徐瀟立（110）
論何楷《詩經世本古義》的現代學術特徵 .... 沙志利（125）
江永《禮書綱目》對朱子禮書的賡續與重訂 .... 蘇正道（150）
盧文弨《經典釋文考證·周易音義考證》所引"錢本"考辨 ... 樊　寧（169）

· 校勘辨正 ·

《經義考》宋代《孟子》文獻考辨 .... 李峻岫（182）
"九諦九解"之争時間考 .... 谷　建（193）
中華書局整理本《公羊義疏》引文指瑕（上） .... 駢宇騫（203）

· 儒學新論 ·

從《緇衣》"上人疑"章看儒家的君臣觀念 .... 李丹鳳（266）
從耳目的作用再議張載的"德性之知"及其達致之道 ...... 吴　瑶（276）
清胡紹勳《四書拾義》對《孟》學增字解經的克服暨其他創解
.... 李暢然（289）
"理"論：從戴震到馮友蘭 .... 甘祥滿（302）

· 1 ·

•國際儒學•

儒學·國學·洋學……………［日］前田勉/文　劉　瑩/譯　劉　麗/校（316）
德川學者對孟子政治思想的脈絡性轉換之關係………………張崑將（344）

•文史論叢•

讀書劄記…………………………………………………………張衍田（361）

•書評•

真正讀懂、科學評價孔穎達《五經正義》的力作
　　——呂友仁《孔穎達〈五經正義〉義例研究》讀後…………汪少華（379）

徵稿啓事（附　撰稿體例）

日本思想家對中國儒學的受容與轉化：
從伊藤仁齋到三島由紀夫

張崑將

主講人：臺灣師範大學東亞學系　張崑將教授
主持人：北京大學《儒藏》編纂與研究中心　李暢然副研究員
時間：2019年5月30日
地點：北京大學紅二樓

　　主持人：各位老師、同學，歡迎參加北大《儒藏》中心主辦的"儒藏講壇"第六期活動。這一期我們請到了來自臺灣師範大學的張崑將教授爲我們開講。張教授長期致力於日本儒學以及相關思想史的研究工作，對於德川思想史也有深入的分析與洞察，其研究主要聚焦於陽明學與武士道、古義學、朱子學等，已有十餘本相關專著，研究成果非常卓著。相比之下，北京大學雖然也開設了相關內容的本科生課程，但總體而言大陸研究的起步仍舊較晚，而在臺灣地區，以黃俊傑、張崑將爲代表的學者從二十世紀九十年代至今已積累了許多優秀的研究成果。張教授非常注重學術的動態研究，不局限於靜態的描述。下面有請張教授做講座。

　　主講人：感謝主持人，感謝甘老師和北京大學《儒藏》編纂與研究中心的邀請。我今天演講的題目是："日本思想家對中國儒學的受容與轉化：從伊藤仁齋到三島由紀夫"。

一、前言：思想文化交流的"脈絡性轉換"

　　本文所謂的"脈絡性轉換"之定義，是指將異地傳入的文本、思想、法政制度或經貿規範加以"去脈絡化"，再予以"再脈絡化"於本國情境之中，以融入於本國的文化風土或政經制度之中①。職是之故，只要有"本源"與"派生"之關係，就有可能失去脈絡而有"橘逾淮爲枳"的轉換現象，不再是原滋原味。日本在近代以前，接受外來的文化主要還是從中國傳來的各種文化與思想，但在吸收與轉換過程中，相較於緊鄰中國大陸的朝鮮半島，因隔着一層海洋，有如丸山真男（1914—1996）所言的"洪水文化"與"滴水文化"之別②。即便目前處於一個新的轉折期的日本而言，無論是從"平成"到"令和"的新年號，還是從"福澤諭吉"到"澀澤榮一"的新鈔票，都無法避開"中國因素"，而其背後所包含的脈絡性轉換的意義，均涉及本文關懷的課題，也就是日本文化的特殊思維方式③。

本文緊扣儒學在日本是如何地被"脈絡性轉換"，成爲日本儒學的特色，時間跨越江户時期到近現代。江户時代古學派是以具有代表性的兩大思想家伊藤仁齋與荻生徂徠爲代表；明治維新以後，因陽明學成爲顯學，故陽明學派則以熱衷鼓吹陽明學的井上哲次郎與高瀬武次郎爲代表，並延伸到以激烈行動的三島由紀夫爲代表。藉着以上幾位代表性的思想家，一窺日本儒學的思維特色。

二、古學派反對仁學的普遍義理：伊藤仁齋與荻生徂徠

日本古學派中的健將，代表古義學派的伊藤仁齋（1627—1705）與創立古文辭學派的荻生徂徠（1666—1728），本節企圖從他們在吸收儒學普世價值理念的"仁"之核心價值理念時，卻一致"反對仁德的普遍義理"，從他們所產生的抗拒或反感，特別是對宋代理學的排斥，窺探日本古學派重視的特殊性思維方式。

先就古學派"反對仁德的普遍義理"而言，如所周知，古學派主要反對宋

---

① 有關"脈絡性轉換"係黃俊傑教授近幾年來，針對東亞文化交流過程中所提出的方法論課題，參氏著《東亞文化交流史中的"去脈絡化"與"再脈絡化"現象及其研究方法論問題》，《東亞觀念史集刊》第 2 期，2012 年 6 月，第 55—78 頁。

② ［日］丸山真男《原型・古層・執拗低音》，收入《丸山真男集》第 12 卷，東京：岩波書店 1996 年版，第 136—155 頁。

③ 例如過去日本新年號，均出自中國經書，而即便新天皇的新年號"令和"，是有史以來第一次不是出自中國經書，乃出自《萬葉集》"初春令月，氣淑風和"，不過熟知《萬葉集》的人皆知，《萬葉集》基本上還是離不開用漢字表音及表意形式，就此而言仍是脱離不了"中國因素"。次就新版鈔票欲以"澀澤榮一"取代"福澤諭吉"，也宣告有從西洋文明企圖回歸到東方精神文化傳統的意味，因這位有"日本實業之父"之稱的澀澤榮一，正是孔子的信徒。

儒思想而立論，對於宋儒"仁總攝諸德"之概念，仁齋、徂徠皆持反對意見。宋儒程明道所說"仁者渾然與物同體"以及伊川所說"仁者以天地萬物爲一體"①，要培養這種宏偉的"仁德"境界，不免令人有無法攀越之感，即連朱子也對此態度頗有保留，《語類》卷六載：或謂：無私欲是仁。或曰：與天地萬物爲一體是仁。曰："無私，是仁之前事；與天地萬物爲一體，是仁之後事。惟無私，然後仁；惟仁，然後與天地萬物爲一體。要在二者之間識得畢竟仁是甚模樣。欲曉得仁名義，須并'義、禮、智'三字看。欲真個見得仁底模樣，須是從'克己復禮'做工夫去。……聖人都不說破，在學者以身體之而已矣。"②按朱子的態度，仁者要達到"與天地萬物爲一體"的境界，仍應從去私欲着手，故重克己復禮的功夫，錢穆先生即言："朱子不喜二程言仁者與物同體，以及仁者以天地萬物爲一體之說。"③朱子之所以"不喜"，是因認爲應有一套功夫程序，必先"惟無私，然後仁；惟仁，然後與天地萬物爲一體"，二程不說破，朱子說破而已，不過，朱子立場仍然不反對"仁"可以達到與天地爲一體的超越境界。明代中期的王陽明更進一步說："明德是此心之德，即是仁。仁者以天地萬物爲一體，使有一物失所，便是吾仁有未盡處。"④陽明對於仁者的態度更有深層的一種超越狀態。

走實學路綫的仁齋和徂徠，都反對宋儒以"仁者以天地萬物爲一體"的宏偉命題，只強調"仁"充其量只是一德而已，仁齋即反對宋儒專謂仁兼義禮智三者之說⑤。雖言"仁之爲德最大"，但又說："仁之成德，不可以一德盡之。"⑥反對程子"仁者以天地萬物爲一體"之說，認爲宋儒那種境界，連堯舜亦不能如此，只能"口可言而身不可行"，不能落實的結果，便與墨氏兼愛、佛氏以三界衆生爲己子之說同出一轍，故仁齋認爲君子不道"仁者以天地萬物爲一

---

① （宋）程頤（伊川）説："仁者以天地萬物爲一體"，出自《二程集》卷二上（北京：中華書局，1981年版），亦採入《近思錄》卷一，第20條。
② 朱傑人等編《朱子全書》第14冊，上海：上海古籍出版社、合肥：安徽教育出版社2002年版，第259頁。
③ 錢穆《朱子新學案》第二冊，臺北：三民書局1989年版，第60頁。
④ 陳榮捷《王陽明傳習錄詳註集評》，臺北：臺灣學生書局1992年版，第112頁。
⑤ ［日］伊藤仁齋《語孟字義》，收入《伊藤仁齋・伊藤東涯》，東京：岩波書店1983年版，卷之上，"仁義禮智"第5條，第130頁下。
⑥ ［日］伊藤仁齋《童子問》，收入家永三郎、清水茂等校注《近世思想家文集》，東京：岩波書店1966年版，卷之上，第46章，第217頁上。

體"。①

　　古文辭學的開宗者荻生徂徠則更進一步反對仁包四德的命題，他認知的"德"，是取自《尚書·虞夏書》的"九德"，以及《周官》"六德"的諸"德"，他說："德者，己之德也。德人人殊，故以其性所近而成焉，虞書九德（《尚書·皋陶謨》），周官六德（《周禮·大司徒》），可以見已。"②德既有"九德""六德"之衆，故"仁有所不及，於是衆德輔之"③"仁"德既不可脱離衆德而獨成，亦不可只專言"仁"德含攝衆德。④"仁""義""禮""智"等諸德處於相輔相成的對待地位，而且不只這四德如此。徂徠既主張"仁"只是一德，當然也反對孟子的"仁義並言"以及宋儒欲以"仁"盡一切的説法，他説：

　　　　然仁義並言，而人由是小矣，安在其爲大德乎。宋儒又欲合二者之異，乃造專言偏言之目，專言足以盡一切，偏言足以與衆德對立，庶足以孔孟之教並行而不相悖也，是其理學之説。……急欲以仁盡一切，是以不得不跳而之理。而究其説，乃不過浮屠法身遍一切之歸，悲哉！⑤

故徂徠反對"仁義"總包了所有德行，認爲既可專言總包一切，也可偏言和其他衆德相對立，强調"仁"是無法盡一切之德。

　　"仁"無法盡全德，這是徂徠在思想上與宋儒對抗的關鍵處。但不意味徂徠不重視"仁"德，他認爲"仁"德是聯繫先王之"道"的橋樑。"道""德"之分際，在徂徠學説界綫相當清楚，不容混淆。因此之故，徂徠批判宋儒以及仁齋未區分"道""德"二字，徂徠説：

　　　　道也，非性亦非德。漢儒宋儒以爲性，非也。仁齋先生以爲德，亦非也。天理之節文，人事之儀則，宋儒既以天理人欲立説，亦能知禮之爲先

---

① ［日］伊藤仁齋《童子問》，第74章，第239頁上。
② ［日］荻生徂徠《論語徵》，收入關儀一郎編《日本名家四書註釋全書》，東京：鳳出版1973年版，丁卷，第135頁。按《尚書·皋陶謨》之"九德"爲"寬而栗、柔而立、愿而恭、亂而敬、擾而毅、直而温、簡而廉、剛而塞、彊而義"。《周禮·大司徒》之"六德"爲"知、仁、聖、義、中、和"。
③ ［日］荻生徂徠《論語徵》，第135頁。
④ 徂徠説："不可專言仁（指仁兼禮智信）及偏言仁（指仁與禮智信對言）：故兼義禮智信，是專言之仁也，其與義禮智信對言者，偏言仁也。"氏著：《辯名》，收入吉川幸次郎、丸山真男編《荻生徂徠》（東京：岩波書店1982年日本思想大系版），"仁"第1則，第214頁下。
⑤ ［日］荻生徂徠：《辯道》，收入吉川幸次郎、丸山真男編《荻生徂徠》，第7條，第203頁上。

日本思想家對中國儒學的受容與轉化：從伊藤仁齋到三島由紀夫

王之所作，而欲引之於性……其失乃在不識體用之非古言也。①

這裏徂徠揭示出"道也，非性亦非德"，突顯"道"的絕對性，説："道者，統名也。"故宋儒欲引之爲性，以突出"仁"爲人性之最，仁齋則以"道"爲"德"，亦特重"仁"德，同樣不脱宋儒舊套，這是徂徠之所以一再强調釐清"道""德"二分之理由。

總之，經過日本古學派如此細密地解剖儒學的道德單位，我們發現古學派一致反對"仁總攝諸德""仁盡一切""仁者以天地萬物爲一體""仁德不可與人性相混説"等等思維，"仁"這個從孟子以降到宋儒所凸顯的普世價值理念的理學之高度與深度，均進不到古學派儒者的實學主張中，"仁"只能是具體可見的、可做出來的行爲，不太强調看不見、抽象的内在心理動機甚至超越到宇宙論的論理。由此更可窺不論是仁齋或是徂徠對管仲是否仁者的討論中，一致認爲管仲是仁者，仁齋稱"管仲之仁"同於"聖人之仁"，徂徠更以"安天下之功"定義"仁"，二者均不約而同地稱讚管仲的濟世安民的仁德之功，讓我們看到古學派重視"事功"面向的實學特色②。

古學派在日本江户時期堪稱是相當流行的學派，仁齋講學四十年，門弟子達二千餘人，蔚然成爲一大學派，其五子皆繼承家學，發揚仁齋所謂的"古學"，其中以長子伊藤東涯最秀，廣博經學制度，亦通本草，使其家聲益廣。戰前栗田元次即在其《江户時代史》中説："從元禄中期（約1695）至正德年間（1715），學者佔天下十之七"③，古義學派儼然成爲當時德川幕府中期的大學派。荻生徂徠的古文辭學派，則繼踵其後，自講學以來，從學者門庭若市，所謂的"蘐園八子"——太宰春臺（1680—1747）、服部南郭（1683—1759）、安藤東野（1683—1719）、山縣周南（1687—1752）、平野金華（1688—1732）、高野蘭亭（1707—1757）、宇佐美灊水（1713—1776）等皆成爲德川中期有名的儒者，形成徂徠學派的中堅羽翼，自享保以後至天明年間（1716—1781），支配了數十年間的學界，朱子學者那波魯堂（1727—1789）稱當時徂徠學"世人喜其説而習之，信之如狂"④，學者井上哲次郎這樣稱徂徠學的盛況："其豪

---

① ［日］荻生徂徠《論語徵》，第20頁。
② 有關古學派的管仲論之分析，可參黄俊傑《東亞儒者的管仲論及其相關問題》，收入氏著《東亞儒家仁學史論》第九章，臺北：臺灣大學出版中心2017年版，第377—414頁。
③ ［日］栗田元次《江户時代史》，東京：平凡社1930年版，第138頁。
④ ［日］那波魯堂《學問源流》，收入川上操編《少年必讀日本文庫》，東京：博文館1891—1892年版，第6編，第13頁。

邁卓識，雄文宏詞，籠蓋一世，門人服部南郭、太宰春臺、山縣周南、安藤東野、平野金華之徒，從而又鼓盪之。弟子大進，聲號藉甚，震撼一世。於是，一時從貴紳公子及藩國之名士，乃至閭巷之處世及緇徒，求奔趨走謁，唯恐人後，甚至得一字之褒貶以成其毀譽。如此，而海內翕然，風靡影從，文藝爲之一新。"①古學派如此風起雲湧，威脅到官方朱子學的地位，遂有1790年開始於寬政期間實施的"異學之禁"。由此略窺，古學派這種將仁德思想特殊化的結果，不僅無法接受宋代以後理學的詮釋，也衍生出不能苟同或是反對孟子的"性善論""王霸論"的核心價值理念，換言之，內聖之學的心性論難以進入日本知識人的普遍心靈中，更讓我們觀察到仁的核心價值理念在日本有進一步特殊化、具體化的思維傾向。

三、陽明學的日本化：從井上哲次郎到三島由紀夫

陽明學在江戶時代初期由中江藤樹（1608—1648）開始傳播，經過弟子熊澤蕃山（1619—1691）的繼承，到中期三輪執齋（1669—1744）的推廣，若與當時朱子學派、古學派、折中學派相較而言，確實並非顯學，甚至要說他是一個鮮明的學派都成問題。不過，到了幕末，隨着政治與經濟的動盪不安，人心浮動，陽明學乃蔚爲風潮，因而日本學者野口武彥甚至說："幕末的思想史上，可說是陽明學的季節。"②筆者過去曾經緊扣"孝"的核心理念，分析江戶時代陽明學從中江藤樹到幕末的大鹽中齋（1793—1837）的思想中，帶有宗教性且神道化的傾向③。明治維新以後，陽明學依然魅力不減，甚至成爲政界、軍界、教育界、財界的熱門讀物，本節擬緊扣明治維新後鼓吹陽明學不遺餘力的兩位學者井上哲次郎（1855—1944）與高瀬武次郎（1868—1950）如何詮釋陽明學，使得陽明學一步步日本化的過程。

由于明治維新以後的功臣多來自於下層武士，並且多喜愛陽明學，並且活

---

① ［日］井上哲次郎《日本古學派之哲學》，東京：富山房1915年版，第451頁。
② ［日］野口武彥《江户の兵學思想》，東京：中央公論社1991年版，第293頁。
③ 參張崑將《德川日本"忠""孝"概念的形成與發展——以兵學與陽明學爲中心》第三章，臺北：臺灣大學出版中心2004年版，第97—166頁。

躍於維新政府的軍界、政界，即使警界亦多有陽明學躬行實踐的修養教本①。換言之，維新初期的軍界與政界人物之間根本無法區分，因維新功臣本身就是軍事人物，其中與維新功臣的故鄉薩摩藩與長州藩息息相關，而這些功臣們當時即被譽爲武士道的傳奇人物。例如明治維新長州藩奇兵隊長高杉晉作（1839—1867）所帶領的奇兵隊本身就有平民轉換武士身份的軍隊特質，有吉田松陰（1830—1859）倡議"草莽崛起"的身份昇進意識，嘗以自提"王學振興聖學新，古今難説遂沈湮，唯能信得良知學，即是羲皇以上人"之詩自勉，視陽明學爲革命動力之學②。又，長州藩的支藩岩國藩知名陽明學者東澤瀉（1832—1891），日後成爲陸軍大將的男爵長谷川好道（1850—1924）亦曾師事之，澤瀉其子東敬治（正堂1860—1935）亦鼓吹陽明學不遺餘力③。

陽明學在維新後之所以令人注目，最關鍵還是維新第一功臣西鄉隆盛（1828—1877）及維新三傑之一的大久保利通（1830—1878），乃至以後日俄戰争的元帥東鄉平八郎（1848—1934），他們都是薩摩藩下級武士出身。西鄉被譽爲"偉大武士"，東鄉被封爲"戰神"，兩者皆出身薩摩藩，二者又深喜陽明學，具有這樣軍事武功的形象實是陽明學在明治維新後成爲一股風潮之主因，即連中國人都可感受到，例如晚清官員陳鴻年赴日考察時注意到日本的尚武精神與陽明學的關係，他在1905年參觀上野公園博物館時，於園門見西鄉隆盛牽犬銅像，乃加上説明："園門有西鄉隆盛銅像，牽犬昂視，英姿颯然。彼邦尊爲豪傑，人人崇拜。此次勝俄之海軍大將東鄉平八郎，亦出其門下，傳習陽明之學者也。"④復在公使館中與審計局主事工藤一紀筆談時，工藤筆言："日本武

---

① 例如新潟縣県警察部在1910年出版一版《修養讀本》，其中就有陽明學中江藤樹、熊澤蕃山的讀本，更載有維新功臣西鄉隆盛、勝海舟，特載其"陽明學實踐躬行録"，節録他們實踐陽明學説的行動哲學。

② 參［日］高瀨武次郎《日本之陽明學》，東京：鐵華書院1898年版，第264頁。

③ 1905年陸軍大將男爵長谷川好道爲東澤瀉之子東敬治（正堂）《傳習録講義》寫序，透露出自己師事東澤瀉的過程："先師澤瀉先生以英特之姿，夙服膺王新建之學，造人最深。蓋先生之道德事業，皆以之爲基也。偶會維新之際，倡議植隊，遂爲之貶謫，備嘗辛苦，而其功之存國家者，灼然既有定論，今不必喋喋。顧予嘗侍講帷，亦實自其隊中發生以至於今日，無非先生之恩。特以身係軍籍事務，鞅掌未能緩講明斯學，以發先師之遺意，恒以爲遺憾焉。傾聞令嗣正堂君《傳習録講義》成，謁予序之。予極喜其箕裘之未墜也。乃遂不忍以其不文而辭之，聊題一言於其卷首以勉之。"參［日］東敬治《傳習録講義》，東京：松山堂1906—1907年版，《序》。

④ 陳鴻年《東游日記》，收入日比谷図書館編《實藤文庫·89》，東京：日比谷図書館1958年版，第12頁。

士道合乎王陽明，純乎天理之言。"①由此可見，西鄉與東鄉熱愛陽明學是明治時代人的共識。

特別的是，甲午戰爭到日俄戰爭前後，日本出現東西兩大陽明學會，一是 1896 年"東京陽明學會"成立，由幕末陽明學者東澤瀉後人東敬治主持；一是 1907 年 6 月在大阪由自稱私淑大鹽中齋之後學石崎東國創設"洗心洞學會"，翌年 12 月改爲"大阪陽明學會"。以上兩個陽明學會均發行相關的陽明學雜誌。東京陽明學會比較傾向國家主義，大阪陽明學會傾向社會主義。本文則緊扣帶有右派色彩的國家主義的陽明學——即"東京陽明學會"，其有東京帝國大學井上哲次郎（1855—1944）及京都帝國大學高瀨武次郎的支持，經常可見兩人撰寫的文章，高瀨武次郎更在 1928 年擔任過昭和天皇的經筵講官。高瀨武次郎在 1898 年即出版《日本之陽明學》，由吉本襄的鐵華書院爲其出版，井上哲次郎爲之寫序。接着井上哲次郎在 1900 年出版的《日本陽明學派之哲學》比《日本古學派之哲學》（1902）及《日本朱子學派之哲學》（1906）出版的年代都還早，可以説是學者代表的指標人物。梁啓超在 1898 年戊戌變法失敗後，逃亡日本的同時，正逢高瀨武次郎出版《日本之陽明學》、井上哲次郎出版《日本陽明學派之哲學》的期間，當時正是日本知識界大力鼓吹陽明學的時期，故梁啓超相當留心明治知識分子與陽明學的關係。日後中國維新與革命人物無不受此波陽明學風潮影響。

根據井上哲次郎的説法，西鄉相當敬服當時的陽明學者春日潛庵（1811—1878），令其弟西鄉小兵衛以及門下弟子十餘人就學於潛安②。同時西鄉也手抄幕末陽明學者佐藤一齋（1772—1859）的《言志録》百條隨側在身③。至於東鄉平八郎則師事西鄉小兵衛，在橫山健堂所著《陽明學と大將東鄉》一文中這樣敘述東鄉與陽明學的關係："東鄉的老師西鄉小兵衛的陽明學，根源於大西鄉，受春日潛庵的提撕，潛庵係幕末維新大放異彩的陽明學者，大西鄉尊敬潛庵而無法向之從學，乃遣小兵衛代爲師事之，則東鄉透過大西鄉之志、潛庵之學以及小兵衛之手，必定受其感化。"④這段敘述似乎將東鄉描繪成薩摩藩士吸

---

① 陳鴻年《東游日記》，收入《實藤文庫·89》，第 41—42 頁。
② ［日］井上哲次郎《西鄉南洲の思想系統》，《日本及日本人》，1926—1，該文收入《西鄉隆盛全集》，東京：大和書房 1979 年版，第六卷。
③ 例如井上哲次郎的《日本陽明學派之哲學》與岡田武彦所編的《日本陽明學大系》都認爲西鄉隆盛是透過佐藤一齋的《言志録》而認識陽明學的精神。
④ ［日］橫山健堂《陽明學と大將東鄉》，收入氏著《大將東鄉》，東京：春洋堂 1915 年版，第 204—205 頁。

收陽明學的集大成者，主要也是因東鄉的父兄及師事的小西鄉都有濃厚的陽明學色彩，深刻地影響着東鄉少年時期的精神修養。

陽明學在維新後的日本被吹捧，除了井上哲次郎，另一高瀨武次郎也與此息息相關。高瀨特有《日本之陽明學》即首揭中日陽明學發展的不同，他説：

> 大凡陽明學含有二元素，曰事業的，曰枯禪的是也。得枯禪之元素，以亡國家，得事業之元素，以興國家。而彼我兩國之王學者，各得其一，以遺實力也。〔……〕故聞支那之陽明學者，至直聯想枯禪虛老、放蕩狂逸。故吾人斷之曰：支那王學者，得其枯禪的元素，而遺其事業之元素。反之我邦陽明學，其特色是出於一種活動性之事業家，由藤樹之大孝、蕃山之經綸、執齋之薰化、中齋之獻身事業，乃至維新諸豪傑的震天動地之偉業，皆無非王學之賚也。相對於彼支那墮落之陽明學派，我邦陽明學帶有凜然之一種生氣，使懦夫立志、頑夫能廉之風。①

姑且不論高瀨上述強行兩分中日陽明學性格的過度主觀，此論在日後許多鼓吹陽明學的日本學者乃至中國維新或革命人物的既定印象中，幾成定論，使得王學左派背負長期枯禪、重視頓悟、蔑視人倫或不顧經國事業的流弊，也顯露出陽明學在日本只能朝"右派"的國家主義方向發展。

高瀨武次郎處於日本國勢如日中天時期，急欲凸顯右派的陽明學。他並從"精神修養"的觀點強調出版此書的宗旨：

> 方今我邦奎運隆盛，教育事業固既備矣，然所重在智育，不在陶冶品性，以讀書登第爲教育之能事，識者雖深爲所歎，然矯正固非容易之業，縱偶有具眼之士講救濟之策，似未能奏其功。陽明學簡易直截之學也，由其簡易，故易入，因其直截，故易行。易入，故入而無不得者，以陽明學爲最，特精神之修養、人物之鎔鑄，乃陽明學之長所也。②

由上可知，高瀨之所以將陽明學推尊到精神修養的最佳學説，乃看中陽明學説及日本陽明學的典範人物，展現最具有陽明學"簡易直截"的行動精神，足可作爲培育年輕人精神修養、提昇人格氣質、英勇奮起的最佳學説與友伴③。陽明的"簡易直截"論幾乎成爲日本武士或軍事學者推崇的學説，日本近代海軍

---

① ［日］高瀨武次郎《日本之陽明學》，第32—34頁。
② 同上書，第36頁。
③ 高瀨武次郎在《日本之陽明學》最後之跋文中屢屢表達此書是作爲青年精神修養、陶冶品格立志模範之專著。

建立者勝海舟（1823—1899）以下的言論經常被引用："孟子以來之大賢，（陽明之）致良知之說及知行合一之論，在哲學界必然大放異彩，即使在詩書等的末枝上，也有其獨特之妙。其文章在唐宋八家以外，自飄一旗幟。西鄉南洲等也感服此人之學識與德行，平生大力私淑。吾以爲陽明學整體的學風，因其簡易直截，最適合我國民之氣度。"①值得讓我們注意的是勝海舟後半段的說法"因其簡易直截，最適合我國民之氣度"，此點不可匆匆看過。"簡易直截"學說爲何"最適合我國民之氣度"？這裏不僅涉及符合軍人武德的行動直接性，背後也潛藏着近代學者刻意聯結而使陽明學符合日本神道的忠義信仰，以下論述之。

戰前遠藤隆吉著有《詔勅と日本人の精神》，其中有一章特論"簡易直截的道德"，如是說明軍人勅諭需要這種簡易直截之道：

> 我日本之道德極爲簡單明瞭，即以對天子盡忠義爲其根本道德。當然，以天子之心爲心時，即勢必重視《教育勅語》，勢必對軍隊強化重視勅諭，此即呈現出對天皇的思召，直接支配日本人之精神，敬守這個精神即知忠義的一端。對於《教育勅語》，舉凡日常百般的倫理，無所遺漏，對之實行即得來社會的泰平、國家的富強，對於軍隊的勅諭，最可鞏固軍人的精神，由此得以在陸軍海軍上征服諸外國。此即勅諭不可不直接支配吾人之精神。道德極爲簡單，極爲明瞭。②

如人所知，明治時代有兩大攸關國體精神的勅諭，一是《軍人勅諭》，頒佈於1882年；一是《教育勅語》，頒佈於1890年。前者針對特殊性的軍人，後者強化全國國民，無非要求舉國上下都要籠罩在"忠義"或"忠孝一體"的國體論上。兩大勅語可謂配合無間，將日本的軍人與臣民之間聯結成"忠孝一體"的同一忠誠度上，展現"全民皆臣民"，也是一種"全民皆兵"的軍國主義特色。至於爲何可以如此聯結"天皇"與"國家"？關鍵在於"萬世一系"的天皇體制，因這個"萬世一系"體制將"天皇""神道"與"日本國"連成密不可分的三位一體性質，全世界堪稱只有日本皇室具有這樣"自然"（也可說"不自然"）結

---

① 參［日］杉原夷山《西鄉南州精神修養談》，東京：大學館1909年版，第20—21頁。本書談及西鄉南洲受到陽明心術的涵養有"至誠""慎獨""良知良能""我家之遺法"（不爲兒孫買美田）"毀譽""立志""克己""改過""省察存養""生死度外""行道""才識與事業""僥倖""增長膽力"等十四個主題，第30—61頁。

② ［日］遠藤隆吉《詔勅と日本人の精神》，東京：巢園學舍1912年版，第172—173頁。

合"國家"與"神話"從古至今聯結一體的民族國家結構。由此背景,我們更可明白以上引文所說"簡易直截"之道就是對天皇盡忠義之道,《軍人勅諭》的頒佈對日本天皇有神格化的作用,之後《教育勅語》更實施到全國臣民身上。陽明學說也提倡"簡易直截",但根本目的在於覺察是否違背"良知本體",如今卻在國家主義色彩濃厚的氛圍下,學者用有色的眼光,脈絡性地將"良知本體"轉換成"日本國體",即對天皇盡忠義的國體。以下陽明學爲何成爲與神道學合一的說法,更可說明這個陽明學被脈絡性地轉化爲神道學的附庸。最關鍵的人物還是井上哲次郎。

以上高瀨揭櫫王陽明及其陽明學作爲青年立志的典範人物及精神修養最佳學說,井上哲次郎則在1900年出版的《日本陽明學派之哲學》之序言中,強調日本的"國民道德心"是日本軍隊在八國聯軍中表現軍紀最爲嚴明的軍隊。他說:

> 毫無疑問,凡國民道德心,決不是一代之產物所形成,是發達進步者又不斷使之發達進步,其所由來極遠,實自千世萬世的遺傳而來。……若欲知我邦國民道德心是如何情形,則須領悟其鎔鑄陶冶國民心性所凝成的德教精神,即如本書所敘述的日本陽明學派之哲學一樣。若又關於眼前之事實(筆者案:指八國聯軍闖進北京城之事實),證明我國民道德心的顯現,將之觀察在支那的我軍行動,在其聯合軍(按:指八國聯軍)中特放異彩的是什麼呢?不恣意掠奪,不逞暴惡,肅守軍紀,不敢動私慾,若非我國民道德心的顯現,那會是什麼呢?以有如此的國民道德心我軍隊才得以能够大放異彩,豈能如青盲者所說只是以器械成就我軍隊武勇的原因,這不過是全無視精神的俗人皮相之見。①

1900年正是八國聯軍聯合行動以軍事行動攻入北京,歷史上記載日軍在八國的軍隊紀律中確實表現最好,井上哲次郎藉此大加發揮"國民道德心",短短引文中就出現了五次"國民道德心",並且強調這是自古以來早就存在於日本民族之精神,也是"東洋道德的精粹",因此《日本陽明學派之哲學》撰寫目的旨在闡揚這個"國民道德心",強化"民族國家"的統一道德。

井上上述刻意聯結"國民道德心"與日本的軍事行動成就,藉此與陽明心學產生關係,並由此凸顯"日本陽明學"與"中國陽明學"的差別。究其實,井上這個"國民道德心"實是天皇相關的神道信仰,故在本書的結論中特強調:

---

① [日]井上哲次郎《日本陽明學派之哲學》,東京:富山房1906年版,《序》,第2—5頁。

"陽明學若言其本源，雖乃出自陽明，但一旦進入日本即日本化，至帶有日本自己的性質。舉其顯著的事實，即是有與神道合一的傾向，若擴而言之，有以國家的精神爲本的趨勢。"①因此，井上筆下的日本歷史上的陽明學者都帶有"神道的色彩"，這種具有神道信仰的日本陽明學者，都成了帶有"國家精神"也就是井上所説"國民道德心"的陽明學者。如是，陽明的良知學變成爲了"國家精神"或"國民道德"而存在的修養論，良知學成了神道學的附庸。

另外，在《傳習録集評》一書中方啓南曾如是説："日本學派，多宗姚江，而東鄉大將尤爲心悦誠服，至有'一生低首拜陽明'之句，刻諸印章而韋配之。"井上哲次郎對此雖評之爲"恐非事實"，但在井上所出版的《武士道の本質》一書，有專章之第九章《東鄉元帥與陽明學》，述説鹿兒島出身的東鄉平八郎及其兄長東鄉四郎兵衛皆受業於陽明學者伊東潛龍，潛龍師承荒川秀山，荒川秀山則受學於佐藤一齋。當時受學於伊東潛龍的薩摩藩士尚有西鄉隆盛、大久保利通、海江田信義（1832—1906），海江田更是東鄉平八郎的岳父。伊東潛龍曾著有《餘姚學苑》提及："良知者，吾所謂日本魂乎！"井上哲次郎加以註説：

> 此我國將陽明學移向實行之際，則良知乃成爲日本魂，使日本魂與良知成爲無所分別，良知即日本魂，日本魂即良知，兩者宜視爲同一。②

如是視良知學與日本魂無二無別的前提，即是日本陽明學是重視實踐行動的陽明學，以此區別出僅着眼於心性懸空之理而無法付諸行動的中國陽明學。吾人皆知，談論"日本魂"必不能逃武士道，因此這類戰爭英雄一方面吸收良知學，一方面傾注日本魂於良知學，使得良知學成爲地地道道重視行動的軍人魂之"日本陽明學"。

類似井上哲次郎將日本陽明學推向與神道學合一的神儒之論，還有如東敬治的《陽明學》雜誌中，當時道德教育的權威者東京高等師範學校教授亘里章三郎（1873—1946）也如是依附，以德川初期的陽明學者熊澤蕃山（1619—1691）的話語爲例而説：

> 熊澤蕃山説：孔子若生日本，亦説神道；釋迦亦若同生我國，不言佛教而言神道之事；我亦信而不疑，陽明先生若生日本，亦只言日本實際適

---

① ［日］井上哲次郎《日本陽明學派之哲學》，第625—626頁。
② ［日］井上哲次郎《武士道の本質》，東京：八光社1942年版，第219—221頁。

切之事。①

　　陽明學的良知精神，本應超越國界與種界而具有普世的價值精神，但這樣論述的陽明學，只能使陽明學成爲日本神道的附庸，良知目的成爲"手段"而不是"目的"。值得注意的是，在這些企圖將神道學與陽明學的宗教性結合起來的學者當中，他們所認知的"神道學"就是明治維新以後的"國家神道"，國家神道就是基於日本天皇信仰的神道教派，在維新政府神祇官到日後的教部省的操作下，形成"天照大神——日本國——天皇"三位一體密不可分的國民宗教，更是一種超越所有宗教的神聖宗教。這種"國家神道"修改了儒教的忠孝倫理觀，創立了所謂"忠孝一體"的"國體觀"，並在1890年頒佈《教育敕語》，將基於天皇至上信仰的國體觀，以祭政教的方式普遍施行於全國，井上哲次郎更有《敕語衍義》詳盡解說②。於是，"國家神道"的宗教性運用就是利用忠孝一體的"國體觀"成爲日本上上下下奉行的道德觀，也因此，在《陽明學》雜誌中更出現一篇論日清戰爭即是國體的戰爭的文章，作者說："日本和支那的戰爭，換言之就是國體的戰爭。支那之所以大敗，因其所謂國體，無法具備鼓舞振興人民之志氣，不外各奔於一身之利益的結果。日本之所以大勝，雖目不識丁者，皆可明顯看出係得力於國體之觀念，磅礴於每個人之胸間。"③陽明學者東澤瀉的後人東敬治，亦把日本"萬世一系"的日本國體精神，當成陽明的"天地萬物一體"之說的普遍主義，可通之於天地萬物的日本精神④。如是，陽明學在日本成了地地道道爲"國體"服務的陽明學，徹底扭轉了良知學的體用論。

　　但是，上述具有大和魂、日本精神的陽明學理念，在戰後依然有人繼承，

---

①　［日］亘理章三郎《陽明學より見たる時局觀》，《陽明學》，（東）第87號（大正五年，1916年1月1日），第4—6頁。

②　相關研究可參陳瑋芬《井上哲次郎的〈敕語衍義〉：關於"忠孝"的義理新詮》，《清華學報》，新33卷第2期（2003年12月），第399—437頁。這篇文章關注日本近代的"忠""孝"的特殊思維，藉着井上哲次郎的《敕語衍義》對於"忠孝"道德的新解釋，並將之比較中國古代的忠孝觀，分析日本在天皇體制下的"忠孝一本"的解釋特質。

③　［日］川村瓊山《國體論に就いて》，收入吉本襄主編《陽明學》第46號，1898—3，第3頁。

④　東敬治說："由皇祖皇宗列聖的躬行心得之餘，自然使其德化及於人民，人民共蒙其化以成風俗，積年之久，可云日本精神之一種特有之精神，隨而成爲世界無比之國體，故得以謂之萬世一系。若以予所見，蓋此道在日本行之，謂之日本精神，而其實亦唯通天地萬物以成同心同體之精神，此即是天理。"（原日文）參氏著：《陽明學と日本精神》，收入木村秀吉編《陽明學研究》，東京：東亞學藝協會1938年版，第94頁。這是東敬治對陽明的《拔本塞源論》中的"以天地萬物爲一體"的延伸解說。

最明顯的是三島由紀夫（1925—1970），將陽明學的知行合一精神進一步發揮爲爲天皇而死的行動精神。三島在 1970 年進行切腹行動之前三個月發表了《革命哲學としての陽明學》（《作爲革命哲學的陽明學》），由此文可窺吸引三島的陽明學是"行動"本身所涉及的"死亡"哲學，強調"行動"重於"修養"，且"行動"須抱有死亡的革命行動，故必然需要有狂熱的精神，三島看到了陽明學正好帶有"狂"的行動精神。三島説：

> 陽明學之所以稱爲革命哲學是因爲革命上必要的極端行動是透過某種狂熱的認識來把握的。①

狂者顯然較有行動的爆發力，革命之際正需要這種狂性，狂性的革命行動必然常常與死亡思考相聯結。三島鮮明地説：

> 革命就是行動，而行動往往多和死亡相伴的。因此一旦離開書齋的思索而進入行動的世界之際，不得不成爲依賴以死爲前提的虛無（nihilism）和偶然的僥倖之俘虜，這是人間性的自然。②

三島在此討論到革命的行動必然涉及兩大議題，其一是死亡，其二是死亡所依賴的虛無精神。針對第一項議題，三島討論幕末陽明學者大鹽中齋舉兵不畏死的行動精神，提到大鹽已經體認到"日本有很多不怕心之死，只怕身之死"。而在戰後，三島也體認到類似的社會氛圍，他説："社會保障肉體的平安而不保障靈魂的安全。不怕心之死，而怕肉體之死；這在日本中就是無事平安，也就是和平。但是有人不怕肉體之生死，只怕心之死，所以在社會中形成一股緊張以及革新之意。"③三島對於美國在戰後給日本"施恩"的和平，一點也不存感激，並且極度反感。

在三島由紀夫的小説《豐饒之海》第二卷《奔馬》中有一段描述主角飯沼勳與皇室貴族洞院宮常被引用的一段對話，正可以讓我們討論"行動"與"死亡"之間的關鍵思考：④

> 洞院宮正視少年道："我問你……，如果天皇不喜歡你們的精神或行

---

① ［日］三島由紀夫《革命哲學としての陽明學》，收於《三島由紀夫評·全集》，東京：新潮社 1989 版，第 3 卷，第 572 頁。
② 同上書，第 566 頁。
③ ［日］三島由紀夫《革命哲學としての陽明學》，收於《三島由紀夫評·全集》，第 3 卷，第 579 頁。
④ ［日］三島由紀夫《奔馬》，邱夢蕾譯，臺北：星光出版社 1985 年版，第 189—190 頁。

動，你打算怎麼辦？"……

"是的，我會效法神風連，立即切腹自殺。"

"喔！這樣子啊！"身爲旅長的宮，神色恬淡地回答。

"假如天皇很讚賞，那你又將作何打算？"

勳刻不容緩答道："是的，那時候我也會馬上切腹。"

"喔！"

宮首次出現好奇的神情："那又是爲什麼？"

"我認爲忠義是，用自己的雙手握着灼燙的飯，忠心爲天皇作飯糰，如果，天皇並不餓而把飯糰還給我，或說：'這麼難吃的東西，怎麼能下嚥？'並且手拿飯糰丟向我，飯粒粘得滿臉，我會退下來，而滿懷謝意，隨即切腹。又倘若天皇餓了，而歡心的吃下飯糰，我也必須拜謝，然後退下去切腹。其實，用草莽之手直接作飯糰獻給天皇，是不容寬恕的滔天大罪；可是，若不呈獻上去而留在自己手上，情況又將如何呢？飯糰不久又會腐敗，這或許是一種忠義，然而，我稱之爲無勇的忠義；有勇的忠義應該是：不顧及死亡，以虔敬之心，獻上自己作的飯糰。"

"喔！你是明知這種行動是罪惡，而作的嗎？"

"是的，殿下與所有的軍人都很幸福，因爲有幸聽從天皇的旨意而捐棄生命，就是軍人的忠義，但是，一般百姓也必須常存一種心理準備，認爲未經天皇首肯的忠義，是一種罪惡。"

"遵守法律不也是天皇的命令嗎？法院也直屬於天皇。"

"我所說的罪，並不是指法律上的罪行，若這個聖名蕩然不存的時代裏，無所事事的只求苟存已經是罪大惡極，而爲了贖這個罪，就必須抱定干冒瀆神的罪名，也要設法做一個熱飯糰的想法，這麼樣以實際行動表達自己的忠誠，最後再切腹自殺。只要死，一切便都能得到淨化，不像活着的時候，處處都會遭到罪源。"

這裏至少有三個值得討論的重要課題，而且都與"死"與"罪"有關：

1. 以死爲前提的"有勇的忠義"之行動

三島以做飯糰是否獻上給飢餓的天皇爲例，區分"無勇的忠義"與"有勇的忠義"。"無勇的忠義"是用草莽之手做了飯糰卻因有所顧慮而不敢呈上，任飯糰腐敗。"有勇的忠義"則是抱着必死的決心做了飯糰而呈上，且不考慮天皇是否吃得下去，總之在事後一定切腹。我們在此看到，"行動"必須以"死"爲前提，才是真忠義。

2. "死"的行動是一種淨化，"活"而不行動是罪源

在這裏我們看到三島把"活着"而無所作爲當成是"罪源"，"死的行動"視爲是"淨化"。這種把自己視爲"罪人"，活得如此惶恐受罪緊張，而爲了淨化自己的罪，須以"死的行動"來爲"活的無所作爲"而贖罪，在此我們彷彿看到在太平洋戰争期間流行的《葉隱》之殉死精神，彷彿在此又復活了起來。

3. "行動即使是罪惡，仍然要行動"

這裏的"罪惡"指的是"未經天皇首肯的忠義，是一種罪惡"，這與我們一般所説的"罪惡"觀念不同，也是日本天皇觀的特色。軍人與貴族都是奉天皇指令而行動，但一般庶民無法這麽"幸運"地得到天皇明確的敕令，所以一些行動無法肯定天皇是否會首肯，而且也不應該去揣測聖意，由於無法確認聖意，唯一的方式便是"行動"後以"死亡"謝罪。

以上三項有關"行動"與"死亡"之特質關係，筆者用"行動的純粹性"統括之，以與"修養的純粹性"概念互相對照。顯然，"行動的純粹性"不考慮到良知學"修養工夫"的課題，因此即使一項行動是"罪惡"甚至違背良知，"行動"本身具有絕對性，也不計較是否會成功，行動本身似乎帶有淨化自己罪惡的儀式。《奔馬》這部小説有一處提到王陽明，主人公飯沼勳在少年時代説過："我是想實踐王陽明的知行合一學説，所謂'即知即行，知而不行，是謂不知'的哲理。"① 由此，我們可以了解，陽明學在日本受到歡迎，是其"知行合一""即知即行"的行動精神，弔詭的是，判斷一切善惡的"良知"，現在很自然地都被轉移到"天皇"身上去了。三島正是以這樣的態度接受"知行合一"的精神，而自然地將"良知"轉移到"天皇"，由此我們或可了解到他這篇《作爲革命哲學的陽明學》完全没有提到王陽明基於心性涵養的關鍵哲學之"修養"論，只被三島保留"知行合一"的行動精神，"良知"在此只能退位給對天皇的忠義心。因此這篇論文從良知學觀點來看，全然是"無修養的行動論"，但從天皇觀信仰者來看，必以死亡爲其前提的行動，正是一種"修養"，結果本應基於良知學在行動時所應看重的"修養的純粹性"，如今在三島提倡的陽明學則全然"轉向"給"行動的純粹性"，成爲地地道道三島所稱的"作爲革命的陽明學"，也因此三島才會説："陽明學原是發源於中國的哲學，但如以上所述，一旦進入日本行動家的魂魄之中，成爲被完全過濾、被日本化而完成風土化的哲學。"②

---

① [日]三島由紀夫《奔馬》，邱夢蕾譯，第391頁。
② [日]三島由紀夫《革命哲學としての陽明學》，第3卷。

在此我們又看到儒學在日本脈絡性轉化的鮮明過程。

四、結語：從"儒學日本化"到"日本儒學"

  由以上兩節探討的江户時代古學派"反仁學的普遍義理"，到明治維新以後到三島由紀夫對陽明學轉換成"日本陽明學"的過程中，我們可以鮮明地看到儒學傳播到日本，經過漫長時間的吸收與消化後，在逐漸"儒學日本化"的過程中，最後如鑄模般，型塑出一個"日本儒學"的模子出來，與中國儒學有根本的不同面貌。用"脈絡性轉換"的觀念來說，就是儒學傳播到日本先被"去脈絡化"，進而"再脈絡化"成為"日本儒學"，但這種"去脈絡化"與"再脈絡化"的型塑過程中，也常是同時進行、互相涵攝進行着。儒學傳播到日本如此，佛教及西方文化等傳播到日本亦然如此。誠如丸山真男所謂"古層的真面目"的說法，指出日本古層往往有一個"鑄模"，用消去法的方式，消去普遍性的思維方式，精鍊出一直存於日本人的特殊性的思維方式，所以普遍義理的價值思維往往被這種"鑄模"精鍊而排除出去。舉凡"儒佛消去法""神道觀念精煉法""民間傳承提升法"幾乎都是透過這種"鑄模"，消去外來的普遍價值理念，永遠保留特殊性的價值理念①。例如本文所提及的古學派用氣學反理學、去心性論的抽象普遍性；還有本文未言及的闇齋朱子學派、林羅山的朱子學者，均有鮮明的神道理學思想，換言之，即便承認了"理學"，依然加上了日本獨有的"神道"價值觀；再則以改造佛教為例，如一些宗派發展出肉食帶妻、寺産傳子的家元制度、佛教經典的單一化，又有所謂的本地垂跡說與大日如來、天照大神之附會關係，以及將佛法"諸行無常"的死亡觀，轉換成生成的樂天主義；又如西方基督教文化的創造神概念也難以進入日本，至今在亞洲國家信仰基督教人口的比例也是最低（1%左右的信仰人口）。以上日本吸收外來思想所發展出的種種文化現象，正可説明丸山真男的"鑄模"説，即將外來思想加工精鍊，刻意排除普遍價值理念的文化模式，保留其特殊文化主義的模式。只是，當特殊主義面對普遍價值理念時，往往用膨脹方式，進行一種"超越"普遍主義方式而呈現一種"超越普遍主義的普遍主義"的思維模式，例如戰前的"天皇主義的皇道""國家神道"超越儒教的"王道"、佛教的"菩提心"、

---

① ［日］丸山真男《丸山真男講義録》第四册，《日本政治思想史》，東京：東京大學出版會 1998 年版，第 41 頁。

基督教的"上帝"等普遍價值理念，但這樣一種超越普遍主義的"普遍主義"之思維模式，其本質終究還是一種特殊主義，這是爲何在"儒學日本化"後，最後還是會發展到"日本儒學"的關鍵。

主持人：感謝張教授的精彩演講！下面進入自由問答環節。

劉瑩（北京大學博士生）：張老師今天所講的思維方式對於研究思想史而言非常有啓發。我有幾個感興趣的問題想向張老師請教。第一個是關於徂徠學的問題。首先關於徂徠之"去內聖而尊外王"的問題，老師講的徂徠對於"君子"定位，是不講"德"的一面而只講"位"的一面。但徂徠在《辯名》中談及君子時曾提到："君子者，在上之稱也。……雖在下位，其德足爲人上，亦謂之君子，是以德言之者也。"也就是在下位，如果有德的話也是可以稱爲"君子"。這與老師所說的徂徠不以"德"稱"君子"是否矛盾呢？關於這個問題，老師在後面也提到徂徠是不太講究德性方面的，但是徂徠在《辯名》和《辯道》中都講到了君子成德的問題，當然徂徠之"德"是安天下、安民長民之德，所以請問老師對徂徠之"德"是怎麼看的呢？

關於"性"的問題，老師提到徂徠講"性人人殊"，徂徠在講"人人殊"的時候，確實會講"人之性萬品"是不可得而變的，並且徂徠還指出了"然皆以善移爲其性。習善則善，習惡則惡"，人性"雖有異稟"，但也不可否認其相親、相愛、相養、相助之性，這是人人相若的地方，因此可以説徂徠也是講人性的內在部分。

另外，老師提出徂徠是一種"由外而內"的修養功夫，我非常贊成老師的這個觀點，也就是説徂徠不是不重內，而是由外向內。徂徠也講道，"不問其心與德何如"，"服堯之服，誦堯之言，行堯之行，是堯而已矣"，我對此的理解就是，徂徠並不是不重視其內在的心與德，而是外在的做到之後，自然地就會實現內在德性的完成，徂徠在這段話的最後也論證到，"久而化之，習慣如天性，雖自外來，與我爲一"，所以徂徠強調外在的禮樂，其最後是要內化於自身，即"由外而內"，因此我會覺得"去內聖而尊外王"的提法沒有老師後來所提的"由內而外"的提法更好，當然這只是我個人的一點看法。

主講人：劉瑩同學所提的問題很深。回到徂徠的"君子"的問題，徂徠講"君子"也有"德"的部分，就像你剛剛講到的徂徠主要以"位"取"君子"，但是處於下位的人也會談"德"，這個面向當然是可以補充我的面向。不過要注意，這裏徂徠的關注還是在"位"，有了"位"之後才會有"德"的討論，這與孔子所闡述的君子之"德"與"位"的內容很不一樣,所以這是爲何我會選擇把它作爲徂徠"去內聖而尊外王"的面向。進一步,這也涉及"德"的內涵究竟是什麼的問題,徂徠之"德"是要通過做出外在的行爲而進行判斷,此"德"的內涵與心性論的內涵是不一樣的,心性論是要探討內心的動機純不純粹、良不良善,即便動機不純粹也可以做出好的德行,所以這個"德"的解讀是不用的。因此我還是要重申,內在心性論的部分不是徂徠所關注的,"君子成德"也是這個意思。

其次,關於"性人人殊"的問題,你提到了人性雖然有剛柔、輕重等不同,但也有爲善的傾向,好像與告子的性向善論一樣。但你也很清楚,孟子的性本善論與告子的性向善論是不一樣的。臺灣的一些學者會把孟子的性本善論理解爲性向善論,這個會傾向於告子的思維。但孟子所講的是仁義禮智非外鑠我也,是我本來就有的,是本善的,如果理解爲向善的話就不承認先天的本善。在我看來,徂徠的思路不是孟子的性本善論,而是從外在的視角來看待性,根據外在的做好事的行爲來看內在的性。而孟子所講的是因爲有善心所以會做善事,所以對於本善論的理解,我們還是有不一樣的。

最後,關於"由外而內"的修養功夫,比如徂徠很講究"習熟",但"習熟"只是理論,有的人習而熟了之後不一定能內化,做了外在的功夫以後不一定能夠轉化爲內在的德性。所以這個提法也有它本身的問題,兩種提法都有一定的問題。

劉瑩:謝謝老師的回答。我想請教的第二個問題是關於"孝"的宗教化的問題。老師提到中江藤樹曾使用過虞淳熙的本子,對此,臺灣的呂妙芬老師等人曾提出在明後期時就有把"孝"進行宗教化提升的趨勢,其中虞淳熙就是非常典型的人物,而這種經過了宗教性意涵化的版本實際上就是中江藤樹所用的版本,因此,"孝的宗教化"這一特點是否可以說並非是日本特殊性的顯現,而是與當時藤樹所使用的版本有關呢?另外,關於太乙尊神的問題。尾藤正英先生曾指出,宗教性不過就是太乙尊神的外在,其實它也有其合理主義的內涵,因此太乙尊神實際上擁有人的道德行動的監視者或審判者的內涵與意義。不知道這種說法是否合理?想聽聽老師的意見。

主講人:我也注意到了孝的宗教化在晚明時期已經存在的問題,對此我有篇文章談到爲何要把他拉入神道上來。中國存在"孝的宗教化"沒有錯,從漢代《孝經》的僞書一直到晚明的孝經風潮,從這一步步中可以看到一部分知識分子想要把《孝經》變爲科舉考試的科目,他們推崇《孝經》也是用膜拜的方式，而中江藤樹用的唐樞的《禮元剩語》都是學這些行爲。但是，在"同"裏面也有發展出"不同"，它的"不同"就是我剛剛講的"孝的神道化"，中江藤樹有這個面向，後期的熊澤蕃山和大鹽中齋也是如此。其次，關於太乙尊神的問題。首先要知道宗教化是預設了一個神，而這個神基本是一個外在的神，是外在的超越。這與我們講的從心到性到天的內在的超越是不同的，內在心性論講的是對自己的良知負責，良知就是天理。

劉瑩：謝謝老師！最後還想請教的是關於陽明學的問題。老師在講幕末陽明學時提到了小島毅老師的"兩種陽明學"，對此，吳震老師也總結了學界存在多種版本的"兩種陽明學"的説法。請問老師在看待日本的陽明學時，從中江藤樹、熊澤蕃山，到幕末，以至於後來軍國主義的陽明學，會比較傾向於他們之間是階段性的劃分，還是本質上的劃分呢？

主講人：我想都有。首先，我把它分成三段，即江户時期、明治維新時期和以三島由紀夫爲代表的發展時期，這可以説是階段性的。但是階段中又包含本質性的區分，因爲從中江藤樹到三島由紀夫都講到了"神道"，其實今天講座所談論的日本對中國儒學的受容的核心本質就是在日本有本土的神道信仰。

王茂林（博士）問：今天張老師所講的陽明學在明治維新時期所產生的重要影響，讓我想起自己曾讀到過在明治維新時期有一個所謂的日本儒教宣揚會，他們曾做過一系列的宣傳"皇道儒教之國體"的運動。請問老師此時期作爲國教的儒教是否是以陽明學爲主體的呢？

主講人：我不知道儒教宣揚會的內涵是什麼，不過應該不是指陽明學，應該是整個儒學。雖然今天的講座主要是講陽明學，但就我所知《教育敕語》中的"忠孝一體"的國體論是從朱子學而來的，也就是説朱子學被轉換成國體論了，所以不能説儒教被限定在了陽明學。但是更爲重要的是，不論朱子學還是陽明學，在進入日本後都被脈絡性地轉換爲皇道，即"忠孝一體"的面向了。所以《教育敕語》中的儒教精神是以"神道"爲主體的天皇主義的信仰。因此如果看清了日本的脈絡性轉換，再看到"忠孝一體"時，就會知道它不是儒教的德目，其背後是由皇道精神在指導着。

李暢然老師：我向張老師請教兩個問題。第一個問題是，明治維新後陽明學的發展似乎與軍國主義的關係越來越密切，那麼請問從戰後到現在的日本的陽明學，處於衰落還是發展的狀態呢？第二，張老師將日本的特殊性歸結於"天皇"，那麼應如何理解這與二戰中天皇"無責"這一事實之間的矛盾呢？

主講人：首先需要澄清，今天講座的主題是緊扣國家主義右派的陽明學而言的，但實際上日本也有非國家主義右派的陽明學者，比如岡田武彦、荒木見悟等真正信奉良知的陽明學者，他們的學說與國家主義没有關係，岡田武彦還曾帶領一批學者到中國來修復王陽明的墓。不過，也要承認陽明學在戰後確實有所衰落，從岡田武彦之後並没有後繼者，並且日本在戰後也没有設立陽明學會。如果要說戰後陽明學的遺緒的話，安岡正篤可以算是個重要人物。

另外，關於天皇到底要不要負責的問題。站在中國的立場，肯定支持天皇應對戰爭擔責。但是對於當時的美國而言，出於自身利益的考慮，為了利於其更好地接管戰後的日本，美國選擇否決了這個定罪。美國認為，如果没有天皇的話，則不知需要以多少軍人的生命為代價來管理日本，因此可以說，天皇的存在利於美軍在戰後的託管，天皇對戰爭無責任的結果主要是由於美軍託管所致。丸山真男曾提到天皇在二戰中無責任，是因為日本在明治維新之後，通過把日本國民塑造成天孫而建立起了於日本一國而言的家族主義，因此當這一大家族出現問題時，處於頂端的天皇通常是没有責任的，相關的責任都被處於下位之人承擔下來，所以我們會看到那些軍人在切腹自殺之前都說天皇没有責任，責任都在我，死前還大喊天皇萬歲。

主持人：非常感謝張教授為我們帶來的精彩講演，相信會對我們未來的學習與科研都會有非常大的幫助。目前《儒藏》精華編收錄了日本、韓國的相關材料，我們不妨以張教授的這次講座為契機，把未來的編纂與科研工作進一步推展開來。我們因為地緣與歷史的關係，對於境外研究的關注還是稍弱，但希望假以時日可以追上。謝謝！

大徐本《説文解字》的流傳與刊刻

董婧宸

主講人：北京師範大學文學院　董婧宸講師
主持人：北京大學《儒藏》編纂與研究中心　張麗娟研究員
時　間：2019 年 6 月 13 日
地　點：北京大學紅二樓

主持人：各位老師和同學，我們今天舉行儒藏講壇的第七講，感謝諸位蒞臨。此次我們請來的主講人是北京師範大學文學院的董婧宸老師，她講的題目是"大徐本《説文解字》的流傳與刊刻"。董老師師從北師大的王寧教授，研究方向主要是傳統小學，是章黄學派傳人。同時，她對版本學也有濃厚的興趣，用版本學的研究方法來研究《説文解字》（以下簡稱"《説文》"）的版本，做得也非常好，可以作爲一個版本學個案研究的範例，我們從中能得到一些借鑒，所以特別邀請董老師來給我們做此次講座。

主講人：我講的題目是"大徐本《説文解字》的流傳與刊刻"，主要内容包括五個部分。第一部分是緣起，即我怎麽從研究語言文字學（即傳統小學）轉到《説文》版本系統的研究上；第二部分是宋本《説文》的版本問題，包括徐鉉校定《説文》與北宋監本的誕生、宋本《説文》的著録與流傳、宋本《説文》的版本情況；第三部分考察清代前期影響較大的汲古閣大字本相關問題；第四部分討論清代小字本《説文》翻刻本，包括藤花榭本、平津館本及其翻刻本；第五部分闡述《説文》的版本源流與《説文》學研究的互動關係。

一、引　言

1. 研究緣起

研究《説文》的緣起，和我的專業有關——我的專業是傳統語言文字學，讀碩士時，點讀《說文》就是我們必作的功課。大徐本、小徐本和段注，這些本子的通行影印本，每一種我都點過，不止一本。在這個過程中，我也會注意到，清人所用的《說文》，和我們現在通行的陳昌治本、祁寯藻本，都有一定的差異，這種差異源自何處？

從傳統小學的研究出發，結合版本異文的校勘、版本源流的梳理，我也注意到，從康熙、雍正、乾隆到嘉慶、道光，隨着《說文》研究的深入和新版的刊刻，《說文》的通行版本發生了變化，而這背後，則關乎清代學術史中的書籍流通和書籍刊刻。在清代《說文》學史中，《說文》舊槧、舊鈔在學者間的傳抄、借閱與校刊，是清代《說文》學發展中的重要的一環。一方面，通行的刻本決定了不同時代學者所能閱讀到的主要《說文》版本，另一方面，清代《說文》重要刻本的刊布，事實上也誕生在同時代學者的《說文》研究基礎上，並受制於刊刻主持者所能獲見的版本和校勘理念。

段玉裁的《說文》研究及其影響，就是一個非常典型的案例。今天我們做《說文》研究，常常會參考段玉裁的《說文解字注》。其實，在嘉慶二十年（1815）刊成《說文解字注》之前，整個《說文》學界是籠罩在段玉裁《汲古閣說文訂》的光環下的——嘉慶二年（1797），得益於周錫瓚、袁廷檮等藏書家的幫助，段玉裁獲見了多個《說文》善本，並校勘通行的汲古閣本，撰成《說文》版本的校勘記——《汲古閣說文訂》（以下簡稱《說文訂》）。回溯清代的《說文》研究和《說文》刊刻，可以發現，段玉裁既在總體的《說文》研究方法上推動了清人的《說文》研究，也在具體的《說文》版本和《說文》校勘上，深刻地影響了同時代和之後的學人。嘉慶年間自宋本《說文》翻刻的藤花榭本、平津館本，均和段氏《說文訂》有關。就是道光年間自顧廣圻抄本《說文解字繫傳》刊刻的祁寯藻本，也和段氏《說文注》中提及《繫傳》抄本的校語有關。可以說，段玉裁確立了乾嘉時期《說文》的校勘範式，也或明或暗地影響、啓發甚至是干擾着當時每一位《說文》研究者的研究結論。

清代《說文》的版本背後，也反映出不同學者的校勘理念和校勘成果。清代初年，毛扆以大小徐互校，汪啓淑刻本以大徐改小徐，至段玉裁始明確了大小徐源流不同，藤花榭本、平津館本以同一宋槧本爲底本翻刻，但篆形、說解、版式卻有所差異，這和刊刻主持者的校改理念密切相關。本校、他校和理校等校勘方法的碰撞，也直接或間接地影響了我們所能閱讀到的清代《說文》刻本。

2.《說文》版本及其分支

東漢許慎撰《說文》十五卷，是一部以五百四十部爲綱，全面分析小篆形體並説解本字本義的小學專書。關於《説文》在宋代以前的流通,據《郡齋讀書志》和《説文解字繫傳》等文獻記載,唐代大曆年間(766—779),李陽冰曾刊定《説文》三十卷,今已不傳。存世早期寫本《説文》,有木部和口部殘卷。唐代以後的《説文》版本及其分支,除徐鉉校定的《説文》外,還包括徐鍇《説文解字繫傳》、徐鍇《説文解字韻譜》和李燾編《説文解字五音韻譜》。

(1)唐寫本《説文》

目前可知的早期寫本《説文》均爲殘卷。其中,木部殘卷共六紙,每紙十八行,存一百八十餘字,鈐有宋代"紹興"、元代"田衍"、明代項子京"子孫世昌"等印,經清末莫友芝、端方遞藏,經内藤湖南入藏日本杏雨書屋。此外,日本還藏有《説文》口部殘卷,據著録曾有三種。與大徐本相比,《説文》寫本的篆形、篆次、説解方面,略有差别。關於這些《説文》寫本的流傳、價值、真僞、説解等問題,李宗焜先生在《唐寫本〈説文解字〉殘卷研究》(中西書局2015年版)中有很詳盡的研究。

(2)徐鍇《説文解字繫傳》

南唐時期,徐鍇依《説文》原本,附以注釋,撰成《説文解字繫傳》(以下簡稱《繫傳》)四十卷,世稱小徐本。《繫傳》卷一到卷三〇爲《通釋》,注釋《説文》並附以朱翱反切,題"文林郎守祕書省校書郎臣徐鍇傳釋,朝散大夫行祕書省校書郎臣朱翱反切"。卷三一至卷四〇,爲徐鍇撰寫的《説文》通論。《繫傳》史書或著録作《通釋》,係誤據前三十卷《通釋》而出。徐鍇於南唐保大十一年(953)左右在揚州擔任校書郎,保大十五年(957)復官金陵,撰《繫傳》約在此期間。在北宋嘉祐(1056—1063)年間,蘇頌、張次立曾經在館閣中校勘過《繫傳》。在《繫傳》書後,有蘇頌熙寧二年(1069)跋,後有"司農南齊再看,舊闕二十五、三十共二卷,俟别求補寫"。今存的《繫傳》宋刻殘本,爲南宋浙江刻本,或即王應麟《困學紀聞》所説的祖出蘇頌、葉夢得的"浙東刻本"。

在《繫傳》卷數方面,《崇文總目》《通志》《國史·經籍志》著録作三十八卷,《中興館閣書目》《直齋書録解題》《文獻通考》《宋史·藝文志》等著録作四十卷。史志目録的卷數差異,或與北宋館閣藏書的實際存卷及南宋刊刻的《繫傳》刊本的卷數有關。《崇文總目》據館閣實際存卷著録,故所缺或即卷二五、卷三〇,《通志》《國史·經籍志》承之。南宋以來,《繫傳》卷二五取大徐本説解和反切補入,雖仍徐鍇傳釋、朱翱反切,事實上無徐鍇注釋,亦非朱翱反切(清代祁寯藻本中,刊刻者將卷二五改用徐鉉結銜)。卷三〇則有徐鍇注釋。但關於卷三〇是否是徐鍇舊貌,清人的認識不一。

《繫傳》宋刻存世僅有殘本(國圖3748),存卷三〇至卷四〇,爲明人趙宧光舊藏。據趙宧光《説文長箋》記載,趙宧光所見《繫傳》,"《通釋》已亡,惟存其目",則明代已不全。至清代,宋刻殘本《繫傳》曾經周錫瓚、黃丕烈、汪士鐘遞藏,後爲道光年間祁寯藻刻本的底本之一。清代流傳的《繫傳》多爲抄本,根據篆形、説解是否足備,可以分爲足本系統和缺本系統。其中足本系統有毛扆舊藏抄本、錢曾舊藏抄本、錢楚殷舊藏抄本,另有嘉慶年間顧廣圻自毛扆抄本並參以錢楚殷抄本的録副本。其餘多爲缺本系統。乾隆四十七年(1782)的汪啓淑刻本自缺本系統而出,道光十九年(1839)的祁寯藻本則主要以足本系統的顧廣圻抄本爲底本,並參校過《繫傳》宋刻殘卷。

(3) 徐鍇《説文解字韻譜》

徐鍇編《説文解字韻譜》"便于檢討,無恤其他,故聊存故訓,以爲別識",完全打亂了《説文》的部首次序和部内次序,據李舟《切韻》按韻排列,注釋簡略,或僅有反切而無注釋。今有元種善堂刻本,書前有徐鉉《説文解字篆韻譜序》,各卷卷端及卷二、卷三卷末題"説文解字韻譜",而卷一、卷四、卷五卷末則題"説文解字篆韻譜"。在後世著録中,或著録作《説文解字篆韻譜》。因卷中未題撰人,亦有誤題爲徐鉉者。在校勘實踐中,《説文解字韻譜》在校勘篆序和説解方面作用不大,主要用於校勘篆形。

(4) 李燾《説文解字五音韻譜》

李燾《説文解字五音韻譜》爲大徐本《説文》的改編本,編纂並初刻於南宋淳熙年間(1174—1189)。由於《説文》部首檢字不易,宋人又習慣按韻查檢,李燾遂取大徐本《説文》,改編爲《五音韻譜》。《五音韻譜》改編時,篆文、説解、反切自大徐本而出,間附李燾校語。但在編排上,與《説文》部首"始一終亥"、部内以義相次不同,《五音韻譜》部首依四聲改爲"始東終甲"、部内轄字亦依四聲排列。李燾曾在館閣任職,今存的宋本《五音韻譜》雖非《五音韻譜》最早的刻本,但其中與宋本《説文》的異文,有可能源出李燾所能獲見的北宋監本《説文》。

李燾改編《五音韻譜》的經過,具載於李燾《新編説文解字五音韻譜序》和《後序》中。這兩篇文章,收録在魏了翁《經外雜鈔》及《文獻通考》中。但無論是在今存的宋本《五音韻譜》,還是在明代以來的翻刻本中,均没有收録李燾的序言,也没有李燾題名。《五音韻譜》書前又收入了題"許氏説文"的許慎《説文解字叙》及徐鉉上表等。明代以來,時人多已不知《五音韻譜》

爲李燾所編，或誤以《五音韻譜》爲許慎舊貌，或誤據徐鉉上表以爲《五音韻譜》爲徐鉉編次。博學如顧炎武，在《日知錄》"説文"條下，亦言"《説文》原本次第不可見，今以四聲列者，徐鉉等所定也"。可以想見，明清之際，《説文》舊本的流傳非常稀少。

今存的宋本《説文解字五音韻譜》，卷端題"重刊説文解字五音韻譜"，已非《五音韻譜》的最初刻本。根據校勘和版本系統的梳理可知，明刻《五音韻譜》共八種，均祖出現存的宋本《五音韻譜》。除了基本依宋本行款、文字翻刻的明内府刻本外，其餘均爲弘治十四年（1501）車玉刻益藩本的衍生版本。在各本的刊刻中，往往因底本漫漶、行款錯置等問題，形成系統的異文，又有各自的版本流變。

總體來看，大徐、小徐及李燾改編的《五音韻譜》在篆形、説解、編次上互有異同。清人在校勘時，除了採用上述版本外，也會利用諸書所引《説文》、宋代《集韻》《類篇》等字書所引《説文》、黄公紹《古今韻會舉要》所引《繫傳》等材料進行校勘。但由於引文來源複雜，清代《説文》學史上，不同的學者在處理他書引《説文》材料時，也有不同的處理策略。

二、源遠流長：宋本《説文》的版本問題

《説文》宋元遞修本，祖出北宋國子監本，也是清代《説文》刊刻和校勘的重要源頭。梳理《説文》宋元遞修本的版本情況，可以在版本學上深化對元代西湖書院書籍刊刻活動的認識，也有助於明確清人所使用的宋本《説文》的具體印次，並推進對汲古閣本、藤花榭本、平津館本等《説文》刊本的底本研究。

1. 徐鉉校定《説文》與北宋監本的誕生

宋太宗雍熙三年（986），徐鉉等人奉詔校定《説文》，整理爲《説文解字》三十卷，世稱"大徐本"，亦通稱《説文》。《説文》在北宋的校刊，與崇文院和國子監密切相關。宋太宗太平興國三年（978），建崇文院，"畜天下圖書，延四方賢俊"，下有昭文館、史館、集賢院，稱三館。至端拱元年（988）置祕閣，遂有"館閣"之稱。宋代的館閣既是中央校書機構，也是中央藏書機構。館閣校書，主要負責經部小學類（經書另在國子監）、正史、子部和集部。三館藏書，據《宋會要》記載，三館各有書庫，分爲經史子集四部，藏書各有正本和副本。北宋的國子監，既承擔經書的校勘，也是承擔雕版刷印的出版機構，經過

館閣和國子監校勘的書籍，會在國子監雕版頒行，並可以降付諸路出售。

《說文》宋本書後，收入徐鉉等人的《上說文表》《進書表》等，簡要地介紹了徐鉉的校定過程。徐鉉上表提及，"以集書正副本及群臣家藏者，備加詳考"，這裏的"集書正副本"，當指集賢院所藏《說文》正本、副本，也就是說，大徐本的底本，是以館閣藏書及群臣家藏舊本爲底本。徐鉉等人的具體校勘工作，大約包括這幾個方面：其一，編纂《新修字義》，整理"新修十九文"並補入《說文》正篆，另外開列"俗書訛謬、不合六書"的二十八字、"篆文相承小異"的"凡、以、親"等字；其二，在《說文》各部部末，增入四百餘個新附字，以"新附"標注並略加注釋；其三，在許慎說解之後，增加李陽冰、徐鍇、徐鉉等人注釋；其四，依據孫愐《唐韻》反切，注於各字之下；其五，增加卷首標目，將十五卷分爲三十卷。

宋本《說文》書後牒文云："其書宜付史館，仍令國子監雕爲印版，依九經書例，許人納紙墨價錢收贖，兼委徐鉉等點檢書寫雕造，無令差錯，致誤後人。"《說文》經校定呈上後，即下國子監雕爲印版頒行。這當是《說文》最早的刻本，意味着《說文》的流傳從寫本向刻本發生轉變，並影響了此後《說文》版本面貌：北宋時期，小徐本雖在館閣中有收藏，但是直到南宋初年纔見刊刻。北宋官修的字書韻書（如《玉篇》《廣韻》《類篇》《集韻》等），以及南宋李燾編纂《五音韻譜》，在引用《說文》時，大部分即據徐鉉校定本。尤袤《遂初堂書目》小學類中著錄有"舊監本許氏《說文》"，或亦北宋監本。

2. 宋小字本《說文》的著錄與流傳

存世的《說文》舊槧，半葉十行，每行大字二十至二十二字，小字約三十字，版式狹湊，故清人多稱爲"小字本"。關於"小字本"之名，汲古閣剜改本《說文》書末有毛扆識語，云："先君購得《說文》真本，係北宋版，嫌其字小，以大字開雕。"嘉慶二年（1797），段玉裁作《說文訂》，其中稱宋本爲"小字本"，與"大字本"的趙均抄本及汲古閣本相對。此後，清人即多稱宋本爲"小字本"。

（1）宋小字本《說文》的著錄

今存世的整本、殘本小字本《說文》共八帙。其中，整本《說文》計有四帙：其一爲毛晉舊藏本（下文亦稱"額勒布本"），經毛表、季振宜、額勒布、楊以增等人遞藏，今藏國圖（09588）。其二，葉啓勳葉啓發舊藏本，今藏湘圖。此本在清代前期的流傳情況不詳。今書前標目葉鈐毛扆印章，然此葉並卷五上、卷九上、卷一三上首葉前四行爲抄補。從抄補來源看，這四葉均是據在毛扆身後剜改印行的汲古閣剜改後印本抄補。同時，毛扆在康熙年間的汲古閣本校刊過程也表明，毛扆晚年未能利用宋本《説文》。從這些綫索看，標目葉的毛扆印章，當爲僞印。其三，王昶舊藏本，此本在乾嘉時非常顯赫，《説文訂》曾參校此本，今藏日本静嘉堂文庫。其四，黄姬水舊藏本，缺標目，正文十五卷全，鈐"黄氏志淳"印。此本無清人鈐印，疑爲清宮舊藏，現藏國圖（01117）。

今存殘本共四帙：其一，内藤湖南舊藏本一直在日本流傳，鈐"香山常住"印，經内藤湖南收藏，現藏杏雨書屋。其二，趙宧光舊藏本（下文亦稱"錢曾本"），經錢曾、張敦仁、孫星衍、袁芳瑛、李盛鐸等人遞藏，現藏北大，趙宧光《説文長箋》、錢曾《述古堂書目》均曾提及此本。據錢曾藏印看，原當爲四册全，今僅存殘卷，也經過改裝。其三，宋葆淳舊藏本，書中有乾隆年間的張塤、朱筠鈐印，桂馥和翁方綱也曾寓目過此本。該本原爲十五卷全，晚清在費念慈處，可能已爲殘本，後經鄭振鐸之手，由費氏後人鬻與文獻保存會，現藏臺圖（00911）。其四，周叔弢舊藏，即《中國版刻圖録》中提到的内閣大庫零本，現藏國圖（善7957）。

此外，前人著録中，亦有多帙宋本《説文》，今下落不知。一爲段玉裁《説文訂》參校過的周錫瓚藏本。二爲黄丕烈舊藏本，這是一個拼配本，卷一下至卷七以白紙刷印，卷一四、卷一五以黄紙刷印，餘爲抄補。黄丕烈本後經汪士鐘、蔡廷楨、蔡廷相遞藏。另外，天禄琳瑯著録的宋本《説文》，燬於嘉慶初年；傅增湘藏卷六下零本，民國年間周祖謨先生曾校過，現下落不詳。

影抄宋本《説文》主要有兩帙。一是葉萬（石君）抄本，何煌經眼，乾嘉年間藏周錫瓚處，段玉裁撰《説文訂》時借閱，後藏龔自珍處，何紹基曾借閱，今下落不明。二是孫星衍舊藏本，現藏上圖。此本爲嘉慶年間孫星衍請錢侗自王昶本影抄。静嘉堂文庫所藏的王昶本，經過了金匱蔡氏兄弟的抄補和改裝，錢侗抄本則爲我們保留了嘉慶年間（1796—1820）王昶本的面貌。

在存世的宋本中，又有抄補、配補、描潤等情況。内藤本缺11整葉、1半葉，未抄補。葉啓勛本缺11整葉、7半葉，係據汲古閣剜改後印本抄補。錢曾本缺9整葉，抄補較早，來源複雜。王昶本缺7整葉、2半葉，除卷一下1葉爲金匱蔡氏抄補外，其餘抄補早於嘉慶二年（1797），來源也較複雜。同時，王昶本宋刻版葉中，還有8葉爲據早修本配補，紙色不同，配補早於嘉慶年間。宋葆淳本缺12整葉、2半葉，抄補1葉。描潤方面，黄姬水本、内藤湖南本、周叔弢本和宋葆淳本上基本没有描潤，能夠反映版刻原貌（唯黄姬水本上的墨釘和漫漶處多已被挖去），而額勒布本、錢曾本、葉啓勛本和王昶本上，各有後人的描潤、挖補，形成了不少非版刻異文。

上述這些宋本和自宋本而出的影抄本，構成了清代以來貯藏和流通的宋本《説文》。

（2）宋小字本《説文》的流傳及其研究

從藏印、題跋和記述看，明清時期寓目過宋本《説文》的，有趙宧光、毛晉、毛扆、何焯、何煌、朱筠、翁方綱、桂馥、錢大昕、段玉裁、黄丕烈、阮元、額勒布、孫星衍、顧廣圻、汪士鐘、許瀚等一大批學人，其中，甚至有多人曾有幸寓目過兩個甚至三個以上的宋本《説文》。他們所經眼的小字本《説文》，既和他們的《説文》研究發生着關聯，也和汲古閣本、椒華吟舫本、藤花榭本、平津館本、丁艮善本等《説文》刊本的刊刻有着緊密的聯繫。

在清人研究中，翁方綱、錢大昕、黄丕烈、段玉裁、顧廣圻等學者已經注意到小字本《説文》不同印本中的文字和版式差異。段玉裁《説文訂》的影響最大，揭櫫了宋本《説文》的價值，並據其所獲睹的周錫瓚本、王昶本、葉萬抄本，指出："三小字宋本不出一槧，故大略相同而微有異。"近代以來，周祖謨、高明、王貴元等小學研究者，趙萬里、阿部隆一、李致忠等版本研究者，也從不同角度深化了對宋版《説文》的研究。前賢時彦對小字本《説文》版本認識的分歧，主要在如下方面：刊刻時間，清人多歸爲北宋本，但翁方綱已據額勒布本的"慎"字避諱，提出爲"孝宗以後刻本，非北宋板本矣"，而桂馥《札樸》則據刷印漫漶的宋葆淳本，呼小字本《説文》爲"明刻小字本"。刷印時間，清代以來，有宋本、宋版元印、明初印本等。版本性質，有監本、坊本、麻沙本、公使庫本等。異文成因，也有描改、修版、翻刻説等不同的認識。

在近年來的訪書中，我有幸得到國圖、上圖、南圖、湘圖及日本静嘉堂文庫、杏雨書屋等藏書機構的幫助，陸續目驗和查閲了以上存世的小字本的膠片或書影，進而嘗試去研究和探討《説文》宋本的版本情況，並注意到前人研究中的一些局限和不足。其一，宋本《説文》中，既有版刻異文，又有因抄補、挖補、描潤等造成的非版刻異文。抄補、描潤既是探求具體刻本或抄本底本的重要綫索，也是前人版本研究中的薄弱環節：一些研究者由於未能排除非版刻異文，影響了對版本、刷印先後的判斷。其二，前人在考察宋本《説文》時，限於種種條件，也會利用平津館本、藤花榭本、丁艮善本、《四部叢刊》影印王昶本等在内的翻刻本、影印本，但上述版本的刊刻、影印中，均存在有意或無意的文字改動。在版本研究中，翻刻本和經過描潤的影印本，不能反映宋本的原始面貌。其三，版本研究與《説文》異文的結合尚不够充分，或者僅關注文字差異，而未就版刻、描潤等問題作出深入探討；或僅探討刷印用紙或版片面貌的差異，而没能結合《説文訂》及清代批校，深入探討《説文》的版本源流和異文情况。因此，諸家對《説文》各本刷印先後、版本性質的判斷上，也偶有疏失。

3. 宋元遞修本《説文》的版本情况：早修本與晚修本

（1）《説文》早修本與晚修本的版本情况

根據存世的宋小字本《説文》的裂版、修版、文字、刻工比較，可以明確，存世小字本《説文》，可以區分爲經過元代一次修版的早修本，和經過元代兩次修版的晚修本。宋本共 273 版，早修本和晚修本中，有 267 版是同版（同版之中又包含了相同版刻、修整版面、挖去刻工、剜改文字、增删墨釘等不同的修版情况），6 版是異版（即晚修本補刻版葉）。在樣式上，早修本的版心下方，共 254 葉有刻工姓名，在晚修本，則剜去了其中 122 葉的刻工。

排除各本因描潤和抄補導致的非版刻異文後可知，存世的《説文》早修本，有杏雨書屋本、額勒布本、黄姬水本。其中，内藤湖南舊藏本刷印最早，額勒布本稍晚，黄姬水本的版片則略有漫漶。此外，周錫瓚本、黄丕烈本中卷一四上到卷一五下被黄丕烈認爲是"黄紙而後印者"，事實上是早修本。同時，黄丕烈本中，卷一上、卷八下至卷一三的抄補部分，底本也是早修本。其餘五帙則爲晚修本，其中，葉啓勛本刷印較早，錢曾本、王昶本、周叔弢本，三本刷印時間相近，宋葆淳本最晚，版片狀况較差，致桂馥誤認此本爲明刻本；黄丕烈本卷一下至卷七也是晚修本。此外，結合《説文訂》及何紹基、許瀚校得的葉萬抄本異文看，葉萬抄本，當自與葉萬關係較好的錢曾處抄出。

（2）宋元遞修本《説文》的版片源流

通過綜合考察可以判斷，傳世的《説文》南宋刻本祖出北宋監本，避諱至"慎"字，大約爲孝宗年間（1162—1189）的杭州刻本。可辨的刻工集中在南宋中期寧宗時期（1194—1224），可能這些刻工已是宋修刻工。入元以後，《説文》書版在杭州西湖書院，並經過了兩次大規模的修補版，從而形成了早修本和晚修本的異文。

在我撰成《説文》宋本研究的初稿中，已經將《説文》的元代修補版分爲兩期。喬秀岩先生告訴我，尾崎康先生在《正史宋元版之研究》中曾對兩淮江東轉運司刻《後漢書》在西湖書院的兩次修補版有過詳細的版本研究和刻工調查。喬秀岩也提示，《説文》的兩次修補版情况，可能和《後漢書》有些類似。

尾崎康書中，將《後漢書》元代補版刻工分爲兩期，第一期刻工，據《大德聖濟總錄》定爲大德四年（1300）前後，第二期刻工，則據《六書統》定在至大元年（1308）前後。另外，《中國版刻圖錄》中，一般將西湖書院刻工，歸爲"宋元之際和元時補版工人"。在前人研究基礎上，我查閲了其他西湖書院刊刻或修補的書籍，並對《中國版刻圖錄》《正史宋元版之研究》中討論的刻工年代，做了一些細小的修正。

《説文》元代第一批修補版的刻工，大多參與了西湖書院在元代前期的書籍刊刻、補版工作。著録於《西湖書院重整書目》的《增韻》，有宋刻元印的上圖藏本和經過元代修補版的臺北故宫藏本兩槧。上圖本紙背爲元代湖州路户籍，最晚的年代到元至元二十六年（1289），臺北故宫藏本則有元代修補版，其中新見的刻工與《説文》《後漢書》元代第一次修補版的刻工一致。上圖本的公文紙透露出，西湖書院的第一次修補版，最早也當在至元二十六年公文紙報廢之後。同時，《説文》第一批修補版刻工，也見於大德四年《大德重校聖濟總録》、大德五年（1301）《儀禮集説》，由此可知，西湖書院在元代的第一次大規模修補版，並非《中國版刻圖録》所推測的宋元之際，而應該是在入元後的大德年間（1297—1307）。

《説文》元代第二次修補版中，新增的刻工有平山，在其他西湖書院刻本中，與倪平山並見，當爲同一人。倪平山（平山）亦見於至正五年（1345）刻《金史》、至正六年（1346）刻《宋史》、至正二十三年（1363）刻《鄂國金佗粹編》，以一個刻工三十年左右的工作年限推斷，元至大元年刊後至元三年（1337）左右余謙修《六書統溯源》中的刻工平山，參加的應該是修版而非原刻。也就是説，元代第二批修補版，並非尾崎康所推測的至大年間（1308—1311），而當是元代後期。另外，據陳基《西湖書院書目序》記載，至正十七年（1357）西湖書院書庫傾圮，"書板散失埋沒，所得瓦礫中者往往刓毀蠹剥"，至正二十一年至二十二年（1361—1362），西湖書院有一次大規模的修補版。從《説文》晚修本的印面看，一些經過元代第一次修版的版葉，在晚修本中已有裂版甚至斷版，説明晚修本刷印時版片保存情況不佳，這與陳基所述的書版"刓毀蠹剥"情況一致。《説文》書版在元代西湖書院的第二次修版和補版工作，很有可能就是書庫傾圮書版蠹剥之後的元代末年。同時，與平山同見於《宋史》《金史》及《後漢書》第二期修補版的刻工王正、林茂實、施澤之、古賢等人，也可以爲今後判斷相關版本是否經過西湖書院兩次修補版提供參考。

釐清《説文》書版在元代的兩次修補版時間，也可以進一步深化我們對

《西湖書院重整書目》及《南雍志·經籍考》所載書版的具體印次的認識：西湖書院在元代的第一次大規模修補版在大德年間，則至治三年（1323）至泰定元年（1324）所編《西湖書院重整書目》中著錄的《説文》，當即經過了一次修補版後的宋元遞修早修本《説文》的書版。而且，《西湖書院重整書目》著錄的其餘各書書版，實際上亦當爲經過元代前期修補版後的書版。入明以後，《説文》及其他西湖書院書版多移至南京國子監，嘉靖二十三年（1544）黄佐、梅鷟編《南雍志·經籍考》中所述的"《説文解字》十五卷，脱者五十五面，存者二百十四面，内半模糊"，則是經過了元代兩次修補版後的宋元遞修晚修本《説文》的書版。而且，《南雍志·經籍考》中著錄的其他西湖書院舊藏書版，也當爲經過元代乃至明代修補版後的書版。

（3）宋元遞修本《説文》的校改情況

通過校勘可知，與早修本相較，晚修本經過了修版、補版後，形成了不少篆形、説解、反切異文。如篆形方面，晚修本"芼"誤從"中"，"稇"誤從"困"，"夕"誤作"月"。説解方面，晚修本"橦"改"帳極"爲"帳柱"，"或"改"从戈以守一"作"从戈又从一"，"媛"改"引也"爲"於也"等。反切方面，晚修本"大"改"他達"爲"他盖"，"摘"改"竹厄"爲"竹歷"，"欒"改"郎擊"爲"歷各"。從校改來源和校改情況看，早修本固然有個別形近而誤，但説解、反切多與《五音韻譜》宋本所引一致；而晚修本説解、反切，很少與《五音韻譜》宋本及他書所引的大徐本一致，篆形、説解誤字較多，反切多取《集韻》系的《禮部韻略》《增韻》等韻書，與大徐所據的孫愐反切並非一系，甚至亦有自《玉篇》反切而出，故舛誤不少，校改實爲粗疏。

關於西湖書院在元代末年的修版情況，陳基《西湖書院書目序》記載：

> 重刊經史子集欠闕，以板計者七千八百九十有三，以字計者三百四十三萬六千三百五十有二。所繕補各書損裂漫滅，以板計者一千六百七十有一，以字計者二十萬一千一百六十有二。……書手刊工，以人計者九十有二。對讀校正，則餘姚州判官宇文桂、山長沈裕、廣德路學正馬盛、紹興路蘭亭書院山長凌雲翰、布衣張庸、齋長宋良、陳景賢也。

儘管元末西湖書院的第二次修版耗工巨大，但從早修本和晚修本的異文來看，第二次修補版的校改中，説解的校訂較爲粗疏，反切的更改尤爲拙劣，整體的校改質量不高。

今存《説文》的一些典型的異文，以及段玉裁《説文訂》所言的周錫瓚本與王昶本的差異，除抄補、描潤外，大多是由於《説文》早修本與晚修本的版本差異所致。

三、汲古閣本《説文》的刊刻及其影響

毛晉、毛扆父子刊成的汲古閣大字本《説文》，是明清以來第一個"始一終亥"的《説文》刻本，也是清代初年最爲通行的《説文》版本。但汲古閣本的刊刻底本、印本印次和校改情况，自清代以來即聚訟紛紜，也是《説文》版本研究中不能迴避的重要問題。

1. 汲古閣本《説文》的刊刻緣起及書版流傳

毛晉、毛扆父子的汲古閣，以藏書豐富聞名於世。在順治十六年（1659）毛晉去世前，曾將書籍及刊刻的書版分授其子毛襃、毛表、毛扆，而毛晉舊藏的宋本《説文》，歸毛扆之兄毛表所有。毛扆則藏有《繫傳》抄本及《集韻》《類篇》等其他小學書籍。

汲古閣本《説文》的刊刻，當經過了毛晉、毛扆父子的努力，但該本的真正印行流通，是在康熙年間，這與朱彝尊在江南勸刊小學書籍有關。朱彝尊《曝書亭集·汗簡跋》云：

> 予也僑吴五載，爲贊毛上舍扆刊《説文解字》，張上舍士俊刊《玉篇》、《廣韻》，曹通政寅刊丁度《集韻》、司馬光《類篇》。將來徐鍇之《説文繫傳》、歐陽德隆之《韻略釋疑》，必有好事君子鋟板行之者。

朱彝尊自康熙四十一年（1702）起，賃居蘇州白蓮涇慧慶寺，往來於江浙間，與毛扆、張士俊、曹寅等交善。張氏澤存堂本《玉篇》和《廣韻》刊成於康熙四十三年（1704），曹氏楝亭五種本《集韻》《類篇》刻於康熙四十五年（1706），而現存的最早的毛氏汲古閣試印本上，有毛扆康熙四十三年、四十四年（1705）的手校題跋，知汲古閣本《説文》之印行，也在康熙四十三年前後。此後，毛扆曾多次校改汲古閣本，第五次修版，就在他去世前不久的康熙五十二年癸巳（1713）。

段玉裁《説文訂》指出，汲古閣本的書版，在毛晉和毛扆之後，先歸祁門馬氏（即馬曰璐、馬曰琯兄弟），至乾嘉之際，又歸錢聽默所有。今天，根據毛扆生平可知，毛扆題有"癸巳年修板第五次"的校樣底本，實爲康熙癸巳，但在《説文訂》中，段氏將癸巳誤繫爲順治癸巳（1653），清人多襲段氏之誤。

2. 汲古閣本《説文》的五次剜版及其翻刻本

關於汲古閣本的刊刻底本，在汲古閣剜改本書末有毛扆跋文，言："先君

購得《説文》真本，係北宋板，嫌其字小，以大字開雕，未竟而先君謝世。"但汲古閣本的底本是否即毛扆所述的毛晉舊藏宋本《説文》？嘉慶二年（1797），段玉裁獲見趙均抄大字本《説文》，即言趙均抄本即"汲古閣所仿刻之本"。《説文訂》中也指出，汲古閣本經過毛扆五次剜改，前後有印次和文本的變化，在第五次剜改中又多取《繫傳》。此後，潘天禎、郭立暄等學者，也對汲古閣的版本有了進一步的探討。如潘天禎先生曾撰文闡明南圖藏的三帙汲古閣本的版本差異和版本價值。不過，在研究中，潘氏據毛扆康熙四十三年校樣，否定康熙五十二年的校樣（即淮南書局本刊刻底本）的真實性，這一做法是不可靠的。

就目驗所及，結合《説文訂》的校語，存世的汲古閣本，可以分爲五次剜改以前的試印本和初印本，以及五次剜改以後的剜改本。其中，初印本還可以細分爲初印甲本、初印乙本，剜改本還可以細分爲剜改初修印本和剜改後印本。汲古閣本的印次差異及校改情況，事實上也反映出毛晉毛扆父子在不同階段的校勘依據和校改來源。

汲古閣本試印本今藏南圖（GJ115366），這是目前已知的毛本《説文》中最早的一槧，也是反映毛扆康熙四十三年、四十四年校改的校樣本。從校勘看，比較試印本與今藏大谷大學的趙均抄本《説文》殘卷，汲古閣本試印本呈現出以趙均抄本爲底色，又曾據宋小字本、小徐本等校改後的面貌——也就是説，汲古閣本的底本，並非毛扆晚年所説的徑據宋本刊刻，而是以趙均抄本或其錄副本爲底本。由於毛晉舊藏的宋本《説文》後歸毛表，毛扆在康熙四十三年校勘時，也未能使用宋本《説文》。那麼，汲古閣本的寫樣和部分書版的刊刻，應該在毛晉生前已經完成。

汲古閣試印本上，又有毛扆康熙四十三年至四十四年的朱筆、藍筆校改。其中，多爲據小篆校改楷書點畫，間有篆形、説解的校改。從毛扆的校語看，毛扆校改試印本時，手邊已無毛晉舊藏的小字本或其他大徐本系統的《説文》，故多取《繫傳》，並參考《玉篇》《廣韻》《五音韻譜》等書校改。

汲古閣初印本中，基本吸收了毛扆康熙四十三年、四十四年在汲古閣試印本上的校改意見。初印甲本和初印乙本的版刻文字基本相同，僅卷末初印甲本作"有明後學毛晉從宋本校勘"，初印乙本改作"後學毛晉從宋本校勘"。

康熙五十二年，毛扆第五次剜改汲古閣本。據淮南書局摹刻本可知，毛扆第五次校改時，取的是印次爲初印甲本的某一個印本作校樣進行校改。相較於汲古閣初印本，汲古閣剜改本中，正文據小徐本增補"壞""閑"等11個篆文，説解亦大量據小徐本校改。書末卷一五下葉十四後，增刻葉十五至葉二十，補入毛扆識語及附錄。段玉裁《説文訂》論毛扆第五次剜改，"校改特多，往往取諸小徐《繫傳》，亦間用他書"，並非虛言。

汲古閣剜改本，根據版心文字、卷首字數的差異，又可以區別爲剜改初修印本和剜改後印本兩個印次。初修印本卷一五版心有"汲古閣"字，剜改後印本則已經挖去。從這一綫索看，剜改後印本的印行，可能已是毛扆身後書版轉至祁門馬氏時了。正如段玉裁《説文訂》所説，"今坊肆所行，即第五次校改本也"，乾嘉時期的通行本是汲古閣剜改後印本。

在清代，汲古閣本有多個翻刻本，其中，自初印甲本翻刻而出的，爲光緒七年（1881）淮南書局本。自五次剜改後印本而出的，有郭立暄《中國古籍原刻翻刻與初印後印研究》中舉出的翻刻甲本、翻刻乙本，及乾隆三十八年（1773）朱筠椒華吟舫本。此外，筆者寓目的汲古閣翻刻本，還有清代後期的另外兩種：其一，同治十年（1871）自朱筠本翻刻的四川合州坊刻本，內封書"同治辛未年新鎸/許氏説文/較正無訛"，光緒二年（1876）姚覲元購得並修版，牌記改題"大興朱氏原本光緒二年川東官舍重修合州書賈景刻版"；其二，自翻刻甲本而出的再翻刻本，刊刻年代不詳。

在撰寫《説文訂》時，段氏固然無緣獲見更早的試印本，對趙均抄本的底本認識還有待深入，但結合現有的汲古閣本的版本情況看，段玉裁《説文訂》對汲古閣本的版本源流、校改依據的判斷，基本是準確和可信的，而段氏的校勘結論，也深遠地影響了乾嘉之際的《説文》學研究。

四、清代仿宋翻刻小字本《説文》

顧廣圻撰、黄丕烈注《百宋一廛賦》云："金壇段茂堂先生玉裁來寓吳中，遂有《汲古閣説文訂》之作，宋本之妙固已洗剔一新。"段玉裁嘉慶二年（1797）作《説文訂》的初衷，是爲了給學者提供基於汲古閣本的校勘成果。但《説文訂》中揭櫫的諸多異文，極大地喚起了清代學人對《説文》版本差異的關注，也激發了清人對段氏所述的"小字宋本"《説文》的興趣。嘉慶年間，藤花榭本《説文》和平津館本《説文》均依小字宋本開雕，回應了當時學界對宋本《説文》的迫切需求。

1. 藤花榭本《説文》

嘉慶十二年（1807）藤花榭本，是清代第一個依宋小字本行款翻刻的《説文》刊本。藤花榭本刊刻時，版框略大於宋本及依宋本大小翻刻的平津館本，小於汲古閣本，故《書目答問》稱爲"藤花榭額氏刻中字本"。

關於藤花榭本的底本，額勒布序云："兹見新安鮑君惜分家藏宋板《説文解字》一書，悉心點檢，亥豕無訛，洵堪珍秘，緣重爲雕鎸，用廣流布。"但對藤花榭本的刊刻底本是否存世、性質爲何，學界長期以來没有定論。在排除了汲古閣本與宋本一致造成的干擾後，以宋本《説文》中由於修補版造成的版本異文、行款差異爲綫索，並結合額勒布藏本上的描潤異文，可以明確，藤花榭本的主要底本，實即額勒布舊藏的宋早修本《説文》。但在具體刊刻中，藤花榭本既保留了底本的一些訛字，同時又據當時通行的汲古閣剜改本及段氏《説文訂》所言"宋本"（實即晚修本的王昶本異文）校改，因此形成了複雜的文字面貌。

從遞藏看，額勒布序所説的"鮑君惜分"，即鮑漱芳，字席芬，一字惜分，幼隨其父鮑志道在揚州業鹽。額勒布於嘉慶十年（1805）出任兩淮鹽政，或由此結識鮑漱芳。乾嘉之際，毛晉舊藏的宋本《説文》，大約先後經汪灝、鮑志道、鮑漱芳遞藏，但鮑氏並未鈐印。嘉慶十二年春，額勒布序藤花榭本，是年八月鮑漱芳卒，至遲不晚於十二月，此本已轉歸額勒布所有。

藤花榭本行款大體依照宋早修本《説文》，但由於文字上曾據毛本改竄，故嘉慶十四年（1809），孫星衍撰《重刊説文解字序》，其云"近有刻小字宋本者，改大其字，又依毛本校定，無復舊觀"，説的便是藤花榭本。

2. 平津館本《説文》及其翻刻本

孫星衍刻平津館仿宋刊本《説文》是清代中期以來流傳最廣、影響最大的大徐本《説文》版本，也是清代後期諸多翻刻本的祖本。

（1）平津館本

平津館本内封所題"嘉慶甲子歲仿宋刊本"，是爲嘉慶九年（1804），書前有孫星衍《重刊宋本説文序》，署嘉慶十四年。關於其底本，孫星衍並未明確交代，僅言"今刊宋本，依其舊式，即有譌字，不敢妄改"。前人研究中，或據藏印，或據校勘，對其底本有一些推測。今據孫星衍、顧廣圻等人的批校、書札，可以大致勾勒出平津館本的刊刻經過。嘉慶十年，在山東平津館的孫星衍致書錢侗，提及"弟欲重刊宋本《説文》，爲之考證於後"。這封書信表明，在謀劃刊刻《説文》時，孫星衍即擬將《説文》刊刻分爲兩個部分：其一，擇善本重刊宋本《説文》；其二，廣蒐材料撰寫《説文》考證校記。這兩部分的工作密切相關又各有側重，開始時間大抵相同。

就平津館本《説文》的底本選擇看，嘉慶十年（1805），孫星衍曾請錢侗幫忙影寫王昶舊藏宋晚修本《説文》，至嘉慶十二年冬，在山東督糧道任上的孫星衍，自額勒布處借得宋早修本《説文》，便"以額鹽臺借寄小字本宋本《説文》校一過"。次年正月，錢侗攜影寫王昶本至山東德州交付，孫星衍得以同時獲見額本及影寫王昶本，"粗校一過，大略相同"，隨後，孫氏跋影寫王昶本，云"今擬重刊，以額本爲定"。不久之後，孫星衍將額本《説文》寄與時在蘇州的顧廣圻，並由顧廣圻在蘇州主持翻刻事宜。平津館本《説文》約在嘉慶十五年左右刊成。但由於嘉慶十二年藤花榭本已經刊成，且孫星衍曾爲額勒布的下屬，孫星衍不便明言平津館本的底本所出，在内封題寫了較藤花榭本更早的"嘉慶甲子"（1804）。與底本相較，平津館本《説文》基本按照額本的版式、刻工、宋諱進行翻刻，原有的譌字亦多保留，體現了校刊主持者顧廣圻"不校校之"的學術理念，也爲當時學界提供了宋本《説文》的忠實翻本，故《書目答問》有"孫本最善"之評論。

嘉慶十四年孫星衍《重刊序》中另外提及，孫星衍擬"以傳注所引文字異同，別爲條記，附書而行"，但這份校記卻未曾面世。根據現有的材料看，姚文田在嘉慶初年，曾據群書引《説文》編纂爲"群書引説文類"，至嘉慶十一年，嚴可均館於孫星衍山東平津館，以姚文田的輯佚材料爲藍本，補充《説文訂》的版本校語，重加案斷，形成初稿。嘉慶十二年，孫星衍曾以嚴可均校語過錄於大字本《説文》，嘉慶十四年吸收嚴説收入《重刊序》。嘉慶十五年孫本刊成後，顧廣圻曾應孫星衍之邀，在孫氏校本上覆核了嚴可均校語所引的《説文》《繫傳》及字書、類書、他書引文，並在吸收孫星衍、鈕樹玉諸家説法的基礎上，另外録出《説文考異》五卷。但孫本校記的相關工作，約在嘉慶十九年終止，最終也未能刊出。今題顧廣圻撰的《説文考異》，實即平津館本《説文》原擬附刊的校記殘稿。在孫星衍去世後的嘉慶二十三年（1818），嚴可均以最終改定後的《説文校議》，刊於孫氏冶城山館。孫、顧校本《説文》上所録的嚴可均、顧廣圻校語，題"姚文田、嚴可均同撰，孫星衍商訂"的《説文校議》，以及顧廣圻去世後同人抄出的《説文辨疑》，集中體現了嚴可均、顧廣圻在編寫平津館本《説文》校記時的校勘理念和校勘結論。

在具體校勘中，嚴可均的校勘底本是汲古閣本，其校勘方法偏重群書引《説文》，其校勘理念則是"專正徐鉉之失"，即超越徐鉉，恢復許慎舊貌。而顧廣圻覆核嚴氏校記時的校勘底本，則是額勒布舊藏宋本《説文》，其校勘方法偏重本校，其校勘理念則是"不校校之"。事實上，嚴可均的版本校語，實多出段氏《説文訂》，並非親自校勘。但嚴可均在據他書引文校改《説文》時，又不能甄別諸書引文的複雜情況，故校勘結論時見粗疏。顧廣圻在覆核嚴可均校語時，立足於版本校勘、諸書體例，指出了嚴可均校記中的不足。只是顧氏的《説文》書稿僅成數卷，未能整理完畢。

（2）平津館本的翻刻本

太平天國時，平津館本的原版燬於戰火，同治、光緒年間，有多個從孫本衍生出的翻刻本。

依標目卷末實際的刊刻者區分，清代後期，依照孫本行款的翻刻本，有同治十三年（1874）陶升甫刻本、光緒七年（1881）丁艮善刻本、光緒十二年（1886）蔣瑞堂刻本等版本。其中，前人爭議較大的是丁艮善刻本。丁本牌記題"據汲古閣舊藏本重校梓"，丁氏跋云："原本即世傳毛氏所得北宋小字本也，其本今藏山東聊城楊氏海原閣。"但從額本不誤而孫本翻刻新增的譌誤看，丁艮善本多與孫本同誤，可知丁本並非直接據時藏海源閣的毛晉舊藏宋本翻刻，而是以平津館本爲主底本，參考過汲古閣本及桂馥、王筠、許瀚等人的校勘意見後刊行，事實上亦是自孫本而出的翻刻本。

清代後期，以孫本爲底本改變行款的翻刻本，有陳昌治本、小學匯函本等。其中，同治十二年陳昌治本流通較廣，也是今天最爲通行的《説文》版本。陳昌治本一行一篆，新附字降一格，版式舒朗，眉目清晰，《書目答問》有"陳本最便"的評價。

五、《説文》版本背後的《説文》學史

1.《説文》的版本源流

自北宋雍熙三年（986）徐鉉校定《説文》並下國子監刊版後，《説文》從抄本紛繁到歸於定本。今存的宋本《説文》，開雕於南宋孝宗年間，至寧宗年間有修版，在元代西湖書院，經過了大德年間和元代末年的兩次修補版。清代以來，藤花榭本、平津館本均以額勒布舊藏的宋早修本爲底本翻刻。葉萬抄本自錢曾舊藏的宋晚修本而出，錢侗抄本及《續古逸叢書》和《四部叢刊》，則自王昶舊藏的宋晚修本而出。

至於趙均抄本《説文》，儘管清人多推測該本自"宋大字本"而出，但考察趙宧光、趙均的藏書情況，結合《説文》和《五音韻譜》的版本源流可知，所謂的"宋大字本"並不存在——趙均抄本的"出現"，並非有宋本作爲底本。

趙均抄本的篆形和説解，以明代嘉靖以後刊刻的《五音韻譜》爲底本，篆次參考了趙均之父趙宧光舊藏的宋晚修本《説文》，並改用半葉七行的行款抄成。趙均抄本或其録副本，事實上也是汲古閣本的主要底本。

汲古閣本試印本的版刻面貌，反映出汲古閣本刊刻時，毛晉以趙抄本爲主底本，並據毛晉舊藏宋早修本、毛氏舊藏《繫傳》抄本校改的痕跡；汲古閣本從試印本到初印本、剜改初修印本的變化，發生在康熙四十三年（1704）至康熙五十二年。此時毛扆的主要依據是《繫傳》抄本。毛氏剜改後印本中，挖去了卷一五版心的"汲古閣"字，這一改動，當在毛扆去世之後。在清代的汲古閣翻刻本中，除淮南書局本自毛氏初印甲本而出外，朱筠椒華吟舫本及其它一些清代翻刻本多自毛氏剜改後印本而出。

在文後所附的大徐本《説文》版本源流圖中，圖上直綫的是翻刻或修版的關係，圖上有虛綫的是有吸收、校改的關係。

2.《説文》版本與《説文》學史

梳理《説文》的版本源流，我們會發現，在清代的《説文》的版本流傳，與《説文》學史有着特別緊密的聯繫。這是一個非常典型的案例。

在《説文》學史上，重要的《説文》刻本，也往往與小學家、藏書家、校勘家的相互交流有着非常密切的關係，並形成了不同的版本源流。如康熙末年，朱彝尊勸刊小學書籍，汲古閣本《説文》最終印行。乾嘉之際，段玉裁與錢聽默、周錫瓚、袁廷檮、顧之逵等人的書籍交流，推動了《説文》的版本校勘，也間接促成了藤花榭本、平津館本等新刊本的問世。與此同時，每一個《説文》刻本的刊刻，既以同時代的《説文》研究爲基礎，也受制於刊刻主持者所能獲見的版本和校勘理念。毛扆並不瞭解大徐本與小徐本的源流差異，屢取《繫傳》校改《説文》，故段玉裁有"識見駑下"之譏。藤花榭本、平津館本均以額勒布藏本爲底本，但藤花榭本據毛氏剜改本、《説文訂》所言"宋本"校改，形成了更爲複雜的文字面貌，而平津館本則較爲忠實地保留了底本面貌，成爲清代諸多《説文》刻本中最爲精審、影響最大的一帙。

相較於《説文》的寫本、抄本來説，刻本的流通更廣，也決定了不同時代學者所能閱讀到的主要的《説文》版本。通行的刻本，是一個時代中最易獲見的版本，而各個刻本的局限，也會影響一代學人。如顧炎武《日知録》對《説文》的誤會，即源於當時通行的明刻《五音韻譜》。至康熙年間，"始一終亥"的汲古閣本印行，毛本固然優於"始東終甲"的《五音韻譜》，然而，在毛扆校改汲古閣本時，曾據小徐本校改説解，還有一些並無版本依據的理校校改。

在康熙、雍正以迄乾隆年間，汲古閣剜改本是通行的唯一刻本。除了個別能獲見宋本《說文》的學者之外，大部分學者在研究時僅能使用汲古閣本。即便是曾經獲見過宋本《說文》的桂馥、段玉裁，他們的《說文解字義證》和《說文解字注》中的異文，透露出他們所依據的《說文》，仍是以汲古閣剜改本爲主。道光八年（1828），王筠《覆翟文泉先生書》，提及《說文》版本，云：

> 念前奉賜書，欲以《說文》提綱，又謂所蓄之《說文》未廣，筠輒欲以此獻替，惟先生俯采焉。案今之《說文》，惟大小徐兩本。余所見大徐書，汲古閣初印及五次剜補（今所行者皆此本）。藤花榭、平津館，皆仿宋也。……綜而論之，汲古初印與藤花、平津多合，然剜補亦多佳處，不得如段茂堂之一概抹殺。藤花楷體得正而多訛文，平津注文不訛而多俗體，其篆文之改定者，輒誤不可從。……朱竹君先生翻刻汲古五次剜補本，而自云宋本，詒誤後生，不必置論也。

這封書札表明，道光初年《說文》研究者所能利用的《說文》版本，比清初乃至乾嘉學者要豐富得多，而他們對《說文》版本系統的基本認識，也比之前的學者更爲深入。

清代的每一位《說文》研究者的研究，既以各自的研究理念、同時代的《說文》學研究基礎爲背景，也受制於其所能獲見的版本。如乾隆時期在京師的朱筠、翁方綱、桂馥等學人，未能深入認識《說文》的版本源流，這也在一定程度上限制了他們利用善本進行《說文》校勘。乾隆三十八年（1773）朱筠據汲古閣剜改本翻雕椒華吟舫本，誤信毛本內封"北宋本校刊"說，於每卷前題"大興朱筠依宋本重付開雕"；翁方綱跋毛晉舊藏宋早修本，認爲該本"板本極爲麄疎，訛誤之多，指不勝屈"；桂馥在《與龔禮部麗正書》中，言"馥所見《說文》，不過元明間刻本"，將他曾經獲睹的兩個宋元遞修監本《說文》，誤判爲元明間刻本。而乾嘉之際的江南，段玉裁、黃丕烈、袁廷檮、顧廣圻等人，則充分注意到《說文》版本的複雜性。到了王筠《說文句讀》中，則如是評價藤花榭本、平津館本：

> 所據之《說文》本，大徐則毛氏本（異於見行本，似是刊改一二次者），鮑氏本（誤字多，然無妄改），孫氏本（誤字少，然《序》言顧千里改其篆文，則不可據）。

王筠對平津館本篆形的不信任背後，實際上和王筠對祁寯藻《繫傳》的底本（亦即顧廣圻抄本）的認識有很大的關係——王筠在北京所能獲見的《繫傳》

是汪啓淑刻本、朱筠藏抄本，皆爲缺本系統。因此，王筠反而懷疑足本系統的顧廣圻抄本不可信，並武斷地認爲孫本《說文》篆形不可信。在這一系列的連鎖反應背後的版本觀念，也頗值得玩味。

3.《說文》校勘理念的碰撞

清代的《說文》校勘著作，有朱文藻《說文繫傳考異》、段玉裁《汲古閣說文訂》、錢坫《說文斠詮》、嚴可均《說文校議》、鈕樹玉《說文解字校錄》、王筠《說文繫傳校錄》等，而清代學者的《說文》批校，就更加豐富。細繹諸家校語可知，清人校勘中，既有親自校勘，也有輾轉引錄——特別是段玉裁《說文訂》的影響，尤其值得關注。由於段玉裁之後的大部分《說文》研究者，並沒有機會像段氏那樣同時獲見多個《說文》善本，故在《說文》研究中參考段氏《說文訂》的校勘結論時，往往也會產生一些輾轉因襲的誤說。比如，《說文訂》的宋本，似以王昶本爲主底本，失校周錫瓚本較多；《說文訂》中，"虨""麠"等例下，也並未區別王昶本上的異文是來自描改還是版刻異文；《說文訂》中，"叕""㳆""浪"等條下，也有將宋本或他本文字，誤植爲"初印本"之文字，造成校語與實際面貌不合。清代學人中，桂馥、錢坫、嚴可均、陳鱣等人，均曾參考過《說文訂》。桂馥《說文解字義證》中，"小字本"和"宋本"並見，其中"小字本"來自桂馥經眼的宋小字本，而桂馥的"宋本"則實際來自段玉裁《說文訂》。其實，桂馥看到的"小字本"和段氏所見的"宋本"，從版本性質上都包含了宋早修本、宋晚修本，但因爲桂馥誤以爲他所見到的"小字本"爲元明坊本，造成了《義證》中實爲同一系統的"小字本"與"宋本"重出。錢坫《說文斠詮》的《凡例》首條中，有"一斠毛斧扆刊本之誤"，實則毛扆字斧季，"毛斧扆"之說有誤，在臺圖藏顧廣圻、鈕樹玉批校本《說文解字斠詮》（00943）上，顧廣圻直云"開口便錯"，"此條皆直勦段大令《說文訂》"。至於嚴可均《說文校議》，其版本校勘亦多承襲《說文訂》之誤，在他書校勘中，又混入了一些實際未引《說文》的材料，在使用時仍需核對原書。

同時，清人的《說文》研究中，不同校勘理念的碰撞，也激蕩出不同的火花——本校的典型，有孫星衍"今刊宋本，依其舊式，即有譌字，不敢妄改"，也有顧廣圻"許氏自有義例，具在本書。後來治此者馳騖於外，迭相矜炫，非徒使叔重之指轉多沉晦，且致他書亦苦牽合附會"。他校的典型，有毛扆校跋汲古閣第五次校樣，云"遍檢小學諸書以證之"，也有嚴可均取他書引文以改《說文》。至於理校，則是《說文》校勘的另一取徑：如果說段玉裁《說文訂》

是其本校成果的體現，嘉慶二十年（1815）刊成的《説文解字注》，則"以經注許，以鄭注許，而尤要在以許注許"，兼有本校、他校和理校。今天看來，段注的大膽理校中，既有令人眼前一亮的"神來之筆"，又有極爲迂曲不甚靠譜的"異想天開"，段注中的種種得失，都和他的校勘理念乃至《説文》學思想有着密切的關聯。

六、結　　語

《説文》的版本非常複雜，從宋代徐鉉校定《説文》以來，《説文》不同版本的修版、補版與翻刻，影響着不同時代的學者所能見到的主要版本。近年來，我主要致力於梳理《説文》刊本的版本源流，鈎稽清代重要《説文》藏本的流傳蹤跡。在這個學習、摸索的過程中，我有機會經眼了毛扆、翁方綱、桂馥、盧文弨、陳鱣、段玉裁、孫星衍、顧廣圻、嚴可均、鈕樹玉等一大批學者的批校，感受過清代頂尖的《説文》研究者之間的碰撞與衝突。同時，我也深深地感謝周祖謨、趙萬里、潘天禎、陳鴻森、李更、王貴元、張麗娟、郭立暄、阿部隆一、尾崎康、喬秀岩、白石將人等學者在《説文》學、版本學、校勘學方面的研究。這些研究，以一個個精彩而又扎實的個案，給了我很多啓發。當然，我也要感謝我的老師王寧先生主持的"數字化説文解字"平臺，爲我的《説文》版本研究，提供了便利的條件。

我的博士後出站報告《傳抄、借閱與刊刻：清代〈説文解字〉的流傳與刊刻考》，就是圍繞《説文》在清代的流傳與刊刻展開的。在我已發表或將發表的論文中，陸續就《説文》宋本、毛氏汲古閣本、額勒布藤花榭本、孫星衍平津館本以及《繫傳》汪啓淑本、祁寯藻本等《説文》版本的源流和刊刻情況作了探討。同時，在釐清了相關版本後，我也寫過一篇文章，追蹤段玉裁《説文訂》利用過的校本的具體情況（有些校本今已不存），並思考段玉裁的結論，是怎樣影響了清代乾嘉時期的《説文》研究的。另外，在討論相關藏本的遞藏綫索時，我嘗試去梳理其中的學術史脈絡——《説文》舊本在江南和京師的流傳背後，其實也反映出翁方綱、桂馥、王念孫、丁杰、朱文藻、陳鱣、段玉裁、錢大昕、顧廣圻、鈕樹玉等不同學者的研究思路和研究方法。希望這些研究，能夠豐富和推進版本學、《説文》學的研究。最近，我也在整理顧廣圻《説文考異》，以作爲影印平津館本《説文》的附錄。以上是我今天演講的内容，敬請諸位老師批評指正。謝謝！

大徐本《說文解字》的流傳與刊刻

附大徐本《說文解字》版本源流圖

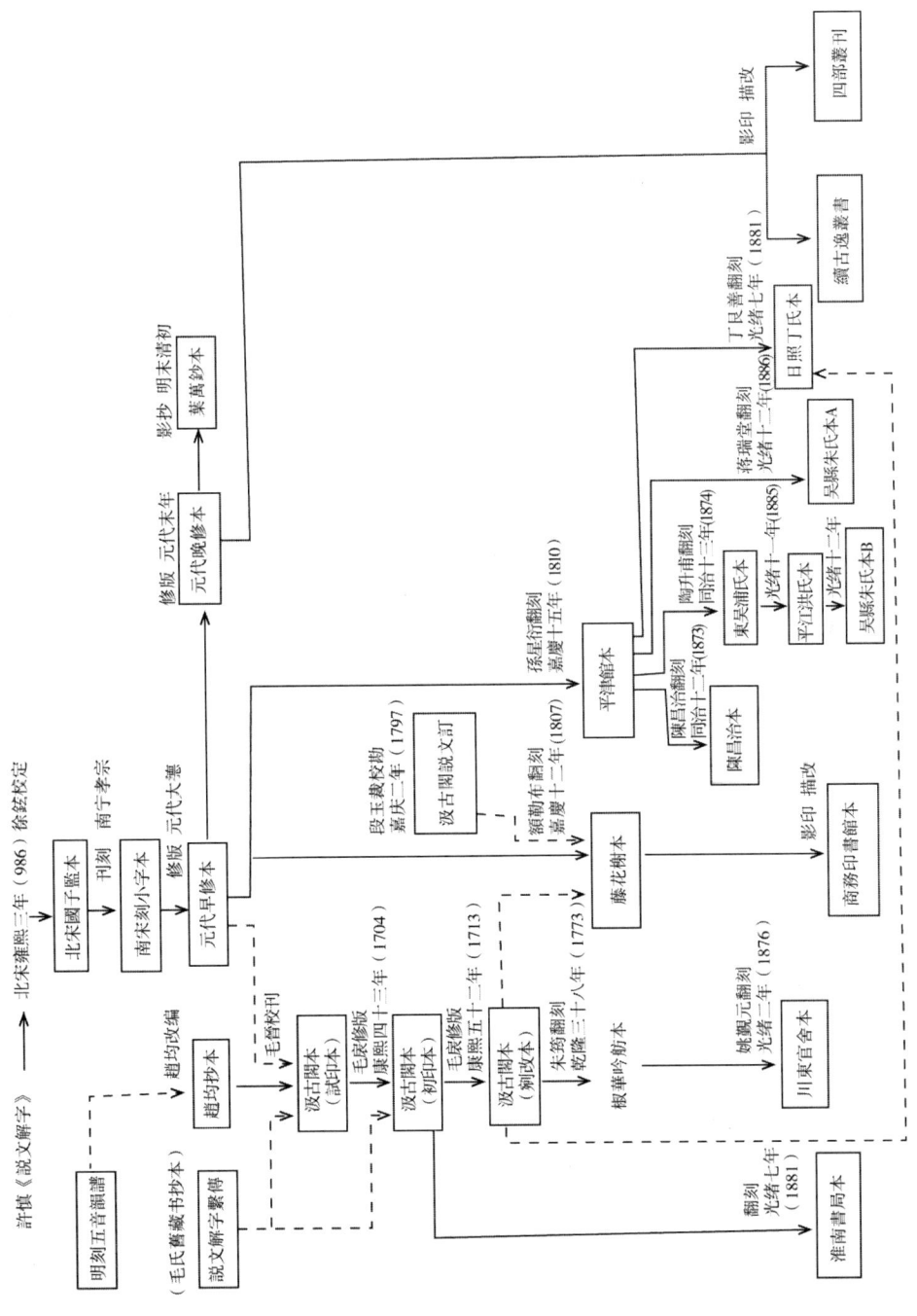

主持人：非常感謝董老師精彩的講座，濃縮了她關於大徐本《說文》的一系列研究成果。從最早的宋刻小字本一直梳理到清代的刻本、刻本的不同印本，包括清代學者所見的版本，牽涉到《說文》學術史上的許多重要問題，都講得清楚透徹，我收穫很大。

董老師的研究其實可以從多個角度去理解，包括小學研究的角度、校勘學的角度、《說文》學史的角度、清代學術史的角度，也包括版本學的角度。從版本學角度來說，有很多值得我們借鑒之處。我覺得版本學的研究實際上還處於一個粗疏的階段，研究者對版本學的瞭解和認識還不是特別深入，版本學研究者對學術史和對書的內容似乎也不是特別關心。怎樣把這兩者結合，這是一個很大的學術突破點，也是可以去研究的學術增長點，我特別希望像董老師這樣的版本與學術互相結合的研究能夠有更多人來做。所以我認爲董老師的研究非常有意義，把版本學的研究方法運用到專書研究的領域中去，結合學術史來研究版本。

從這個例子來看，過去可能我們沒有這樣的條件，看版本不是很方便，研究專書內容的學者可能不會過多關注版本。我記得我寫博士論文之前，我曾經問過李暢然老師有沒有人寫過關於《孟子》的版本學方面的論文，李老師說好像沒有人專門寫過《孟子》版本的論文。我當時有點驚訝，後來也不驚訝了，實際上不只是《孟子》，十三經以及其他重要書籍的版本，當時除了王鍔老師有關於《禮記》版本的論文之外，也沒有什麼專篇的論文去研究，因而這方面的研究是一個很大的空缺。到目前爲止，經學方面的版本學論文多一點了，其他方面的則是一些零星的論文。這些經典書籍，特別是那些重要的、刻本比較多的書籍，它們的版本比較複雜，大家不太敢碰這些東西，實際上這些問題非常有意義有價值，亟待研究。

《說文》的版本問題是一個硬骨頭，挺不容易研究。董老師到各地去看了好多書和版本，這是必須要去的，雖然現在從網上蒐集資料已經很方便了，但是還是要去看實物，做一些具體的調查工作。從版本學的發展上來講，個案研究是基礎。雖然理論的研究是很有必要的，但是每一個個案的細緻的研究總是我們學術發展的最基礎最扎實的內容。如果有了對這些重要書籍（比如《說文》）的版本的比較細緻的梳理，那麼我們對版本學的認識會有比較大的提高。如果同學們對版本學感興趣的話，可以借鑒這種研究方式。

以上是我的感想，下面請大家提問。

王豐先老師： 聽了董老師的講座我很受啓發。這幾年我也在做經籍的校勘，當我校勘《周易集解》時，也發現了汲古閣本的問題，前後有四次剜改，第四次剜改改變了卷數，由十卷變爲十七卷。今天聽了董老師的講座，使我頓時意識到汲古閣本並不是以前認識的那樣，而是處於一個變動過程之中，版本在不斷改進。那麽汲古閣本《説文》最初依據的底本是什麽，底本有没有改變？

主講人： 從汲古閣本試印本的一些特殊行款、特殊文字看，汲古閣本的底本，是趙均抄本或者與趙均抄本同祖本的本子。但在今存最早的汲古閣試印本中，又有一些不同趙均抄本的文字，從校改來源看，其中有一些只可能來自宋小字本，而不來自《五音韻譜》或其他本子；還有一些來自《繫傳》等書。也就是説，汲古閣本可能在毛晉身前就已完成寫樣，並根據毛晉當時藏的宋小字本做過校改，也許也刊刻了一部分——到了毛扆時，纔正式校改後印行。

但是，關於趙均抄本的來源，這是我準備寫的一篇論文所要討論的問題。當然，要寫趙均抄本的話，我就要先解決另外一個問題，即明代《五音韻譜》的版本源流，然後纔能研究《五音韻譜》與趙均抄本之間的異文關係——趙均抄本從哪一個刻本的《五音韻譜》而出。明刻本《五音韻譜》的翻刻比較多，有六七個翻刻本，各本的異文又從哪裏來，都需要解決。但毫無疑問的是，趙均抄本所依據的《五音韻譜》，版本比較晚，不會早於嘉靖年間。

另外，趙宦光、趙均藏有大量小學書籍，這也是思考這一問題的綫索——我曾查閱過他們舊藏的小學書籍，比如國圖藏有趙宦光的《繫傳》，北大藏有趙宦光的《説文》《篆韻譜》，南圖、上圖、静嘉堂，也藏有他們所藏的小學書籍。民國年間的一個書志記載過，趙宦光有批校的《五音韻譜》，今天下落不清楚。所以要梳理趙均抄本的源流，也要充分考慮到趙宦光、趙均所藏的小學書籍的情況。

王豐先老師： 我校勘《周易集解》時發現，汲古閣刊刻《周易集解》時，起初是用胡震亨的《秘册彙函》本作底本進行剜改，但是最後又換成嘉靖三十六年的朱睦㮮的聚樂堂本爲底本，汲古閣本《周易集解》自稱"宋本"，但是卻未用宋本來校勘，這是爲什麽？

主講人： 關於這個問題，郭立暄老師提醒過我，汲古閣本的"宋本校刊"該怎樣理解。可能汲古閣依據宋本進行過校改，但並不一定就是以宋本爲底本。因爲毛氏汲古閣的藏書也非常多，他們可能同時藏有三四個甚至更多個宋本，但是刊刻寫樣時用哪個本子作爲底本，取決於他當時有沒有收藏，以及用哪個本子寫樣更方便，在刊刻底本、校勘書籍時，這些因素可能都有影響。郭立暄老師接觸的汲古閣刻本也有這個問題，他說，一方面要意識到毛晉毛扆藏書特别多，另一方面要意識到，毛氏刊刻的底本，未必是我們現在能看到的毛氏所藏的宋本。

王豐先老師：我比較關心你下一步是不是要做一個《說文》的點校本（相當於定本）？

主講人：我一直想做的一項工作，就是做《說文》的彙校，將各個版本系統的異文吸收進來，現在已經有了十幾萬字的校記。但是，這個校記距離出版還有很大的距離，有許多方面要斟酌——作校勘的時候基本是零零散散的，但整理起來，有不同的版本異文，那非版刻異文該如何處理；另外，參校的版本中，小徐本要不要考慮進來（因爲小徐本和大徐本不是同一個系統），群書所引《說文》該怎樣處理，都需要思考。可能我不一定能作定本，我希望的是，像周祖謨先生做《廣韻校本》、趙振鐸先生做《集韻校本》那樣，以一個通行本爲基礎，彙校各個版本的異文，提供給學界。

李暢然老師：我想向您提個小問題，就是汲古閣本的第二三四次校樣還有遺跡嗎？

主講人：目前我能看到的五次剜改之前的印本，已經有三個印次了。同時需要說的是，南圖所藏汲古閣試印本，是我們目前所能看到的最早的印本，但是這個本子上，已經有一些歪斜、纖細等修版痕跡，因此，汲古閣可能有更早的印本，但這還需要實物版本來證明。在五次剜改以後，目前我還在上圖，在國圖，都看到過幾個反映從初印本到剜改本過渡狀態的印本（只校改了若干卷，其他卷還未校改），在五次剜改以後，也有初修印本和後印本的版本區别。釐清汲古閣本的印次和異文，能夠反過來幫助我們判斷一些《說文》宋本上抄補葉的抄補時間、抄補來源。比如我之所以推斷葉啓勛、葉啓發舊藏本所鈐的毛扆印是僞的，就是因爲那幾葉抄補，是根據五次剜改後印本而出，那不太可能是毛扆生前能看到的。

主持人：有個問題你剛纔沒有仔細講，就是關於宋刻小字本最開始刊刻的時間，你有什麼依據，比如刻工方面的依據。

主講人：沒有刻工的依據，我定爲孝宗時期是因爲此本卷首和有些版葉有"慎"字的避諱，如把"許慎"改成"許氏"或寫成缺筆。由於初刻的刻工基本上都是漫漶的，我只能大致推測初刻是在孝宗年間。大部分刻工並不集中在孝宗年間，只有阮于一人是較早一批的刻工，其他的都是光宗和寧宗年間的刻工。

　　主持人：我懷疑它會更早一些，與最早一批的南宋監本同時，從避諱字上來看有没有這種可能性？

　　主講人：對，我説是不晚於孝宗年間，也就有更早的可能，因爲那個年代正好大批量翻刻北宋監本。但是到底最早是哪個年代，由於没有刻工作爲最關鍵的依據，所以還無法判斷。關於《説文》北宋監本與南宋翻刻的關係，現在没有找到史書記載，但根據宋本《説文》書後牒文來看，我們可以放在南宋翻刻北宋監本這樣一個大的時代背景下去推斷其年代。

　　主持人：現在進行贈書環節，由儒藏講壇的負責人甘祥滿老師向董老師贈送《儒藏》精華編樣書一本。衷心謝謝董老師的精彩講座。如果大家還有問題，可以與董老師私下探討。此次講座到此爲止。

（感謝劉斌博士録音整理）

"儒學研究範式的歷史與展望"學術研討會綜述

李文豔　郜喆

時間：2019年9月21日
地點：北京大學紅二樓
主辦單位：北京大學《儒藏》編纂與研究中心

北京大學《儒藏》編纂與研究中心主辦的"儒藏講壇"第八期，於2019年9月21日在北京大學舉行，本期活動以"儒學研究範式的歷史與展望"爲主題，30多位學者共同進行研討。來自全國各地的專家學者齊聚燕園，就儒學研究範式的發展歷史與未來展望等問題，各抒己見，百家爭鳴。

近年來，儒學研究復興，如何看待儒學研究範式的歷史發展，如何承續傳統，發掘經典文獻的現實意義，繼續推動中國哲學的發展，是衆多與會學者關注的問題。北京大學《儒藏》編纂與研究中心的李中華教授指出，"範式"一詞來源於西方，它具有兩個特點：第一，舊有學術中出現思想轉變之時，新的範式就會醖釀在其中，需要學者對其進行概括、總結、提升；第二，在創造新的範式之後，它需要經過學術界的討論，得到共識。在當今世界，技術的發展日新月異，帶來了各種創新的思想，舊有的中國哲學範式已經難以解釋現代世界中的自然與社會。因此，中國哲學必須創造出新的範式，進而推動學術的轉型，以應對思想的巨變。本次會議的主題十分重要，同時也比較困難，應當堅持對中國哲學研究範式的討論。深圳大學國學院景海峰教授做了題爲《經典詮釋與當代儒學的發展》的主題報告，討論了儒家經典詮釋學的問題。景海峰教授指出，對於經學的理解和現代的經學史研究應該嵌入思想史的意義，大力恢復歷史上經學作爲中國古代文化之基礎和中國人安身立命之根本的本來面貌。從現代學術的格局來看，儒家經典詮釋學的構建是絶對離不開思想義理之維度的，義理之學應該是這一系統的核心內容，是其理論建設的重要目標，也是未來形態的精與魂。兩位先生對儒學研究範式的討論發人深省，爲當下繼續推進儒學發展，實現儒學研究範式的轉變，作出了極爲深刻和重要的思考。

今人進行儒學研究，首先必須面對古代學者的經典詮釋文本，文獻學是儒學研究最爲基本的方法，也是儒學研究的最基本範式之一。北京大學中文系、中國古文獻研究中心顧永新教授發表了《〈周易要義〉所從出之底本探賾》一文，通過鉤稽《要義》内證，同時比對傳世《周易》經注本、單疏本和注疏合刻本，推究南宋學者魏了翁《周易要義》所從出之底本。顧永新指出，《周易要義》並非注疏合刻本，而是由北宋刻經注本（《釋文》附經別行）和單疏本拼合而成，構成的方式是以經注本爲基礎綴入疏文。北京師範大學文學院方韜副教授發表了《〈春秋外傳〉文獻考釋》一文，對韋昭《國語解》的撰著年代及音注問題進行了考證。方韜首先從韋注所涉孫吳的地名入手，考證出韋昭作注的時間在赤烏五年（242）至寶鼎元年（266）間，繼而論證《國語解》天聖明道本卷一《周語上》的反切直音皆非韋昭所撰，而是羼入的唐人舊音，同時指出這種羼入可能是宋本的原始狀態。福建師範大學經學研究所助理研究員陳殿發表了《〈春秋〉人名杜預釋例》一文，試圖重構杜預對《春秋》書法、《左傳》史實文本與人物身份、世次及關係、名號歸一等討論聯繫起來的論證綫索，揭示傳統經書注釋形式的論證透明度。文章指出，據發傳可明經書名號之義例，經書名號義例明而後可推傳敘名號之義例，經傳之名號義例明，而後釋讀人物名號形式及含義方有根底，杜氏釋證之事皆可循此而得以理解。山東大學儒學高等研究院王小婷副教授宣讀了《〈孝經叢書〉與〈孝經總類〉本之異同考》一文，對明代朱鴻所撰《孝經叢書》與《孝經總類》之體式編排、段落内容、文章首尾、文字詞句、音注位置等諸多相異處作出比對和考證。文章指出，《總類》本比《叢書》本字數多且内容詳實，論證嚴密且改後者錯訛處，由此推斷《總類》本之成書時間應較《叢書》本晚，且是《叢書》本的增訂本。北京大學《儒藏》編纂與研究中心李暢然副研究員發表了《"對文則別，散文則通"——"十三經"形成的縱橫兩綫暨不同著作的關聯序列》一文，提出從"五經"擴展爲"十三經"存在兩條主綫，即單經義的縱向擴展和群經義的橫向擴展。李暢然認爲，"對文則別，散文則通"的語用原理決定了經傳隨時可以混稱爲廣義的"經"，橫綫擴展典型體現了"散文則通"的日常性，主要包括從漢"五經"到東漢"七經"，從唐"九經"到宋末"十三經"，以及從南宋"六經"到同期民間"九經"。南宋至元區分經傳的"九經三傳"與不區分經傳的"十一經"之變換，對"十三經"的提出有所鋪墊。上述學者基於古文獻學對當時儒學文獻予以梳理和考察，提出了諸多新觀點，研究涉及了版本、目錄、校勘等各方面，同時以小見大，從文本問題窺見當時儒者的思想傾向。

儒學在先秦兩漢時期的傳播與發展對後世儒學的發展具有重要意義。廈門大學人文學院哲學系暨老子研究中心李若暉教授發表了《論正常之惡：郭店竹書〈魯穆公問子思〉的哲學分析》一文，從哲學的角度闡發了道德與權利之間的張力。李若暉指出，最大的君之惡，就是將君主的個體行爲普遍化，以單向性對待全體臣民，它基於權力結構，而不是道德結構。真正的道德要求忠臣"恒稱其君之惡"，以道德對抗權力，指出君主的權力邊界，打破其個體行爲的普遍化。華東師範大學古籍研究所張文副教授發表了《〈論語〉"束脩"釋義考辨》一文，採用二重證據法，對學術史上"束脩"的三種解釋（束帶修飾、年齡標誌、束脯之贄）分析考辨。張文指出，束帶修飾源自《尚書正義》的臆測誤解，年齡標誌起於《後漢書注》的斷章取義，皆非孔、鄭注說的本來面目。結合文字本義、語言環境、先秦禮制及漢儒古訓來看，束脯之贄的解釋都確切無疑。中國政法大學哲學系呂明烜發表了《"知和而和，不可行也"——從〈學而〉第十二章看"和"的發生基礎》一文，闡明傳統語境中"和"的順利展開，需要奠基於有等差的禮之"節"的基礎上。呂明烜指出，相比"求同存異"的和，"以禮節之"的"和"有助於在多元中保持價值裁量，避免文化多元主義之消極影響，亦有助於找到"和"的實際開展路徑，避免空談境界之誤區。中南大學哲學系譚忠誠副教授發表了《道、術之間：兩漢儒學政治化範式之嬗變的歷史經驗》一文，通覽兩漢儒家政治化範式之前後嬗變及其成敗得失。譚忠誠認爲，陸賈"功德參合，而道術生焉"的原則引發了"陽儒陰法""以術干道"等政治流弊，而"陽儒陰法"所致的"漢承秦弊"對那些抱道以救世的政治家而言則如抱薪救火，由此概括漢代推行政治化的結果：以"道"觀之，於儒不純；以"術"觀之，於政有闕。天津社會科學院哲學所助理研究員田豐發表了《漢代推類思維範式的轉型——以王充爲中心》一文，強調把握推類思維適用的場域，才能看清它真正的價值與限度。田豐認爲，漢代推類思維是事物關聯的去中心化、情境化的建構方式，而王充批判漢學的方法是簡單化的推類思維，將存在事物都以同質性與同一性關聯來類推。事物的關聯方式儘管保留了感應論的交互性意義，卻缺乏超越者維度，使得萬物終歸彼此孤立缺乏關聯，只能以適偶論與命定論建構前定關係。王充精彩之處皆在人情、倫常、心境之推類上,達乎禮之精意。以上學者分別從哲學、文獻學、經學、政治學等不同學科和視角對先秦兩漢時期的儒學研究範式作出思考,通過對學術史的梳理與研究,對當時的學術淵源、師承關係、思想旨趣形成清晰的定位。

宋明理學一直是當代儒學研究的重點,本次會議中的數篇論文,就理學中的部分問題展開了豐富的討論。中國人民大學國學院講師湯元宋發表了《從"道體"到"體道"——朱熹"與道爲體"之説發微》一文,論文在余英時、牟宗三兩種具有代表性的道體論説的基礎上,跳出傳統針對特定道體文本的考證辨析,通過對朱熹哲學的整體把握,指出朱熹援引、改造程頤"與道爲體"之説的用意在於打通其哲學體系中的本體與日用工夫。華東師範大學古籍所的王耐剛副研究員發表了《朱陸異同與優入聖域——以明代孔廟從祀爲考察中心》一文,王耐剛認爲,陸九淵、王守仁兩人從祀孔廟,是學術與政治相互糾合的一個縮影,反映出理學史上朱陸異同及其相關問題的影響力。其中,陸九淵的從祀,由王門學子薛侃提出,得到了嘉靖皇帝的支持,反映出嘉靖時期學術風氣的轉變。王守仁的從祀,雖過程波折,但由於王門學子的種種工作,最終獲得成功。但一般士大夫在朱學、陸學上的矛盾心態,反映出了陸王之學在政治合法性與道統合法性上的張力,也反映出從祀孔廟問題的複雜性。北京大學《儒藏》編纂與研究中心張倩茹博士發表的《正德九年朱陸之辯——王陽明〈朱子晚年定論〉成書背景新探》一文認爲,正德九年朱陸之辯在兩個方面構成了陽明《朱子晚年定論》的一個成書背景,一爲正德九年(1514)朱陸之辯與陽明《朱子晚年定論》寫作時間的重合,一爲正德九年朱陸之辯與《朱子晚年定論》在主旨、内容上的一致,所以,《朱子晚年定論》是正德九年朱陸之辯爭論内容的深化。北京師範大學哲學學院許家星教授發表了《引述抑或創作——朱子〈四書集注〉"增損改易本文"探微》一文,提出"增損改易本文"是《四書章句集注》注文的一個基本特點,大致分爲兩類"述而不作"和"寓述於作"兩類。許家星指出,朱子既引其文復改其説之作法,既反映了朱子與二程學派之異同,亦體現了其經典詮釋精神上既述作兼具,同時方法上又融漢宋一體的綜合性與創新性,展現了經典詮釋與思想建構的内在一體性,於當前處理中國哲學之傳承與創新、哲學與經學之關係等仍具深刻啓示意義。揚州大學社會發展學院程海霞副教授宣讀了《中晚明王學"以内在證超越"之取徑新探——以江右王門王塘南之孟子觀爲綫索》一文,程海霞認爲,陽明後學中,王塘南的思想主要有以心證仁、以良知而非情識證性體、以"外"證"内外中道之體"等具體形態。其中,以心證仁體現了陽明學派區別於程朱一脈的特殊理路；良知情識之別，則是江右王門之特色所在；而以"外"證"內外中道之體"，乃王塘南本人基於江右、融會浙中的義理創發。清華大學哲學系高海波副教授發表了《方以智對晚明清初學風的批判：以〈易餘〉爲中心》一文，文章認爲，晚明清初的思想界出現了重本體輕工夫、重頓悟忽漸修的傾向，方以智在《易餘》中，對當時世風、學風進行了批判，並針對虚病之風，提倡一種經世致用之學。以上諸學者的討論，爲理解宋明理學中，諸如朱熹"道體"思想、"朱陸之辯"的思想史意義等問題，提供了新穎而又獨特的視角。

清代學術與現代儒學研究距離最近，對於確立當代儒學研究範式有著豐富的借鑒意義。中山大學哲學系的李長春副教授發表了《"效法""時會"與"風氣"——章實齋的"知識論"》一文，論文認爲，章學誠將道體的"成象"與聖人對於象的"效法"看作六經形成的原因，由此，"道"既是具有超越性的形而上存在，亦是展現在時空中的形而下存在。在"成象"與"效法"的統一中，"時會"使得"道"在具體的歷史之中，呈現爲不同的"象"。三代之時，官師合一，道不離事；三代之後，政教分離，道在"時會"的作用下成爲歷史，不同時期對於三代歷史的解讀，形成了具體的"風氣"。後世學者只有在先王政教的歷史經驗與當下境遇的情境判斷中，依據自身的天質，以獲得既不脱離"時會"，又可通向"道"的獨特"風氣"。"道"的"效法""時會"與"風氣"，構成了章學誠的知識論。北京師範大學歷史學院的姜海軍教授發表了《〈四庫全書〉的編纂與清學範式的建立》一文，姜海軍認爲，《四庫全書》的編纂具有着充分的現實原因，乾隆時期，理學日益固化而江南考據之學卻日益盛行，爲了消弭南北經學、儒學之差異、分立，朝廷急切需要整頓思想、重新樹立中央權威，乾隆敕命編纂《四庫全書》，以此來整合當時南北、朝野思想之差異，通過重建、統一以經學爲核心的學術體系——清學，進而實現對全國尤其是江南地區的有效控制。中國人民大學哲學院宫志翀博士後發表了《"改制教主"：康有爲對傳統孔子形象的突破》一文，文章認爲近代中國的文明變局造成了經學的危機，即天命觀與聖王歷史的退場，這是促使康有爲提出"改制教主"說的重要背景。"改制"和"教主"的提出，表明"文明"上升爲康有爲經學體系的主題，經學與文明價值、文明史的關係是他的首要關懷。由此，他將經學整體上重構爲三世說，一套兼具政治哲學與歷史哲學性質的文明理論，進而突破了傳統經學的範式。北京大學儒學研究院郜喆博士發表的《論廖平"三統說"的形成與發展——以經史關係的考察爲核心》一文認爲，廖平將傳統公羊學中的"三統說"擴展爲群經中的"三代異制"問題，並以此爲基礎，重新建構了極具個人特色的"三統說"。從經史關係的角度來看，廖平的"三統說"在甲午前後出現了由"經史合一"到"經史分途"的轉變，進而分別指向"制度文明史"與"空言哲學"這兩種理解經學的方式。北京大學《儒藏》編纂與研究中心沙志利副研究員發表了《章太炎後期哲學與經學關係論》一文，沙志利認爲，章太炎在1906年東渡日本之後，其學說以民族主義爲中心，呈現爲以唯識學爲核心的哲學研究與以史學化爲方向的經學研究。並且，在二者之間，章太炎具有以佛學解釋儒經的傾向。北京大學《儒藏》編纂與研究甘祥滿副研究員發表了《"理"論——從戴震到馮友蘭》一文，論文即從戴震對"理"的新詮釋以及對宋明"理"説的批判開始，續以清末民初王國維關於中西文化"理"義的疏釋，最後考察新時代馮友蘭先生的新理學創建，勾勒出中國儒學在由近代到現代的過程中"理"論的演變脈絡。以上諸學者的討論，縱貫清代學術史，對於清代學術的方法論、晚清經學的現代轉向等話題，進行了充分的整理。

儒學的核心是經學，伴隨着經學研究的復興，沉寂已久的禮學研究重新煥發生機。從思想史、哲學史視角進行的禮學研究，更加注重對禮學思想的理論分析以及對禮學經世致用層面的闡發。中國人民大學哲學院劉增光副教授發表了《"禮讓"傳統的發明——乾嘉儒學的禮義之維》一文，從乾嘉儒學對禮讓的強調來理解"以禮代理"説。劉增光指出，禮意味着禮讓、敬讓，宋明理學家側重從個體內在的修身上講敬，一定程度上忽略了敬、禮所指涉的人己關係層面；而清代乾嘉儒學對禮讓的強調，涵攝義理、經學、治道等多個維度，揭示出美德是發生在人與人之間的社會性、關係性維度，正可以矯宋儒之弊。安徽大學徐道彬教授發表的《從金榜〈禮箋〉看乾嘉漢學的經世意義》一文，闡發清儒金榜《禮箋》一書重振人倫綱紀之路，以拯救世道人心的旨趣，由此窺見出乾嘉漢學的致用思想和經世意義。徐教授指出，《禮箋》多涉古禮樂刑名賦役河工之事，意欲"以古禮證今俗"，推動當時禮學研究在經典文本考證上的發展進程，同時也爲復興傳統禮儀秩序和導引民間風俗漸趨良善做出力所能及的貢獻。北京大學儒學研究院李文艷博士發表了《復性與循禮——李翱思想探賾》一文，抉發李翱心性思想與禮學思想的內在關係。李文艷指出，李翱的復性思想具有實踐維度，即"性"之擴充與實現，必須立足於現實生活中的人倫日用，"禮"是不可或缺的重要環節。在心性論的基礎上，李翱闡發其禮學思想，提出"因性循禮以明道""以禮節情而中和"等主張，彰顯了禮制的倫理道德意義，確立了禮永世不變的地位。儒學史上對於"禮"的經典注解、理論建構和社會實踐諸方面的研究，對於當今進行禮制的傳承與創新，仍具有重要啓示意義。

"他山之石，可以攻玉"，本次會議中，對於域外儒學的討論是一個特別的主題。華東師範大學哲學系方旭東教授發表了《攻氣操心——琉球儒者蔡温的工夫論》。文章認爲，"攻氣操心"是蔡温工夫論的要義，其理論源於程朱修養論範圍，本質上仍是主敬。其中，"操心"典出《孟子》，直接來源是明儒薛瑄，薛瑄對"操心"的理解一稟程、朱。"攻氣"是"變化氣質"的手段，"攻氣"之"氣"指"客氣"，而"客氣"是程朱常用語詞，與義理相對，跟血氣、意氣以及物欲相關，蔡温對"客氣"的用法與程朱一脈相承。因此，蔡温理論實則不出程朱修養論範圍，本質上仍是主敬。北京大學外國語學院劉瑩博士後發表了《東亞近世後期儒學展開的内在邏輯——以荻生徂徠及王船山的"製作"説爲例》一文，文章認爲，"製作"是荻生徂徠被譽爲"近代化先驅"的核心概念之一；丸山真男與子安宣邦對於荻生徂徠的解讀，以從"外"到"内"的動態視角重新挖掘徂徠學的"製作"論，突顯了尚"器"與重"習"的維度。幾乎同時期的王船山在"製作"論中也表現出了對"器"與"習"的格外重視。這就提示出先天預成式人性論式微之後探討儒學中形而上學内在邏輯發展的新方向，即後天養成式人性論的彰顯。中國礦業大學（徐州）外國語言文化學院的孟慶波副教授報告了《十八世紀記述孔子的英文文獻及其特徵與影響》一文。文章指出，十八世紀記述孔子的英文文獻在出版上迎來初步繁榮，從文獻史研究的角度看，在此期間辟有專章記述孔子的十九種英文文獻中，一方面非自主性的譯著、既有文獻的重印及再版佔據了很大比重，有關孔子的篇章大多僅限於粗淺的介紹；另一方面，這些英文文獻也逐漸從單一文本的對譯，走向單一文本的摘譯，繼之又走向多文本的編譯，體現出英文譯者、編者越來越大的自主性。儘管這些文獻多爲譯文，有時不符合出版規範，且研究孔子生平及思想的專門文獻偏少，它們卻幫助了英文讀者瞭解孔子、讓孔子及中國思想進入西方的知識體系，在英文世界產生了深遠的影響。以上學者的討論，展現了日本儒學的相關問題，介紹了儒家文獻在英語世界中的翻譯情況，豐富了本次會議的主題與視野。

儒學研究範式豐富多樣，諸如經典注解、身心體證、理論建構、文本考證、學術史考察、政治實踐等，有經學的、哲學的、史學的、文學或文獻學等範式。無論是微言大義、義理建構，還是文字訓詁、考鏡源流，抑或是海外儒學的以西釋中，都展示着儒學存在的多樣性和儒學研究範式的多元性。此次

"儒學研究範式的歷史與展望"學術研討會,從不同的學科和視角考察不同歷史時期儒學研究範式的内容、特點、變遷及其利弊得失,以包容和開放的心態重新審視這些研究範式,對於未來儒學發展的合理範式和路徑的創新型發展,起到了推動作用。

(作者單位:北京大學哲學系、儒學研究院)

《孔子家語·本命解》成篇考

楊雲荃

【内容提要】 《孔子家語·本命解》與《大戴禮記·本命》之間没有直接的承襲關係，它們都是以古本《本命》爲基礎有目的地改造而成。《大戴禮記》根據編者的意見有所"增加"及"改寫"，但各章節順序基本仍舊；《家語》則大幅度地調整、重組其章節，設置了魯哀公與孔子問對的情景。《家語》還增加了大段文字，以佐證王肅的經學觀點，反對鄭玄的權威學説，這很有可能就是出自王肅及其弟子之手，不能把《家語·本命解》當作研究孔子思想的史料運用。王肅"增加"今本《孔子家語》的嫌疑難以洗刷。

【關鍵詞】 《孔子家語》 《本命解》 王肅 《六德》

《孔子家語》真僞一案在經過《四庫全書總目提要》的"官方審判"以後久以"僞書説"定讞，在近代疑古思潮下，更顯得"鐵證如山"。然自二十世紀七十年代以來，在出土文獻的巨大震撼下，學界逐漸傾向認爲《孔子家語》並非王肅僞作，而是淵源有自的古書。這一時期對《孔子家語》文獻價值的評價遂與清代學者形同天壤。然而在此之外，也有另一種看法，他們認爲相關出土文獻並不能直接對今本《孔子家語》證真，與《説苑》《禮記》等互見文獻相比，《孔子家語》往往顯示出更多的後代性①。近年，裘錫圭先生也發表了重要意見，認爲"今本《孔子家語》的真僞問題也比較複雜。阜陽漢墓所出一號章題木牘和八角廊竹書中的《儒家者言》，只能證明從先秦到西漢的確存在與

---

① 寧鎮疆先生對定州漢簡《儒家者言》、阜陽雙古堆一號章題木牘及上海博物館藏戰國竹簡《民之父母》這三宗與《孔子家語》關係最大的出土文獻作了系統考察。其結論是與《説苑》及《禮記》相比，《家語》顯示出一定的後代性，但同時也指出其文本有一定獨立性，並非直接傳自《説苑》和《禮記》。見寧鎮疆《〈孔子家語〉新證》，上海：中西書局2017年版。

今本《孔子家語》體裁相類的書，並不能證明今本一定不是僞書"①。可見，《孔子家語》的成書問題還相當複雜，只有逐篇乃至逐章逐句地對文本加以全方位、多學科的深入分析和不帶偏見的科學考察，才可能得出最接近歷史真實的結論。本文即是在此精神指導下對《孔子家語·本命解》一篇進行的個案研究。

《本命解》爲今本《孔子家語》第二十六篇，同篇又見諸《大戴禮記》，題作"本命"。兩篇文字主體部分相似，但又存在明顯差異。寧鎮疆先生將中華書局版對《大戴禮記解詁》所分十節歸併簡化爲六大節，與《孔子家語》對照。我們爲便於討論，抄錄於下，並將小節序號附於大節之後：

《大戴禮記·本命》：本命（1、2、3）——總論禮（4）——喪服四制（5）——夫婦之德（6、7）——女德之虧（8、9）——大罪有五（10）

《家語·本命解》：本命（1、2、3）——夫婦之德（6、7）——女德之虧（8、9）——喪服四制（5）

在寧鎮疆先生分析的基礎上，筆者將兩文的重要差異概括如下：第一，《家語》設置了魯哀公與孔子問對的具體情境；第二，章節組合及次序有異，重要的如"喪服四制"一節在《大戴》爲第三節，在《家語》則爲最後。《家語》並且少了"總論禮"（"禮義也，恩之主也"一節）和"大罪有五"兩節內容；第三，《家語》沒有《大戴》第一節末尾"中古男三十而娶"以後的內容，而多出了"夫婦有德"一節從開頭到"冰泮而農桑起，婚禮而殺於此"的大段文字②。第三點是本篇作偽嫌疑最大的地方，這一段多出的文字主要表達了兩個觀點：一、古代禮制規定的"男子三十而有室，女子二十而有夫"是關於男女婚姻最高年齡的規定，是其上限，而非下限。二、男女成婚的時間應該在每年秋季霜降之後，到正月冰雪消融之後，就逐漸停止。翻檢《周禮正義》，我們會發現這正是王肅所極力主張的觀點，並以此批評鄭玄認爲"男三十，女二十"是最低婚配年齡及禮制規定的婚姻時間在每年仲春之後的看法③。其次是第一點，《家語》中所設置的"哀公孔子問對"的背景。王肅因爲反鄭學而作《聖證論》，皮錫瑞認爲："肅集《聖證論》，以譏短鄭，蓋自謂取證於聖人之

---

① 復旦大學出土文獻與古文字研究中心編《出土文獻與古典學重建論集》，上海：中西書局2018年版，第28頁。
② 寧鎮疆《〈禮記·喪服四制〉篇形成研究》，《〈孔子家語〉新證》，第348頁。
③ （清）孫詒讓《周禮正義》，北京：中華書局1987年版，第1033—1054頁。

言,《家語》一書是其依據。"① 由於這兩大嫌疑,故歷史上主此篇爲僞作的學者不少。清代學者孫志祖認爲《孔子家語》"襲《大戴禮·本命篇》《韓詩外傳》一、《説苑·辯物篇》《白虎通·姓名篇》,而假爲哀公孔子問答之辭"。對於《家語》第二部分多出的文字,他認爲"乃王肅所造"②。范家相《家語證僞》也認爲"此篇移改《大戴記》"③。最近,禹菲也重提這一看法④。但他們都是從王肅的經學觀點逆推,從而認定《本命解》作僞,缺乏對《本命解》與其除《大戴禮記》以外的其他互見文獻的深入分析和嚴格論證,故結論仍有偏頗。

以下將以《家語》四大部分爲本,依次對第一、二、四部分作詳細分析,爲討論方便,故不嫌煩瑣地抄録原文。

一、"本命"節相關文獻互勘

《孔子家語·本命解》:"魯哀公問於孔子曰:'人之命與性何謂也?'孔子對曰:'分於道,謂之命;形於一,謂之性;化於陰陽,象形而發,謂之生;化窮數盡,謂之死。故命者,性之始也;死者,生之終也。有始則必有終矣。人始生而有不具者五焉:目無見,不能食,不能行,不能言,不能化。及生三月而微煦,然後有見。八月生齒,然後能食。三年顋合,然後能言。十有六而精通,然後能化。陰窮反陽,故陰以陽變;陽窮反陰,故陽以陰化。是以男子八月生齒,八歲而齔。女子七月生齒,七歲而齔。十有四而化。一陽一陰,奇偶相配,然後道合化成,性命之端,形於此也。'"⑤

《大戴禮記·本命》:"分於道謂之命;形於一謂之性,化於陰陽,象形而發謂之生;化窮數盡謂之死。故命者,性之終也,則必有終矣。人生而不具者五:目無見,不能食,不能行,不能言,不能化。三月而徹昫,

---

① (清)皮錫瑞《〈聖證論〉補評·自序》,第1頁,清華大學(新竹)圖書館藏光緒二十五年刊本。
② (清)孫志祖《家語疏證》,北京:中華書局1991年版,第66頁。
③ (清)范家相《家語證僞》卷六,《續修四庫全書》931册,上海:上海古籍出版社2002年版,第141頁。
④ 禹菲《王肅〈孔子家語〉注本作僞新證》,《哲學研究》2018年第10期,第63—70頁。
⑤ 欽定四庫全書本《孔子家語》,北京:中國書店2018年版,第238頁。

然後能有見；八月生齒，然後食；期而生臏，然後能行；三年䐃合，然後能言；十有六情通，然後能化。陰窮反陽，陽窮反陰，是故陰以陽化，陽以陰變。故男以八月而生齒，八歲而毀齒，一陰一陽，然後成道，二八十六，然後情通，然後其施行。女七月生齒，七歲而毀，二七十四，然後化成。合於三也，小節也。中古男三十而娶，女二十而嫁，合於五也，中節也。太古男五十而室，女三十而嫁，備於三五，合於八十也。八者，維綱也，天地以發明，故聖人以合陰陽之數也。"①

《說苑·辨物》："夫天地有德，合則生氣有精矣。陰陽消息，則變化有時矣，時得而治矣，時得而化矣，時失而亂矣。是故人生而不具者五。目無見，不能食，不能行，不能言，不能施化。故三月達眼，而後能見。七月生齒，而後能食。期年生臏，而後能行。三年顖合，而後能言。十六精通，而後能施化。陰窮反陽，陽窮反陰，故陰以陽變，陽以陰變，故男八月而生齒，八歲而毀齒，二八十六而精小通。女七月而生齒，七歲而毀齒，二七十四而精化小通。不肖者，精化始至矣，而生氣感動，觸情縱欲，故反施亂化。故詩云：'乃如之人，懷婚姻也。大無信也，不知命也。'賢者不然，精化填盈，後傷時之不可遇也，不見道端，乃陳情欲以歌。詩曰：'靜女其姝，俟我乎城隅，愛而不見，搔首踟躕。''瞻彼日月，遥遥我思，道之云遠，曷云能來！'急時之辭也。甚焉，故稱日月也。"②

《韓詩外傳》卷一："傳曰：天地有合，則生氣有精矣。陰陽消息，則變化有時矣。時得則治，時失則亂。故人生而不具者五：目無見，不能食，不能行，不能言，不能施化。三月微昫（舊作'的'）而後能見。八月生齒而後能食（'八'舊作'七'，'月'下有'而'字）。期年臏（舊作'臗'）就而後能行。三年顖（舊作'腦'）合而後能言。十六精通而後能施化。陰陽相反，陰以陽變，陽以陰變。故男八月生齒，八歲而齔（舊作'齠'）齒。十六而精化小通。女七月生齒，七歲而齔齒，十四而精化小通，是故陽以陰變，陰以陽變。故不肖者精化始具，而生氣感動，觸情縱欲，反施亂（原脫）化，是以年壽亟夭而性不長也。詩曰：'乃如之人兮，懷婚姻也，太無信也，不知命也。'賢者不然。精氣闐溢而後傷，時不可過也。不見道端，乃陳情欲，以歌道義。詩曰：'靜女其姝，俟我乎城隅。

---

① 方向東《大戴禮記匯校集解》，北京：中華書局2008年版，第1283—1287頁。
② 向宗魯《說苑校證》，北京：中華書局1987年版，第452—453頁。

愛而不見，搔首踟躕（舊作'跘躃'）。''瞻彼日月，遙遙（舊作'悠悠'）我思。道之云遠，曷云能來！'急時之辭也。甚焉，故稱之日月也（'故'前原有'是'字）。"①

我們將《大戴禮記·本命》與《孔子家語·本命解》互勘：

1. 《孔子家語》："故命者，性之始也；死者，生之終也。有始則必有終矣。"《大戴》作"故命者，性之終也，則必有終矣"。兩相對比，《家語》文從字順，而《大戴》文字難以解釋。盧辯曰："命初分於道，則是生之始也。分道則修短已定，故爲生之終，是以始舉末也。"② 王聘珍曰："命稟於有生之前，性形於受命之始，命制其性之始，即已定其終，有始必有終也。"③ 這些解釋都過於迂曲，難以取信，所以汪照則根據《家語》，明白說"此處脫去'始也死者生之'及'有始'共八字，意義遂不如《家語》之明曉"。王念孫也主張《大戴》此處有脫文。實際上，古今人讀此文，如果不抱偏見，很容易看出《家語》中的文字更爲完整可信④。

2. 《大戴禮記》"徹昀"，《說苑》作"達眼"，《韓詩外傳》作"微昀"，《家語》作"微煦"。原文當依《韓詩外傳》作"微昀"，說詳下。

3. 《家語》少"期而生臏，然後能行"。這一段對應上文"人生而不具者"中的"不能行"。《大戴》《說苑》《韓詩外傳》皆有此句，明顯是《家語》脫漏。

4. 《大戴》："三年囟合"之"囟"，《家語》作"顖"，《說苑》作"顱"，《韓詩》作"頤（腦）"。學者指出，"囟"是"膟"之誤⑤。膟，亦即"囟"，指頭頂會合之處，幼兒頭頂未合，故有"三年囟合"之說。"囟"或作"顖""膟"，皆是一字。《韓詩外傳》作"頤（腦）"是"顖"之形誤，然形雖誤，意尚存。許維遹《韓詩外傳集釋》："《家語》'腦'作'顖'，（據《五行大義》引，今本誤爲"顖"）。"⑥ 可見此字各家其實亦同。惟《大戴》之誤，不知自何時。

---

① 許維遹《韓詩外傳集釋》，北京：中華書局1980年版，第19—21頁。
② 方向東《大戴禮記彙校集解》，第1285頁。
③ 同上。
④ 方向東先生在羅列了汪照、王念孫的說法後，仍然認爲"《家語》乃王肅改作，未可從"。雖然是文獻整理者不輕易改動原文的操守表現，但是在原文很難講通的情況下，仍不願依從《家語》，恐怕也未免堅持過度。見方向東《大戴禮記彙校集解》，第1285頁。
⑤ 方向東《大戴禮記彙校集解》，第1286頁。
⑥ 許維遹《韓詩外傳集釋》，第20頁。

5.《大戴禮記》"十有六情通",《孔子家語》作"十有六而精通",《説苑》《韓詩外傳》皆作"精通"。通觀上下文,《大戴禮記》與此處對照的有"徹昀""生齒""生臏""嘻合",都是表達生理上的成熟,可證此處當爲"精通"。並且"十有六情通,然後能化","化"也就是生育,是否"情通"與生育的能力並没有直接關係。從這些地方都可以看出《大戴》此處應該從《家語》作"精通"。

6.《大戴》"八歲而毀齒",《家語》作"八歲而齔",《韓詩外傳》作"八歲而齓齒"。"齔"本訓爲"毀齒",然而清代學者指出《後漢紀·閻后紀》《禮記·文王世子》孔穎達疏引《大戴禮記》都是"齔",可見原本仍當作"齔"。①

7.《大戴禮記》"一陰一陽,然後成道",今置於"故男以八月而生齒,八歲而毀齒"之後。王念孫曰:"'故男以八月而生齒,八歲而齔',此二句本在下文'一陰一陽,然後成道'之下,今本上下互易,則文義倒置。今依《外傳》《説苑》《家語》訂正。"②

8.《大戴禮記》"然後其能施行","施行",《家語》作"化",《韓詩外傳》作"精化小通",《説苑》作"精小通",向宗魯注:"'精'下,《外傳》有'化'字。此下文亦有,當據補。"③"化",就是"生育"的意思。《大戴》上文也有"施化"的説法,證明此處"行"是"化"形近致誤。

通過第一部分文字的對勘,我們發現除《家語》有一處文字脱漏,一處本作"顡",《家語》《大戴》後世皆與它字相訛之外,《家語》很多地方可以修正《大戴》的文字錯誤,如"故命者,性之始也;死者,生之終也。有始則必有終矣"可正"故命者,性之終也,則必有終矣"之誤;"精通"可證"情通"之誤,"施化"可證"施行"之誤,並有一處《家語》可正《大戴》語句倒置,一處文字相同而《大戴》被改成它語。總體而言,可見《家語》版本確實要優於《大戴》。但有學者對上舉第二條有不同看法。《大戴禮記》中的"三月而徹昀,然後能有見",在《家語》中作"及生三月而微煦,然後有見"。汪維輝認爲"煦當係昀的形近之誤,微又是徹的形近之誤"④。鄔可晶據此説,"學者們

---

① 方向東《大戴禮記匯校集解》,第1288—1289頁。
② 惟《説苑》《韓詩外傳》並無此句,王念孫有誤。見方向東《大戴禮記匯校集解》,第1288—1289頁。
③ 向宗魯《説苑校證》,第453頁。
④ 汪維輝《〈説苑〉與西漢口語》,《著名中年語言學家自選集·汪維輝卷》,上海:上海教育出版社2011年版,第211頁。

指出，《韓詩外傳》'微眴'係《大戴禮記》'徹眴'之誤，《家語》'微煦'係'徹眴'誤作'微眴'後的進一步形訛"。並認爲"此例似可説明《家語》文本的晚出"①。恐怕並非如此。許維遹《韓詩外傳集釋》"《家語·本命解》作'微眴'（據《五行大義》卷五引，今本'眴'誤爲'煦'）"②，《説文》不收"眴"字，而有"眴"字，屈守元《韓詩外傳箋疏》："《説文·目部》：'眴，目搖也。從目，匀省聲。'隸書或不省，故作'眴'。《玉篇·目部》：'眴，目搖也。''眴，同上。'是'眴''眴''眴'三字同也。"③ 如此，則《家語》本來作"眴"，與"眴"是同字異體。《大戴禮記》盧辯注："眴，精也，轉視貌。'徹'或爲'微'也。"則《大戴禮記》可能本來也是作"微"的。但屈守元主張"徹"才是原本，其主要依據是認爲"徹"可釋爲"通""達"，與《説苑》"達眼"之"達"意通，"眼"則是"眴"字的形誤④。然而"眴（眴）"既然釋爲"目搖""睛轉""轉視貌"，則其義本與表示人體器官的"眼"不同，其前固應爲副詞，而不能是動詞。"微眴（眴）"表示"眼睛微微地轉動"，如果以"徹眴（眴）"爲是，則必然要否定《説文》中的解釋，而直接把"眴（眴）"釋爲"眼"。因此，《大戴》此處可能與《家語》《韓詩外傳》一樣，本來都作"微眴（眴）"。再者，《説苑》中的"達眼"既是西漢口語，則不能那麼巧正好既是《大戴》"徹眴"的形誤，又恰與"徹眴"字意完全對應。以此爲證，恐未必可靠。退一步説，如果"微"確係"徹"之誤，《大戴》亦有作"微"者，《大戴》可以在後世的流傳中出現此類錯誤，《家語》怎麼就不會是在後世流傳中出現的錯誤呢？由此可見，想要從某一字詞的使用來證明《家語》的晚出，並没有什麼説服力。字詞訛誤是後世古籍流傳過程中的常見現象，如果不考慮到歷史上文字版本的問題，而只根據現在的版本去討論，很容易得出似是而非的結論。從乾嘉樸學大師的研究結果來看，《家語》中這段文字總體上優於《大戴》是無可置疑的。這是否有可能是後人通過對勘整理出的本子呢？畢竟刻本時代的經驗顯示，經過整理的本子優於早期本子的可能性是很大的。但是這種後起的本子勝於早期本子的情況，部分地是因爲後起的本子有更早期本子作爲參考的緣故，僅憑後人的理校很難達到整體的優越性。

以上四種文字明顯分爲兩個系統，《家語》和《大戴》屬於一個系統，而

---

① 鄔可晶《〈孔子家語〉成書考》，北京：中西書局2015年版，第328頁。
② 許維遹《韓詩外傳集釋》，第19頁。
③ 屈守元《韓詩外傳箋疏》，成都：巴蜀書社1996年版，第66頁。
④ 同上。

《説苑》《韓詩外傳》則屬於另一個系統。其中文字重合部分，對勘結果顯示《説苑》《韓詩外傳》的準確性要高於《家語》和《大戴》，如第二條，第三條，第四條，第五條，第六條，第八條。除了文字重合的部分，兩大系統間的差異還表現在此段開頭部分的不同以及《説苑》系統多出的"不肖者，精化始至矣，而生氣感動觸情縱欲，故反施亂化"以後的内容①。先説開頭部分。《説苑》："夫天地有德，合則生氣有精矣。陰陽消息，則變化有時矣，時得而治矣，時得而化矣，時失而亂矣。"這段文字重點突出了天地之"合"，産生陰陽二氣，陰陽二氣的變化需要一定的"時"，"時得"則治，"時失"則亂，這和下文論述男女成長發育的過程"陰窮反陽，陽窮反陰，故陰以陽變，陽以陰變"，邏輯發展高度一致。反觀《大戴》《家語》開頭部分，在"陰陽"之外，更加運用了"道""命""性"等概念論述生命形成及消失的過程，這一段高度哲學化的表達，高則高矣，妙則妙矣，但從文章邏輯發展分析，與下文聯繫並不如《説苑》《韓詩》那樣緊密。"性""命"作爲哀公所問内容，理當作爲總領全文的核心概念，但奇怪的是"性""命"除在第一大節外，再也没有出現。而問對的内容從"本命"到"夫婦之德"到"婦德之虧"再發展到"喪服四制"，和"人之命與性何謂也？"這樣的抽象問題愈行愈遠，愈加失去了實質的聯繫。此外，"人始生而有不具者五焉"這一句是同時見於兩個版本系統類似部分的第一句，分析這一句與上文的聯結，應該作爲我們判斷兩段"開頭"哪一個更是"原配"的重要依據。這在《家語》中，上一句作"故命者，性之始也。死者，生之終也。有始則必有終矣"。在論述完人的生命的整個過程之後，轉而具體説"人始生"的情況，似乎合情合理。但我們看《説苑》，"人生而不具者五"前多"是故"二字，明確表示了與前文的邏輯關聯。前一句"陰陽消息，則變化有時矣，時得而治矣，時得而化矣，時失而亂矣。"合理地解釋了"人生而不具"五種能力的原因，是"時"的規定，必定要到一定的時刻，人才能"見"，能"食"，能"行"，能"言"，能"化"。《説苑》末尾一段，"不肖者精化始至矣，而生氣感動，觸情縱欲，故反施亂化"。這是批評"不肖者"等不到禮制規定的基礎年齡，就偷食禁果，以致傷身害性，壽祚不永，這正是上文説的"時失而亂"。以上分析可以看出，《説苑》中的文字有非常一致的邏輯發展，緊緊圍繞"陰陽"和"時"的概念來解釋男女生理成熟的

---

① 《説苑》與《韓詩外傳》中的這段文字差異微小，其間的關係頗不易確定，並且與此處所欲討論者關係不大，故姑不置論。

過程，闡述青春期情欲萌動與禮制規定之間的衝突及其解決方案。以此，《説苑》《韓詩外傳》中的文字可能才更接近原貌，《大戴》《家語》都經過不同程度的改編。

二、"夫婦之德"節相關文獻分析

第二大節可分爲兩大部分，第一部分如下：

《孔子家語·本命解》："公曰：'男子十六精通，女子十四而化，是則可以生民矣。而禮，男子三十而有室，女子二十而有夫也，豈不晚哉？'孔子曰：'夫禮言其極，不是過也。男子二十而冠，有爲人父之端；女子十五許嫁，有適人之道。於此而往，則自婚矣。群生閉藏乎陰，而爲化育之始。故聖人因時以合偶男女，窮天數也。霜降而婦功成，嫁娶者行焉；冰泮而農桑起，婚禮而殺於此。'"①

這一段文字，《大戴》所無，惟"故聖人因時以合偶男女，窮天數也"與《大戴》第一部分末尾的"故聖人以合陰陽之數也"相類。孫志祖認爲王肅增加了這一段，並且刪去了《大戴》中論中古太古男女婚齡的文字，目的是爲了證明自己的經學觀點，以駁斥鄭玄的權威論述。但我們從上面的論述可以看出，《大戴》中的文字也並非原貌。《説苑》説"不肖者，精化始至矣，而生氣感動，觸情縱欲，故反施亂化"，明確批評少年男女在生理成熟之後，就迫不及待地偷行人事，違背了禮制的規定。正確的做法是在"精化填盈"之後，才結成婚姻。反觀《大戴禮記》所説"太古男五十而室，女三十而嫁，備於三五，合於八十也"，明顯是爲配合男十六，女十四的"小節"，男三十，女二十的"中節"而造出的"大節"。這種説法實在是後人自造的荒唐之言，男子五十精化已衰，根本不是婚姻的合適年齡，而在勞動力作爲重要資源的古代社會，實行五十而娶，三十而嫁的禮制，也是根本不可能的。

《大戴》中的文字雖非原本，但《家語》有目地地增加文字之嫌卻難以洗刷。"霜降而婦功成，嫁娶者行焉；冰泮而農桑起，婚禮而殺於此。"一句，《荀子·大略》有"霜降逆女，冰泮殺内（止）"②與之相類，《家語》大概就是據此。《荀子》中只是客觀敘述當時禮制或習俗的規定，而沒有任何解釋，《家

---

① 《孔子家語》，第239—240頁，欽定四庫全書本。
② （清）王先謙《荀子集解》，北京：中華書局2012年版，第480頁。

語》中卻有明顯的解釋與辯駁的意圖。孫志祖還指出："《家語》既於此襲其說，又於《禮運篇》合'男女頒爵位'上增'冬''春'二字，夫合男女，非冬也，頒爵位，亦豈必春乎？"① 古代禮制規定的男女成婚時間是雙方爭論的重要問題。《家語·禮運》中的這節文字見於《禮記·禮運》，《禮記》中卻正好沒有"冬""春"二字，恐怕並非偶然。

郭店竹簡《六德》對於我們認識這一問題，也能起到關鍵作用：

　　《六德》："知可爲者，知不可爲者，知行者，知不行者，謂之夫，以智率人多。智也者，夫德也。一與之齊，終生弗改之矣，是故夫死有主，終身不嫁，謂之婦，以信從人多也。信也者，婦德也。"②

　　《大戴禮記·本命》："男者任也，子者孳也，男子者，言任天地之道，如長萬物之義也。故謂之丈夫。丈者長也，夫者扶也，言長萬物也。知可爲者，知不可爲者，知可言者，知不可言者，知可行者，知不可行者。是故審倫而明其別，謂之知，所以正夫德者。女者，如也，子者，孳也，女子者，言如男子之教，而長其義理者也。故謂之婦人。婦人，伏於人也。是故無專制之義，有三從之道，在家從父，適人從夫，夫死從子，無所敢自遂也。教令不出閨門，事在饋食之間而已矣。是故女及日乎閨門之內，不百里而犇喪。事無獨爲，行無獨成之道，參知而後動，可驗而後言，宵夜行燭，宮事必量，六畜蕃於宮中，謂之信也，所以正婦德也。"

　　《孔子家語·本命解》："男子者，任天道而長萬物者也。知可爲，知不可爲；知可言，知不可言；知可行，知不可行者。是故審其倫而明其別，謂之智，所以效匹夫之聽也。女子者，順男子之教而長其理者也。是故無專制之義，而有三從之道：幼從父兄，既嫁從夫，夫死從子。言無再醮之端。教令不出於閨門，事在供酒食而已。無閫外之非儀也，不越境而奔喪。事無擅爲，行無獨成，參知而後動，可驗而後言，晝不遊庭，夜行以火，所以效匹婦之德也。"

可以看出，三段文字繁簡差異很大，但是中心極爲明確，都是論述"夫德""婦德"。《六德》共論述了君臣、父子、夫婦三對倫理關係，對應的德目爲：義忠、聖仁、智信，引用的這段文字是其中"夫婦"一節，認爲夫德爲"智"，婦德爲"信"。《禮記·郊特牲》也有與《六德》相對應的文字："信，

---

① （清）孫志祖《家語疏證》，第67頁。
② 荊州市博物館編《郭店楚墓竹簡》，北京：文物出版社1998年版，第187頁。

事人也。信，婦德也。一與之齊，終身不改，故夫死不嫁。……出乎大門而先，男帥女，女從男，夫婦之義由此始也。婦人，從人者也。幼從父兄，嫁從夫，夫死從子。夫也者，夫也。夫也者，以知帥人者也。"① 從文字而言，《郊特牲》與竹簡《六德》的相似度要高於《大戴禮記》和《家語》，但是論述的順序不同，中間多出其他文字，而且少了"知也者，夫德也"一句，因此不具有《六德》"夫德智""婦德信"的鮮明對照關係。同時又用"夫也者，以知帥人者也"和"婦人，從人者也"來解釋"出乎大門而先，男帥女，女從男"。《郊特牲》的性質，前人多有論列，認爲係編輯零散章句而成。如王夢鷗認爲"章節雜錯，有說義之詞，有訓故之語，頗似西漢經師所爲《禮經》章句之散策而匯輯爲一篇者"②。他說其中材料是西漢經師所爲章句，現在看來恐怕並非如此，而應該有更古老的源流。但他點出《郊特牲》匯輯章句散策的性質，則是準確的。《郊特牲》並表現出強烈的闡釋色彩，在告訴新娘要"直信"的時候就說"信，事人也"；在說到親迎男先於女時，就說"剛柔之義"；在說到男方要帶着禮物相見，用尊敬來表示男女間的差別時，就說"男女有別，然後父子親……"；在說到新郎要親自駕車的時候，就說"敬而親之，先王之所以得天下也"；在說到從女家出來時要男在前，女在後時，就說"男帥女，女從男，夫婦之義由此始也"。無不顯示出引用經典解釋婚禮進程，以注入義理内涵的痕跡。這經典是什麼？很可能就是《六德》。

《大戴》和《家語》的文字改變較多，但"夫德""婦德"的對照關係與《六德》一致，同時《家語》缺少婦德爲"信"的明確提示。《六德》中的"信"更接近於"貞潔"，把"信"和婦德相聯繫，應該是戰國時期比較普遍的觀念③。在《六德》中"帥"與"從"是夫婦之"職"，重要性次於作爲夫婦之"德"的"智"與"信"。《郊特牲》把《六德》中的"一從"（從夫），變成"三從"，從強調妻子對丈夫的忠貞順從轉變到強調女性對包括父兄、丈夫、嫡長子在内的全部男性家長的服從，表現出明顯的觀念變遷。《大戴》和《家語》的文字雖然保留了"謂之信也"的說法，但"三從"之說與《郊特牲》一致，

---

① （元）陳澔《禮記集說》，南京：鳳凰出版社 2010 年版，第 210 頁。
② 王夢鷗《禮記今注今譯》，北京：新世界出版社 2011 年版，第 221 頁。
③ 陳來認爲："信在春秋後期本是朋友之德，這在《論語》十分明顯，但《六德》篇卻強調信爲婦德，這是少見的。"被認爲是戰國稷下學文獻的《管子·形勢》也提到"自媒之女，醜而不信"。可見在戰國時，作爲女性貞節表徵的"信"已經是比較流行的"婦德"觀念。見陳來《早期儒家的德行論——以郭店楚簡〈六德〉〈五行〉爲中心》，《北京大學學報》（哲學社會科學版）2018 年第 2 期，第 40—46 頁。

重心仍然是"婦人，伏於人也。是故無專制之義……"，強調婦女要"順從"。鄭玄注《禮記·昏義》謂"婦德，貞順也"。"貞"與"順"固然都是建立在"男尊女卑"之上的觀念，但在中國古代"貞"比"順"顯然是更爲重要而基礎的婦女品德要求，這從人們對"淫婦"的批評遠比"悍婦"嚴重就可看出。從《六德》到《郊特牲》《大戴禮記》《孔子家語》存在一個歷時性的觀念變化，並且文字更爲豐富，這説明《郊特牲》《大戴》和《家語》中的文字年代都較晚①。

古書篇章組合本來極爲靈活，"章"也經常適應編者需求而作相應改動，但這主要限於文字的豐富。《家語》中這一部分文字明顯分爲前後兩段，但前後兩段並不構成結構緊密的一章，後面一段見於多種文獻，前面一段則没有整體相似的文字可資對照，這表明前一段很可能爲後來所"增加"。這也可以從哀公和孔子的問對中表現出來。魯哀公共有兩次發問。一次問："人之命與性何謂也？"孔子的回答雖然涉及命與性，但如果除去魯哀公的發問，其内容仍然完整不受影響，這表明是先有了"答"的部分，然後再根據"答"而擬寫了"問"。而第二次發問："而禮男子三十而有室，女子二十而有夫也，豈不晚哉？"孔子回答："夫禮言其極，不是過也。""禮"指的就是"男子三十而有室，女子二十而有夫也"。如果没有魯哀公的"問"，孔子的回答就根本無法理解，表明這一段是和魯哀公問是同時加上去的，並非《家語》所據"底本"固有的内容。

三、"喪服四制"節單行與本篇編纂問題

"喪服四制"一節在《家語·本命解》和《大戴·本命》中與上下文聯繫甚遠，與文章主體部分相脱節，《大戴禮記》把"喪服四制"放在第二節，隔斷了第一節與第三節的聯繫。《孔子家語》把它放在最末，顯然是看到了《大戴》這種章節安排的不合理。但是我們仍然應當指出，各節的邏輯聯繫只是相對的，並不能因爲《孔子家語》章節安排的相對合理，就認爲其文本更爲原始。相反，《大戴禮記》全篇没有敘述人的出場，在這種作者直接陳述的文體

---

① 鄔可晶《〈孔子家語〉成書考》和曹建墩《戰國竹書與先秦禮學研究》對此已有所論列。見鄔書第147—149頁；曹建墩《戰國竹書與先秦禮學研究》，北京：人民出版社2018年版，第212—213頁。

中,"篇"是彙編"章"而成,篇中章節聯繫因而不夠明顯的例子很多,没有聯繫的章竄入有聯繫的幾章中的情況也很常見。但《孔子家語》的情況顯然並不一樣,因爲全文記載的是魯哀公問孔子答的事蹟,在這種對話中,其内容必須要隨對話情境中的邏輯秩序而開展。所以最合理的解釋是,《本命解》爲編織成一篇魯哀公與孔子問對的"實録",對其中零散的章節作了一定的處理,把離主題最遠的"總論禮"和"大罪有五"兩節,一節删去,一節編入《五刑解》,《喪服四制》一節文字較多,比較難以處理,所以放在最後。同時我們也可以看出"大罪有五"在編入《五刑解》中冉有和孔子問對的最末,也仍然和上文不能完美銜接①。

《禮記·喪服四制》一篇相當於《大戴》《家語》中的"喪服四制"一節,但文字增出很多。最近海昏侯墓簡牘中也發現了《喪服四制》一篇,這是《禮記》編定之前的文獻,雖然圖版及釋文尚未發表,但憑此我們至少可以判斷,《喪服四制》在《禮記》編定之前,確曾單獨作爲一篇廣泛流行②。但是作爲單篇的《禮記·喪服四制》是否就比《孔子家語》和《大戴禮記》中作爲一篇的組成部分的"喪服四制"更爲原始呢?寧鎮疆先生的研究認爲,《大戴》《家語》中這一節内容更是原貌,《禮記》中的版本則可能經過較大修改以及大量注語、按語的混入。他又比較了《家語》和《大戴》,認爲"雖然《大戴》與《家語》之'喪服四制'節總體上更接近,但並不盡同,這顯示《家語》也是有獨立來源的,並非於二戴間巧於抉擇,其'别本'的價值是應該得到確認的"③。

對於"喪服四制"開頭部分的討論,寧鎮疆認爲《禮記·喪服四制》的開頭與大戴本一樣,"給人的感覺都是過於空泛,和後面的'四制'缺少聯繫,近乎東拉西扯"。因此他認爲這一節的開頭原本就應該像《孔子家語·本命解》裏一樣,只有"孔子曰,禮之所以象五行也,其義四時也"這一句。這一句的内涵,在《家語》的下文中其實有隱含的解釋,通過《喪服四制》我們知道,所謂"其義四時"是與"仁義禮智"相配。禮與五行究竟如何相配,《家語》中也有體現。馬王堆帛書和郭店竹簡中的《五行篇》,向我們揭示了子思、孟子"按往舊造説"的"五行",其實是"仁義禮智聖"五種"德之行"。而《家語》最後一句恰好是"聖人因殺以制節也",與"仁義禮智"組合在一起,正

---

① 寧鎮疆《〈禮記·喪服四制〉篇形成研究》,見《〈孔子家語〉新證》,第349頁。
② 見《江西南昌西漢海昏侯劉賀墓出土簡牘》,《文物》2018年第11期,第87—97頁。
③ 寧鎮疆《〈孔子家語〉新證》,第352—353。

是思孟學派所説的"五行"。這提示我們"喪服四制"初始的創作年代可能很早,在孟子時代或之前就已存在。

郭店簡《六德》:"門內之治恩掩義,門外之治義斬恩",類似表達又見於郭店簡《性自命出》與上博簡《性情論》,郭沂先生定《性自命出》為"門內之治欲其婉也,門外之治欲其制也"①。上博簡作"門內之治欲其逸也,門外之治欲其折也"。"折""制""斬",其意皆可以互訓,"掩""婉""逸"也當相近。可見這一句的後半部分具有固定的表達,即便用字不同,其意義仍然保留,延續。這在大小戴記中也高度相似,皆作"門內之治恩掩義,門外之治義斷恩","斷"與"斬"可以互訓。但這在《孔子家語》中卻變成了"門內之治恩掩義,門外之治義掩恩"。把本來相對的"掩"和"斬(斷)",改成了相同的兩個"掩"。這種改寫欲使上下句更加整齊一致,但同時表現出對這一早期"公言"的淡漠無知。"公言"雖然不能納入嚴格的互見範圍,但它是一種知識傳統中形成的固定表達,反映的是同一文化背景下的公共知識基礎。《家語》中的這種改寫,很可能是出自更晚的時代。如何解釋這種背反的現象,我們期待海昏侯墓竹簡《喪服四制》的早日發表為我們的研究帶來新的突破。

四、餘　　論

通過以上分析,可以發現《家語·本命解》的四個部分在先秦都獨立流傳,或者從屬於其他文獻。除了《大戴禮記·本命》以外,其第一、二、四部分分別可與《説苑·辨物》及《韓詩外傳》卷一、郭店簡《六德》及《禮記·郊特牲》《禮記·喪服四制》等相關文獻參證。這説明四個不同部分彙集在一起,應當是比較晚期的事情。《大戴禮記·本命》中,這些零散的段落雖然被集中在一篇之中,但編者並未將其視為完整的一篇。《家語》設置了魯哀公與孔子問對的情景,使之成為表面上完整的一篇文獻,顯示出明顯的後代性。但同時我們發現,《家語》在文字上有諸多可以修正《大戴》之處——當然也存在比較晚期的改寫,聯繫寧鎮疆先生對"喪服四制"的意見,《家語》不會直接抄自《大戴》。但同時也應當注意:《大戴》也並非抄自《家語》,因為《家語》中哀公與孔子的問對是其他互見文獻都沒有的,其各章的順序也與《家語》不盡相同。我們不能想象《大戴》的編者不僅刪去了魯哀公與孔子的問

---

① 郭沂《〈性自命出〉校釋(續)》,《管子學刊》2015年第1期,第108頁。

對，還會笨到把一篇完整的文章，拆分成幾大部分，並搞亂了順序。

一個最合理的結論是《家語》和《大戴》之間並無直接的承襲，它們有共同的來源——古本《本命》。我們知道，先秦古書通常是以"篇"爲基本單位流傳的，不同的"篇"可以經過改編而進入不同的"書"中。這些經過改編的"篇"已不同於原來的"篇"，但各自又保留了原本的一些屬性。《家語·本命解》和《大戴·本命》顯然就是這樣的關係。古本《本命》是集合了散見他書的章節而成，《大戴》與《家語》根據自己的需要對之作了相應修改，《大戴》主要遺傳了其章節順序，但又有一些改寫。《家語》主要遺傳了其中一些具體文字表達，同時也有重大改寫，最重要的就是第二大節"夫婦之德"的第一部分文字，因爲他們直接證明了王肅的經學觀點，出自王肅及其弟子孔猛之手的嫌疑很大。因此《家語·本命解》並非孔子言行的實錄，不能作爲研究孔子本人思想的史料使用。

李學勤先生認爲"今傳本古文《尚書》《孔叢子》《家語》，很可能陸續成於孔安國、孔僖、孔季彦、孔猛等孔氏學者之手，有着很長的編纂、改動、增補的過程"[①]。寧鎮疆先生也認爲："這些整理和重組一方面非常具有系統性，另一方面又非常突出對孔子的尊崇和維護，這與今本《家語》後附孔安國序中所講孔氏整理《家語》的初衷和若干細節大致是相合的。這表明孔序所言今本《家語》源出孔安國整理，大體可信。"[②] 如果他們的意見是正確的，那麼今本《孔子家語》可能至少經歷了兩次重大的整理。筆者曾詳檢《家語》，發現除《七十二弟子解》一篇專記孔門弟子，因而不必要每則記載都要與孔子相關外，整部《家語》中只有《顔回篇》"仲孫何忌問於顔回"一章五十多字的內容與孔子没有直接關係。然而其中"一言而有益於仁，莫如恕"一句與《論語》中"子貢問曰：'有一言而可以終身行之者乎？'子曰：'其恕乎……'"有明顯的聯繫。或許這裏是顔回暗引孔子之語來回答仲孫何忌？無論怎樣，這不影響我們作出這樣一個判斷：《孔子家語》是一部關於孔子的言論彙編。因此與《家語》的互見文獻相比，《家語》常常多出明確表示材料與孔子關聯的字句。王肅作《聖證論》駁難鄭玄，皮錫瑞認爲"聖證"就是"取證於聖人之言"的意思，似乎認爲這種把原始文獻跟孔子扯上關係的工作是王肅所爲。從上文對第二大節的分析可以看出增加孔子與魯哀公問對的背景與佐證王肅經學觀點的文

---

① 李學勤《簡帛佚籍與學術史》，南昌：江西教育出版社 2001 年版，第 386 頁。
② 寧鎮疆《〈孔子家語〉新證》，第 440 頁。

字是同時加上去的，這一點證明王肅確有可能做了編織聖人之言的工作。但是《家語》中還存在大量並不表現明顯經學觀點的同類改造，其意圖只是"尊崇和維護"孔子，從這種動機來看，這樣龐雜而煩瑣的工作主要出自孔氏後人的可能性較大。

王肅及其弟子孔猛所作的工作，主要就是在已有孔子之言的情況下增加一些文字來證明自己的經學觀點。王肅同時代的鄭玄後學馬昭已經說"《家語》，王肅所增加"。馬昭是王肅主要的論戰對手，對於禮學也有很深造詣，《孔子家語》和《禮記》《大戴禮記》等書的重合以及相互間的差異，他不會沒有認識。他所說的"增加"，其實正是指此而言。有學者認爲馬昭所說"增加"是對二十七卷的"漢志本"增加十七篇成爲今本《孔子家語》。其實《家語》既爲鄭玄所未見，可能在鄭玄之前已經流傳很少了，馬昭恐怕也不得見"漢志本"，而只能根據互見的古書來推測王肅注本的《孔子家語》經過了王氏的"增加"。所以他所說的"增加"並非指篇數的增加，而應當是文字的增加。

寧鎮疆先生似乎有否定王肅篡改原文的傾向，主要依據是認爲王肅的經學觀點比鄭玄更有說服力，王肅的學說有很多古書可以證明，沒有必要去作假。他又考察了王肅在駁鄭時所列的證據，《家語》往往在最後，並非王肅所依據的主要證據①。這種觀點頗有"後見之明"的意味，考慮王肅有無作假的動機，應當從王肅當時的歷史環境去看，而不應從現代人的"超越立場"去做評判。一種新的觀點或學說所面對的不僅是對其說服力的考驗，很多時候主要是來自"權威"的壓力。我們可以反問，如果沒有鄭學權威的強大壓力，王肅何以要"取證於聖人之言"，來與鄭玄"爲難"？將《家語》材料列在證據的後面，並非因爲它不重要，相反是因爲它太重要了，如果一上來就把最重要的證據拋出去，下面還有舉證的必要嗎？《聖證論》裏除《家語》以外的其他材料都極常見，如果僅憑這些材料就可以駁倒鄭玄的話，兩千年來又怎會生出這麼多經學紛爭？可見《家語》正是在當時諸家各持己見，互不相下的論爭困境中，王肅所發現的至寶。只有這樣，我們才能理解《家語》王肅序中面對世人不解所發出的"予豈好難哉？予不得已也"的無奈。

（作者單位：曲阜師範大學歷史文化學院）

---

① 寧鎮疆《〈孔子家語〉新證》，第219—220頁。

儒家典籍與思想研究（第十二輯）
北京大學出版社，2020年6月

·專人專書·

默堂年表

孫逸超

【内容提要】 本表考察了道南學派重要傳承者陳淵之生平出處行蹤，其中特别考證了陳淵生於熙寧九年（1076），《龜山語録》爲陳淵所録，陳瓘卒於宣和四年（1122），同時提供了陳淵早年問學龜山、游酢、陳瓘，紹興年間與胡安國交往及赴行在論學的基本時間節點，爲深入研究陳淵與道南學派早期的思想與發展，提供了基本的框架和背景。

【關鍵詞】 陳淵　楊時　《龜山語録》　陳瓘　道南學派

對於兩宋之際道學的傳承，向來的研究重視"道南學派"。然而因爲朱子的緣故，道南學派中羅從彦的地位被放大。全祖望曾説："朱子師有四，而其所推以爲得統者，稱延平。故因延平以推豫章，謂龜山門下千餘，獨豫章能任道。後世又以朱子故，共推之。然讀豫章之書，醇正則有之，其精警則未見也。恐其所造，亦只在善人、有恒之間。"① 而事實上，就楊時門下在當時的傳承而言，陳淵無疑具有更重要的地位。關於這一點謝山曾説，"龜山弟子遍天下，默堂以愛婿爲首座"②。市來津由彦也强調了默堂在龜山門下的重要性，並着重對其思想與龜山的關係等進行了分析③。

因此，對陳淵的研究有助於理解所謂"道南學派"的早期特徵。而迄今爲止對陳淵的研究卻略顯不足，《墓誌》《行狀》之類皆不傳，更未有《年譜》之作，唯有明人所編《行實》，然頗爲疏舛，甚至對其生年等基本問題都没有進行仔細的研究。本表嘗試爲陳淵以及道南學派之研究作一些基礎工作。

本表集中考察陳淵之出處行蹤，以勾勒陳淵之生平概要，解決一些基本問

---

① （清）黄宗羲、（清）全祖望《宋元學案》卷三九，北京：中華書局1982年版，第1278頁。
② （清）黄宗羲、（清）全祖望《默堂學案序録》，《宋元學案》卷三八，第1264頁。
③ ［日］市來津由彦《朱子門人集團の形成》，東京：創文社2002年版，第85—98頁。

題。至於詩文編年、交遊議論非本表所能網羅，故不敢稱"譜"，而以"年表"名之。本表以黑體逐年羅列考訂之生平行蹤，次引本年相關文獻，次加按語考訂當年行實。

熙寧九年（1076），默堂生，1歲。

按：默堂生年爭議頗多。明嘉靖二十九年（1550）刻《陳忠肅公言行錄》附《默堂先生行實》載："十五年，卒。年七十有九。"① 然此説實不可信。據此説，默堂當生於1067年。不可通處有三：

一，陳淵於紹興七年（1137）六月蒙胡安國薦賢良方正科，辭狀載《默堂集》卷一三。而陳淵云："淵蒙侍讀以大科相薦……淵行年六十餘……"② 如生於1067年，則此時紹興七年，當爲71歲，不當云"年六十餘"。二，陳瓘卒於宣和四年（1122）二月③，而陳淵自稱從學垂三十年，"淵奉承左右垂三十年"④，"淵不肖，自爲兒時，已被誨育，至今垂三十年"⑤。則陳淵始學於陳瓘在1093年後，若生於1067年，則此時已27歲，已過成家之齡，不當云"兒時"，亦不當云"少時"⑥。三，建中靖國元年（1101），默堂投書龜山，龜山即許以女，三年後始成婚。若生於1067年，則是三十五許婚，三十八始成婚，以古人之婚配年齡而言亦太遲矣。

現有關於陳淵生年説法數種，吳倩以爲當生於熙寧八年，但未詳所據⑦。市來津由彥以爲生於1077年，其所據是"淵少時學於叔祖了齋，其後，二十五六歲，始獲承教於龜山楊先生"⑧。然未詳其捨26歲而取25歲之原因。李裕民亦據此條材料，而以26歲計，定生年爲1076年⑨，然亦未詳其取捨。

今考，默堂與游定夫之書信云"自識先生風度，慕望不已，於今十二年矣"⑩。此書之作在成婚後一年，所謂"成昏今一年矣"，即崇寧四年（1105）。

---

① （明）陳載興編《默堂先生行實》，《原國立北平圖書館甲庫善本叢書》第231冊，北京：國家圖書館出版社2013年版，第134頁。
② （宋）陳淵《答胡寧和仲郎中》，《默堂集》卷一七，景印文淵閣《四庫全書》第1139冊，臺北：臺灣商務印書館1986年版，第448頁。
③ 陳瓘卒年見本表宣和四年。
④ （宋）陳淵《建昌寄邵武徐守》，《默堂集》卷一八，第479頁。
⑤ （宋）陳淵《與鄒德久郎中四》，《默堂集》卷一八，第467頁。
⑥ （宋）陳淵《與胡少汲尚書》，《默堂集》卷一八，第472頁。
⑦ 吳倩《陳淵詩歌及思想研究》，河南大學碩士學位論文，2012年，第10頁。
⑧ ［日］市來津由彥《朱子門人集團の形成》，第87頁。
⑨ 李裕民《宋人生卒行年考》，北京：中華書局2010年版，第240頁。
⑩ （宋）陳淵《與游定夫先生》，《默堂集》卷一五，第421頁。

逆推十二年，則是1093年。是歲，默堂遊太學而始識游定夫。而《默堂先生行實》載"十有八歲，首領鄉薦"①，又陳淵自云"幾冠，遊太學"②。逆推十七年，則是生於1076年，而見龜山時爲26歲。與"二十五六歲，始獲承教於龜山楊先生"之説合。若默堂於前一年，即1092年，遊太學，則其識龜山時爲27歲矣。

元祐八年（1093），18歲。遊太學。與廖剛同舍。受學陳瓘，初識游酢。

> 十有八歲，首領鄉薦，名聲籍甚。③
>
> 其後，幾冠，遊太學。常與友人廖用中論當今人物。④
>
> 始余爲太學諸生，與正言公（廖剛）同舍，遂相爲忘年友。⑤

按：默堂與廖剛同爲南劍州人，此時同在太學，結爲摯交。

> 淵奉承左右垂三十年。⑥
>
> 淵不肖，自爲兒時，已被誨育，至今垂三十年。⑦
>
> 淵少時學於叔祖了齋。⑧

按：《陳了翁年譜》紹聖元年（1094）載"五月，復除太學博士"，至紹聖三年始除校書郎⑨。則默堂元祐八年至太學，次年陳瓘即爲太學博士，故得從學。又，陳瓘卒於宣和四年（1122）。自1093年至1122年實爲29年，故曰"垂三十年"。

> 淵往年在太學，時先生實爲博士。⑩
>
> 自識先生風度，慕望不已，於今十二年矣。⑪
>
> 始某過建陽，問道於將樂楊公。公憐而教之，既而許妻以女。道路南

---

① （明）陳載興編《默堂先生行實》，第132頁。
② （宋）陳淵《上楊判官》，《默堂集》卷一五，第409頁。
③ （明）陳載興編《默堂先生行實》，第132頁。
④ （宋）陳淵《上楊判官》，《默堂集》卷一五，第409頁。
⑤ （宋）陳淵《廖成伯朝請墓表》，《默堂集》卷二一，第519頁。
⑥ （宋）陳淵《建昌寄邵武徐守》，《默堂集》卷一八，第479頁。
⑦ （宋）陳淵《與鄒德久郎中四》，《默堂集》卷一八，第467頁。
⑧ （宋）陳淵《與胡少汲尚書》，《默堂集》卷一八，第472頁。
⑨ （元）陳宣子《陳了翁年譜》，《宋明理學家年譜續編》第二冊，北京：北京圖書館出版社2006年版，第421—425頁。以下簡稱"陳譜"。
⑩ （宋）陳淵《與游定夫先生》，《默堂集》卷一五，第420頁。
⑪ 同上書，第421頁。

北迨三年，然後成昏。成昏今一年矣。①

按：《游定夫先生年譜》載：元豐八年（1085），召爲太學錄。元祐元年（1086），官太學錄，改宣德郎，除太學博士。二年，知清河縣。元祐七年，除太學博士。八年，官太學博士。紹聖元年（1094），太學博士。二年，官齊州簽判②。則是本年游酢再爲太學博士，紹聖三年即因范純仁罷相而出爲齊州簽判。而陳淵在本年游太學，初見游酢。故云"時先生實爲博士"。

紹聖三年（1096），21歲。秋闈不利，九月離京，返沙縣。與羅從彥定交或在此時。

丙子歲，不利於秋官，既返膝下。③

《九月二十二日秋舉失利出門，用中相餞，夜步河上留別》④

予與仲素定交幾四十年。⑤

按：此陳淵之跋文，署紹興十一年（1141）正月。羅從彥卒於紹興五年，上推四十年，乃紹聖三年。所謂"幾四十年"，則不足四十年。疑陳淵與羅從彥定交在本年返沙縣後。

建中靖國元年（1101），26歲。在沙縣。三月，投書楊時問學，《默堂集》卷一五《上楊判官書》。楊時妻以女。

自我識公，建之東陽。從公荆州，轉於浙江。久客念歸，各還故里。多合鮮離，前後三紀。⑥

黃譜：建中靖國元年，權建州建陽縣丞。……三月，沙陽陳公淵投書問學。……公喜其識性明敏，遂妻以女。⑦

按：《上楊判官書》下小注：時龜山先生爲建陽丞⑧。則是陳淵在建陽投此書問學，"自我識公，建之東陽"即指此。又，龜山卒於紹興五年（1135），自

---

① （宋）陳淵《與游定夫先生》，《默堂集》卷一五，第421頁。
② （明）游智開《游定夫先生年譜》，《宋明理學年譜續編》第二冊，第395—396頁。
③ （宋）陳淵《上楊判官》，《默堂集》卷一五，第410頁。
④ （宋）陳淵《默堂集》卷一，第304頁。
⑤ （宋）陳淵《語孟師說跋》，見（宋）羅從彥：《豫章文集》卷一六，景印文淵閣《四庫全書》第1135冊，臺北：臺灣商務印書館1986年版，第771頁。
⑥ （宋）陳淵《祭龜山先生文》，《默堂集》卷二一，第522頁。
⑦ （宋）黃去疾《龜山先生文靖楊公年譜》，吳洪澤編《宋編宋人年譜選刊》，成都：巴蜀書社1995版，第134頁。以下簡稱"黃譜"。
⑧ （宋）陳淵《上楊判官》，《默堂集》卷一五，第409頁。

建中靖國元年（1101）至紹興五年共34年，約三紀，即36年。

崇寧元年（1102），春，自淮南至京師，秋，離京師。

崇寧二年（1103），遊太學。

  崇寧壬午之春，余自淮南來京師。……其明年，寄食太學。①

  其後八年，先生在憲臺，某又適在京師。②

按：查《游定夫先生年譜》，元符三年（1100）十一月游酢召還爲監察御史。崇寧元年，知和州③。則崇寧元年游酢正爲監察御史，故云"先生在憲臺"。崇寧元年九月，立元祐黨籍碑④。游酢罷察院、知和州即在此時。

  前年攜手東水門，秋月夜看黄流奔。匆匆別話苦不盡，鷄鳴犬吠催朝驥。⑤

按：此詩作於崇寧三年至荆州謁楊時，則是崇寧元年秋即離京師，廖剛送別。崇寧二年又返京師，遊太學。

崇寧三年（1104），29歲。謁楊時於荆州。成昏。與陸思敬定交。録《荆州所聞》⑥。

  始某過建陽，問道於將樂楊公。公憐而教之，既而許妻以女。道路南北迨三年，然後成昏。⑦

  始予客遊大梁幾年，而楊先生職江陵學官，使招予以來。⑧

  余舊聞之於太學。一日訪余外舅楊先生於荆州，余得之於默語步趨之間。⑨

  其後敬思亦請昏於楊氏，又四年復會於餘杭之官舍。⑩

---

① （宋）陳淵《無靜道人辯》，《默堂集》卷二〇，第508頁。壬午，即崇寧元年。
② （宋）陳淵《與游定夫先生》，《默堂集》卷一五，第421頁。
③ （明）游智開《游定夫先生年譜》，第398頁。
④ （元）脱脱等《宋史》卷一九《徽宗本紀一》，北京：中華書局1985年版，第365頁。
⑤ （宋）陳淵《至荆州寄用中》，《默堂集》卷三，第313頁。
⑥ （宋）楊時《宋刊龜山先生語録》，《續古逸叢書》第28册，景印福建漕治本，上海：涵芬樓1928年版，《荆州所聞》下小注："甲申四月至乙酉十一月。"
⑦ （宋）陳淵《與游定夫先生》，《默堂集》卷一五，第421頁。
⑧ （宋）陳淵《容齋記》，《默堂集》卷二〇，第500頁。
⑨ （宋）陳淵《定交篇》，《默堂集》卷二〇，第505頁。
⑩ （宋）陳淵《跋定交篇後》，《默堂集》卷二〇，第506頁。

按：據《跋定交篇後》，《定交篇》作於崇寧三年（1104），此時與陸敬思定交。再會於餘杭官舍乃大觀二年（1108）。敬思請昏亦在本年。疑此人即陸棠。陸棠事蹟見胡寅所作《陸棠傳》云，陸棠於荊湖時得楊時許昏①。

《龜山語錄》之作者，《直齋書錄解題》載："《龜山語錄》五卷。延平陳淵幾叟、羅從彥仲素、建安胡大原伯逢所錄楊時中立語。"② 然胡大原生於1124年③，《語錄》至遲不過政和二年（1112），則胡大原必不在所錄者之列。至於羅從彥，明人嘗考之："按《沙陽志》，先生所輯有《楊文靖公語錄》一卷，……《行實》云'第三卷先生所錄'。然卷中所名，每稱仲素，疑書於他人之筆。或者，但見此卷記先生所問爲多，遂以爲先生所錄耳。……意者陳默堂所錄，亦未可知。"④ 且第四卷之《餘杭所聞》又有陳淵自稱"淵因語後世學道不明爾"，則是陳淵所錄而非羅從彥所錄明矣。

李燾云："近時有陳淵者，作楊時《龜山語錄》。"⑤ 此說不爲無據。今考陳淵出處行蹤，與《語錄》各錄下小注一一皆合。崇寧三年陳淵來荊州成婚，與陸敬思定交，而錄自三年四月至四年十一月。崇寧五年，龜山有詩送默堂謁了翁，而《京師所聞》自五年四月至六月。大觀二年與陸敬思再會於餘杭官舍，《餘杭所聞》自大觀元年三月始⑥。政和二年八月陳淵自蕭山往台州謁了翁，而《蕭山所聞》恰止於二年八月⑦。據此，則《龜山語錄》實是陳淵所錄。羅從彥、胡伯逢或是參與編輯，或僅是傳播者，而未曾錄龜山之語。因此本表此下亦據《語錄》小注定默堂行跡。

崇寧四年（1105），30歲。投書游酢，《默堂集》卷一五《與游定夫先生》。

　　始某過建陽，問道於將樂楊公。公憐而教之，既而許妻以女。道路南

---

① （宋）胡寅《陸棠傳》，《斐然集》卷三〇，北京：中華書局1993年版，第639—642頁。
② （宋）陳振孫《直齋書錄解題》卷九，上海：上海古籍出版社1987年版，第279頁。
③ 王立新《開創時期的湖湘學派》，長沙：嶽麓書社2003年版，第234頁。
④ 見（明）曹道振所編《豫章文集》卷一〇，《龜山語錄》下小注，第743頁。
⑤ （宋）李燾《續資治通鑒長編》卷四〇八，北京：中華書局1992年版，第9926頁；卷四三五，第10474頁。
⑥ 四庫本《龜山集》中所收《龜山語錄》此下注"丁亥三月"。然涵芬樓《宋刊龜山先生語錄》下注"丁亥三月自侍下來"，則是此錄始於大觀元年三月，而非僅收三月所錄。故大觀二年陳淵仍在餘杭，能與陸敬思相會。《餘杭所聞》實自三月始，至明年十二月龜山離餘杭，近兩年，故於諸錄中篇幅最長。
⑦ 以上諸錄時間及陳淵行蹤見本表各年所考。

北迨三年，然後成昏。成昏今一年矣。①

崇寧五年（1106），31歲。四月，謁龜山於京師。六月，離京師後謁陳瓘於明州。録《京師所聞》②。

　　楊時《送陳幾叟南歸三首》③

按：此詩下注作於丙戌年，即崇寧五年。第二首下小注：是時幾叟過四明見了翁。則是龜山此時送陳淵離京見陳瓘。而陳瓘正是崇寧五年始居四明："崇寧五年，量移郴州，……尋居四明。"④

大觀元年（1107），32歲。三月，謁龜山於餘杭。録《餘杭所聞》⑤。

黃譜：大觀元年三月十九日至餘杭。二年，九月二十八日，准敕遷南京敦宗院宗子博士。十二月十四日赴宗博任⑥。

按：據此，龜山於大觀元年三月至二年十二月在餘杭。

大觀二年（1108），33歲。與陸敬思會於餘杭官舍⑦。

大觀三年（1109），34歲。四月自京師至應天府。七月離。録《南都所聞》⑧。

黃譜：三年三月二十七日到南京，二十九日交割。四年，三月十九日，朝旨罷敦宗院。四月五日如京師⑨。

按：據此，龜山於大觀三年三月至四年四月在南京應天府。

政和元年（1111），36歲。七月自沙縣至毗陵，十月離毗陵返沙縣。録《毗陵所聞》⑩。

政和二年（1112），37歲。在沙縣。五月自沙縣至蕭山，八月離蕭山往台

---

① （宋）陳淵《與游定夫先生》，《默堂集》卷一五，第421頁。
② （宋）楊時《宋刊龜山先生語録》卷二《京師所聞》小注："丙戌（1106）四月至六月。"
③ （宋）楊時《龜山集》卷四二，景印文淵閣《四庫全書》第1125冊，臺北：臺灣商務印書館1986年版，第484頁。
④ （元）陳宣子《陳了翁年譜》，第447頁。
⑤ （宋）楊時《宋刊龜山先生語録》卷二《餘杭所聞》小注："丁亥（1107）三月自侍下來"，則是餘杭所録始於大觀元年（1107）三月，陳淵自沙縣家中來。
⑥ （宋）黃去疾《龜山先生文靖楊公年譜》，第135—136頁。
⑦ （宋）陳淵《跋定交篇後》，《默堂集》卷二〇，第506頁。
⑧ 小注："己丑（1109）四月自京都回，至七月。"
⑨ （宋）黃去疾《龜山先生文靖楊公年譜》，第136頁。
⑩ 小注："辛卯（1111）七月十一日自沙縣來，至十月去。"

州。録《蕭山所聞》①。陳瓘作《責沈文》貽陳淵。

陳譜：政和二年八月九日，作《責沈文》貽知默姪。②

按：此時陳瓘編管台州，陳淵從蕭山來見，陳瓘作此文送之。"今漸來天台，考其學益進、聞其言益可喜。……今於漸之行，不能忘言，作《責沈》以貽之。"所署日期爲政和二年八月九日③。

宣和二年（1120），45 歲。在沙縣。與李綱遊。五月十一日，赴南康謁陳瓘，攜李綱致陳瓘書。見蕭建功初昏於南康。

公（李綱）初自左史言事，謫居沙陽，與幾叟爲布衣交。④

往者天幸執事留寓沙陽，獲與鄉里後進躬服掃除之役，日聞咳唾之音。⑤

頃在沙陽，嘗以（了齋《默堂記》）真跡拜呈，蒙留玩數日。⑥

頃不肖如南康時，右丞嘗與之書，見屬傳去。已而了齋有數百言復之。⑦

宣和己亥歲，某自左史以言事謫官沙陽。沙陽，諫議公（陳瓘）鄉里也。時公在星子，因其姪孫淵往省公，寓書以通殷勤。⑧

《送陳淵幾叟遊廬山序》："宣和庚子仲夏十有一日。"⑨

按：據趙效宣《李綱年譜長編》考，宣和元年（1119）十二月，李綱抵沙陽。二年五月十一日，致書於陳了翁，報在沙陽情況。十月，復本等差遣。中旬北歸⑩。己亥即宣和元年，庚子即宣和二年。李綱於宣和元年十二月至沙縣

---

① 小注："壬辰（1112）五月又自沙縣來，至八月去。"所謂"又"，指去年自沙縣往常州謁龜山，今年再自沙縣來謁龜山。

② （元）陳宣子《陳了翁年譜》，第 454 頁。

③ 曾棗莊、劉琳主編《全宋文》第 129 册，引自《皇朝文鑑》卷一二七，上海：上海辭書出版社 2006 年版，第 111—112 頁。

④ （宋）楊時《題李丞相送幾叟序》，《龜山集》卷二六，第 358 頁。

⑤ （宋）陳淵《與李丞相》，《默堂集》卷一八，第 469 頁。

⑥ 同上書，第 470 頁。

⑦ （宋）陳淵《與李叔易學士》，《默堂集》卷一六，第 440 頁。

⑧ （宋）李綱《書陳瑩中書簡集卷》，《梁谿集》卷一六三，景印文淵閣《四庫全書》第 1126 册，臺北：臺灣商務印書館 1986 年版，第 725 頁。

⑨ （宋）李綱《梁谿集》卷一三五，第 556 頁。

⑩ 趙效宣《宋李天紀先生綱年譜》，臺北：臺灣商務印書館 1980 年版，第 21—33 頁。以下簡稱"趙譜"。

與陳淵等遊，至二年五月十一日陳淵攜李綱之書信離沙縣。仲夏即五月也。右丞乃李綱，叔易乃其弟李經。

> 去年五月，見叔祖於南康，爲留數日。①
> 逮了翁三謫還，相見於溢江。②

按：此時陳瓘謫南康軍星子縣，陳淵攜李綱書往謁。陳瓘於宣和三年春已移楚州③，故陳淵見陳瓘必在宣和二年。

> 陳瓘以論蔡京奸惡得罪竄嶺表累年，既還，……建功獨往師焉，陳瓘奇之，遂妻以正彙之女。④
> 茂德，翁之孫婿也。始予見其初昏於南康，恨未之款。後八年，訪余於永豐之官舍。⑤

按：此書末題建炎二年（1128）六月二十日。逆推八年，則是宣和二年見蕭建功初昏於南康。

宣和三年（1121），46歲。赴毗陵。見李綱、鄒柄等。往婺州。

> 伏自毗陵拜遠侍側，忽復五年。……實以浮沉遠宦，塵冗卑賤，自疏門下，罪不可文。……益祈備加調護，以慰海内政踵引領、不勝饑渴之至。⑥

按：觀此文意，當是李綱當政時，或靖康元年（1126），或建炎元年（1127）。李綱宣和三年閏五月至無錫⑦。自宣和三年至靖康元年恰好五年。陳淵當是此時見李綱於常州。

> 淵雖在婺女，又以路費不繼，且無以籍手，未果西去……去年五月，見叔祖於南康，爲留數日。⑧

---

① （宋）陳淵《與鄒至文》，《默堂集》卷一八，第474頁。
② （宋）陳淵《與曹載德諫議》，《默堂集》卷一九，第483頁。
③ （元）陳宣子《陳了翁年譜》，第457頁。
④ （宋）陳淵《代江西帥李丞相薦蕭茂德狀》，《默堂集》卷一二，第378頁。
⑤ （宋）陳淵《書蕭茂德楚詞後》，《默堂集》卷二二，第535頁。
⑥ （宋）陳淵《與李丞相》，《默堂集》卷一八，第469頁。
⑦ 趙效宣《宋李天紀先生綱年譜》："宣和三年（1121）閏五月，自海陵泛舟歸梁溪。二十七日，父衛公卒於梁溪。"第40頁。
⑧ （宋）陳淵《與鄒至文》，《默堂集》卷一八，第474頁。

按："去年五月見叔祖於南康"乃是指宣和二年五月見陳瓘於南康，則是陳淵於次年即宣和三年在婺州。

宣和四年（1122），47歲。二月陳瓘卒，陳淵爲文祭之。

按：世傳陳瓘卒於宣和六年，實誤。張其凡《陳瓘年譜》已辨明其爲四年卒①。而陳淵《祭叔祖右司文》云："維宣和四年十月丙戌朔二十日乙巳"②云云，則了翁之卒必在宣和四年而十月爲祭文明矣。陳淵以姪孫之親，必不誤。是再添一證。又，陳載興年譜即於宣和四年二月下繫"公年六十六，卒於楚州，敕葬廣陵"。且注"已上俱舊譜"③。查陳譜於宣和三年十月已云"未幾，公亦感疾"。而四年、五年俱無文字，乃徑於六年下繫"二月，公卒於楚州，敕葬廣陵"④。必是原在四年之下，而後人因正史明載宣和六年二月卒而移四年文於六年下。否則不當自三年感疾至六年乃卒。亦不當於四年、五年俱無事蹟。

宣和四年（1122）、五年（1123）侍龜山於婺州。

按：陳淵奉陪龜山先生觀修城，且云："公（婺州守）待龜山異甚。"⑤ 此時婺州知州爲范之才："范之才，宣和三年由朝散郎任。"⑥ 且於宣和四年修築郡城："宣和三年九月以朝散郎任，次年重築郡城周十里爲民保障。"⑦ 龜山於宣和五年（1123）在婺州。二月，作《婺州修城記》⑧，則是在築城之次年作此記文。又，范之才字文甫，乃伊川弟子："范之才文甫、之翰申甫兄弟，富公外孫，皆師事伊川先生。"⑨ 所謂"公待龜山異甚"，不無來由。

宣和七年（1125），50歲。二月，廬陵永豐縣主簿。

> 淵到永豐已書三考又八月矣，代者不至。……此去鄂渚不十日可到，

---

① 張其凡、金強《陳瓘年譜》，《暨南史學》第一輯，廣州：暨南大學出版社2002年版，第126頁。
② （宋）陳淵《祭叔祖右司文》，《默堂集》卷二一，第520頁。
③ （明）陳載興《陳了翁年譜》，《宋明理學家年譜續編》第二冊，第510頁。
④ （元）陳宣子《陳了翁年譜》，第458—459頁。
⑤ （宋）陳淵《奉陪婺州守南樓宴集》，《默堂集》卷六，第331頁。
⑥ （明）王懋德《萬曆金華府志》卷一一《官師》，《中國史學叢書》第30冊，臺北：臺灣學生書局1965年版，第682頁。
⑦ （明）王懋德《萬曆金華府志》卷一四《宦跡》，第967頁。
⑧ （宋）黃去疾《龜山先生文靖楊公年譜》，第137頁。
⑨ （宋）呂本中《師友雜誌》，《全宋筆記》第三編第六冊，鄭州：大象出版社2008年版，第16頁。

恨縻官守，無由一造牆仞，瞻望聲光。①

今年二月，幸書三考，惟是未有代者。②

趙譜：建炎元年（1127）十一月二日，命鄂州居住③。二年八月末始至鄂州。十月移澧州④。

按：此書當在李綱在鄂州時，即建炎二年八月至十月。此時已三考又八月。又云"今年二月，幸書三考，惟是未有代者。"則默堂初任永豐當在宣和七年（1125）二月。

江西唯廬陵爲僻左，北來之音，幾無而僅有……老兄遷擢之峻，眷倚之重……超除諫省。五六年前，諫行而言聽，輿論猶以爲遲。⑤

向者所寓去京師不遠，茲被賜環，必已入境……第廬陵僻處江西，如坐井底，卻不得到闕之耗。⑥

行在雖去廬陵不遠，然此地迂僻，絕無所聞⑦。

賴今上入繼大統，宗社再安……近者，諸賢皆召，以此中絕不聞邸報，不知施設復如何。⑧

按：靖康元年，曹輔召爲監察御史、守殿中侍御史⑨。五六年前指曹輔於宣和元年諫徽宗輕輶微行，而遭余深、王黼貶斥，編管郴州六年⑩。故此書在靖康元年，亦可證陳淵此前宣和末已在廬陵。許景衡於靖康元年五月召入朝⑪，"茲被賜環，必已入境"正指此事。而此時李綱、許翰等人亦相繼入朝，故陳淵說"諸賢皆召"。

靖康元年（1126），51歲。在永豐。此年攝永新縣令。

---

① （宋）陳淵《與李丞相》，《默堂集》卷一八，第469頁。
② （宋）陳淵《與許少伊左丞》，《默堂集》卷一八，第471頁。
③ 趙效宣《宋李天紀先生綱年譜》，第106頁。
④ 同上書，第110—114頁。
⑤ （宋）陳淵《與曹載德諫議》，《默堂集》卷一九，第483頁。
⑥ （宋）陳淵《與許少伊左丞》，《默堂集》卷一八，第470頁。
⑦ （宋）陳淵《與龜山先生楊諫議二》，《默堂集》卷一六，第435頁。
⑧ （宋）陳淵《與廖用中中丞二》，《默堂集》卷一六，第439頁。
⑨ （元）脫脫等《宋史》卷三五二《曹輔傳》，第11130頁。
⑩ 同上書，第11128—11129頁。
⑪ （宋）汪藻著、王智勇箋注《靖康要錄箋注》卷六，成都：四川大學出版社2008年版，第737頁。

默堂年表

  余靖康、建炎間，嘗假令於廬陵之永新。①

 按：靖康僅有元年，次年五月即改元，陳淵稱"靖康、建炎間"則是靖康元年已攝永新縣令。

建炎元年（1127），52歲。攝永新縣令。十月，沿檄至臨川。

  予官吉之永豐簿，沿檄至臨川，見劉元承之子縣丞誠，問其父所錄伊川先生語錄，蒙示以元承手編，伏讀歎仰，因乞傳以歸。建炎元年十月晦日，庵山陳淵謹書。②

 按：此時以本官永豐簿之身份沿檄往臨川，得劉元承所錄伊川之語錄。

建炎二年（1128），53歲。十月罷攝永新縣令。復爲永豐主簿。

  淵到永豐已書三考又八月矣，代者不至。……以許右丞意招至豫章，欲相率詣行在，又以故不果往。即日再權永新令。新官後月當來，來即歸永豐矣。此去鄂渚不十日可到，恨縻官守，無由一造牆仞，瞻望聲光。③

 按：本表宣和七年下已考知此書作於建炎二年八至十月。許翰以建炎元年七月十五日守尚書右丞④，八月二十九日提舉臨安府洞霄宫⑤。許右丞招致事當在七八月間，因其罷任，"以故不果往"。故此書當在建炎元年九月以後。而"新官後月當來"，當於十月後罷權永新令，還爲永豐主簿。

  淵受閣下之恩厚矣……自始至今十有四年之間……淵建炎間攝邑於江西之永新，實與東州周穎爲代。⑥

 按：與張浚之書作於紹興壬戌十二年（1142），因周穎代陳淵爲永新令而相識，數月後周穎薦陳淵於張浚，由是受恩於張浚。自紹興十二年（1142）逆推十四年，則是建炎二年，周穎代陳淵爲永新令。

  又，作於建炎二年五月的《祭李先之祭酒文》，其繫銜爲吉州永豐縣主簿⑦。乃是以本官繫銜。

---

① （宋）陳淵《介堂記》，《默堂集》卷二〇，第501頁。
② （宋）陳淵《劉元承手編跋》，（宋）程顥、程頤《二程集》卷一八，北京：中華書局1981年版，第246頁。
③ （宋）陳淵《與李丞相》，《默堂集》卷一八，第469頁。
④ （宋）李心傳《建炎以來繫年要錄》卷七，北京：中華書局1988年版，第183頁。
⑤ （宋）李心傳《建炎以來繫年要錄》卷八，第208頁。
⑥ （宋）陳淵：《上都督張丞相書》，《默堂集》卷一九，第480頁。
⑦ （宋）陳淵：《祭李先之祭酒文》，《默堂集》卷二一，第521頁。

建炎三年（1129），54 歲。十月，召入向子諲潭州幕，未果。赴張浚川陝宣撫幕，未果。

伏奉十一月八日手誨，敦諭勤懇，實出望外。非獨義當改轍，其於私計尤便。①

被命即行，舟至臨江，聞金人將襲臨江。……且自臨江而西所在荆棘，故不得已歸閩。②

建炎三年九月十一日丙辰：初，張浚調兵潭州，而帥臣直龍圖閣辛炳怯懦不能遣，幾至生變，浚罷之。起復直龍圖閣向子諲知潭州。至是以聞。③

按：建炎三年冬金人兵分兩路來犯，江西一路乃追蹤隆祐太后。故江西皆爲荆棘。

建炎四年（1130），55 歲。春，避地福州。八月末，見龜山於將樂。此時或稍前，沈度從學受業。

乘流東下，避地福唐。蓋自去年中春，至八月末，始獲歸見龜山。④

頃在福唐，嘗辱（沈度）照顧。⑤

按：沈度《默堂集序》："余昔從公受業左右，幾二十年。"⑥ 默堂卒於紹興十五年（1145），上推二十年乃靖康元年（1126）。云"幾二十年"者，蓋不足二十年也。故沈度受業當在建炎中在福州時。

紹興元年（1131），56 歲。在沙縣。十二月十四日離家赴行在。

會廖用中由省曹遷右史……速不肖參部。此月十四日離家。……康侯既有西掖之除。⑦

按：詳上文言"去年避地福唐"，則此書在紹興元年。又言"伏奉十一月八日手誨"，則此書之作當在今年十二月。又云"此月十四日離家"，則是十二

---

① （宋）陳淵《與向伯共侍郎》，《默堂集》卷一六，第 442 頁。
② （宋）陳淵《上都督張丞相書》，《默堂集》卷一九，第 481 頁。
③ （宋）李心傳《建炎以來繫年要錄》卷二八，第 555 頁。
④ （宋）陳淵《與向伯共侍郎》，《默堂集》卷一六，第 442 頁。
⑤ （宋）陳淵《上都督張丞相書》，《默堂集》卷一九，第 481 頁。
⑥ （宋）沈度《默堂集序》，《默堂集》，第 301 頁。
⑦ （宋）陳淵《與向伯共侍郎》，《默堂集》卷一六，第 442 頁。

月十四日離家赴行在。廖剛於紹興元年十月十一日，由吏部員外郎守起居舍人①。胡安國拜中書舍人在紹興元年十一月二日②。是廖剛守中書舍人不久即召陳淵往行在。

紹興二年（1132），57歲。在行在。二月二十六日，充樞密院計議官③。九月一日，罷④。

紹興三年（1133），58歲。在沙縣。妻卒。更娶沈氏。

> 龜山先生云亡……淵前年了亡室葬事後，便至寧化要沈氏女子以歸，忽忽冬盡。至去年春始得一至將樂。⑤

按：龜山卒於紹興五年四月，則陳淵更娶沈氏在紹興三年。

紹興四年（1134），59歲。春，至將樂謁楊時。

> 龜山先生云亡……至去年春始得一至將樂，日與梁兼濟、李光祖參隨老人杖履。劇飲連夕，略無倦色。⑥

按：龜山卒於紹興五年四月，則"去年春"乃指紹興四年春。

紹興五年（1135），60歲。十月十五日，除樞密院編修，未赴⑦。居沙縣編《龜山文集》。

> 編修闕遠，不敢守株，遂乞嶽祠，得之。⑧

按：據此則樞密院編修非見闕，且默堂實未赴任，即於六年三月得祠。

> 淵蒙喻編次龜山著述文字，不可有遺。……已囑昭祖、安止搜求，十得六七矣。⑨

按：此乃龜山卒後不久之書，龜山卒於五年四月，故編次文字之事繫於本年。

---

① （宋）李心傳《建炎以來繫年要錄》卷四一八，第861頁。
② （宋）李心傳《建炎以來繫年要錄》卷四一九，第869頁。
③ （宋）李心傳《建炎以來繫年要錄》卷五一一，第910頁。
④ （宋）李心傳《建炎以來繫年要錄》卷五一八，第1003頁。
⑤ （宋）陳淵《與胡康侯侍讀》，《默堂集》卷一七，第462頁。
⑥ 同上書，第462頁。
⑦ （宋）李心傳《建炎以來繫年要錄》卷九四，第1556頁。
⑧ （宋）陳淵《與黃用和宗博》，《默堂集》卷一九，第490頁。
⑨ （宋）陳淵《與胡康侯侍讀》，《默堂集》卷一七，第462頁。

紹興六年（1136），61歲。三月三日，監潭州南嶽廟①。主管江西安撫制置大使司機宜文字。

> 編修闕遠，不敢守株，遂乞嶽祠，得之。方以自幸，忽丞相以幕官見處。素荷知察，不免單騎一來，本不爲久計，倏經三時，尚此竊食。……次第春初乃獲從所請也。丞相在江西未及一年，百事就緒。②

> 紹興五年十月十六日，李綱除江西南路安撫制置大使兼知洪州。③ 六年二月二十五日，高宗賜對於内殿。三月四日，抵江西界首，交割職事。④

按：默堂於三月得祠，即收到李綱幕府任命，且赴任。經歷三時，則與黃鍰之書已在冬。因李綱三月抵江西，故云"未及一年"。

紹興七年（1137），62歲。獲讀胡安國《春秋傳》。五月，罷機宜文字。六月一日，胡安國薦賢良方正科。

> 《春秋傳》久欲受教，……今兹辱頒惠，仰荷不棄。……行年六十餘矣，獲見此文，豈不知幸！淵已請於丞相，再候乞宫祠有報，若許不許皆令暫歸。計所報當在端節前後。遠不出月半間。……《龜山文集》已編成六十卷。⑤

按：所謂"請於丞相"蓋指李綱，此乃請罷李綱幕府，不論是否宫祠得允都先回鄉。樞密院編修之任陳淵實未前往。此罷任在五月端午，而編修之罷在三月，亦可證此罷任非指樞密院編修，而是李綱幕府。

胡安國《春秋傳》成於六年十二月⑥，胡氏成書即上高宗御覽⑦，而於七年年初即寄一部分與陳淵。此書作於七年四月，陳淵此時已讀畢所寄部分而回信給胡安國。

> 淵蒙侍讀以大科相薦……淵行年六十餘……⑧

---

① （宋）李心傳《建炎以來繫年要録》卷九九，第1624頁。
② （宋）陳淵《與黃用和宗博》，《默堂集》卷一九，第490頁。
③ 趙效宣《宋李天紀先生綱年譜》，第182頁。
④ 同上書，第186—188頁。
⑤ （宋）陳淵《與胡康侯侍讀》，《默堂集》卷一七，第446—447頁。
⑥ （宋）胡安國《進表》所署年月。（宋）胡安國《春秋胡氏傳》，杭州：浙江古籍出版社2010年版，第8頁。此《進表》鐵琴銅劍樓藏本有，諸本皆無。
⑦ （宋）李心傳《建炎以來繫年要録》卷一〇九，第1774頁。
⑧ （宋）陳淵《答胡寧和仲郎中》，《默堂集》卷一七，第448頁。

准尚書省紹興七年六月一日劄子：左朝散郎充徽猷閣待制提舉江州太平觀胡安國奏："承潭州公文准禮部牒、三省樞密同奉手詔：'中外侍從之臣各舉能直言極諫之士一人者。'臣伏見右修職郎權江西制置大使司主管機宜文字陳淵，深究先聖之微言……若獲造廷，俾攄所蘊，必有忠讜，上副訪延。伏候敕旨。"五月二十八日三省同奉聖旨劄與胡安國……①

按：據此，則是五月安國應詔制科薦陳淵。五月二十八日三省奉聖旨行下尚書省，六月一日省劄行下。

紹興八年（1138），63 歲。七月，召對改官。八月除秘書丞②。

八月二日乙卯，詔右承事郎陳淵……賜同進士出身。淵時以選人監嶽廟，召對改京秩。遂以為秘書丞。（原注：淵改官在七月丁亥，入館在八月。）③

紹興九年（1139），64 歲。四月，除監察御史④。**五月十九日到行在。十月二十七日，除右正言**⑤。**春在嚴州見呂本中，與中朝士大夫在嚴州、臨安論學。**

五月十九日到臨安。⑥

桐江拜別，忽已五年。庚申之夏，歸自臨安，舟過蘭溪。聞大旆已離郡城，當趨衢梁。⑦

淵中夏至下澣既到臨安，便蒙枉教，委曲周旋，至於累紙。⑧

按：桐江指嚴州，呂本中於紹興八年年底罷職離行在，九年春在嚴州⑨。此是陳淵與呂本中第一次見面論學。庚申乃紹興十年，是年四月陳淵罷說書，遂歸沙縣。中夏即五月，陳淵五月至臨安後，即與魏矼等中朝士大夫講學。

---

① （宋）陳淵《辭免舉賢良狀》，《默堂集》卷一三，第 380 頁。
② （宋）陳騤《南宋館閣錄》卷七，北京：中華書局 1998 年版，第 87 頁。
③ （宋）李心傳《建炎以來繫年要錄》卷一二一，第 1958 頁。
④ （宋）李心傳《建炎以來繫年要錄》卷一二七，第 2070 頁。（宋）陳淵《辭免監察御史奏狀》，《默堂集》卷一三，第 381 頁。
⑤ （宋）李心傳《建炎以來繫年要錄》卷一三二，第 2128 頁。（宋）陳淵《辭免右正言奏狀》，《默堂集》卷一三，第 382 頁。
⑥ （宋）陳淵《答李光祖三》，《默堂集》卷一七，第 456 頁。
⑦ （宋）陳淵《與呂居仁舍人》，《默堂集》卷一九，第 491 頁。
⑧ （宋）陳淵《與魏邦達侍郎》，《默堂集》卷一七，第 461 頁。
⑨ 王兆鵬《呂本中年譜》，《兩宋詞人年譜》，臺北：文津出版社 1994 年版，第 430—431 頁。

《默堂集》卷二二末之《雜説十三段》即此時之問答。

紹興十年（1140），65 歲。二月八日，除秘書少監兼崇政殿説書①。因避祖父諱改宗正少卿。四月十一日，罷②。冬，監南嶽廟。

> 向蒙朝廷畀以奉祠之禄，今冬當滿，便可掛冠。③

按：此書作於十三年冬，嶽廟祠官三年一任，故得祠在本年冬。

紹興十一年（1141），66 歲。居沙縣。淵晚年居沙縣，所從遊者，張致遠、李郁、廖剛、羅薦可等。

> 柘皋之捷，真可慶者。……子猷侍親安健，養蒙亦無恙，日夕得從遊，竊跡之幸。④

> 子猷侍老親，閒居甚安。與養蒙間得會晤。用中亦頻通音好。光祖、循義，行即相見矣。⑤

按：柘皋之捷在紹興十一年二月十八日⑥。張致遠字子猷，羅薦可字養蒙⑦，廖剛字用中，李郁字光祖。

紹興十三年（1143），68 歲。春，避寇居古寺中。

> 淵今春偶遇避寇，去家百里外，寓居古寺中凡半年，其地卑濕爲甚，因得足疾。……淵年將七十……向蒙朝廷畀以奉祠之禄，今冬當滿，便可掛冠。⑧

> 今歲緣避寇山中幾數月，坐卧卑濕之地，遂得足疾。……賴秋氣日清，積熱稍退。……此來祠官滿任，食貧累重，不能不再申前請。⑨

> 鄉里盜賊再來，遂深入劫掠。⑩

---

① （宋）李心傳《建炎以來繫年要録》卷一三四，第2151頁。（宋）陳淵《辭免秘書少監劄子》，《默堂集》卷一三，第383頁。
② （宋）李心傳《建炎以來繫年要録》卷一三五，第2163頁。
③ （宋）陳淵《與魏邦達侍郎》，《默堂集》卷一七，第461頁。
④ （宋）陳淵《與梁兼濟提刑三》，《默堂集》卷一七，第453頁。
⑤ （宋）陳淵《與梁兼濟提刑四》，《默堂集》卷一七，第454頁。
⑥ （宋）李心傳《建炎以來繫年要録》卷一三九，第2234頁。
⑦ 《嘉靖延平府志》卷一六："羅薦可，字養蒙，沙縣人。"《天一閣藏明代方志選刊》，上海：上海古籍書店1982年版。
⑧ （宋）陳淵《與魏邦達侍郎》，《默堂集》卷一七，第461頁。
⑨ （宋）陳淵《與吕居仁舍人》，《默堂集》卷一九，第492頁。
⑩ （宋）陳淵《與胡明仲侍郎》，《默堂集》卷一八，第479頁。

按：與吕本中書言"桐江拜別，忽已五年"，事在紹興九年春。此書之作已在冬季，自紹興九年春至紹興十三年冬爲五年，故此書作於紹興十三年冬①。

與魏矼書或在夏秋，以爲冬將致仕。至冬與吕居仁書，又因家貧不得不再請祠，而不請致仕。

與胡寅書中言及趙鼎謫吉陽軍事，故當在紹興十四年九月後②。所謂盗賊再來，乃指十三年寇盗始來，而至今年又來也。

紹興十五年（1145），70歲。卒③。

（作者單位：北京大學哲學系）

---

① 白曉萍亦因宮觀三年爲任，以爲此書作於紹興十三年。白曉萍《宋南渡初期詩人群體研究》，浙江大學博士學位論文，2006年，第71頁。
② （宋）李心傳《建炎以來繫年要録》卷一五二，第2450頁。
③ （元）脱脱等《宋史》卷三七六《陳淵傳》，第11630頁。

日本尊經閣藏《春秋左氏音義》考略*

馮先思

【内容提要】 日本尊經閣文庫藏《春秋左氏音義》五卷，爲南宋嘉定年間興國軍學刊《春秋經傳集解》所附《釋文》，乃金澤文庫舊藏，同時也是現存唯一一部《左傳釋文》單行本，可補今傳本誤字、衍文、脱文。由於此本有大量補版，其文本也經宋人修改，不免也有一些脱漏、誤刻之處，不盡保存《釋文》原貌。

【關鍵詞】 經典釋文　金澤文庫　春秋左氏音義　校勘

唐陸德明《經典釋文》三十卷，涵蓋十二部儒家經典、兩部道家經典。其書今存唐人寫本，有敦煌石室之《周易音義》《尚書音義》殘卷、日本古鈔《禮記音義》殘卷。宋初校訂《經典釋文》，亦分經刊版，其書遂有單刊之本，間或附經而傳，今存《周易》《尚書》《禮記》《春秋左氏傳》《春秋公羊傳》《孝經》《論語》《莊子》等①。虞萬里先生《〈經典釋文〉單刊單行考略》曾對典籍所載各單刊本《釋文》校刊源流有詳細考索，但並未涉及尊經閣文庫藏宋刊《春秋左氏音義》。

一、《左傳釋文》的兩種單刊本

（一）興國軍本

日本尊經閣文庫藏宋刊《春秋左氏音義》五卷，爲南宋嘉定年間興國軍學

---

* 本文爲廣東社科規劃項目"清儒《經典釋文》批語輯録與研究"（GD16CTS02）、中國博士後科學基金第65批面上資助項目（2019M650017）的階段性成果。本文得到廖明飛博士、張詩洋博士的幫助，特此致謝。

① 虞萬里《榆枋齋學術論集》，南京：江蘇古籍出版社2001年版，第732—759頁。

刊《春秋經傳集解》所附《釋文》①。該本每半葉八行，行十七字，小字雙行。白口，左右雙邊。卷端鈐"金澤文庫"長方印。此書爲現存唯一一部《左傳音義》單行本。1944年至1945年，金澤文庫保存會曾據尊經閣藏本影印出版，惜僅印前兩卷，便因故中輟，至今未見全本影印出版。

尊經閣藏本《左氏音義》分爲五卷，裝訂爲四册。卷端題"春秋左氏音義一"，次行署"唐國子博士兼太子中允贈齊州刺史吴縣開國男陸德明撰"。第一卷從《春秋序》始，至僖公三十三年止，計五十八葉。第二卷從文公元年始，至襄公十五年止，計六十五葉。兩卷葉碼連續。其内容相當於今傳宋刻本《經典釋文》卷一五至卷一七。《經典釋文》所收《左傳音義》分爲六卷（卷一五至卷二〇），每卷之末標記本卷經文、注文字數，而單刊本《左氏音義》因改易《經典釋文》卷次，皆略而不載。本書避宋帝之諱至南宋孝宗止，例字有胤、玄、匡、聃、泓、弘、殷、恒、禎、楨、貞、徵、豎、讓、頊、詰、桓、完、構、覯、慎等。

這種單刊本《左傳音義》我國也曾藏有一部，清代《天禄琳琅書目》卷一著録《春秋左氏音義》二函八册，亦當爲興國軍刻《春秋經傳集解》附刻之《春秋左氏音義》，《書目》云：

> 唐陸德明著，五卷。後附宋聞人模《經傳識異》。按此即德明《經典釋文》之一。《左氏釋文》，元六卷，今合卷五、六爲一。宋嘉定時興國學刊本。興國軍隸江南西路，亦江西諸郡書版也。卷末結銜五人，爲知軍、通判、教授、判官。又有教授聞人模跋，載木學補刊《春秋》、更新《五經》之由。蓋當時刻《春秋》而附以陸氏《音義》，今獨存《音義》耳。按德明《釋文》本分五經三傳，并及《孝經》《論語》《爾雅》《老》《莊》，各自成編，無嫌單行也。②

這一刊本鈐印有"毛晉之印""汲古主人""毛氏子晉""崑山徐乾學健庵藏書"等，可見曾爲毛氏汲古閣、徐乾學遞藏，後歸清宫收藏，選入天禄琳琅。嘉慶年間一場大火，此本與其他多種珍稀版本皆付之一炬，實堪歎惋③。

---

① 張麗娟《宋代經書注疏刊刻研究》，北京：北京大學出版社2013年版，第87—89頁。
② （清）于敏中等編、徐德明整理《天禄琳琅書目》卷一，上海：上海古籍出版社2007年版，第9—10頁。
③ 張麗娟《説説南宋興國軍學刻本〈春秋左傳集解〉》，《國學茶座》2014年第2期，第18—25頁。

（二）撫州本

清代藏書家顧之逵曾經藏有宋本《左傳釋文》兩種，見錢大昕《竹汀先生日記鈔》卷一記載。錢云："晤顧安道，見宋槧《經典釋文》一本（左氏末三卷），又《春秋左氏釋文》《禮記釋文》兩種，亦宋刻。（卷首不題"經典釋文"，但題"春秋左氏釋文""禮記釋文"。蓋與各經註疏相輔而行者。今監本《周易註疏》後別刻釋文，亦宋時舊式也。）"①

劉鵬《顧之逵小讀書堆善本書志》曾指出錢大昕所云前一種《釋文》存三卷者，今藏國家圖書館（善本號：6710），惜僅存卷六②。此殘卷與國圖藏宋刊《經典釋文》同版，皆爲宋刻宋元遞修本。顧藏《左傳釋文》殘卷歷經毛子晉、顧之逵、張金吾等名家藏弆，今歸國家圖書館。卷末有臧鏞堂跋一則，其文云：

> 右毛子晉所藏宋雕《釋文》左氏一卷，借自明經長洲顧安道家。雖斷圭殘璧，然益足寶貴。近通志堂徐氏板，出於葉林宗借絳雲樓藏本影寫。余新見葉本，知徐本之妄改者甚多，猶覺葉本亦有誤，恨不及見絳雲樓真面目。而此卷當即與錢本同。今取以勘葉本，既皆印合，並多原板不誤而影寫誤者。……或病余之泥古，試質之明經，其與余見合否也。乾隆癸丑季秋，臧鏞堂跋。③

另外一種《左傳釋文》，劉鵬並未確定其版本。顧千里見到過，他跋《經典釋文》云："《春秋經典釋文》六卷，南宋槧本，亦小讀書堆藏，其本乃附《春秋》經傳後者，鈕非石校一過如右，在乾隆甲寅年。"④國家圖書館藏《經典釋文》（善本號：7301）匯集清儒多人批語，《左傳音義》部分錄存顧之逵校語，較爲詳細地記錄了該宋本的重要異文和行款。卷一五第一葉云"宋本十行"，卷端書名題"春秋左氏釋文"。

張麗娟曾對撫州公使庫所刻諸經特點有一總結，其大略云："今存撫州本

---

① （清）錢大昕著、程遠芬點校《竹汀先生日記鈔》，上海：上海古籍出版社 2010 年版，第 222 頁。

② 劉鵬《顧之逵小讀書堆善本書志（經部）》，《文津學志》第七輯，北京：國家圖書館出版社 2014 年版，第 128—146 頁。

③ 引文又見（清）張金吾著、柳向春整理《愛日精廬藏書志》卷六，上海：上海古籍出版社 2014 年版，第 90—91 頁。

④ 參國圖藏《經典釋文》（7301）卷二〇後跋語。又見（清）顧廣圻著、王欣夫輯、李慶標點《顧千里集》，北京：中華書局 2007 年版，第 267 頁。

經書各傳本，在內容類型、行款版式、字體風格上均非常統一。它屬於單經注本，《釋文》未分散入經注之下，而是完整附刻於各經之末。從版式特點和字體風格看，撫州本經書各傳本行款皆十行十六字，小字雙行二十四字，白口，四周雙邊，版式疏朗，字大悅目。每卷後有本卷的經注字數，書末還鐫有本書總的經注字數。"① 撫州本《釋文》單刊本，今存兩種（《禮記釋文》《春秋公羊釋文》），其卷端題名皆爲"經名＋釋文"之形式，且皆爲十行。《釋文》單行本卷端題名約分爲兩類，一類爲"經名＋音義"（興國軍刻本），一類爲"經名＋釋文"（撫州刻本）。從明代書目記載來看，《春秋左傳釋文》爲六卷②，顧之逵藏本正好爲六卷十行。可見顧之逵所藏宋本六卷單刊本《左傳釋文》可能爲撫州本《春秋經傳集解》附錄。這一版本雖然已經不知存佚，但是鈕非石曾將其校勘一過，其傳錄本尚多，可藉以考撫州本《左傳釋文》之大略③。

二、興國軍學刻本《春秋左氏音義》價值略述

今存宋元刻《經典釋文》一部原爲清宮舊藏，從鈐印來看，當爲元明官書。此本雖係宋刻元修④，然其間魯魚豕亥之誤頗多。這一版本現在有多種影印本⑤。錢謙益絳雲樓藏宋刻《經典釋文》一部，葉林宗曾據以迻錄，錢氏藏本毀於大火，今已不存。現在看來，錢藏本與今傳清宮藏宋本面貌相去不遠，其誤多同。通志堂本據葉鈔本校刊，雖經校改，然時人亦多未愜意，故清代批注校改者甚多⑥。盧文弨另起爐竈重刻此書，其所改實有不可移易處，然其誤則亦在所難免，故黄焯認爲"盧本之得失似又與通志堂本等"⑦。因此宋刻單刊

---

① 張麗娟《宋代經書註疏刊刻研究》，第66—67頁。
② 虞萬里《經典釋文單刊單行考略》，收入《榆枋齋學術論集》，第732—759頁。
③ 如國圖藏本《經典釋文》(7301)，此外上海圖書館、復旦大學圖書館亦有藏本過錄顧氏批語。
④ 王利器對此書流傳源流有詳細考證，參《經典釋文考》一文，收入王利器《曉傳書齋集》，上海：華東師範大學出版社1997年版，第9—75頁。
⑤ 上海古籍出版社曾影印宋刻《經典釋文》，有綫裝本、精裝本、平裝本三種。《中華再造善本》唐宋編亦收錄此書。華東師範大學出版社曾出版法偉堂批校本《經典釋文》，其底本亦據宋刻。
⑥ 初步調查已超過二十家。
⑦ 黄焯《經典釋文彙校》前言，武漢：武漢大學出版社2008年版，第4頁。爲省篇幅，下文引用僅標頁碼，他書類此。

本《春秋左氏釋文》對於校勘《經典釋文》有着重要的參考價值，今分述如下。

(一) 可證通志堂本、盧文弨本所改與宋本相同

無論是宋刻元修本《經典釋文》，還是葉抄本的底本，雖皆稱宋本，實際上其板片大多爲元代修補，刊刻較爲草率。從臧鏞堂迻録的葉鈔本異文來看，可謂謬誤滿紙①。通志堂本《經典釋文》的校刊者有鑒於此，即在參考傳世經書所附釋文的基礎上，對底本明顯的誤字加以改動。雖然所改可能不盡完美，總體來看，還是提升了《經典釋文》的文本質量。即以其書卷一五《春秋左傳音義》卷一爲例，《儒藏》本②指出底本（宋刻元修本）錯誤175處，據通志堂本改132處，佔四分之三的比例。《儒藏》本《經典釋文》採用通志堂本的這132處校改，又多與宋興國軍刻本《春秋左氏音義》合。而未據通志堂本校改的那四分之一，又有一半取用盧文弨校改，亦多與宋本《左氏音義》相同。二者合計，約百分之九十的内容是合乎宋本，可見通志堂本、盧文弨本爲改善宋本《經典釋文》文本質量所作出的努力，值得肯定。兹舉例如下：

1. 改誤字

（1）杌：五忽反。檮杌，四凶之一。杜云，頑凶無儔匹之皃。（卷一五第一葉，867頁）③

案：頑，宋本《經典釋文》誤作"頭"，通志堂本、盧文弨本改作"頑"，宋版《左氏音義》④正作"頑"。

（2）州蓼：音了。本或作鄝，同。隨、絞、州、蓼，四國名。（卷一五第十一葉，888頁）

案：宋刻《經典釋文》"隨絞州蓼"之"蓼"，通志堂本、盧文弨本皆改作"蓼"，與宋版《左氏音義》、龍山書院本同⑤。"了、蓼"音同，刊刻者遂以筆畫較少之"了"代替"蓼"。《儒藏》本（618頁）未改從通志堂本、盧文弨本。

2. 改俗字

（1）夏殷：户雅反。三代之号，可以意求。（卷一五第二葉，870頁）

---

① 臧庸堂校記參見上述國家圖書館、上海圖書館藏多種《經典釋文》批校本。
② 《儒藏》本《經典釋文》整理者爲張旭輝，校讀者劉曉東、李暢然。收入《儒藏》精華編第九十七册，北京大學出版社2017年版。下文引用同此版本。
③ 括號内汉字頁碼爲宋刻《經典釋文》卷次頁碼，數字爲上海古籍出版社1985年影印本頁碼，下同。
④ 即尊經閣藏單刊本宋版《春秋左氏音義》，下同。
⑤ 即《中華再造善本》唐宋編所收宋刻龍山書院本。

案：宋刻《經典釋文》"号"，通志堂本、盧文弨本改作"號"，與宋版《左氏音義》同。號俗省作"号"。

（2）杌：五忽反。檮杌，四凶之一。杜云，頑凶無儔匹之皃。（卷一五第一葉，867頁）

案：皃，通志堂本、盧文弨本、宋版《左氏音義》並作"貌"，金澤寫本作"皃"。貌，俗省作皃。

（3）杌：五忽切。檮杌，頑兇無儔匹之貌。（卷一六第二十葉，958頁）

案：杌，宋刻《經典釋文》作"𣏌"形，通志堂本、盧文弨本改作"杌"。《儒藏》本校勘記（663頁）云："杌，原作𣏌，今據通志堂本改。"案"𣏌"即"杌"之俗寫，與"𣏌"字俗寫同形①。

（4）之乘：繩證反。車乘也。一云兵車。（卷一五第一葉，867頁）

案：兵車，宋刻《經典釋文》、通志堂本同，盧文弨《考證》云："一云丘乘。舊作一云兵車，譌。今從浦氏鏜校改。"阮元、黃焯並以盧改爲非。（《彙校》152頁）宋版《左氏音義》作"兵乘"，金澤寫本、龍山書院本等並同。乘爲有兵士之車，隱公元年"帥車二百乘"杜預注云"古者兵車一乘，甲士三人，步卒七十二人"。乘又引申爲兵車上之士卒，隱公元年"具卒乘"，杜預注云"乘，車士"。孔穎達疏（襄十三年"率其卒乘官屬"）云"從車曰卒，在車曰乘"。陸德明釋"之乘"，既曰"車乘"，則一云之釋義當與之不同，"兵車"與"車乘"語義不殊，自當以作"兵乘"爲宜。陸以"車乘""兵乘"區分，止本杜預之說。

3. 改譌體

（1）之乘：繩證反。車㮠也。一云兵車。（卷一五第一葉，867頁）

案：車乘，宋刻《經典釋文》誤作"車㮠"，通志堂本、盧文弨本皆改作"車乘"，與宋版《左氏音義》同。㮠，不見於字書，蓋乘之譌體。

（2）儁傑：音俊。下音桀。（卷一五第二葉，870頁）

案：傑，宋刻《經典釋文》作"僗"，通志堂本、盧文弨本改作"傑"，與宋版《左氏音義》同。僗，不見於字書②。

（3）君之名子：如字。或彌政反。（卷一五第九葉，883頁）

---

① 張涌泉《敦煌俗字研究》（第二版），上海：上海教育出版社2015年版，第504頁。
② 黃焯校云"宋本儁作雋"（152頁）。案，黃說非。宋本字作"儁"，乃移亻於上，實乃"儁"字。

案：又音反切上字，宋刻《經典釋文》作"弥"，通志堂本、盧文弨本改作"彌"，與宋版《左氏音義》同。金澤寫本、龍山書院本作"弥"，與"弥"字形相近。弥，不見於字書，黃焯校（153頁）以爲"弥"乃譌體。《儒藏》本（614頁）作"弥"，不確。

4. 補脱文

（1）食之：如字。本或作蝕。音同。（卷一五第三、四葉，872頁）

案："作蝕"，宋刻《經典釋文》脱。通志堂本、盧文弨本補"作蝕"二字，所補與宋版《左氏音義》同。

（2）背莁：音佩。傳同。（卷一五第十四葉，894頁）

案："同"，宋刻《經典釋文》脱。通志堂本、盧文弨本補"同"字，所補與宋版《左氏音義》同。

（3）遂譖：□□□。（卷一五第二十二葉，910頁）

案：宋刻《經典釋文》此兩字正好爲一版之末，下一葉首行空四字，當有脱文。通志堂本、盧文弨本補"側鳩反"，所補與宋版《左氏音義》音切同。

（4）夭且：於表反。飲馬：於鴆反。（卷一七第二葉，971頁）

案："夭且、飲馬"之間，盧文弨本據註疏本補"大咎：其九反。令鄭：力呈反。於郖：音延。沈尹：音審"。宋版《左氏音義》作"其九反"之後多"後同"二字。宋刻《經典釋文》、通志堂本皆脱。

5. 補墨丁

（1）黶：於■反。（卷一五第一葉，867頁）

案：宋刻《經典釋文》有墨丁，通志堂本補"黤"字，與金澤寫本①、宋版《左氏音義》同。

（2）及鄆：■■。（卷一五第一葉，950頁）

案：宋刻《經典釋文》有墨丁，通志堂本補"音運"字，與金澤寫本、宋版《左氏音義》同。

（3）欲要：■遥反。（卷一七第五葉，978頁）

案：宋刻《經典釋文》有墨丁，通志堂本補"一"字，與金澤寫本、宋版《左氏音義》同。

（4）謂暴：本又作■。薄報反。（卷一七第八葉，983頁）

---

① 金澤寫本即日本宮內廳書陵部藏卷子裝《春秋左傳集解》寫本，爲金澤文庫舊藏。此寫本行間夾注、天頭、卷背皆有《釋文》，本文引此簡稱"金澤寫本"。

案：宋刻《經典釋文》有墨丁，通志堂本補"虨"字，與金澤寫本、宋版《左氏音義》同。

(二) 證通志堂本之誤改

1. 以見：賢遍反。下同。（卷一五第二葉，870頁）

案：宋刻《經典釋文》、宋版《左氏音義》、盧文弨本皆有"下同"二字，通志堂本脱。

2. 不鑿：子洛反。精米也。《字林》作毇。子沃反。云，糲米一斛，舂爲八斗。（卷一五第八葉，882頁）

案：子洛反，宋刻《經典釋文》、宋版《左氏音義》、龍山書院本、金澤寫本同。通志堂本、盧文弨本作"子各反"。《經典釋文》音鑿，反切下字爲"洛"者16次，爲"各"者4次，爲"報"者6次，音"沃"者兩次。

3. 馬膺：於稜反。（卷一五第九葉，883頁）

案：反切下字，宋刻《經典釋文》作"移"，通志堂本改爲"稜"，黄焯《彙校》云："北宋本作'陵'，是也。"（153頁）宋版《左氏音義》、龍山書院本、盧文弨本皆作"陵"。盧校蓋據註疏本改。金澤寫本作"烝"。膺、陵、烝皆三等開口蒸韻，稜爲一等開口登韻，通志堂本所改不確。

4. 而烝：之丞反。（卷一五第十葉，885頁）

案：反切下字，宋刻《經典釋文》、通志堂本、盧文弨本作"丞"，宋版《左氏音義》、龍山書院本、金澤寫本皆作"承"。

5. 鄁：子斯反。（卷一五第十三葉，891頁）

案：鄁反切下字，宋刻《經典釋文》、宋版《左氏音義》、盧文弨本作"斯"。龍山書院本、金澤寫本俱作"斯"。通志堂本改爲"靳"。黄焯《彙校》引段玉裁説"斯字是"。（154頁）《儒藏》本據通志堂本改爲"靳"（620頁），非。

6. 在櫟：音歷。或音書灼反。（卷一五第十三葉，892頁）

案：灼，宋刻《經典釋文》、宋版《左氏音義》同，通志堂本、盧文弨本改爲"約"，龍山書院本、金澤寫本俱作"灼"。

7. 其轍：直列反。（卷一五第十五葉，895頁）

案：直，宋刻《經典釋文》、宋版《左氏音義》同，通志堂本改爲"宜"。

8. 鑑：工暫反。鏡也。（卷一五第十七葉，900頁）

案：工，宋刻《經典釋文》作"土"，通志堂本作"上"，盧文弨本作"工"，宋版《左氏音義》作"工"。黄焯校（155頁）云"作'工'是也"。金澤寫本、《四部叢刊》本《左傳》附釋文（下文簡稱《四部叢刊》本）正作"工"。《儒藏》本仍宋刻而不改，亦非。

9. 于洮：他刀反。（卷一五第十八葉，902頁）

案：他，宋刻《經典釋文》、宋版《左氏音義》、金澤寫本、《四部叢刊》本同，通志堂本、盧文弨本作"徒"，龍山書院本亦作"徒"。洮，在《刊謬補缺切韻》中屬透紐，其反切上字當以作"他"爲是。

10. 伯睔：古因反。徐又胡忖反。（卷一七第十八葉，1003頁）

案：首音反切下字，宋刻《經典釋文》作"因"，通志堂本、盧文弨本作"困"。宋版《左氏音義》作"困"，與何焯校本同（源出撫州本）。黃焯校（167頁）以爲當作"困"。

（三）證盧文弨本之誤改

盧文弨校改《經典釋文》有兩類參考資料，一爲當時所流傳的葉鈔本，一爲經書所附釋文及前賢、時人的校勘記。一來盧文弨能認識到葉鈔本確實有很多訛誤，並非通常情況下所認爲的那樣宋本訛誤較少。一來他校改之依據主要是經書所附釋文，這些與《經典釋文》不同流傳路徑的傳本，在文本演變上自然不會與原書一致，可以參訂葉鈔本訛誤之處甚多。不過經書所附釋文大多爲出版者分散到各書字句之下，難免會根據實際需要改動其文本面貌，因此這類釋文可參考，若據以改動《釋文》原書，可能會產生偏差。他所依據的材料決定了其改動會是毀譽參半。宋版《左氏音義》正可糾正盧改之失，兹舉例如下：

1. 子狐：音胡。交質：音致。下同。（卷一五第四葉，873頁）

案：宋刻《經典釋文》、宋版《左氏音義》、通志堂本皆先"子狐"後"交質"，盧文弨本乙，《儒藏》本從盧說乙（609頁）。龍山書院本與宋版《左氏音義》同。金澤寫本於"子狐""交質"有乙文符號，是金澤寫本亦同。覈諸經文，理當先"子狐"後"交質"，然宋本所據或爲較早來源，其所據經文或與今本不同。

2. 于竟：音境。鄎：音息。一本作息。（卷一五第八葉，881頁）

案：宋刻《經典釋文》、宋版《左氏音義》、通志堂本皆先"于竟"後"鄎"，盧文弨本乙，《儒藏》本（614頁）從盧說乙。

3. 之椽：直專反。榱也。圓曰椽，方曰桷。《説文》云，周謂之椽，齊、魯謂之桷。（卷一五第十二葉，889頁）

案："周謂之椽"，宋刻《經典釋文》、宋版《左氏音義》、通志堂本並同，盧文弨本改作"周謂之榱",《儒藏》本復據盧本改。盧文弨《考證》云"舊作'周謂之椽',案《説文》云:'榱,秦名爲屋椽。周謂之榱。'今依本書改正。"段玉裁改"周謂之榱"爲"周謂之椽",謂"今依《左傳》桓十四年音義、《周易·漸》卦音義正"。(《説文解字注》卷六第三十四葉)王筠與段玉裁改同,所據則爲《太平御覽》引文,並云:"《左傳》'宋伐鄭,以大宫之椽歸,爲盧門之椽'。宋鄭皆在豫州,與周室近。"(《説文解字句讀》卷一一第二十四葉)《儒藏》本據盧校改作"榱"(619頁),古本所引,互有異同,不必據今本《説文》改字,各存其異可也。

4. 不勝:音升。又升證反。(卷一六第一葉,920頁)

案:升證反,宋刻《經典釋文》、宋版《左氏音義》、通志堂本同,盧文弨《考證》云當作"尺證反",然盧文弨刻《經典釋文》仍作"升證反"。黄焯校(158頁)以爲盧《考證》非是。龍山書院本、金澤寫本、《四部叢刊》本亦作"升證反"。

5. 子般:音班。林作班。(卷一七第十三葉,993頁)

案:林,宋刻《經典釋文》作"朩",通志堂本改作"林",盧文弨從山井鼎説,補"字"字,作"《字林》作班"。此於文例不合,盧改非是。宋版《左氏音義》作"亦",何焯校本亦作"亦",阮元以作"亦"是,黄焯校(166頁)從阮説。"朩"字不見於字書,蓋"亦"字之譌。金澤寫本經文作"子班",字旁釋文云"本亦作般,同"。龍山書院本經文、釋文與金澤寫本同。《儒藏》本(686頁)從通志堂本作"林",失之。

(四)正《儒藏》本之誤字

《經典釋文》在清初被重新發現之後,即收入《通志堂經解》,是爲近四百年來第一個印行的版本。盧文弨刻《經典釋文》爲第二個,此本另附《經典釋文考證》,其校勘意見不盡與所刻《經典釋文》意旨一致①。阮元《十三經註疏校勘記》於《釋文》亦加校勘。此外如浦鏜、山井鼎、陳樹華、錢坫、段玉裁等人著述也涉及了《釋文》校勘。乾嘉諸儒批校《經典釋文》者甚多,今存其批語者二十餘家,出版者僅法偉堂一家②。黄焯《經典釋文彙校》在參考清儒

---

① 例如本文"可證盧文弨之誤改"一節第四例。
② 《四部叢刊》影印通志堂本附孫毓修撰校勘記三卷,實即參考清儒批語,並録宋本、通志堂本差異而成,未超出清儒批校範圍。

校勘成果上①，積多年披閲《經典釋文》之勤，勒成一編，此即校勘此書的第三部專著。黄校最初由其弟子賀庸繕録，中華書局據以影印②。《儒藏》精華編第九十七册收録此書，整理者以宋刻元修本爲底本，多據通志堂本、盧文弨本校改，是近年來《經典釋文》整理本中質量最好的一部③。宋版《左氏音義》亦可正《儒藏》本校改之未周。

1. 以氐：音旨。下同。（卷一五第十二葉，890 頁）

案：氐，宋版《左氏音義》、通志堂本、盧文弨本同。宋刻《經典釋文》作"底"，《儒藏》本因而不改。

2. 鄑：子斯反。鄑：音吾。（卷一五第十三葉，891 頁）

案：鄑反切下字，宋刻《經典釋文》、宋版《左氏音義》、盧文弨本、龍山書院本、金澤寫本俱作"斯"，通志堂本改爲"斳"。黄焯《彙校》（154 頁）引段玉裁説"斯字是"。莊十一年又音"鄑"，黄校引陳奂説，莊元年杜預注"鄑，北海都昌縣西有訾城"。莊十一年杜預注云"鄑，魯地也"，《説文》云"鄑，宋魯間地也"。蓋本有兩鄑，一在紀國（莊元年），一在宋魯之間（莊十一年）。黄焯引《集韻》鄑字釋"宋魯地"者音"即刃切"，篇韻多本《釋文》，疑陸元朗書本不作"子斯反"（155 頁）。黄兩處意見不同，疑而未定。《類篇》鄑字有兩音，一將支切，一即刃切，皆釋爲"宋魯地"，其説本兩歧，似亦未可據以疑陸。《儒藏》本據通志堂本改爲"斳"（620 頁），亦未洽。

3. 靳之：居覲反。戲而相媿曰靳。服云，恥而惡之曰靳。（卷一五第十五葉，896 頁）

案：媿，宋刻《經典釋文》作"婢"，宋版《左氏音義》、通志堂本、盧文弨本皆作"媿"。"戲而相媿曰靳"乃引杜預注，龍山書院本《釋文》脱此句，杜注作"愧"，金澤寫本同。《儒藏》本作"婢"，誤。

4. 多麋：亡悲反。（卷一五第十六葉，898 頁）

案：麋，宋刻《經典釋文》作"麇"，通志堂本、盧文弨本改爲"麋"，與宋版《左氏音義》同。《儒藏》本仍而不改，字與音不合，失之。

5. 那處：那又作明，同。乃多反。下昌吕反，又昌慮反。（卷一五第十七葉，899 頁）

---

① 黄焯《彙校》之前，有蜀中大儒趙少咸撰《經典釋文集註》，惜書成之後即散亂，今僅存不足四分之一，已經影印出版。

② 黄坤堯等曾據黄校本更爲補校，成書《新校索引經典釋文》（學海出版社）。

③ 此前上海古籍出版社有署名張一弓之整理本。

案：明，通志堂本作"盷"，盧文弨本作"䀂"，宋版《左氏音義》作"聏"，龍山書院本作"䀂"，黃焯引顧之逵云"盷乃聃之誤"，顧之逵凡見兩宋本，皆作"聃"（155頁）。金澤寫本正作"聃"（聃）。宋版《左氏音義》之"聏"即"聃"之俗寫。

6. 徧舞：音遍。（卷一五第十七葉，900頁）

案：徧舞，宋刻《經典釋文》、通志堂本、盧文弨本、《儒藏》本同。宋版《左氏音義》作"舞徧"。舞徧乃杜預注文，龍山書院本、金澤寫本注文皆作"舞徧"。莊二十年有"徧舞：音遍"（卷一五第十七葉，900頁），蓋涉前文而誤。

7. 惡大叔：烏路反。大音泰。叔又作埱。（卷一五第二十四葉，913頁）

案："埱"，宋刻《經典釋文》誤作"竹"，通志堂本改爲"州"，盧文弨據註疏本改爲"埱"，阮元校勘記踵之。宋版《左氏音義》正作"埱"，即叔之異寫，《儒藏》本仍宋刻作"竹"，僅列通志堂本誤字，未列盧文弨異文，失之。

8. 輿櫬：於覲反。棺也。（卷一五第二十三葉，912頁）

案：櫬字反切上字，宋刻《經典釋文》、通志堂本、盧文弨本、《儒藏》本作"於"，宋版《左氏音義》作"初"。櫬爲齒音，不當以"於"爲反切上字。黃焯校（156頁）據註疏本改從"初"，與宋版《左氏音義》正合。

三、興國軍學刻本《春秋左氏音義》特異之處

小學典籍之流佈，"與時俱進""吐故納新"，易爲後人改寫，以適應不同時代之不同需求。例如，《切韻》一書問世之後，最初可能只是同音字表，後來逐步增字。釋義先從不常用字加起，後來每字皆釋，於是有長孫訥言箋注本、王仁昫刊謬補缺本等，調整韻部、小韻、又音、釋義等內容，而宋人所編《廣韻》在保留《切韻》格局基礎上，內容有所升級。顧野王《玉篇》在編成之後，即因篇幅巨大，於是有刪節之本。傳至唐代，更是出現了多種節錄本、增字本，《玉篇》的面貌也發生了巨大的變化[①]。陸德明《經典釋文》想必也經過了這樣的改造，"無論從文獻記載還是版本比勘、邏輯推斷來看，後人大量增删刊革《經典釋文》已是無從否認、不容漠視的事實"[②]。改造諒從唐代即已

[①] 馮先思《〈可洪音義〉所見五代〈玉篇〉傳本考》，《古籍研究》2016年第1期，第92—99頁。
[②] 楊軍《今本〈釋文〉中後人所增改的反切舉例》，《安徽大學漢語言文字研究叢書·楊軍卷》，合肥：安徽大學出版社2013年版，第17—18頁。又見楊軍、儲泰松《從興福寺〈禮記音義〉殘卷論今文〈釋文〉的"首音"》，《漢語史學報》2016年，第1—14頁。

開始①,直到宋代初年陸續校訂《經典釋文》,方見明確記載②。《尚書》經文在唐代曾經出現過今字本,其釋文內容也相應有所調整,而修改的因由尚可考知。至於其他各經釋文,雖標明引據陸德明《經典釋文》,實際上不過是在陸書基礎上加以"當代化"的產物。例如,今傳《經典釋文》中的重音音切,非陸書原貌,當係後人增益③。宋人究竟如何修改釋文內容,尚難一一指實。此外,《經典釋文》在宋初重校定之外,還在流傳中形成了不同的異文系統。各經釋文有單刊本、有合刊本,至南宋又散入諸經之內,又形成所謂的"附釋文"本,而各經摘錄釋文附入經注時,取捨又各不同。

現存《左傳釋文》,約有三類,一類爲合刊本《經典釋文》本,即上述國圖藏宋刻元修本和通志堂本之底本(葉鈔本)。一類爲單刊本,即尊經閣藏宋刻《春秋左氏音義》和顧之逵等校錄撫州本《左傳釋文》。一類爲《春秋左傳集解》所附釋文④。今以三類釋文互校,從中發現一些單刊本《春秋左氏音義》經後人改訂的痕跡,試分述如下。

(一) 更改反切用字

1. 耄矣:至報反。八十曰耄。(卷一五第五葉,875頁)

案:至,宋刻《經典釋文》、通志堂本同,盧文弨本改爲"莫",宋版《左氏音義》作"毛"。案耄、莫、毛爲明母,盧所改是。金澤寫本、龍山書院本皆同作"毛"。《經典釋文》音耄(耄)凡九見,其中六次音"莫報反"(《尚書·大禹謨》,149頁;《尚書·微子》,171頁;《尚書·吕刑》,149頁;《毛詩·大雅·行葦》,364頁;《毛詩·大雅·板》,371頁;《毛詩·大雅·抑》,376頁;《左傳·昭元年》,1068頁;《尚書·吕刑》音"毛報反。《切韻》莫報反"。(197頁)《周禮·秋官·司儀》:"諸侯耄:耄謂須髮也。劉本作耄,音毛。"

---

① 楊軍、黃繼省《〈禮記釋文〉"廿人"音注及相關問題》,《漢語史研究集刊》2017年第2期,第18—24頁。

② 王利器《經典釋文考》一文,收入王利器《曉傳書齋集》,上海:華東師範大學出版社1997年版,第9—75頁。

③ 楊軍、儲泰松《今本〈釋文〉引〈切韻〉〈玉篇〉考》,《安徽大學漢語言文字研究叢書·楊軍卷》,第37—47頁。又如陳靜毅《從版本異文看〈經典釋文〉重印音切》,《古籍研究》2016年第2期,第297—301頁。

④ 此外還有日本藏古鈔本經書中所錄的釋文,這些釋文未必與經文同時抄錄,有一些可能是後世學習者添加,文本情況不一,皆有待進一步研究。例如本文所引金澤寫本釋文,與南宋坊刻所附釋文接近。此本即金澤文庫舊藏古卷子本《春秋左傳集解》所附釋文,今藏日本宫內廳書陵部。

(530頁)

2. 二嫡：都歷反。（卷一五第五葉，875頁）

案：都，宋刻《經典釋文》、宋版《左氏音義》同，通志堂本、盧文弨本改作"丁"。《經典釋文》凡音嫡二十次，有十七次反切作"丁歷反"，兩次作"都歷反"（本處及《毛詩·國風·江有汜》，218頁），一次直音爲"的"（《左傳·僖八年》，1226頁）。金澤寫本、龍山書院本皆同作"丁"，盧改是。宋版《左氏音義》殆經宋人改動。

3. 虢叔：瓜百反。國名。（卷一五第三葉，871頁）

案：百，宋刻《經典釋文》、通志堂本、盧文弨本、金澤寫本同。宋版《左氏音義》作"伯"，與龍山書院本同。《尚書音義》音虢皆作"寡白反"。（《禹貢》158頁，《説命上》169頁）又《君奭》篇釋曰："虢：寡白反。徐公伯反。"（189頁）《左傳音義》（通志堂本）音虢皆作"瓜百反"。（隱公第一，871頁；襄公傳二十九年，1055頁；昭公元年，1065頁；昭公二年，1087頁）《爾雅音義》音作"寡伯反"。（釋詁，1596頁）百、伯音韻地位相同，形近易譌。《尚書音義》經宋人修訂，其反切下字作"伯"，蓋即宋人所改。宋版《左氏音義》作"伯"蓋亦經宋人改動者。

4. 解：嫌蟹反。（卷一五第十四葉，894頁）

案：解字反切，宋刻《經典釋文》、通志堂本作"嫌蟹"，宋版《左氏音義》作"姑蟹"，黄焯校（155頁）云"（姑蟹）是也"。龍山書院本、上圖藏宋刻纂圖互注本、盧文弨本作"古買反"，盧《考證》云據註疏本改。

5. 桀紂：直久反。（卷一五第十五葉，895頁）

案：久，宋刻《經典釋文》、通志堂本、盧文弨本同，宋版《左氏音義》作"友"。龍山書院本作"久"，金澤寫本作"九"。《經典釋文》凡音紂十四次，反切下字，一次作"丑"，五次作"九"，六次作"久"，兩次作"又"。

6. 般庚：步干反。本又作盤。（卷一五第十六葉，897頁）

案：干，宋版《左氏音義》作"丹"，此版爲補版。龍山書院本、金澤寫本亦作"丹"。莊二十二年"鼙"字反切（卷一五第十七葉，900頁），宋刻《經典釋文》作"步干反"，龍山書院本同，宋版《左氏音義》亦作"步丹反"，金澤寫本①、《四部叢刊》本亦作"步丹反"。

---

① 金澤寫本此處有兩個讀音，一爲字旁所注讀音"步丹反"，一爲頁眉所列，音作"步干反"。

7. 其緜：直又反。（卷一五第二十六葉，917頁）

案：又，宋刻《經典釋文》、通志堂本、盧文弨本同，宋版《左氏音義》、金澤寫本、龍山書院本、《四部叢刊》本作"救"。

8. 燬：吁委反。衛侯之名。（卷一六第一葉，920頁）

案：宋刻《經典釋文》、通志堂本、盧文弨本、龍山書院本、金澤寫本、《四部叢刊》本反切上字皆爲"吁"，宋版《左氏音義》作"呼"。燬、呼皆爲曉母，吁有異讀作云母，然《刊謬補缺切韻》吁字爲曉母。

9. 湔也：音薦。王音贊。一音箭。又音賤。（卷一六第四葉，925頁）

案：賤，宋刻《經典釋文》本、通志堂本、盧文弨本同，宋版《左氏音義》、龍山書院本、金澤寫本作"牋"。湔、薦、贊、箭、牋皆精紐，賤爲從紐，疑作"賤"非。

（二）引錄杜預注文

1. 馘：古獲反。戰所獲。（卷一六第三葉，923頁）

案：戰所獲，宋刻《經典釋文》、通志堂本、盧文弨本、龍山書院本同，宋版《左氏音義》作"戰所獲截耳"。金澤寫本作"戰所獲耳"。杜預注"馘，所截耳"。宋版《左氏音義》釋義正實本杜預注。龍山書院本，或避複而刪。

2. 覆：扶又反。注及下同。伏兵也。（卷一五第六葉，878頁）

案：宋刻《經典釋文》出字作"覆"，宋版《左氏音義》出字作"三覆"，何焯校亦作"三覆"。"伏兵也"，宋刻《經典釋文》、宋版《左氏音義》、通志堂本、盧文弨本、《儒藏》本同。龍山書院本、金澤寫本皆無此三字，蓋此三字與杜預注同，附釋文本避複而刪。

3. 尨服：莫江反。（卷一五第二十一葉，907頁）

案：宋版《左氏音義》音切之後有釋義"雜色"，實即引杜預注。宋刻《經典釋文》、通志堂本、盧文弨本皆無釋義。金澤寫本、龍山書院本、《四部叢刊》本亦無。

（三）用字習慣不同

1. 齊侯送姜氏：本或作"送姜氏于讙"。（卷一五第九葉，884頁）

案：讙，宋刻《經典釋文》本、通志堂本、盧文弨本同，宋版《左氏音義》、龍山書院本作"驩"。金澤寫本經文作"齊侯送姜氏于讙"。讙爲魯地，越刊八行本《春秋左傳註疏》經文亦作"讙"。此傳經文作"九月，齊侯送姜氏于讙"。陳樹華《春秋經傳集解考正》云"《水經注》引傳作'齊侯送姜氏於下謹'"①。

2. 嚴邑：五銜反。本又作巖。（卷一五第三葉，871頁）

案：嚴邑，宋刻《經典釋文》、通志堂本、盧文弨本同，宋版《左氏音義》作"巖邑"。"本又作巖"，宋刻《經典釋文》、通志堂本、盧文弨本同，宋版《左氏音義》作"嚴邑"。案，"嚴邑"，金澤寫本、興國軍本、龍山書院本《春秋左傳集解》經文皆作"巖邑"，故三本釋文皆作"巖邑"，下"本又作巖"，三本皆作"本又作嚴"。

3. 鞞：補頂反。鞛：布孔反。鞞鞛，刀削之飾。（卷一五第八葉，882頁）

案：鞞，宋刻《經典釋文》、通志堂本、盧文弨本同，宋版《左氏音義》、金澤寫本、龍山書院本作"韠"②。興國軍本《春秋左傳集解》經文作"鞞"，而金澤寫本、龍山書院本經文作"韠"。上圖藏宋纂圖互注本《春秋左傳集解》③ 經文作"鞞"，《釋文》作"韠"。鞞，《説文》訓爲"刀室也"，《集韻》音補頂反。韠，《廣韻》以爲即"韠"之俗字（音卑吉切），《説文》"韠，韍也"，即蔽膝。《毛詩註疏》南宋刻本《瞻彼洛矣》"韠琫有珌"，附《釋文》："韠，字或作琕，補頂反。《説文》云，刀室也。"宋刻《經典釋文》同。南宋刻《毛詩註疏》經文作"韠"，《釋文》作"鞞"。唐石經經文作"鞞"。南宋刻《增修互註禮部韻略》"韠"引《詩》作"鞞"，又引《釋文》"字或作琕"。可見義爲刀室之"鞞"又作"韠"。

4. 其朁：他計反。廢也。（卷一五第九葉，883頁）

案：朁，宋版《左氏音義》作"朁"。朁爲朁之異體。

5. 婁盟：力具反。本又作屢，音同。（卷一五第十一葉，888頁）

案："婁盟、本又作屢"，宋刻《經典釋文》、通志堂本、盧文弨本同，宋版《左氏音義》、金澤寫本、龍山書院本作"屢盟、本又作婁"。金澤寫本、龍山書院本、興國軍本《春秋左傳集解》經文作"屢"，黃焯引英倫藏本斷片亦作"屢"（154頁），故宋版《左氏音義》引經文如此。

6. 公謫：直革反。責也。王又丁革反。謫譴：遣戰反。（卷一五第十三葉，891頁）

案：謫，宋刻《經典釋文》、宋版《左氏音義》同，通志堂本、盧文弨本

---

① 陳樹華《春秋經傳集解考正》，《續修四庫全書》第142冊，第96頁，影印國家圖書館藏清鈔本。

② 兩鞞字皆然。

③ 中華再造善本唐宋編影印此本。

改爲"謫",《儒藏》本從通志堂本。龍山書院本、金澤寫本經注、釋文並作"謪"。"謫、謪"字通,各存其異可也。

四、興國軍學刻本《春秋左氏音義》之訛誤

興國軍學本《春秋經傳集解》刻成於宋嘉定九年(1216),嗣後屢經修補①。現存《春秋左氏音義》之中經注字體約略四五種,可知其補版非止一時,乃歷次累積而成。故其中避宋帝諸諱或闕筆,或不諱。(如詰字)最晚的一次補版中"構"字(卷一第十九葉)、"桓"字(卷一第二十七葉)闕筆,則最晚補版尚在宋世。補版用字習慣有不同之處,例如卷一第二十八葉"覿"字反切下字作"曆",案非補版之反切下字皆作"歷",未見作"曆"者。可見今傳《經典釋文》之反切用字修改的層次比較豐富,非宋初勘定原貌。昔人佞宋,以宋版稀見,多能保存舊貌,而非無一誤字。興國軍學刻本《左氏音義》屢經修補,難免有顧此失彼之處,今羅列其版刻誤字如下。

(一)形近致譌

1. 大子:音泰。舊大字皆作大,後"大子"皆放此。(卷一五第二葉,869頁)

案:舊大字,宋刻《經典釋文》、宋版《左氏音義》同作"舊大字"。通志堂本、盧文弨本作"舊太字",與龍山書院本同。

2. 陝縣:失冉反。依字作陝。(卷一五第三葉,872頁)

案:"依字作陝",宋刻《經典釋文》、宋版《左氏音義》、通志堂本皆誤爲"陜",盧文弨本作"陝",《儒藏》本從盧校改(608頁)。

3. 別種:章勇反。(卷一五第三葉,872頁)

案:別,宋刻《經典釋文》、通志堂本、盧文弨本同,宋版《左氏音義》誤爲"則"。

4. 芟:所銜反。刈也。《說文》作㚟。匹末反。云以足蹋夷草。(卷一五第六葉,877頁)

案:末,宋刻《經典釋文》、宋版《左氏音義》誤作"未",通志堂本、盧文弨本、《儒藏》本改爲"末"。黃焯校(153頁)曰"未字誤"。

---

① 張麗娟《說説南宋興國軍學刻本〈春秋左傳集解〉》,《國學茶座》2014年第2期,第18—25頁。

5. 是適：丁歷反。傳同。（卷一五第十葉，885頁）

案：傳，宋版《左氏音義》作"注"。宋刻《經典釋文》、宋版《左氏音義》、通志堂本、盧文弨本、金澤寫本、龍山書院本並作"傳"。"是適"爲杜預注，當做"傳"。此葉宋版《左氏音義》爲補版。

6. 少師：詩照反。注及下同，後皆放此。（卷一五第十葉，885頁）

案：放，宋版《左氏音義》誤作"施"。

7. 相潰：徒木反。（卷一五第十三葉，891頁）

案：木，宋版《左氏音義》誤作"本"。

(二) 因修版而誤

1. 鄋：音吾。（卷一五第十三葉，891頁）

案：鄋，宋版《左氏音義》誤作"部"。"部"之左旁筆畫較細，當係補版所改而誤。

2. 爲宋：于僞反。（卷一五第十五葉，895頁）

案：宋，宋刻《經典釋文》、宋版《左氏音義》同，通志堂本、盧文弨本皆改爲"乘"，黃校以爲作"宋"者字之譌也。宋字，宋版《左氏音義》有修版痕跡。

3. 游涌：音勇。水名。（卷一五第十七葉，899頁）

案：水，宋版《左氏音義》誤作"宋"。此葉爲補版。

4. 大閽：音昏。守門人也。（卷一五第十七葉，899頁）

案："也"，宋版《左氏音義》脱。此葉爲補版。

5. 時：音止。本又作沚。亦音市，小渚也。（卷一五第四葉，873頁）

案：時，宋刻《經典釋文》、通志堂本、盧文弨本、金澤寫本同，宋版《左氏音義》作"time"。細察其版刻痕跡，似有剜改之跡。蓋其原文本作"時"，而興國軍本《春秋左傳集解》經文作"沚"，故改從"氵"，而未及剜改"寺"旁。龍山書院本《春秋左傳集解》經文作"沚"，故其"釋文"作："沚：音止。亦音市。本又作時。"金澤寫本經文作"時"，尚存《經典釋文》所摘經文之舊，然其所附"釋文"與龍山書院本同。

(三) 次序顛倒

1. 而啼（卷一五第十四葉，893頁），宋刻《經典釋文》、宋版《左氏音義》皆在"樂安"之上，通志堂本、盧文弨本改隸"射之"之後。案，通志堂本所改甚是。

2. 而豔：以贍反。美色也。（卷一五第八葉，882頁）

案：美色，宋刻《經典釋文》、通志堂本、盧文弨本、龍山書院本同，宋版《左氏音義》作"色美"。

（四）脫文

1. 炎以：音豔。洛誥：古報反。餤餤：音豔。（卷一五第十六葉，897頁）

案：宋版《左氏音義》脫"音豔洛誥古報反餤餤"九字，蓋此皆有兩"音豔"，涉下而脫上文。

2. "是借""少子"（卷一五第十六葉，898頁）之間，宋版《左氏音義》脫"爲王：于僞反"五字。

3. 入鄆：音運。不與：音預。（卷一七第二十五葉，1017頁）

案："不與音預"四字，宋版《左氏音義》脫。

4. 親暱：女乙反。其難：乃旦反。瞽爲詩：音古。（卷一七第二十七葉，1021頁）

案："其難乃旦反"五字，宋版《左氏音義》脫。

（五）誤將大字拆分爲兩小字注文

1. 謂督：音篤。凱：開在反本亦作愷。（卷一五第二十五葉，915頁）

案：凱，本應爲大字。宋版《左氏音義》將"豈"與"几"刻的距離稍遠，筆畫較細，幾乎與注文小字混同。見圖一。

（六）注音不一致

1. 復相：息亮反。（卷一五第二十六葉，917頁）

案：宋刻《經典釋文》音"息亮反"，通志堂本同。盧文弨本改爲"扶又反"，宋版《左氏音義》正作"扶又反"，金澤寫本、龍山書院本、《四部叢刊》本亦作"扶又反"。

2. 爲長：丁丈反。（卷一六第一葉，920頁）

案：宋刻《經典釋文》音"丁丈反"，通志堂本同。盧文弨本改爲"于僞反"，宋版《左氏音義》正作"于僞反"，金澤寫本、龍山書院本、《四部叢刊》本亦作"于僞反"。

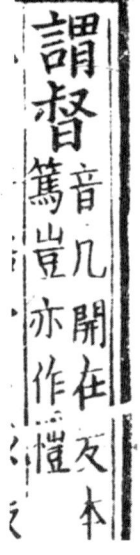

圖一

五、結　語

日本尊經閣文庫藏南宋刊《春秋左氏音義》是現存唯一一部《左傳釋文》單行本，雖然此書在七十多年前就已經影印出版，但由於文獻流佈不廣，學界較少關注,從事《經典釋文》校勘研究的趙少咸先生、黄焯先生、虞萬里先生也没有利用此書。幸運的是,近年來日本國會圖書館在網絡公佈了此書前兩卷的影印本,讀者可以較爲容易地看到。這必將對進一步校訂《春秋左傳釋文》,探索《經典釋文》文本演變,產生一定影響。遺憾的是,尊經閣藏本仍有三卷未影印出版,尚待有志於此的學者探訪,早日將此珍稀孤本傳回。

（作者單位：北京師範大學人文和社會科學高等研究院、北京師範大學文學院）

明刻六卷本《青陽集》的版本與影響

徐瀟立

【內容提要】 明刻六卷本《青陽集》刊於正德、嘉靖間,其上承九卷本,下啓四卷本、五卷本,在整個版本體系中處於關鍵位置,但長期以來對其版本存在誤鑑,對其來龍去脈缺乏深入討論。本文通過版刻實物比較與文本分析,首先對明刻六卷本的版本進行重新考訂,揭示出《中國古籍善本書目》著録的顔禄壽本實爲鄭錫麒本,真正的顔禄壽本或已佚;其次探討其與不同編本的相互關係,進而釐清《青陽集》一書的版本源流。

【關鍵詞】 余闕 青陽集 顔禄壽本 胡汝登本 鄭錫麒本

余闕(1303—1358),字廷心,一字天心。唐兀人,世居武威,後徙廬州。元統元年(1333)進士,累官監察御史。至正十三年(1353),出守安慶,以禦紅巾軍,歷任都元帥、淮南行省左丞。至正十八年,城破死節。謚忠宣。闕潛心積學,五經皆有傳注,尤邃於《周易》,撰有《易説》五十卷,已佚,僅《青陽集》一書傳世。

據文獻記載,《青陽集》最早有元末郭奎編本,後有明初張毅編本,此二本現皆已不存。九卷本是《青陽集》現存最早編本,然而自明代中葉開始,其漸至隱微,書目文獻鮮有著録。與此同時,六卷本成爲《青陽集》諸版本中流傳較廣的編本,在明代及清初的藏書目録中多有著録,如《萬卷堂書目》著録"《青陽文集》六卷"①,《千頃堂書目》著録"余闕《青陽集》六卷附録二卷"②,《錢遵王述古堂藏書目録》著録"余闕《青陽集》六卷,二本"③,《傳

---

① (明)朱睦㮮《萬卷堂書目》卷四,葉四,清光緒二十九年(1903)葉氏刻《觀古堂書目叢刻》本。
② (明)黄虞稷《千頃堂書目》卷二九,葉三十三,民國張氏刻《適園叢書》本。
③ (清)錢曾《錢遵王述古堂藏書目録》卷七,葉十,清錢氏述古堂抄本,中國國家圖書館藏,《續修四庫全書》影印本,上海:上海古籍出版社1995年版,第920册。

是樓書目》更是著錄多部六卷本，但以上諸目皆未詳明具體版本。流傳至今，明刻六卷本《青陽集》仍有多館收藏，據《中國古籍善本書目》著錄，共四種版本：

1. 青陽先生文集六卷附錄二卷　明正德二年（1507）顏祿壽刻本　上海圖書館、中國科學院圖書館藏

2. 青陽先生文集六卷　明正德十五年胡汝登刻本　北京大學圖書館、北京師範大學圖書館、中國社會科學院文學研究所、南京圖書館、浙江大學圖書館等藏

3. 青陽先生文集六卷忠節附錄二卷　明嘉靖十七年（1538）鄭錫麒刻本　中國國家圖書館、中國社會科學院文學研究所、遼寧省圖書館、南京圖書館、重慶圖書館等藏

4. 余忠宣集六卷忠節附錄二卷　明嘉靖三十三年雷迒、洪大濱刻本　中國國家圖書館、上海圖書館、湖南省圖書館等藏

一、明刻六卷本的版本與相互關係

（一）顏祿壽本與鄭錫麒本為同版

《中國古籍善本書目》著錄的四種明刻六卷本中，經目驗，顏祿壽本與鄭錫麒本實爲同版。顏祿壽本的版本鑑定依據是正德二年柯忠序，鄭錫麒本則據嘉靖十七年鄭錫麒跋而定，兩者均依各自撰寫時間最晚的序跋來定版本，目前的書目與研究多與《中國古籍善本書目》的著錄相同①。

同版的顏祿壽本與鄭錫麒本可置於同一層面進行考察，根據葉面補版修版情況，大致可分出三個梯次的印本：1. 早印本，未見明顯補版葉，如鄭錫麒本中的遼圖本（見圖一）、國圖本②。2. 中印本，卷二葉一至二、卷五葉三至四、附錄卷二葉八等爲補版葉，如鄭錫麒本中的南圖本。補版字體一致，當刻

---

① 例如《中國科學院圖書館藏中文古籍善本書目》（北京：科學出版社1994年版，第440頁）、沈津《元代別集》（《文獻》1991年第2期，第190頁）、羅鷺《〈元詩選〉與元詩文獻研究》（成都：巴蜀書社2010年版，第152頁）、周春江《余闕及其〈青陽集〉研究》（安徽大學2014年碩士學位論文，第36頁）等。

② 國圖共藏有三部鄭錫麒本，書號分別爲0650、5049、4881，前兩部爲早印本，第三部的情況較爲特殊，其正集六卷猶是原版，但附錄卷二葉八爲補版葉，且有增刻內容"王應桂"題詠，筆者疑此部是由早印本的正集與晚印本的附錄拼配成帙。

於同一時期，其中有文字誤刻者，如附錄卷二葉八行十"三千廷內策"，"廷"誤作"庭"；行十一"戰袍血涵腥"，"腥"誤作"醒"；行後三"拔劍奮自頸"，"頸"誤作"到"。3. 晚印本，筆畫略肥，如顏禄壽本中的上圖本（見圖二）與中科院本，除中印本中的補版葉，其又在附錄卷一末"吳宗周"[①] 後增刻入"王應桂"的題詠（見圖三），增刻內容的字體風格晚於補版葉。

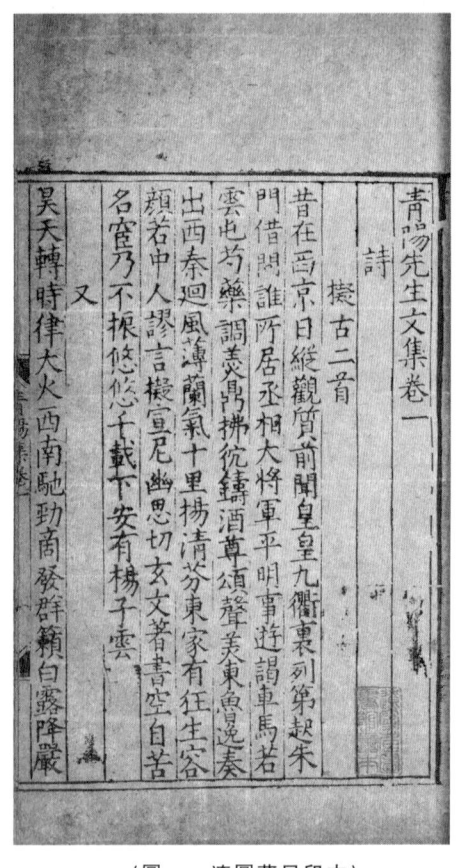
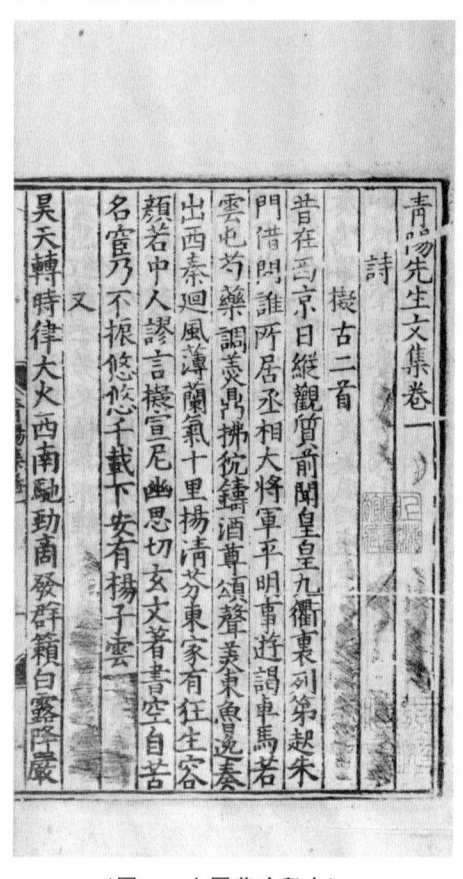

（圖一　遼圖藏早印本）　　　　　　（圖二　上圖藏晚印本）

早印本、中印本皆有鄭錫麒跋，晚印本應該也有鄭錫麒跋，祇是在流傳過程中遺失或被人爲撤去。筆者見到的幾部早印本版框都有不同程度的斷口，當非初印本，考慮到古籍印本有在印刷過程中加序的可能性，同版的顏禄壽本與鄭錫麒本刻於何時需作進一步辨析。

---

① "吳宗周"的題詠雖爲原版，但有明顯刻深的痕跡，最後"知不知"三字已經修版。

明刻六卷本《青陽集》的版本與影響

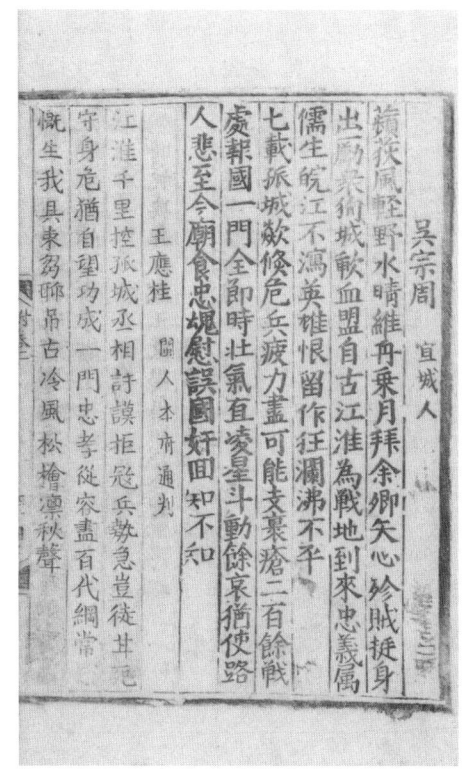
（圖三　上圖藏晚印本中增刻的"王應桂"）

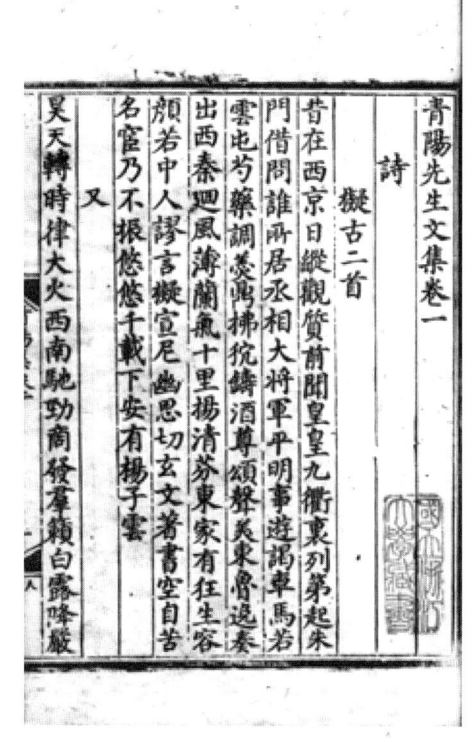
（圖四　浙江大學圖書館藏胡汝登刻本）

（二）胡汝登本的版本

胡汝登本（見圖四）是《青陽集》衆多版本中惟一鎸有刻工的本子，這有助於對其自身版本的鑑定，同時也爲考察諸本之間的關係提供了重要綫索。該本刻工有黄琥、珀、良、錠、人、士、仁、晨、珪、白、黄良等，這批刻工出自虬川黄氏家族，爲明中葉徽州地區良工，多載於《虬川黄氏重修宗譜》①。其中黄琥見於正德九年（1514）漕運總督張潛刻本《宋學士文集》；黄良見於明正德十五年胡汝登刻本《禮記纂言》；黄仁、黄晨同見於明正德十三年刻本《荆川西溪里朱氏族譜》。因此將其定爲正德胡汝登刻本，當無疑義。該本卷首有正德十六年劉瑞序，内有"張君乃詢善本，胡寧國東皋刻焉，刻成，以首簡告于瑞"之語，卷六末有正德十五年張文錦跋，文曰：

---

① （清）黄開簇《虬川黄氏重修宗譜》，清道光十年刻本，李國慶據此譜編成《徽州歙仇村黄氏世系表》，更易檢閱，見其《明代刊工姓名索引》，上海：上海古籍出版社1998年版，第552—556頁。

> 安慶板久燬，走承乏四載，求舊本重梓，弗獲。己卯，強藩兵變，幸爾保城勝敵，神昭靈貺居多。亞司徒李梧山公撫臨謁謝，命走葺宇撥役，務得此本梓之。忠義正氣謂之曠世而相感者非耶？宣守胡君汝登見而輒加讐校梓行。

劉瑞序與張文錦跋乃專爲胡汝登本而作。傅增湘《藏園群書經眼錄》將此本定爲"明正德十六年刊本"①，蓋以刻成之年定版本。

《中國古籍善本書目》著錄共五館藏有胡汝登本，其中社科院本②與浙大本確係胡汝登本，而北大本③、北師大本④、南圖本實與鄭錫麒本同版，以序定年造成了此三館藏本的鑑定錯誤。

(三) 胡汝登本與鄭錫麒本的關係

鄭錫麒本有正集六卷與附錄二卷，胡汝登本僅有正集，兩本正集部分的版式相同，且所收序跋完全一致，說明存在某種關聯。在確認胡汝登本的版本信息無誤後，可將其視爲參照本，通過比較其與鄭錫麒本的異同來確定後者的刊刻時代。首先，在文本方面，鄭錫麒本有形近而誤的現象，如表一所示：

表一

篇目	卷	葉	行	胡汝登本	鄭錫麒本
三月廿九日郡庠後亭譔盧啟先僉事	1	14	2	晨集歆江陼	疑
慈利州天門書院碑	4	2	後1	慈利是監	科
題宋顧主簿論朋黨書後	6	2	5	人心之嫩	微
正旦賀箋	6	6	後4	徽音有馥	腹

---

① 傅增湘《藏園群書經眼錄》卷一五，北京：中華書局 2009 年版，第 1129 頁。
② 中國社科院文學研究所有兩部明刻六卷本，第一部爲六卷附錄二卷，書號 845.7/8077-07，文學研究所目錄將其著錄爲"明嘉靖十七年鄭錫麒刊本"，經查，此本爲胡汝登本，附錄二卷補抄自鄭錫麒本，非原本所有，末有鄭錫麒跋，故有此誤錄。第二部書號 845.7/8077-56，被著錄爲"明嘉靖間補刊本"，實爲鄭錫麒本。參見《中國社會科學院文學研究所藏古籍善本書目》，北京：中國社會科學院文學研究所圖書館 1993 年版，第 113 頁。
③ 北大有兩部著錄爲"明正德十五年胡汝登刻本"，書號分別爲 SB/810.59/8077 與 SB/810.59/8077-C2，經查，此兩部皆鄭錫麒本。此外，該館另有一部著錄爲明正統十年高氏刻本的六卷本（書號 NC/5397/8978.07），《北京大學圖書館藏古籍善本書目》著錄（北京：北京大學出版社 1999 年版，第 443 頁），亦爲鄭錫麒本。
④ 《北京師範大學圖書館古籍善本書目》亦著錄爲"明正德十五年胡汝登刻本"，北京：北京圖書館出版社 2002 年版，第 248 頁。

其次，胡汝登本的一些版刻特徵在鄭錫麒本中得以體現，其文字漫漶處，鄭錫麒本留白或作墨釘，如卷四《貢泰父文集序》，"京師，天下聲利之區也"，胡汝登本"天下""利"三字漫漶，鄭錫麒本留白；卷四《張同知墓表》"有争訟者，不詣公府"，胡汝登本"不詣公府"四字模糊不清，鄭錫麒本作墨釘。

最後，胡汝登本有闕筆現象，凡遇宋諱恒（出現十次）、匡（出現一次）、構（出現五次）三字皆闕末筆。正德、嘉靖年間在翻刻宋本時，將宋本避諱字原樣照刻的情形並不少見。《青陽集》是一部元人文集，作者余闕的主要生活時代爲元代末期，新刻這樣一部書没有必要避宋諱，因此，此處的闕筆可視爲刊刻習慣。鄭錫麒本中的"恒"與"匡"皆闕筆，而"構"皆未避，説明其對於胡汝登本的刊刻習慣有所遵循亦有變通，可見兩本之間存在繼承關係。

雖然兩本字體風格不一，胡汝登本尚留寫刻意味，而鄭錫麒本字體已漸趨方整，接近嘉靖本主流的宋體字①，但以上數端當可證鄭錫麒本的正集翻刻自胡汝登本。至此，可知《中國古籍善本書目》著録的顔禄壽本、鄭錫麒本不可能是正德二年（1507）刻本，應同爲嘉靖鄭錫麒所刻。

綜上所述，現存最早的六卷本爲胡汝登本，真正的顔禄壽本不見各館收藏，或已佚。《中國古籍善本書目》著録的最後一種明刻六卷本爲明嘉靖三十三年（1554）雷遰、洪大濱刻本，上文所舉胡汝登本與鄭錫麒本之間的異文，其皆同後者，訛誤之處仍之，當出自鄭錫麒本，此不詳述。

二、再論鄭錫麒本的版本

鄭錫麒在嘉靖十七年跋文中記述了刊刻《青陽集》之事：

> 間訪諸古皖士人，則以爲：公之正集，青陽前守海岱張中丞公刻之矣而弗存，百世之下慕願之而見於贊述稱詠者，維揚張仲剛氏採而成編，附刻之，而復傷於殘缺。予病夫觀者之難悉公之全集也，公暇取二集校閲，正集釐爲四卷，又以附刻之二卷續諸後，繡梓以行。

鄭錫麒跋稱"正集釐爲四卷"，而現存鄭錫麒本皆爲六卷本，兩者矛盾，由此產生一個新問題，即鄭氏作跋之本是否即目前所見到的鄭錫麒本？鄭錫麒跋是

---

① 郭立暄在《中國古籍原刻翻刻與初印後印研究》中歸納了翻刻本大致會出現的三種字體風格：流行字體、摹仿字體、自成一體，上海：中西書局2015年版，第34—39頁。鄭錫麒本的字體風格屬於嘉靖本流行字體的範疇。

新序還是舊序？以下將通過對比鄭錫麒跋與鄭錫麒本版刻實物來探討這一點。

鄭錫麒借"古皖士人"之口道出"公之正集，青陽前守海岱張中丞公刻之矣"，其中"張中丞公"即張文錦，根據前引劉瑞序、張文錦跋，張文錦曾訪求《青陽集》舊本，且有可能參與了校勘的工作，但刊刻者爲宣城太守胡汝登。加之前文已論證鄭錫麒本正集翻刻自胡汝登本，不可能憑空多出一個張文錦刻本，因此"古皖士人"所指當爲胡汝登本，且該本僅刻正集六卷。由鄭錫麒跋可知鄭錫麒本是由胡汝登所刻的正集與另覓的附錄匯刻而成，而現存鄭錫麒本中也確實留有匯刻的痕跡：

首先，鄭錫麒本正集與附錄的字體風格一致，爲同時所刻的一個整體，但正集行款爲每半葉十一行、行十九字，附錄卻爲每半葉十一行、行二十字，行款的不同可能是該本所據底本是兩個不同的本子，刊刻時未加整齊版式，與鄭錫麒跋所透露出的匯刻的信息相符。其次，鄭錫麒本有正集與附錄篇目重出的現象，正集卷首有宋濂所撰《余左丞傳》，該文又重出於附錄卷一中，重複收錄說明鄭錫麒本在刊刻之初疏於統籌，這也再次印證鄭錫麒本是由兩個不同本子匯刊而成。

（圖五　鄭錫麒本寫工）　　（圖六　臺北"國圖"藏《［嘉靖］安慶府志》寫工舉例）

此外，鄭錫麒本有三處鐫有寫工之名（見圖五）：卷二末、附錄末柯忠序後有"農民嚴時茂寫"，卷六末張文錦跋後有"農民陳一策寫"，然嚴時茂、陳一策的生平難以稽考。寫樣是雕版印刷書籍製作工序中的一環，古籍中記錄寫工的數量遠不及刻工之多，對寫工的研究相應亦少。將寫工的身份和名字連署的情況多見於地方志中，如《［正德］淮安府志》有"山陽縣學生芮智金寔書"

"門下史張朝寫"等字樣①,《[正德]安慶府志》有"門下史張朝寫""門下史周昌寫""門下史王仲錦、張以莊、鄧鏞、夏廷荷寫"等②。但將冠以農民身份的寫工鐫於版刻之上,較爲罕見。除了鄭錫麒本,筆者囿於知見,僅在嘉靖三十三年刻本李遜纂《安慶府志》③中見到類似的例子,該本寫工有"農民朱語寫""農民項汻寫""農民周棠寫""農民盛苔寫""農民耿子明寫""吏黃中孚寫""吏蔡敬寫""吏陳二策寫"(見圖六)。兩本雖無同名寫工,"陳一策"與"陳二策"是否有親緣關係亦不可考,但兩本寫工的題署方式卻頗爲接近。李遜時任安慶知府,刊刻《安慶府志》屬官方行爲。讓農民或者低階官吏參與寫樣可能是安慶地區官刻本製作過程中的常規操作模式,寫工的相似性可推鄭錫麒本當亦爲安慶地區的官刻,其與《安慶府志》的刊刻相差十六年,亦在合理的時間範圍內。鄭錫麒,字維禎,號于郊,福州長樂人,嘉靖十四年(1535)進士,授安慶府推官,十九年遷韶州同知,後轉嚴州同知。嘉靖十七年刊刻《青陽集》時,鄭錫麒恰在安慶任官,與安慶官刻的信息相符。

綜上,鄭錫麒跋中所述可與具體版刻實物透露的訊息相對應,因此筆者認爲鄭錫麒本的版本信息還是可信的,鄭錫麒跋並非舊跋,其所謂的"四卷"當是誤刻。

三、明刻六卷本與九卷本的關係

現存九卷本《青陽集》有三種版本:明弘治三年(1490)徐傑刻本、明翻弘治三年徐傑本(以下簡稱"明翻本")以及正德末年沈俊刻本,其中徐傑本與沈俊本同出於已佚的明正統十年(1445)高誠刻本④。

九卷本由正集與附錄兩部分組成,第一部分正集的卷一至八爲郭奎所輯(卷一詩,卷二碑,卷三記,卷四序,卷五書,卷六銘,卷七墓表,卷八雜著),卷九爲張毅續輯的詩文;第二部分的主體爲張毅所輯《青陽先生忠節附

---

① (明)陳良山《淮安府志》,明正德刻本,中國國家圖書館藏。
② (明)胡纘宗《安慶府志》,舊抄本,安徽省圖書館藏,《四庫全書存目叢書》影印本,濟南:齊魯書社1996年版,第185册。
③ (明)李遜《安慶府志》,明嘉靖三十三年刻本,臺北"國家圖書館"藏。
④ 筆者在《九卷本〈青陽先生文集〉版本考辨》中論證了歷來被認爲是《青陽集》現存最早版本的明正統十年高誠刻本實爲弘治三年徐傑刻本,上海圖書館藏,而被認爲是弘治三年徐傑刻本者實爲翻刻本,中國國家圖書館、南京圖書館藏,同時又闡述了諸本之相互關係。詳見《中國典籍與文化》2020年第1期。

録》二卷，收録余闕傳記與後世題詠，後歷有增輯①。從九卷本中尚能尋繹出郭奎、張毅不同時期編本的樣貌，而六卷本打亂了九卷本舊有編次，首先在正集方面，將體裁相近者合併成卷，將張毅續輯的詩文析入各卷，形成新的分卷方式（卷一詩，卷二序，卷三記，卷四碑銘、墓表，卷五廷對策、書，卷六雜著）；其次是重編、增輯《忠節附録》。以下將分兩部分來討論明刻六卷本的文本來源②。

（一）附録與九卷本的關係

《中國古籍善本書目》著録的明嘉靖三十三年雷迸、洪大濱刻本爲六卷附録二卷，但其實此本並無附録③，因此鄭錫麒本是現存惟一有附録二卷的明刻六卷本，其卷末有正德二年柯忠《重編青陽附録序》稱：

> 自是厥後，凡詞人墨客經謁祠墓暨玉著衣冠而倡和廣續之者，亦頗多什。先是與先生本録混爲一編，前守徐君民望別置附録，自爲一集，但其間類列參錯弗次。我貳守岳陽顏侯覽而病之，命郡庠司訓汪齡裒而析之，其《死節本末》《元史節要》並元人傳記、書劄仍居首簡。自餘始七言絶句，次五言律詩、次五言排律、四言五言七言古詩、長短句次之，謠、行、詞、調、祭文、題記又次之。

柯忠序文乃爲顏禄壽本④而作，其記敘的附録編排順序與鄭錫麒本的附録相吻合，而與九卷本不同，説明鄭錫麒本的附録當出自顏禄壽本，胡汝登本與顏禄壽本同爲鄭錫麒本的匯刻底本。雖然顏禄壽本已佚，但可以通過鄭錫麒本來間接勾勒其面貌。

根據柯忠序中所敘，顏禄壽本是從九卷本中的徐傑（字民望）本而來。以下將通過比較徐傑本、明翻本與鄭錫麒本之間的異同，來推導顏禄壽本的真正來源。

---

① 徐傑本附録在張毅編本基礎上新增二十六位題詠者，明翻本附録又在徐傑本基礎上再增四十位題詠者。

② 鑒於推理過程的特殊性，本文在討論明刻六卷本來源時只能先論附録、後論正集，否則有證據缺環之虞。

③ 筆者疑《中國古籍善本書目》將雷迸、洪大濱本著録爲六卷附録二卷是據湖南圖書館藏本而來，湖南館藏本爲長沙葉氏舊藏，其附録二卷實爲鄭錫麒本的附録，並非原本所有。葉啟勳《拾經樓紬書録》與葉啟發《華鄂堂讀書小識》對此均有記述，見其《二葉書録》，上海：上海古籍出版社2014年版，第136、315頁。

④ 下文凡涉及"顏禄壽本"者皆爲存在於文獻記録中的版本，本文僅通過推理知其梗概，需與《中國古籍善本書目》誤録的"顏禄壽本"加以區分。

表二

題詠者	卷	葉	行	徐傑本	明翻本	鄭錫麒本
丁鶴年	附錄1	26	後3	擊賊頻煩訓義兵	傾	傾
龔資遠	附錄2	4	1	傳經教子嘗希聖	聞	聞
謝正	附錄2	7	後4	州覽對高墳	通津	通津
張毅	附錄2	22	後10	幽國誠臣罄室家	磐	磐

如表二所示，鄭錫麒本與明翻本相同。此外，對於明翻本作墨釘或留白處，鄭錫麒本照刻或刻成異文，如徐傑本"王演"條"俄薦瘥外姦"，明翻本"瘥"字作墨釘，鄭錫麒本留白；又如"端木孝思"條"惆悵龍舒天柱折"，明翻本"惆悵"兩字留白，鄭錫麒本刻成"自是"。此外，明翻本附錄比徐傑本多出題詠者四十人，這四十人被收錄在鄭錫麒本中。以上通過文本校勘和對附錄内容的考察證明了鄭錫麒本的附錄與明翻本的相關性，進而可推知顔祿壽本出自明翻本，顔祿壽本在刊刻之時誤將明翻本當作徐傑本。

除了對明翻本附錄所收題詠者的前後順序進行重新調整之外，顔祿壽本亦對其做了進一步的編輯校正工作，柯忠序文又提道：

> 編既成，侯復虞字義舛謬，疵冗交襍，乃屬忠爲之校正。忠乘暇展閱數過，其間若持掎、朽朽、鈇鈇之近似者，改而易之，巾襟、帥率、巫殛之差誤者，釐而正之。間者語義蹈襲前人，畧無變態而嫌于屋下架屋者削去之，或二三首出自一人而工拙殊制者，存其尤而其次則刪之。

從鄭錫麒本觀之，編校主要體現在以下幾個方面：首先是校字，如明翻本"金華童異中州題盡忠池"中"寒泉猶照死時心"，鄭錫麒本"泉"作"蟾"；其次是新增題詠者，有丁程、顔祿壽、程倫、王昂、汪齡、黎鳳、吳宗周，並增楊茂元所撰《感恩亭記》；最後，刪去明翻本中的某些題詠者，如"陳貞""沈大年""楊德"等。此外，同一作者有多首收錄者，"存其尤而其次則刪之"，如明翻本附錄卷二收錄"張毅"詩四首，鄭錫麒本僅留二首。

(二) 正集與九卷本的關係

胡汝登本是現存最早的明刻六卷本，研究明刻六卷本正集與九卷本的關係，從胡汝登本入手即可。通過將胡汝登本與三個九卷本對勘，可知其文本與明翻本相同（詳表三）：

表三

篇目	卷	葉	行	徐傑本	明翻本	沈俊本	胡汝登本
天門山	1	7	1	恒言隱彌歷	但、匪	恒、歷	但、匪
嘉樹軒	1	10	後2	低枝蔭井幹	乾	幹	乾
慈利州天門書院碑	2	1	後4	宮廟閎敞	閑	閎	閑
與中書參政成誼叔書	5	6	8	江南殆難定也	大	殆	大

在明翻本與胡汝登本之間有一個顏祿壽本，前文已證顏祿壽本出自明翻本，那麼胡汝登本是直接出自明翻本抑或出自顏祿壽本？宋濂所撰的《余左丞傳》是解決這一疑問的關鍵。筆者將胡汝登本卷首的《余左丞傳》和鄭錫麒本附錄中的《余左丞傳》相比對，發現兩者文本相同，而與明翻本存在異文，比如兩本"嗜欲淡甚"，明翻本"淡"作"淺"；"闕遣卒捕之"，明翻本作"闕鞭遣六十人"；"虎出境不傷人"，明翻本"傷人"作"害"；"惟恐後及解政閉門授徒"，明翻本"惟"作"如""閉"作"開"。如果胡汝登本直接出自明翻本，其《余左丞傳》不可能與出自顏祿壽本的鄭錫麒本《余左丞傳》相同。因此，可證胡汝登本當從顏祿壽本出。胡汝登本在刊刻之時，選取顏祿壽本附錄中的《余左丞傳》置於卷首，附錄中的其他內容不再收錄，此與前文所論胡汝登本原無附錄二卷的結論相合。

《中國古籍善本書目》誤將鄭錫麒本著錄為顏祿壽本，將其列為第一個明刻六卷本。然而事實上，真正的顏祿壽本的卷數並非不證自明。文獻資料中對此缺乏直接有效的證據，故僅能作間接推導。明代中葉，安慶知府胡纘宗在《安慶府志》中著錄了"《青陽文集》六卷"，其於正德十五年（1520）始修《安慶府志》，正德十六年十一月書成①。從時間上推斷，顏祿壽本與胡汝登本都有可能是胡纘宗纂修方志的參考書目。該書"藝文志"中收錄大量為余闕題詠的作品，時錄全文，時而僅註"詳載《青陽文集》"，題詠者多與鄭錫麒本的附錄重合。說明胡纘宗取用的《青陽文集》實為六卷附錄二卷，只是在著錄上從簡而已。胡汝登本原無附錄二卷，因此胡纘宗見到的本子很有可能為顏祿壽本，以此也可推知顏祿壽本為六卷附錄二卷，且有可能是第一個將九卷本重編為六卷本的本子，重編正集與附錄概在同時。顏祿壽本雖然不存，但通過研讀後世版本，可對其版本源流有一初步認識：顏祿壽本出自明翻本，其正集為胡

---

① 董穎《胡纘宗年譜》，蘭州大學碩士學位論文，2007年，第19—20頁。

汝登本繼承，附録爲鄭錫麒本繼承。

四、明刻六卷本的影響

明刻六卷本出自九卷本中的明翻本，無論是正集抑或附録都經過重新編輯，但恰是這一重編本對後世版本産生了重大影響。在文本上，明翻本與明刻六卷本最顯著的區別是余闕的《與劉彥昺書》，該文爲明翻本卷五的最後一篇，内容完整，徐傑本與沈俊本亦完整，而明刻六卷本"春雨軒集中"下脱一百三十四字，這些字在明翻本中對應的位置是卷五葉八，脱文説明第一個明刻六卷本所據底本的卷五葉八有缺葉，而且爲了文意通暢，將前一葉"春雨軒集中"五字一併删去。傅增湘曾以徐傑本校自藏清刻本，稱"'與劉彥昺書'竟補脱文一百三十九字，此外單字膌句改正亦逾百字，心目爲之一快"①。

自明刻六卷本以後，傳本數量有增無減，《與劉彥昺書》有無脱文是鑑別後世版本直接出自九卷本抑或明刻六卷本的重要依據。經考察，後世版本中的《與劉彥昺書》皆有脱文，説明皆出自明刻六卷本。這些本子題名多有不一，根據不同的編次大致可分成三個脈絡：六卷本（其中有沿襲傳統六卷本分卷者，也有雖名爲六卷、實已更易類目的新六卷本），此外，又衍生出四卷本與五卷本。以下就各本源流略作梳理：

（一）四卷本

有明一代，除了佔據主流位置的九卷本與六卷本，尚有四卷本，但流傳至今，僅有明萬曆張道明刻本一種。張道明本題曰《余忠宣公集》，分卷是在六卷本的基礎上進行了整合歸併，分別爲：卷一詩，卷二序、記，卷三碑銘、墓表、策，卷四書、雜著，並對具體類目所收作品的先後順序進行調整。另據校勘可知，張道明本的文本出自胡汝登本。

（二）五卷本

入清以後，出現五卷本這一全新編本。現存最早的五卷本是康熙三十六年（1697）張純修刻本，題曰《余忠宣公青陽山房集》，爲張氏刊《五名臣遺集》之零種。該本出自張道明本，對四卷本的分卷重新調整如下：卷一詩，卷二策、表、書，卷三序，卷四記，卷五雜著，將歷來分列的"碑銘""墓表"二

---

① 傅增湘《藏園群書校勘跋識録》，北京：中華書局2012年版，第619頁。傅氏稱以莫棠所藏正統十年高誠刻本校，此本即上海圖書館所藏徐傑本。

類置於"雜著"中。此外，張純修本校正了從明翻本至張道明本一脈延承的若干誤字，如《安南王留宴》"將命坐藩服"，張純修本改"坐"爲"佐"；《慈利州天門書院碑》"宮廟閑敞"，張純修本改"閑"爲"閎"，校改後的文字與徐傑本相同。但亦有不少失校者，如《濟川字說》"罔知禍屬者"，徐傑本"禍"作"揭"。且其《與劉彥昺書》亦有脫文，説明張純修並未見到徐傑本，其校改是基於文意，將明顯的誤字改成音近、形近者。張純修本的校勘成果被清代不少本子繼承，例如同爲五卷本的嘉慶八年（1803）張祥雲刻本《青陽山房集》、道光元年（1821）張璿華刻本《余忠宣公青陽集》、光緒元年（1875）張氏毓秀堂刻《廬陽三賢集》本《余忠宣公青陽山房集》等。

（三）六卷本

清代，與五卷本並傳於世的是六卷本，最早有康熙五十九年（1720）張楷刻本，題爲《余忠宣公青陽山房集》。該本行款、編次與胡汝登本、鄭錫麒本相同。在文本方面，多同於胡汝登本，亦有參稽他本者。乾隆十八年（1753）余闕裔孫秉剛又據張楷本重刻成《忠宣公文集》，雖亦爲六卷本，卻將傳統六卷本的"策"與"書"提至卷一，將"詩"置於卷六，形成了新六卷本，同治六年（1867）皖江臬署刻本《余忠宣公文集》又據余秉剛本重刻。

新六卷本另有道光四年申瑶刻本《余忠宣公青陽集》，內封面有"棣華堂藏板"字樣，其將余秉剛本卷六的"詩"重新提至卷一，形成了第三種六卷本的分卷：卷一詩，卷二策、書，卷三序，卷四記，卷五碑銘，卷六墓表、雜著。在文本方面，申瑶本將余秉剛本與張璿華本互勘，凡遇兩本互異之處，多出校（註以"余本作某""張本作某"），吸收了五卷本與六卷本的校勘成果。

此外，六卷本另有文淵閣《四庫全書》本。《青陽集》，《四庫全書總目》作"四卷"，然翁方綱在分纂提要稿中著錄"《青陽集》六卷"①，文淵閣《四庫全書》本的目錄與正文亦皆爲六卷，故"四卷"當爲《總目》誤寫。《四庫全書》本的編次與傳統六卷本相同，文本多同胡汝登本。

綜上，目前筆者調查到的明萬曆以降的所有本子均屬明刻六卷本系統，均輾轉出自胡汝登本，足見其影響之鉅。除了單刻本、叢書本，明清的選本亦多出自明刻六卷本系統，比如萬曆年間潘是仁輯刻《宋元名公詩集》本《余竹窗詩集》、康熙年間顧嗣立秀野草堂刻《元詩選》本等。

---

① （清）翁方綱《翁方綱纂四庫提要稿》，上海：上海科學技術文獻出版社2005年版，第808—809頁。

五、結　語

　　本文歸納起來主要論述了三方面內容，首先對明刻六卷本的版本重加考訂，通過版刻實物的比對，揭示出《中國古籍善本書目》與各館書目在著錄中存在的問題，其將鄭錫麒本誤爲顏祿壽本或胡汝登本，誤鑑的根源均在於以序定年。其次闡述明刻六卷本之來源，即與九卷本之間的關係，據考證，其出自九卷本中的明翻本，與徐傑本及沈俊本無直接關聯。在此過程中，已佚顏祿壽本的基本面貌漸漸呈現，該本或爲第一個明刻六卷本，爲《青陽集》編刊史上的重要版本，其正集與附錄分別由胡汝登本與鄭錫麒本所繼承。最後探討明刻六卷本之流變，指出後世版本皆輾轉出自明刻六卷本，同時釐清諸本之源流。

　　余闕的集子尚未單獨整理出版，目前對其詩文的整理成果分別收錄於《全元詩》①與《全元文》②中。《全元詩》本是以嘉慶張祥雲刻本爲底本，並校以《四部叢刊續編》本（影印自中國國家圖書館藏明翻本）與文淵閣《四庫全書》本。《全元文》本以道光二十八年（1848）潘氏袁江節署刻《乾坤正氣集》本爲底本，校以文淵閣《四庫全書》本，集外輯得文十篇。《全元詩》與《全元文》選擇的底本皆屬明刻六卷本系統，説明該系統的影響一直延續至今。明刻六卷本在繼承明翻本誤字的同時又產生新的脱謬，而後世的本子雖有校勘，但終因不見舊本而未能盡善。徐傑本是《青陽集》現存最早版本，其與沈俊本同出於正統高誠本，此二本是最接近余闕創作原貌的本子，以後如有整理《青陽集》的計劃，可將其作爲底本的選用對象，以使歷來築基於明翻本、明刻六卷本系統的《青陽集》閱讀與研究重返九卷原刻本脈絡。

---

① 楊鐮主編《全元詩》，第44册，北京：中華書局2013年版，第244—266頁。
② 李修生主編《全元文》，第49册，南京：鳳凰出版社2004年版，第101—186頁。

附《青陽集》主要版本關係圖

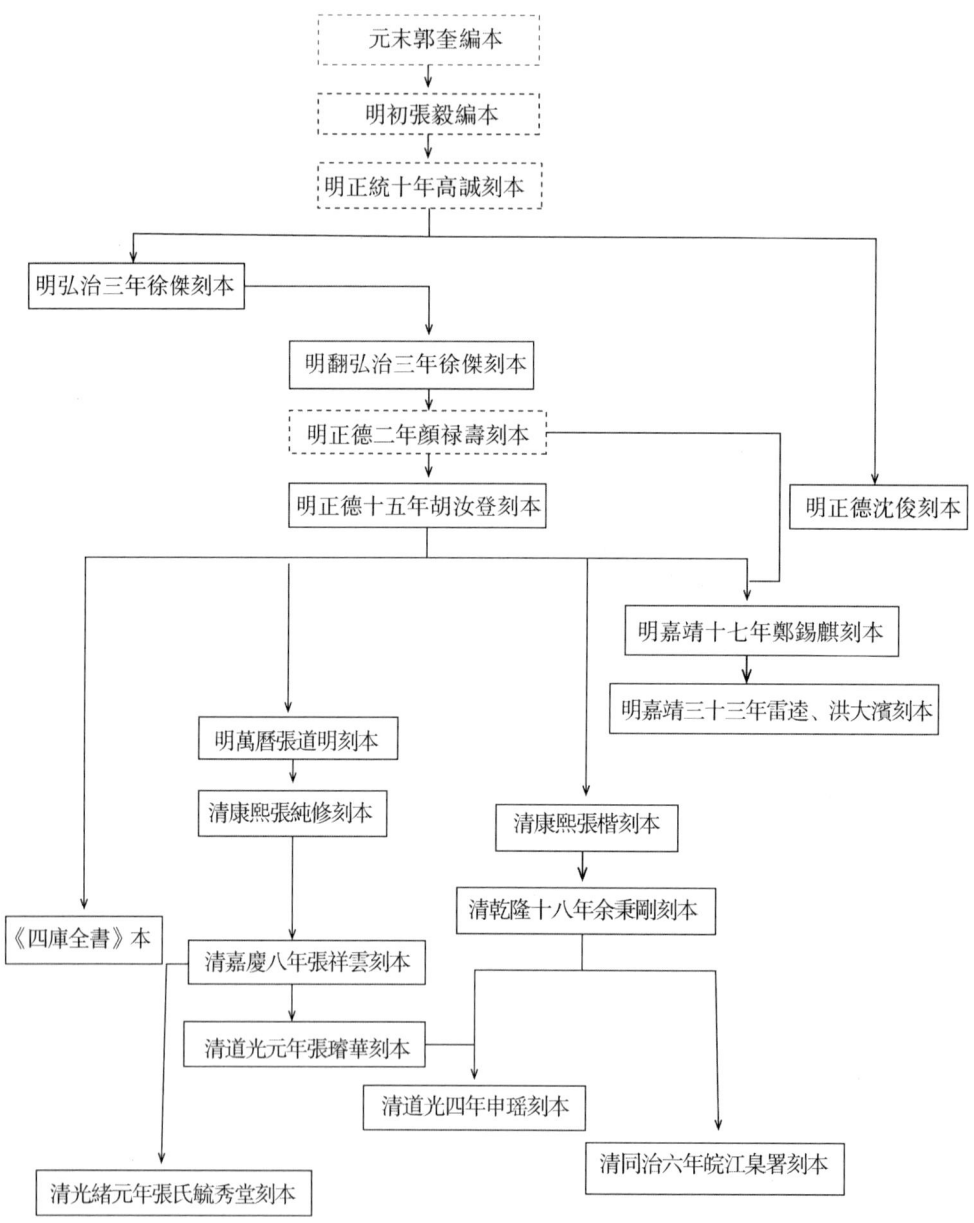

（作者單位：上海圖書館）

論何楷《詩經世本古義》的現代學術特徵

沙志利

【内容提要】 學界對何楷《詩經世本古義》一書的評價，以《四庫全書總目》爲代表，歷來是一貶一褒：批評此書對於《詩》旨的確定牽强附會、穿鑿武斷，表揚此書考證精博。本文舉出何楷的《詩》學觀念、考證詩旨的方法、所依據的材料等幾個方面，論述此書頗具"現代性"，即破除前人成説所體現的理性主義精神與無徵不信的實證主義史學作風，明確此書飽含的現代學術特徵，意在豐富對於此書的認識。

【關鍵詞】 何楷 《詩經世本古義》 經學 史學 現代性

二〇一八年有幾個月，筆者集中對明代何楷的《詩經世本古義》（以下多簡稱"《古義》"）進行審稿，逐字審讀了一半左右的内容，由恨生愛，漸漸喜歡上了這本書。今草此小文，將心得梳理出來，求教於方家。《四庫全書總目》提要稱：

> 《詩經世本古義》二十八卷，明何楷撰。楷有《古周易訂詁》，已著録。[1]
>
> 其論《詩》專主孟子"知人論世"之旨，依時代爲次，故名曰"世本古義"。始於夏少康之世，以《公劉》《七月》《大田》《甫田》諸篇爲首，終於周敬王之世，以《曹風·下泉》之詩殿焉。計三代有詩之世，凡二十八王，各爲序目於前，又於卷末仿《序卦傳》例作《屬引》一篇，用韻語

---

[1] 何楷，生於明萬曆十九至二十二年間（1591—1594），卒於清順治三年（1646）。字玄子，號黄如。福建漳州鎮海衛（今漳州市漳浦縣）人。天啓五年（1625）進士。《明史》卷二七六有傳。楷博綜群書，邃於經學，著有《古周易訂詁》《詩經世本古義》。黄宗羲曾與之論經，認爲"百年以來窮經之士"，唯何氏與黄道周、郝敬三人而已。參樊國相《何楷生平小考》（《語文教學通訊》2016年第4期）、《黄宗羲、何楷交游考略》（《語文教學通訊》2015年第1期）。

排比成文，著所以論列之意。

考《詩序》之傳最古，已不能盡得作者名氏，故鄭氏《詩譜》，闕有間焉。三家所述，如《關雎》出畢公、《黍離》出伯封之類，茫昧無據，儒者猶疑之弗傳。楷乃於三千年後，鉤棘字句，牽合史傳，以定其名姓時代，如《月出》篇有"舒窈糾兮""舒憂受兮"之文，即指以爲夏徵舒。此猶有一字之近也。《碩鼠》一詩，茫無指實，而指以爲《左傳》之魏壽餘，此孰見之而孰傳？以《大田》爲"豳雅"，《豐年》《良耜》爲"豳頌"，即屬之於公劉之世，此猶有先儒之舊説也。以《草蟲》爲《南陔》，以《菁菁者莪》爲《由儀》，以《緜蠻》爲《崇丘》，又孰傳之而孰受之？大惑不解，楷之謂乎！

然楷學問博通，引援賅洽，凡名物、訓詁，一一考證詳明，典據精確，實非宋以來諸儒所可及。譬諸蒐羅七寶，造一不中規矩之巨器，雖百無所用，而毀以取材，則火齊木難，片片皆爲珍物，百餘年來，人人嗤點其書，而究不能廢其書，職是故矣。①

我將這篇提要分爲四段：第一段著錄作者，第二段略言《古義》的著述體例，第三段論《古義》之缺點，第四段言《古義》之優點。

拙文本擬名"《詩經世本古義》二題"，主要包含兩個論題：一是從《古義》的主要創見，即何楷所定詩旨的整體出發，考察他的《詩》學觀念、考證方法、所用材料等，想從"不中規矩""百無所用"中發現何楷的偉大之處，即《古義》是一部非常具有"現代性"的《詩》學著作；二是從訓詁學的角度出發，論説《古義》訓詁方面的優長之處與最不可理解的短拙之處。如果我的論述成立，就會將四庫提要對《古義》的一貶一褒加以細化，指出此書在可貶之中大有可取之處，在可褒之中亦不乏無識之論，從而豐富我們對於《古義》的認知。但由於時間關係，只寫出了第一個論題，故用今題。

目前學界對於《古義》的專門研究不多，僅就見識所及，開列與本文關係比較大的：臺灣林慶彰、香港李家樹兩位先生的研究起步較早，可稱篳路藍縷；其後臺灣有楊晉龍、大陸有劉毓慶兩位先生關於明代《詩經》學史的專著，其中對於《古義》都有專門介紹；最近十年則有魯東大學張丹丹的論文，北京師範大學羅唯嘉、臺灣嘉應大學黃玉芳更是分別選擇此書作研究對象撰寫

---

① （清）永瑢等編《四庫全書總目》，北京：中華書局1965年版，第129—130頁。

碩士學位論文①。此外，關於《古義》音韻問題、引書問題以及闡述明代或明末清初《詩經》學的論文、著作還有多種。這些研究成果的觀點、成就，下文會在必要時加以引述，此處不做綜述。另外，據張小敏、王曉平、李士彪研究，《古義》問世不久，就傳到了日本，之後對林恕（1618—1684）、岡井赤誠（？—1803）、仁井田好古（1770—1848）等日本學者的《詩經》學研究產生了較大的影響②。

一、前人對《古義》的評論與引用

爲了論述的方便，有必要把前人對於《古義》的批評意見作一概説。

清人對於《古義》的批評，前引四庫提要之語很具有代表性。茲再引較早的兩家，以見這類批評的共性與激烈程度。錢澄之（1612—1693）在《田間詩學》凡例中説：

> 晉江何玄子先生作《詩經世本》，向謫南曹時剞劂甫竣，即持以示余，使爲校訂。余少好異書，見其以《詩》編年，混風、雅、頌而一之，則大駭，秘爲帳中物。今讀之，其牽强杜撰頗多。至於考據精詳，有恰與《詩》指合者，亦存之以備一説。何先生授余以《易》，又授以《詩》，其教不敢忘也，故録存者多，而亦時有辨論。要之，先生書自成一家言，孤行於世，不必以經學相律也。③

錢氏曾受業於何氏，然亦不爲尊者諱，直言其書"牽强杜撰頗多"，可見難以

---

① 林慶彰《何楷〈詩經世本古義〉析論》，載《中國文哲研究集刊》1994 年第 4 期。李家樹《何楷的〈詩經世本古義〉》，載《中國文化研究所學報》1994 年新第 3 期。楊晉龍《明代〈詩經〉學史研究》，臺灣大學中國文學研究所博士論文，1997 年。劉毓慶《從經學到文學——明代"詩經"學史論》，北京：商務印書館 2001 年版。劉毓慶《何楷的〈詩〉學貢獻》，載《晉陽學刊》2000 年第 2 期。張丹丹《〈詩經世本古義〉述略》，載《魯東大學學報》2010 年第 3 期。黃玉芳《何楷〈詩經世本古義〉詩旨與世次研究》，中興大學中國文學系第十三屆碩士在職專班學位論文，2003 年。羅唯嘉《何楷〈詩經世本古義〉研究》，北京師範大學碩士學位論文，2011 年。

② 李士彪《仁井田好古〈毛詩補傳〉引何楷説考》，載《東亞儒學、人文學的新視野》，北京：商務印書館 2018 年版，第 2—19 頁。張小敏：《日本江户時代"詩經學"研究》，山西大學博士論文，2013 年。王曉平：《日本詩經學文獻考釋》，北京：中華書局 2012 年版，第 396 頁。張、王兩書皆據李文轉引。

③ 錢澄之《田間詩學》，合肥：黃山書社 2005 年版，卷首第 6 頁。

曲護。批評者中，姚際恒（1647—約1715）的態度較爲激烈，《詩經通論》卷前《詩經論旨》説：

> 何玄子《詩經世本古義》，其法紊亂《詩》之原編，妄以臆見定爲時代，始于《公劉》，終于《下泉》，分列某詩爲某代某王之世。蓋祖述僞傳説之餘智，而益肆其倡狂者也。不知其親見某詩作于某代某王之世否乎？苟未其然，將何以取信于人也？即此亦見其愚矣。其意執孟子"知人論世"之説，而思以任之，抑又妄矣。其罪尤大者，在于滅《詩》之《風》、《雅》、《頌》。夫子曰："女爲《周南》、《召南》矣乎？"又曰："《雅》、《頌》各得其所。"觀季札論樂，與今《詩》編次無不符合。而乃紊亂大聖人所手定，變更三千載之成經，《國風》不分，《雅》、《頌》失所，罪可勝誅耶！其釋《詩》旨，漁獵古傳，攟拾僻書，供其採擇，用志不可謂不過勤，用意不可謂不過巧。然而一往鑿空，喜新好異，武斷自爲，又復過于冗繁，多填無用之説，可以芟其大半。①

除了像四庫提要、錢澄之一樣，指責《古義》詩旨"鑿空""武斷"之外，姚氏又添加了"紊亂大聖人所手定"一大罪名。這三家基本可以涵蓋、代表直至今日如林慶彰、李家樹等學者對《古義》不足之處的批評了。

至於《古義》的好處，前引四庫提要、錢澄之兩家之説均有考語，就連批評《古義》非常激烈的姚際恒也有評論：

> 大抵此書《詩》學固必所黜，而亦時可備觀，以其能廣收博覽，凡涉古今《詩》説及他説之有關于《詩》者，靡不兼收並録，復以經、傳、子、詩所引《詩》辭之不同者，句櫛字比，一一詳註于下。如此之類，故云可備觀爾。②

這三家的説法，基本也可以代表從明末清初直至目前對於《古義》的褒獎。

姚際恒還敘説了此書在清初的流傳情況，並預言恐無人再印此書：

> 何氏書刻于崇禎末年，刻成，旋遭變亂。玄子官閩朝，爲鄭氏所害，時印行無多，板亦燬失。杭城惟葉又生家一帙，予于其後人重購得之。問之閩人，云彼閩中亦未見有也。……然將來此書日就澌滅，世不可見，重

---

① （清）姚際恒《詩經通論》，《儒藏》精華編第35册，北京：北京大學出版社2010年版，第25頁。

② 同上書，第25—26頁。

刻亦須千金，恐無此好事者矣。①

今查此書版本，在清代有《四庫全書》抄本、嘉慶二十四年（1819）溪邑謝氏文林堂刊本、光緒十九年（1893）上海鴻寶齋石印本，在日本有寬政十年（1798）會津藩覆明崇禎刻本。應該説還是有一定程度的流行。

再查《中國基本古籍庫》所收明末以降的著作對於此書的引用情況，除上述錢、姚著作對何氏多所引用外，依時代爲次，還有顧夢麟（1585—1653）《詩經説約》多引用何氏《詩》韻説；朱鶴齡（1601—1683）《詩經通義》引何説百餘條，有詩旨，有考訂；顧棟高（1679—1759）《毛詩訂詁》卷二雖猛烈批評何氏"鑿空無稽"，然此書及《毛詩類釋》猶多取何氏訓詁及禮説；秦蕙田（1702—1764）《五禮通考》多引何氏禮説；顧鎮（1720—1792）《虞東學詩》、姜炳璋（1736—1813）《詩序補義》多引何説；胡承珙（1776—1832）《毛詩後箋》引證《古義》詩旨、考訂等 140 餘條；馬瑞辰（1777—1853）《毛詩傳箋通釋》引何氏訓詁十餘條；陳奂（1786—1863）《詩毛氏傳疏》引何説僅兩條；陳逢衡（1778—1855）《竹書紀年集證》多引何氏《竹書》説；徐璈（1779—1841）《詩經廣詁》引何説四十餘條；馮登府（1783—1841）《三家詩遺説》、魏源（1794—1857）《詩古微》、陳喬樅（1809—1869）《韓詩遺説考》、王先謙（1842—1917）《詩三家義集疏》多引何氏論三家《詩》説；顧廣譽（1799—1866）《學詩詳説》多引何氏詩旨；方玉潤（1811—1883）《詩經原始》乃瓣香姚氏際恒者，亦多引何氏詩旨；民國馬其昶（1855—1930）《詩毛氏學》所引亦極多。由於受到檢索詞的限制，以上數據是不完全的，但已經可以看出，《古義》對於清代以至民國《詩經》學的影響是全方位的、巨大的，而且對於三禮、《竹書紀年》的研究也有一定的影響。

二、《古義》的宗旨——"《詩》即史也"與無徵不信

何楷撰寫《古義》的宗旨，前人研究成果雖多有論及，但在我看來，仍嫌簡略，爲了鋪墊出《古義》的現代意義，有必要詳引何楷自己的話，發掘其內在的理路。何氏《自序》曰：

> 昔者孔子之教天下，道不外乎六經，而禮樂爲王者之事，當世必皆各

---

① （清）姚際恒《詩經通論》，第 26 頁。

有成書，如《周禮》、《儀禮》之類，不容以意爲之損益。其所手定，惟《易》、《書》、《詩》、《春秋》四者。《易》衍《十翼》，《春秋》修舊史，皆述也而有作焉。若《書》、《詩》，第以棄取見義而已。《易》、《春秋》之爲書，一明理，一紀事，各自孤行，而《書》、《詩》則兼《禮》、《樂》而有之。是故《易》，體也，《春秋》，用也。垂《書》、《詩》以寄禮樂，聖人治世之跡所以流露于體用之間者也。然以理言，則《禮》、《樂》仍與《易》爲類，物之有本末也。以事言，則《書》、《詩》又與《春秋》爲類，道之有升降也。不明乎此，亦未有能讀《書》誦《詩》者也。①

從這段話中，可以梳理出何楷對六經的基本看法。何楷認爲：六經之中，《禮》類不能空作，孔子無容損益；《易》與《春秋》，一作十翼，一修舊史，述中有作；《書》與《詩》則前人成文，孔子僅以棄取見義。六經之中，《易》明理，《春秋》紀事，一爲體，一爲用；《詩》《書》之中則寄託着《禮》《樂》，通過治世之跡反映先聖先王的禮樂教化。同時《易》與《禮》《樂》又同屬"理"類，有本有末，大概就是"形而上"與"形而下"之意。《春秋》與《詩》《書》同屬"事"類，可見由治到亂，道有升降。其間關係，可以用下圖表示。

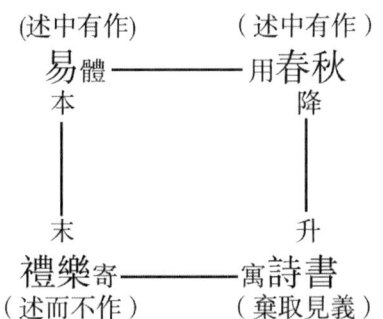

何氏接着説：

> 夫以《書》爲兼乎《禮》、《樂》，類乎《春秋》，人猶信之。若《詩》，則第以"道性情"一語蔽之足矣，將安取此？嗟乎！詩教失傳，莫大于是。

此段説《詩》與《書》爲類，皆記事實，寓禮樂，而人不信之，僅知《詩》"道性情"。何氏接着説：

---

① （明）何楷《詩經世本古義》，李士彪、張丹丹校點，收入《儒藏》精華編第27、28冊，北京：北京大學出版社2019年版。《自序》全文載《儒藏》精華編第27冊，第17—19頁。

>今夫《詩》在《書》中，不過諸製之一，若《五子之歌》是也。諸製各因一事而作，宜不能多。而《詩》則上播諸聲律，下形諸諷詠，無地而不有詩，無人而不可以作詩。當孔子之世，而古詩存者至三千餘，亦云夥矣，而所刪存者厪厪止此。其所以存之者，必有故也。緣其所從來者異，故於一體中，自以風、雅、頌爲之標別。然亦必皆因一事而作，則其世固可知也。夏、商之文獻皆不足矣，宋猶存《商頌》五篇，杞無一焉，惟周室先祖之詩藏在故府，幸不放失。聖人以爲此二代文獻之猶存者也，故取公劉遷豳諸詩以續五子之後，取王季、文王諸詠以廣《商頌》之遺，其於二代蓋彬彬矣。《書》斷於穆，《春秋》始於平。中間若厲、宣、幽三王之際，皆周室改革之大者，而其事跡杳如也，舍《詩》將安所徵之？故《詩》者，聯屬《書》與《春秋》之隙者也。

何氏認爲：《書》中亦有詩體，如《五子之歌》，然不過諸"製"之一。《書》録衆製，不能多録詩體。然而詩之作必不少。孔子删三千爲三百，意在寄寓先王之禮樂，具體的删存原則是：杞國無夏詩，以周室先公之在夏代者補之；宋國所存殷詩僅《商頌》五篇，以周室先公之在商代者廣之；《書》下至穆王①，《春秋》始自平王，中間事跡闕，孔子所存之《詩》，正可以聯屬《書》與《春秋》之間隙。何氏接着説：

>《孟子》曰："王者之迹熄而《詩》亡，《詩》亡然後《春秋》作。"諸儒推測，未有得其解者也。今以世考之，《詩》亡于《下泉》，正當敬王之時，《春秋》之作，適有感是時耳，蓋至是而周不復興矣。平遷王城，敬遷下都，愈趨愈下，聖人所以投筆而自廢也。聖人之删《書》也，其心猶以王爲未足也，曰："必如帝者，斯可矣。"删《詩》則不及帝矣，而其大指所在，特惓惓屬望于中興，曰："孰能如夏之少康，殷之盤庚、武丁者乎？"故於二代之《詩》，獨有取于三君之世。此尤足以見《春秋》託始平王之意也。

上一段説孔子删存《詩》三百篇的具體做法，這一段説孔子删存《詩》三百篇之意圖。何氏引《孟子》之語明之。何氏定《詩》時代，最後一篇爲《下泉》，曰："《下泉》，曹人美晉荀躒納周敬王也。"事在魯昭公二十六年（前516），周

---

① 《尚書》百篇，據《書序》，惟《文侯之命》在平王時，《秦誓》在襄王時，其他皆在穆王以前，何楷蓋大略言之。

敬王四年（前516）。《春秋》絶筆於魯哀公十六年（前479），敬王四十一年（前479）。此即"《詩》亡然後《春秋》作"。孔子删《書》，以三王爲不足，心慕堯、舜二帝，故託始於《堯典》《舜典》。删存《詩》時，《詩》不及二帝，時又無中興之王，故心慕夏殷中興之王，託始於少康、盤庚、武丁（高宗）。何氏接着説：

> 若夫典章、文物、聲容、器數之盛，散見于《詩》中者，犂然明備，至纖而不可遺，至繁而不可亂。按之"三禮"，無一不合。有王者起，特舉而措之耳，是又聖人之借《詩》以存禮樂也。蓋昔孔子雅言"《詩》、《書》執《禮》"，而不及《樂》；他日又言"興于《詩》，立于《禮》，成于《樂》"，而不及《書》，明乎舉《詩》足以兼《書》，猶之舉《禮》足以兼《樂》也。其言《詩》、《書》恒在《禮》、《樂》之先者，以《禮》、《樂》取諸《詩》、《書》中而足也。後儒視《詩》太淺，索《詩》太易，盍亦思聖人所以廣收約取著之爲經，與《易》、《書》、《春秋》並垂者，其立教宜何如精嚴，而可輕以里巷謳吟、文人詞曲例之乎？

此段論證禮樂寄寓於《詩》《書》以及《詩》《書》一體之義，再申前説。何氏最後説：

> 凡余説《詩》，是不一術，先循之行墨以研其義，既證之他經以求其驗，既又考之山川譜系以摭其實，既又尋之鳥獸艸木以通其意，既又訂之點畫形聲以正其誤，既又雜引賦詩斷章以盡其變。諸説兼詳，而詩中之爲世爲人、若禮若樂，俱一一躍出，於是喜斯文之在兹，歎絶學之未墜也。當其沉思莫解，寢食都忘，疑竇將開，鬼神如牖。亦閲七載，手不停披，斯已勤矣。書成，悉依時代爲次，名曰《世本古義》，伸子輿氏誦《詩》論世之指也。卷凡二十八，與經宿配，每篇倣古序體，更定小引，以冠其前。其諸義未安者，則附見之章句之後，欲使觀者了其巔末，有所考鏡焉。掛漏之病，知不能無，糾繆拾遺，以俟來哲。

末段述撰作《古義》的方法和經過。以上是何楷《古義》自序，可與之發明者尚有《原引》中一段：

> 楷家世受《詩》，先君每舉孟子論世一法，以爲《詩》學要領，謂不能論其世以知其人，則不能知其詩之從何而作。不能知其詩之從何而作，則所以説之者，皆囈語耳。又引《文中子》"聖人述史三焉"之説，謂《書》、《詩》、《春秋》，原相首尾，《詩》即史也。小子受而識之，不自揣

量，旁稽力索，積以歲月，始成《詩經世本古義》一書。①

此段言何楷的《詩》學觀點來源於他的父親何湛，理論根據有二：一是孟子知人論世之語；二是王通語，即何楷之子何燾所注："文中子謂薛收曰：'昔聖人述史三焉。其述《書》也，帝王之制備矣，故索焉而皆獲；其述《詩》也，興廢之繇顯，故究焉而皆得；其述《春秋》也，邪正之迹明，故考焉而皆當。'"②

由上可知，在何楷眼裏，《詩經》是經書，但孔子只以棄取見義，則《詩》篇本身就是原汁原味的歷史材料。這些歷史材料寄託着前代的禮樂制度，其中很多篇章反映的是比《春秋》亂世更早的治世之跡。孔子就是通過所刪存下來的《詩》篇中存在的歷史事實及禮樂制度來表達其思想的。可見，《詩經》雖仍是經書，但何楷更強調它的史學性質，何氏家傳的"《詩》即史也"一語可以看作代表何氏觀點的標誌性的口號。

"《詩》即史也"，語出嚴粲，《詩緝》中兩見。一在卷十五説《曹風·候人》首章"彼候人兮，何戈與祋。彼其之子，三百赤芾"時曰：

> 彼賢人爲候人之屬，掌路送迎賓客，何揭其戈與祋，供勞賤之事？彼小人乃有三百人，皆服赤色之芾，何爲者也？曹，蕞爾國，而小人衆多如此，君子何所容乎？晉文公入曹，數之以"不用僖負羈，而乘軒者三百人"，《詩》即史也。③

一在卷二二，《小雅·鼓鐘》小序曰"《鼓鐘》，刺幽王也"，首章"鼓鐘將將，淮水湯湯，憂心且傷"，嚴粲先説：

> 古者作樂必先擊鐘，所謂金奏也。今聞幽王擊鐘將將然，其聲之揚，乃在淮水湯湯然流盛之處。當時禍變將作，曾不覺悟，顧遠離京師，爲從流忘反之樂，詩人爲之寒心，憂而且傷，知禍之必不免也。④

後又曰：

> 説者以史無幽王東巡之事，遂謂"淮水爲害，幽王作樂而不恤"，其説亦通。然古事亦有不見於史而因經以見者，《詩》即史也。⑤

---

① （明）何楷《詩經世本古義·原引》，《儒藏》精華編第 27 册，第 32 頁。
② 同上書，第 32 頁。
③ （南宋）嚴粲《詩緝》卷一五，第 3 頁，明味經堂刻本。
④ （南宋）嚴粲《詩緝》卷二二，第 22 頁。
⑤ 同上。

嚴粲兩處"《詩》即史也"雖然都指《詩》作爲歷史載體的性質，但所指略有不同。在第一處，指《詩》確實記録了歷史，有史書可相印證；在第二處，指《詩》中所載無其他史書佐證，《詩》本身就是歷史。因爲嚴氏是尊小序的，他顯然是在爲小序開脱：雖然其他史料證明不了小序之説，但小序之説可能是不見於他書記載而獨見於此的一條史料。按照這種邏輯，歷史上對於《詩》篇的任何解釋都可能是獨見於此的，都可被置於不能被質疑的地位。

何楷與嚴粲則有不同，他注重實證。他在序中説"證之他經以求其驗"，在《古義》中這一條得到了比較充分的貫徹。還舉《鼓鍾》爲例①，他即不取小序刺幽王之説，而取僞書《申培詩説》之説，曰：

> 《鼓鍾》，昭王南遊，宴樂于淮水之上。君子憂傷，而作是詩。出《詩説》。②

爲了讓讀者感受一下《古義》考證時不厭其煩地旁徵博引的特點，請原諒我下文將大段徵引他對《鼓鍾》詩旨的考證，其文曰：

> 《韓詩》云："昭王之時作。"鄭玄於《中侯握河紀》注亦云："昭王時，《鼓鍾》之詩所爲作。"《子貢傳》但存"昭王南"三字，而其餘闕文。按《史記》云："昭王之時，王道微缺。昭王南巡狩不返，卒於江上，其卒不赴告，諱之也。"《外紀》云："昭王南巡狩，反濟漢。漢濱之人以膠膠船，王至中流，膠液船解，王及祭公溺焉。"二説皆以昭王爲南巡。而《竹書》則紀昭王十六年，伐楚，涉漢，遇大兕。又紀十九年，祭公辛伯從王伐楚，天大曀，雉兔皆震，喪六師于漢。《大紀》亦云："王在位久，不能強於政治，風化稍衰，有光五色貫紫微，井水溢。是歲，王征荆蠻，軍旋涉漢，梁敗，王及祭公隕於漢。王右辛餘靡振王北濟，反振祭公，王因是發疾崩。"《吕氏春秋》云："周昭王親將征荆，辛餘靡長且多力，爲王右，還反涉漢。梁敗，王及蔡公抎於漢中，辛餘靡振王北濟，又反振蔡公。周公乃侯之於西翟，實爲長公。"《水經注》則云："昭王南征，船人膠舟以進之，渡沔，中流而没。"故地有左桑、大敛口、橫桑、死沔之稱。左桑者，言百姓佐昭王喪事于此也。大敛口者，言昭王于此殯斂也。橫桑者，言得昭王喪處也。死沔者言，昭王濟于是而死，故有死沔之稱也。以上諸説，皆以昭王爲南征，故《左傳》齊桓公責楚之辭曰："昭王南征而

---

① 《古義》"鼓鍾"皆用"鍾"字，今凡論及、引及《古義》者用"鍾"字。
② （明）何楷《詩經世本古義》，《儒藏》精華編第27册，第689頁。

不復,寡人是問。"又屈原《天問》有云:"昭后成遊,南土爰底。厥利維何,逢彼白雉。"其説皆頗與《竹書》相應,想亦乘巡遊之便,而因爲征伐之舉耳。王南行過淮,凡再往一返,是詩不知作于何時。①

此段先引《韓詩》、鄭玄説、《子貢詩傳》證明此詩斷爲昭王時作信而有徵,又引《史記》《通鑑外紀》《竹書紀年》《皇王大紀》《吕氏春秋》《水經注》《左傳》《天問》證明昭王確有南巡之事,並特别根據《竹書紀年》的記載,昭王曾兩次南巡,第二次死於漢水,則南巡時經過淮水,"再往一返",不知《鼓鍾》作於其中哪一次。在詩末"《鼓鍾》四章,章五句"之後,何楷又陳述不取别説的理由:

《序》云:"刺幽王也。"然史無幽王東巡之事。或又有謂"淮水爲害,幽王作樂而不恤",則鑿之尤矣。又有謂"此詩爲徐偃王作"者,亦似近之,但無據,不敢信。②

通過這一例,以及《古義》中比比皆是的同類考證,可以看到,何楷在確定詩旨時特别注重有其他史料的證明,無徵不信。不僅是詩旨,《古義》一書,隨處貫徹着實證主義的考證精神,在考證典章、禮制、文字、音韻時也是如此。

"詩即史也"在《古義》中也出現了兩次,另一處的意思與此處也微有不同。在《何草不黄》首章"何草不黄？何日不行？何人不將？經營四方"下,何氏曰:

幽王之世,行役不息之事,無所考,然讀《小明》、《大東》諸詩,意必政令繁興,誅求無藝,其僕僕道路之象,殆可想見。詩即史也。③

此條,何氏顯然認爲,《詩經》中的具體描述可以豐富其他史料中不具備的歷史細節,看似與嚴氏第二條所表達的觀點一致,實則不然。考查何氏對《何草不黄》詩旨的確定,實因其詩辭與《北山》相類,而《北山》與《雨無正》相類,而《雨無正》與《十月之交》相類,而《十月之交》《正月》等詩可與《竹書紀年》所載幽王之事互證。也就是説,何楷定《何草不黄》爲幽王之詩,是以一連串的考證爲基礎的,並非憑空就相信了小序。

---

① (明) 何楷《詩經世本古義》,《儒藏》精華編第27册,第689—690頁。
② 同上書,第695頁。
③ (明) 何楷《詩經世本古義》,《儒藏》精華編第28册,第1034頁。

從邏輯上説，嚴粲所説的"古事亦有不見於史而因經以見者"，可能性非常大。而且按照何楷的説法，《詩》既然是填補《書》《春秋》之隙，道理上也應該承認有其他史書不見而獨見於《詩》的史事。很有可能，有一部分詩篇只是吟詠不見於其他記載的些小雜事，那麽，何氏的論證就不能免皮傅之譏。但何楷卻無視這一可能性，力求爲每一首詩找到史料證據，這就造成很多詩旨的確定都用孤證或者説服力不夠强的證據。在别人看來，有些詩旨的論證特别薄弱，牽强武斷，這是《古義》最大的弊病。但話説回來，如果採取了嚴粲的觀點，那麽任意一家的《詩》旨都可以此爲口實，也就没有了評判衆説是非的標準，也就不用作《古義》了，只能像清人一樣明一家古學就好。

因爲本文的主旨是在《古義》的缺點中見出優點來，所以下文就放過它詩旨論證不充分的弊端不談，也不談詩旨的正誤，只從何楷的《詩》學觀念、論證方法、所用材料等方面著手談它的好處了。

三、《古義》所體現的理性主義精神與實證主義史學作風

事實上，清代乾嘉考據學也以實證主義的客觀精神爲人稱道，尤其是民國時期，胡適等人認爲實證史學的源頭之一就是乾嘉考據學。而早在明末，《古義》就出現了，體量如此巨大①，且以考證精博名世，清代《詩》學著作又對它大量引用，所以，我們可以很自然地説：何楷的《古義》影響了清代考據學，代表了學風的轉變，如林慶彰先生就説："它反映了朱子《詩》學傳統勢力的衰微，和漢學傳統興起的一座指標。"②

但本節想表達的意思要更進一層，即《古義》所表現出的實證主義史學的客觀精神是非常徹底的，超出了它的時代，也度越清代，在很多方面可以和清末民國甚至現當代學者的研究有很多相似之處，或者説可以接軌；更重要的是，他不俯首於《詩序》以降的某家詩旨，而是以《詩》爲史，爲《詩》編年，考其本事，其中所體現的不臣服於權威的理性主義精神更是睥睨清儒，值得大書。當然，這兩點是有相通之處的。下面我分幾個方面進行闡述，其中會拿何楷與近現代的一些學者（主要是章太炎）進行比較，以凸顯《古義》的現代性。

---

① 《儒藏》精華編校點本著錄版面字數爲147萬字。
② 林慶彰《何楷〈詩經世本古義〉析論》，第2頁。

(一)《詩》學是史學。何楷打亂《詩》的舊有次序，客觀上破除了傳統《詩》學中的倫理意涵。

我常常覺得很可惜，清代學者大都認可、接受何楷對於名物、訓詁的考據，卻不認可他對於詩旨的考證。我指的不純粹是考證的結論，主要是説考證方法。這當然涉及史學考證的界限問題。對於材料過少的三代史實，統統斥之考據，在材料上首先就受到莫大的限制，所以將舊説全部推翻，遠不如像大多數清代學者那樣尊毛或尊朱、株守一家之學來得穩妥，更容易得到學界的認可。但這更涉及能否能從精神上打破權威的學術思想問題。從考證的層次或者境界上來説，像陳奂那樣謹守毛傳，解釋得再圓滿，也僅僅是一家之學；而何楷的做法則是拋開所有成説，對全部《詩》篇依據詩辭與史料重新推定詩旨，表現出更加徹頭徹尾的理性主義立場。

從第二節的介紹可知，何楷雖然承認《詩》是經書，但他更強調其史學意義。孔子未對辭句進行加工，只是以棄取見義，那麽每一篇詩都是原汁原味的史材。而且，孔子刪次《詩》，是爲了彌縫《書》與《春秋》之間的史實，那麽，在何楷眼裏，編《詩》的孔子被描述成了史家。這與章太炎的"孔子，古良史也"的論斷①，以及自章學誠以降關於"六經皆史"的主張②，還有陳寅恪"以詩證史"的治史方法，均有相通之處。

何楷當然承認孔子的權威，但孔子心目中的《詩》應該是什麽樣子？何楷認爲，《詩》應該是按照作詩的時代排列出來的樣子，因爲要和《書》《春秋》接軌，體例上也應該一致，即按年代編排。顯然，何楷心目中孔子的古義，其實就是何楷自己的觀點。冒孔子之名，《詩》才稱經；不冒孔子之名，《詩》就是史。事實上，何楷的《詩》學是史學。

不管是毛傳，還是朱傳，各詩排列次序本身就包含着一定的倫理意涵。尤其是《周南》十首，毛傳釋意自"后妃之德也""后妃之本也""后妃之志也"直至"《關雎》之應也"，儼然圍繞着太姒、文王構建了一個體系。朱子《詩集傳》則進一步説：

> 按此篇首五詩皆言后妃之德。《關雎》舉其全體而言也，《葛覃》、《卷耳》言其志行之在己，《樛木》、《螽斯》美其德惠之及人，皆指其一事而

---

① 《章太炎全集》之《訄書》（重訂本），上海：上海人民出版社2014年版，第133頁。
② 可參看王鋭《章太炎晚年學術思想研究》，北京：商務印書館2014年版，第159—168頁。我認爲，何楷與章太炎所理解的"六經皆史"意味更相近，即《詩》是爲了表達某種思想而被組織起來的史料。

> 言也。其詞雖主於后妃，然其實則皆所以著明文王身脩家齊之效也。至於《桃夭》、《兔罝》、《芣苢》，則家齊而國治之效。《漢廣》、《汝墳》，則以南國之詩附焉，而見天下已有可平之漸矣。若《麟之趾》則又王者之瑞，有非人力所致而自至者，故復以是終焉，而序者以爲"《關雎》之應"也。夫其所以至此，后妃之德固不爲無所助矣。然妻道無成，則亦豈得而專之哉？今言詩者或乃專美后妃而不本於文王，其亦誤矣。①

其間不但分配修齊治平的次序，而且塞入了"夫爲妻綱"的教條。但《古義》卻是一以時代爲序，對詩篇進行編年，則這種次序自然打破。《古義》以《公劉》爲首，《周南》十篇亦已打亂次序，插入相應的時代，首先從視覺上破壞了這種倫理秩序。其次，考察《古義》每首詩的詩旨，雖然《關雎》《鵲巢》採用《詩序》，但仍不肯說"后妃之德也"這種模糊所指的話，改作"太姒之德也"，且僅此兩篇而已，它篇絕不允許出現"之本也""之志也""之應也"這種飽含說教意味的話，而是從明確本事出發。書之所以稱經，強調的是它的倫理價值；稱史，強調的是它的史料價值。何楷強調了《詩》的史學價值。學界往往侈談章太炎"夷經爲史"是學術現代化的標誌，從這個角度說，何楷的《古義》不也頗具現代性麼？

對於《古義》的破除權威在《詩》學史上的地位，李家樹先生有非常精彩的分析：

> 推倒漢、宋《詩》說，不再循規蹈矩地跟隨前人眼光去看待《詩經》，在明代是豐坊開了頭，但當然以何楷的《詩經世本古義》爲最重要。這種不受前代《詩》說約束的作風和態度，在很大程度上給清代姚際恒、方玉潤等"立異派"學者繼承下來。姚、方二人在清代今古文經學復甦的浪潮中，別豎一幟地不但要推翻《毛詩序》，而且要推翻反《詩序》的《詩集傳》，從詩的上下文中探求詩人原旨。五四時代的《詩經》學者，就提出姚際恒的《詩經通論》作爲前人推翻舊說的典範。過去兩千多年的《詩經》研究，主要分爲漢、宋及"五四"以還三個發展階段。"五四"以後，以胡適、顧頡剛爲首的"疑古學派"，主張揚棄教化觀點，把《詩經》從"五經"的寶座拉下來。他們不滿漢儒以降"美"、"刺"之說，也不滿宋儒反對漢人不徹底，呼籲要把《詩經》從漢、宋腐儒之手解放出來，掃去層層雲霧，以民間歌謠的角度去探討《詩經》的內容。如果說姚際恒的

---

① （宋）朱熹《詩集傳》，朱傑人校點，收《儒藏》精華編第 24 册，第 491 頁。

《詩經通論》是五四"疑古學派"在《詩經》研究方面的典範，姚際恒、方玉潤又在很大程度上繼承了明人勇於提出新說的作風和態度，五四以還第三個階段的"詩經學"的源頭，其實可從明豐坊、何楷算起。（雖然，姚際恒曾猛烈批評豐坊、何楷，但姚氏《詩》說的精神面貌，與豐、何基本一致。）這個說法如果成立，那麽，何楷《詩經世本古義》在歷代《詩經》研究方面佔的是什麽地位，就很容易確立起來了。①

我想要進一步申述的是，雖然都是擺落舊說，"獨抱遺經究終始"，但若論所構體系的龐大周密、學養的深厚、論證的廣博充沛、對史學客觀精神的貫徹，與《古義》相比，別家之說終落下乘。試取民國以降《詩經》注本所言"貴族青年向淑女表達愛慕之情""奴隸主對奴隸的殘酷剝削"之類詩旨觀之，其淡薄寡味，別無論證，與《古義》何止上下床之別。既然談到民歌說，順便提一句章太炎的看法，以證《古義》以《詩》爲史似乎更高明。章氏曰：

> 國風異于謡諺，據《小序》說，大半刺譏國政，此非田夫野老所爲，可知也。其佗里巷細情，民俗雜事，雖設爲主客，託言士女，而其詞皆出文人之手。觀於漢、晉樂府，可以得其例矣。田夫野老，或用方音，而士大夫則無有不知雅言者。故十五國風不同，而其韻部皆同。②

（二）每一家《詩》說都要經受史料證據的考量，"依準明文，不依準家法"。

不管是齊魯韓毛等漢代經師之說，還是朱傳，在何楷面前都是一家之言，都要接受史料證據的考量，過關的才能被採用。考量的方法是，先看各家詩旨與《詩》辭本身的契合度，再證之以《竹書紀年》《史記》等史料。在他看來，第一手的材料是《詩》辭與其他史料，各家詩旨只是闡釋《詩》辭的第二手材料，各成家法，所以是被考察的對象，能契合第一手材料者則取，不能契合者則棄，皆不能契合則何氏別創新說。李家樹總結爲：

> 何楷說《詩》，另一特點是緣文索意，細味詩文，往往一語中的，得窺詩人原旨。③

又曰：

---

① 李家樹《何楷的〈詩經世本古義〉》，第16—17頁。
② 《章太炎全集》之《演講集·論語言文字之學》（上），上海：上海人民出版社2015年版，第17頁。
③ 李家樹《何楷的〈詩經世本古義〉》，第19頁。

  拋開舊説，緣文索意是何楷説《詩》的特點之一，這方面的例子在《詩經世本古義》裏實在不少。①

李氏只是指出了《古義》考證詩旨的一個方面，即注重"詩文"本身，而未包括何楷所視爲根據的證明詩旨的其他史料。此處，我先不關心何氏所確定的詩旨的正誤，只談他的考證方法，我更願用章太炎《明解故》裏的話來比況。在《明解故下》中，章太炎首先爲古文家張目，他説：

  六經皆史之方，治之則明其行事，識其時制，通其故言，是以貴古文。②

此段與前述何楷治《詩》之旨甚是吻合，"行事"仿佛詩旨，"時制"即禮樂制度，"故言"即訓詁，雖然章氏主要是針對《書》《禮》《春秋》而發。章氏在闡述了什麽是古文之後接着説：

  後世依以稽古，其學依準明文，不依準家法。成周之制，言應《周官經》者是，不應《周官經》者非。覃及穆王以下，六典浸移，或與舊制駁，言應《左氏内外傳》者是，不應《左氏内外傳》者非，不悉依漢世師説也。何以言之？傳記有古今文，今文流别有數家，一家之中，又自爲參錯。古文準是。又古文師出今文後者，既染俗説，弗能棄捐，或身自傅會之，違其本真。今文傳記師説，或反與《周官》《左氏》應，古文師説顧異。略此三事，則足以明去就之塗矣。③

章太炎認爲漢世師説有今文有古文④，今文又分數家不同，一家之中又有不同，古文也是如此。且漢世古文説有夾雜俗説不能剔除者，而今文説反而有與《周禮》《左傳》《國語》相應者。所以解釋經義，不能以漢代師説爲準，而當以"明文"即真正可信的古文經《周禮》《左傳》《國語》等爲準。且章氏以爲，西周前期的禮制當斷以《周禮》，穆王以降則參考《左傳》《國語》。可知，"明文"在章太炎眼中，類似青銅器斷代中的標準器。此處章太炎所"稽古"者主要指禮制而言，如果就古史而言的話，《茍漢雅言劄記·史學·史評第八·考

---

① 李家樹《何楷的〈詩經世本古義〉》，第21頁。
② 《章太炎全集》之《國故論衡·明解故下》（校定本），上海：上海人民出版社2017年版，第248頁。
③ 同上書，第249頁。
④ 此處"古文"非"貴古文"之"古文"。"貴古文"指漢世孔壁所得、河間獻王所寫、張蒼所獻古文經書，此處指漢世古文家師説。

訂》有云：

> 先生云：研講古史者，當準之《史記》，而以《大戴禮》及諸子參稽之。
> 先生云：《山海經》有以訛傳訛處。《竹書紀年》不僞，或以爲僞，過矣。①

按照章氏的説法，考古史的標準器是《史記》《大戴禮記》及先秦諸子，《山海經》不大可靠，《竹書紀年》反有可採。《古義》中的例子，爲省篇幅，不再另舉，前引《鼓鍾》篇的詩旨考證即可説明問題：何楷先引《韓詩》、鄭玄説、《子貢詩傳》等《詩》學師説，又引《史記》《通鑒外紀》《竹書紀年》《皇王大紀》《吕氏春秋》《水經注》《左傳》《天問》等史料，並特别根據了《竹書紀年》。何楷論述之方式與章氏之説可以説是相當契合的。如果《詩》文所述真的都是文獻可徵的史實，那麽何楷真的做到了旁徵博引、極盡能事地以史説《詩》了，當然還有明禮制、通故訓。

這裏想特别討論何楷取《竹書紀年》作爲"明文"、標準器的做法。《竹書紀年》，《四庫全書總目》證今本爲僞書，之後朱右曾、王國維又别輯古本，則今本棄如吐果。但通過當代美國學者夏含夷、倪德衛的研究，學界又逐漸認識到今本《竹書紀年》的可貴之處。倪德衛説：

> 現在有充分的理由確定（即便不爲人接受），"今本"《竹書紀年》幾乎没有經過實質上的改動，其大部分内容，屬於約公元前 299 年至公元前 296 年間入墓並約於公元 280 年出土的墓本。②

今人在古史研究中，如李峰《西周的滅亡》，已經使用了《竹書紀年》。李峰在其書《緒論》中説：

> 新的研究已經充分顯示出使用該書（引者案：指《竹書紀年》）的記録來重建西周紀年的價值，尤其可以與金文和天文學證據互證來確定武王克商的年代，儘管這部典籍中存在一些系統性的錯誤。其中有些可能是出土後整簡錯位所致，而這種可能性本身即可證明今本的真實性。更爲重要

---

① 兩條均見《章太炎全集》之《菿漢雅言劄記》，上海：上海人民出版社 2015 年版，第 174 頁。章氏對於《竹書紀年》的態度，初疑其僞，晚年［《經學略説》（下），1935 年作，載《章太炎全集》之《演講集》（下），第 928 頁］認爲：《竹書》爲七國時書，乃時人據曆法推算古史，因各曆家所推不同，因而《竹書》所載與古語不符。

② 倪德衛《〈竹書紀年〉解謎》，上海：上海古籍出版社 2015 年版，第 46 頁。

的是，正如夏含夷已經證明的，這部書中記録的一些歷史人物和年代除了僅在西周金文中得到確認之外，傳世文獻中並没有提到。這些研究有力地指出《竹書紀年》中的記載，無論是今本還是古本，都包含了傳自早期的真實歷史信息，因此它們對西周史研究的意義應得到充分的發掘。①

當然，李峰對《竹書紀年》的使用非常審慎，他説：

> 就西周史這一特例而言，我們確實擁有幾個獨立的史料。例如，《竹書紀年》來源於晉國和它的繼承者魏國，這與《詩經》《左傳》和《國語》有所不同；《詩經》可能來源於西周宫廷，而《左傳》和《國語》在傳統上與山東地區有關。事實上，《竹書紀年》在公元281年出土之前，它完全不被歷史學家和哲學家們所知。更重要的是，這些相對晚出的文獻資料在本書的研究中並不是被單獨使用，相反的，它們是被置於一個同時受到考古證據支持的歷史學背景中與銘文資料和早期典籍一起來使用。②

與李峰的研究相比，何楷對於古史的考證，除了没有現代考古學的知識和豐富的銘文資料的運用，他對《竹書紀年》的使用也是與《詩》文以及《史記》《左傳》《國語》等史書相配合使用的。如在《玄鳥》篇考證殷人遷都時説：

> 自相以下，疑皆在河北，至盤庚始遷河南，《書》所謂"惟涉河以民遷"者。《史記》惟言"仲丁遷隞，河亶甲居相，祖乙遷邢"，與《竹書》小異，然要之，《竹書》爲覈矣。

通過多種資料的互證，何楷認爲對於殷人遷都的歷史，《竹書》的記載比《史記》更可信。總之，他將《竹書紀年》作爲"明文"，不能不説是具有特識的。

另外，李峰的對西周的研究，取《詩經》爲重要的史料，"尤其是在《小雅》和《大雅》部分，其中有超過20首詩與本書的研究有關"③。這尤其與何楷的論證相似，當然李峰所用的輔證材料更豐富，態度也更謹慎。他意識到：

> 在歷史研究中使用《詩經》這部書的真正挑戰，是我們如何從高度修辭和誇張的詩體表述中提取有效的信息。不過好在它們並不是我們擁有的唯一資料，所以我們還是有辦法將它們所提到的史實與所謂詩人的藝術表

---

① 李峰《西周的滅亡》（增訂本），上海：上海古籍出版社2016年版，第15—16頁。
② 同上書，第19頁。
③ 同上書，第13頁。

現區分開來。①

以上不厭其煩地引了這麼多文字，目的就是想證明與最前沿的歷史研究相比，何楷除去資料的限制和現代史學要求多重證據的審慎態度之外，其研究方法是非常現代的。

(三) 平等地對待各家説法，僞書之説也可採用。

上一節已經説過，各家詩旨皆是師説；此節我想提出何楷的另一過人之處，即僞書也是師説。《子貢詩傳》《申培詩説》，大家都知道，是明人僞造的書。對此，何楷也心知肚明。《古義》曰"近世又有僞爲《魯詩》，而託之《子貢傳》者，意覬與《毛傳》並行，然掇拾淺陋，有識哂焉"，又曰"子貢、申培，其書新出近世"，又曰"乃近代相傳，有託爲《子貢詩傳》《申培詩説》者"②，篇中稱引多言"僞《申培説》""申培僞《説》"。即便如此，《古義》仍將二書當作舊有成説，當作一家之言，何氏詩旨也多採用二家之言。這種見識，符合我們經常引用的實證主義史學家陳寅恪的話：

> 以中國今日之考據學，已足辨別古書之真僞。然真僞者，不過相對問題，而最要在能審定僞材料之時代及作者，而利用之。蓋僞材料亦有時與真材料同一可貴。如某種僞材料，若逕認爲其所依託之時代及作者之真產物，固不可也。但能考出其作僞時代及作者，即據以説明此時代及作者之思想，則變爲一真材料矣。③

持此相格，何楷分明是將《子貢詩傳》《申培詩説》看作了明代學者闡釋《詩》旨的作品。其識見之高，不也頗具現代學術的特點麼？

(四) 具體考證中，堅持以禮説《詩》，在訓詁上追求字必求本義，語必徵語源。

以禮説《詩》，本是漢學傳統，鄭箋最突出，至孔疏而大備。這本身是古文經學的傳統，藴含着實證主義的精神。宋儒以降則以義理説《詩》者多，以三禮説《詩》者少。前引何氏《自序》認爲《詩》《書》中寄寓着禮樂，且其中禮制與三禮無一不合。《古義》重拾了漢學以禮説《詩》的作風，並爲清代學者繼承，這也是《古義》代表學風轉向的一個方面。這一點衆所周知，此處不再申論。

---

① 李峰《西周的滅亡》(增訂本)，第14頁。
② 上引三條分見《詩經世本古義》，《儒藏》精華編第27册，第32、33、39頁。
③ 陳寅恪《馮友蘭中國哲學史上册審查報告》，載《金明館叢稿二編》，北京：生活·讀書·新知三聯書店2001年版，第280頁。

與此相通的是，何楷在訓詁學上造詣深厚，對每個字都考察其本意，主要依據《説文解字》以及古經注，而且他深明通假之理，做了不少語源學上的探索，但由於音學不精，往往未達一間。他在訓詁學上的成就擬在別文討論，此處想要强調的是：這種做法客觀上起到了破除《詩經》訓詁上長期以來的被附加的倫理意涵，還原《詩》作爲史料的本來面目的作用。其中最重要的成果當然是對於"風雅頌"的解釋。

傳統的對於"風雅頌"的解釋，具有很強的政治倫理色彩，舉"雅"爲例，《詩序》曰：

> 言天下之事，形四方之風，謂之《雅》。《雅》者，正也，言王政之所由廢興也。政有小大，故有《小雅》焉，有《大雅》焉。①

孔疏曰：

> 上已解《風》名，故又解《雅》名。《雅》者，訓爲正也，由天子以政教齊正天下，故民述天子之政，還以齊正爲名。王之齊正天下得其道，則述其美，《雅》之正經及宣王之美詩是也。若王之齊正天下失其理，則刺其惡，幽、厲《小雅》是也。詩之所陳皆是正天下大法，文武用詩之道則興，幽厲不用詩道則廢，此《雅》詩者，言説王政所用廢興。以其廢興，故有美刺也。又解有二《雅》之意，王者政教有小大，詩人述之亦有小大，故有《小雅》焉，有《大雅》焉。②

爲了附會《詩》有助於政治教化，《詩序》將"雅"訓爲"正"，孔疏更是附和其美刺之説，解爲"以政教齊正天下"，又闡發"齊正天下"有"得道""失理"之別，而大小《雅》得以分別，其政治倫理的意味可以說非常濃厚。到了朱熹，也注重還《詩》以本來面目，削弱舊說的倫理意涵，他說：

> 雅者，正也，正樂之歌也。其篇本有大小之殊，而先儒說又各有正變之別。以今考之，正《小雅》，燕饗之樂也；正《大雅》，會朝之樂，受釐陳戒之辭也。故或歡欣和說以盡群下之情，或恭敬齊莊以發先王之德，詞氣不同，音節亦異，多周公制作時所定也。及其變也，則事未必同，而各

---

① 鄭傑文、孔德凌校點《毛詩注疏》，收入《儒藏》精華編第22、23册。此文引自第22册，第58—59頁。
② 鄭傑文、孔德凌校點《毛詩注疏》，《儒藏》精華編第22册，第59頁。

以其聲附之。其次序、時世，則有不可考者矣。①

朱説從"《詩》本樂歌"的角度出發，附會"正"爲"正樂之歌"，大小雅之別在於篇章大小，正變之別在於有正篇、有附麗，而附麗的原則在於"其聲"。這些説法都是從"正"之一字衍生出來，但他没有説清楚"雅"爲什麽訓"正"。到了何楷，始從訓詁上正本清源，對"雅"的得名提出了兩種猜測，對"雅"之所以引申爲"正"做出了較爲平實的解釋。《古義·卷首·論二雅》曰：

> 按《左傳》襄二十九年，吴季札觀周樂，歌大雅、小雅。是雅有大小，已見于夫子未删之前矣。雅本鳥名，《説文》以爲楚烏也，一名卑，一名譽居②，即《小弁》篇之譽也。取以名詩，不知何義。或謂詩有咏歎，如烏之吁呼似矣。然《爾雅》亦以"雅"名，非《詩》也，將安取乎？又《説文》有"疋"字，本訓爲足，而别引一説曰"記也"，且曰"古文以爲《詩·大疋》字"。按古文"大小雅"、"爾雅"字本皆作"疋"。若以"記"解"疋"，於命書之意良順，而"疋"之爲字，上象臍腸，下從止，祇宜訓爲足，何緣有"記"之義？疑"疋"與"書"同音，通用作"書"耳。乃"書"之音，去"雅"又遠，讀者不應遂訛至此。展轉推求，終不可解。愚意樂器中有所謂雅者，《周禮·笙師職》云："春、牘、應、雅，以教祴樂。"《祴夏》之樂，先王所以示戒也。春、牘、應、雅四者，所以節之也。陳暘云："雅者，法度之器，所以正樂者也。賓出以雅，欲其醉不失正也。工舞以雅，欲其訊疾不失正也。賓出以雅，用《祴夏》以示戒，則工舞以雅可知。先儒謂狀如漆桶而弇口，大二圍，長五尺六寸，以羊韋鞔之，旁有兩紐，疏畫武舞，工人所執，所以節舞也。一曰中有椎棃，畫爲雲氣。"竊疑雅之取義，蓋本於此。故舊説相傳，皆以正訓雅。子夏云："雅者，正也。"程子云："雅者，正言其事。"又云："雅者，陳其正理。"張子厚亦云："雅之體，直言之，比興差少，無隱諷譎諫之巧。"而朱子則以爲"正雅之歌也"。愚按雅題不曰"周"者，以所載皆周室之詩，絕無異代相涉，故不言"周"也。③

何楷從兩個角度對"雅"的本義進行溯源：一是《説文》"一曰"之説，訓

---

① （宋）朱熹《詩集傳》，《儒藏》精華編第24册，第576頁。
② 《説文》實作"一名鸒，一名卑居"。
③ （明）何楷《詩經世本古義》，《儒藏》精華編第27册，第35—36頁。

"雅"爲"記",疑其與"書"同音,則"於命書之意良順",然礙於聲韻較遠;二是《周禮·笙師》之"雅",因其爲正樂之器,故詩篇得名"雅",又因"正樂"(此"正樂"之"正"爲動詞,意近"糾正",朱熹説"正樂"之"正"爲形容詞,二者大不相同),所以"雅"可以引申訓"正",但他顯然不取《詩序》訓"正"爲"政"的解釋。何氏此説不僅淡化了"雅"的經學意味,而且其立論基礎建立在訓詁學上,比朱説更牢固可靠。這一點何楷和章太炎頗有相通之處,而且關於"雅",章氏也有精彩論述,其自定文集開卷第一篇《大疋小疋説》曰:

> 《説文》:"疋,足也。古文以爲《詩·大疋》字。或曰胥字。一曰:疋,記也。"章炳麟案:黄帝之史倉頡,見鳥獸蹏迒之迹,知分理之可相別異也,初造書契。是故記録稱疋,取義於足迹。今字作"疏"。"疋""寫"古音同,故亦爲"寫"。號其物形謂之書,書者,象"疋"之音,而孳乳之字也。……其後孳乳,帛則曰書,械器則曰疏、延,網户朱綴刻方連者則曰綖。要之,其始皆葵諸足迹已。大小疋者,《詩序》曰:"言天下之事,形四方之風,謂之雅;頌者,美盛德之形容,以其成功告於神明。"頌本頌皃字,褒美則曰形頌,紀事則曰足迹。是故疋、頌相待爲名。孟子曰:"王者之迹息而《詩》亡,《詩》亡然後《春秋》作。"范甯述之曰:"孔子就太師而正《雅》、《頌》,因《魯史》而脩《春秋》,列《黍離》於國風,齊王德於邦君。所以明其不能復雅,政化不足以被群后也。"此則王者之迹,謂之《小疋》、《大疋》,故訓敷如也。……凡《樂》言疋者有二焉。一曰大小疋,再曰舂牘應雅。雅亦疋也。鄭司農説《笙師》曰:"舂牘以竹,大五六寸,長七尺,短者一二尺,其端有兩空,髤畫,以兩手築地。應長六尺五寸,其中有椎。雅狀如漆筩而弇口,大二圍,長五尺六寸,以羊韋鞔之,有兩紐疏畫。"後司農曰:"牘應雅教,其舂者,謂以築地。賓醉而出奏《祴夏》,以此三器築地,爲之行節。"兩説雖少異,器長五尺以至七尺者,趣以築地,皆杵之倫。《樂記》:"治亂以相,訊疾以雅。"劉昫《唐書·樂志》説相爲舂牘。《曲禮》:"舂不相。"後司農以爲送杵聲。雅之用亦在椎,漢官有執金吾。以駏牙、鉏吾同物,明"吾"借爲"雅"。金雅者,金椎也。要之,相、雅同物,徒鞔革不鞔革及長短異。雖二名,實以一語變轉,若龠、笛、簫三名,聲均皆相似,筩爲截竹,筒爲洞簫,亦故同語矣。"雅"本作"疋",以築地節行名。楚王戊使申公、白生、杵曰雅舂于市。雅猶相也。古字多以胥爲相,是故相之語柢亦曰

疋。相以築地，則送杵之聲亦曰相，荀子以作《成相》，《藝文志》以録《成相雜辭》。①

此文中，章太炎對"雅"得名之故也提出了兩種解釋，與何説若合符節。如果何楷的古音學知識能達到章太炎的水平，章氏此文簡直不必做了。可惜的是，《章太炎全集》没有出現何楷以及《詩經世本古義》之名。我覺得，如果太炎讀過這本書，肯定會引爲莫逆的。太炎晚年於"雅"字又不取樂器之説，而另引一或説，《經學説略（下）》（1935）曰：

> 《詩·大序》："風，諷也"；"雅，正也"；"頌者，美盛德之形容，以其成功告於神明者也。"風有諷諭之義。雅之訓正，讀若"爾雅"之"雅"。然"風雅頌"之"雅"，恐本不訓"正"。《説文》："疋，古文以爲《詩·大雅》字。一曰疋，記也。""疋"即今"疏"字，然則詩之稱疋，紀事之謂，亦猶後世稱杜工部詩曰"詩史"。故《大雅》《小雅》無非紀事之詩。或謂雅即"雅烏"。孔子曰："烏，盱呼也。"李斯《諫逐客書》："擊甕叩缶，彈箏搏髀，而歌呼嗚嗚快耳者，真秦之聲也。"楊惲《報孫會宗書》："家本秦也，能爲秦聲，仰天撫缶而呼嗚嗚。"秦本周地，故大小《雅》皆以"雅"名。所謂"烏烏秦聲"者，即今之梆子腔也。此亦可備一説。余意《説文》訓"疋"爲"記"，乃"雅"之正義，以其性質言也。"雅烏"可爲"雅"之别一義，以其聲調言也。至"正"之一訓，乃後起之義。蓋以《雅》爲正調，故釋之曰"正"耳。②

雖然引一新説，但其精神未變，即不承認加載了太多倫理意涵的"正"訓，當然就更不承認孔疏"齊正天下"之説了。何楷與章太炎在治學精神上如此契合，難道不是頗具現代性么？

四、結　語

我想表達的意思，前文已經説得很明白了，之所以還寫結語，是因爲有一段材料很有意思，捨不得丢棄，姑且放在最後。

大概因爲我最近做一點關於章太炎的所謂研究，所以上文總結的四點，有

---

① 《章太炎全集》之《太炎文録初編》，上海：上海人民出版社2014年版，第1—3頁。
② 《章太炎全集》之《演講集》（下），第907—908頁。

三點涉及章太炎。而且我本人既不專門研究《詩經》,也不研究明代學術,促使我寫這篇小文的靈感,或說動機,也是來自章太炎。審讀《古義》是我分內之事,屬於被動閱讀。但在讀《古義》的過程中,不斷會有一些對章太炎的認知跳進腦海,與何楷重疊起來。何楷和太炎先生太像了,何楷不就是明末的章太炎么?所謂有意思的材料就是太炎的《〈關雎〉故言》。在讀過《古義》之後,重讀太炎此文,覺得二人何其神似。首先看文章題目,上文説過,何楷所謂的"古義",其實是何楷自己的義,當然章氏所謂的"故言",其實是章氏自己的言。其文略曰:

>《關雎》所謂"淑女"者,毛公以爲后妃。《序》言"樂得淑女以配君子,憂在進賢,不淫其色。哀窈窕,思賢才,而無傷善之心"。藉以后妃爲文母者,文王初有知識而已親迎,寤寐求索,奚爲焉?鄭君不喻,別指淑女爲三夫人以下,言后妃樂得與共職事。苟有大姒之德,則佳淑自致,無爲深憂,至於展轉反側也。近人或言空設其事,落漠無所依據,復違"言志"之本。
>
>章炳麟曰:聰明博聞哉!子夏、毛公之知微言。《風》始所陳,文王與紂之事也。后妃淑女,非鬼侯女莫之任。案《魯連書》及大史《殷本紀》,皆説鬼侯,一曰九侯,聲相似。鬼侯有女而好,獻之紂。鬼侯女不憙淫,紂以爲惡,醢鬼侯。鄂侯争之彊,辯之疾,故脯鄂侯。文王聞之而竊歎,故拘之羑里之庫。《大雅》言"内奰中國,覃及鬼方"者,是其徵。夫不憙淫者,《傳》所謂"不淫其色,慎固幽深,若《關雎》摯而有別也"。當是時,鬼侯與鄂侯、文王同爲三公。紂淫妲己,爲長夜之飲,政治日嫚。鬼侯知其好内,冀妃以淑女,修其閨門,輔之仁義,正家而天下定。詩人以爲"樂得淑女,用配君子",此之謂也。設言"寤寐求之,展轉反側",而不能已者,豈徒在衽席之際哉?非是,則紂惡終已不悛,淫酗戾虐,橫被於海宇矣。"琴瑟友之""鐘鼓樂之",是時亦不有其事,而詩人歆心焉。故《傳》曰"宜爲君子之好匹","宜以琴瑟友樂之","德盛者,宜有鐘鼓之樂"。宜者,量度以爲當然,企望而未至者也。鬼侯女竟不見説,刑戮及身,是以《序》言"哀窈窕"。藉以恒情思慕,安所用"哀"?然則《關雎》辭在稱美,而義有風刺,與《碩人》之悲莊姜,文旨大同。三家或以爲刺詩者,嘗聞其趣,顧誤其事狀也。①

---

① 《章太炎全集》之《檢論》,上海:上海人民出版社2015年版,第399—400頁。

太炎是尊毛的，所以一定要把《詩序》與《詩》辭講通。通之之法，在於以史證《序》及《詩》辭，得詩之本事。所據之史即《史記》。所謂《魯連書》，即《史記·魯仲連鄒陽列傳》所引魯仲連說。以太炎之說通之，則《詩序》"哀窈窕"之"哀"可通，"樂得淑女以配君子"可通，毛傳"關雎摯而有別"可通，《詩》文"寤寐求之"可通。唯一令人感到不適的是，此說太新太奇，缺乏更多的輔證，似有牽強附會之弊。若取前引姚際恒批評何楷的話"其釋詩旨，漁獵古傳，摭拾僻書，供其採擇，用志不可謂不過勤，用意不可謂不過巧。然而一往鑿空，喜新好異，武斷自爲"安在太炎頭上，則無太大不適。設想太炎如果不把太多精力放在《左傳》上，而是按照這一路數爲全部《詩》篇一一尋其"故言"，則不啻另做一部《古義》，與何書定可相映成趣。拙文以章格何，至此不欲復言。

(2019年5月7日定稿，曾於2019年6月1日南京師範大學"2019中國四庫學研究高層論壇"宣讀過)

(作者單位：北京大學《儒藏》編纂與研究中心)

江永《禮書綱目》對朱子禮書的賡續與重訂

蘇正道

【內容提要】 《禮書綱目》是江永禮書編撰和禮學研究的重要著述。該書以朱子《儀禮經傳通解》爲主增訂而成。朱子《儀禮經傳通解》成於衆人，體例不一，江氏採用"統繁"和"補闕"原則，在編撰旨趣上宗法朱子，以《儀禮》爲主進行編撰。但在編例上式法黃氏，通過對《通解》的增刪隱括，改變了朱子禮書"内聖外王"的固有體系，回歸《周官》五禮系統，萌發着漢學考據的雛形。《綱目》對朱子禮書進行增訂和補充，足終朱子未竟之緒。《綱目》的簡省風格和編撰式法，及承朱子之學而不盲從的學術特色，奠定了江永及其禮著在禮學研究史上的卓越地位。

【關鍵詞】 《禮書綱目》 吉凶軍賓嘉 體系 增訂

禮學研究向爲清代學者措意，乾嘉學人的禮學考證作範後世，但清代學者的禮書編撰同樣值得注意。據周啓榮先生的研究，在乾隆初三禮館開館前，尤其是康熙時的禮學研究，主要基於實際改革和施行禮制而進行，其禮學著作幾乎都是環繞朱熹《朱子家禮》《儀禮經傳通解》而提出進一步的增修研究、批評或者辯護，或者用朱熹的禮學著作爲基礎，繼續編纂有關禮制的書①。江永《禮書綱目》是其中之一。但禮書編撰想要獲得成功非常困難，梁萬方《重刊朱子儀禮經傳通解》名曰"重刊"，實則改修，反不及朱子禮書。姜兆錫《儀禮經傳內外編》、盛世佐《儀禮集編》等又落入朱子禮書繁複的窠臼。只有江永《禮書綱目》被認爲"釐正發明，實足終朱子未竟之緒"②。四庫館臣的這一

---

* 本文係國家社科基金一般項目"清代的禮書編撰與禮學研究"（18BZS074）階段性成果。

① 周啓榮《儒家禮教思潮的興起與清代考證學》，《南京師範大學學報》（社會科學版）2011年第3期，第13—14頁。

② （清）永瑢等《四庫全書總目》卷二二，北京：中華書局1965年版，第179頁。

評價是否正確？江永這部實際上未能完成的禮書，究竟如何賡續和發明朱子禮學，本文擬對此略作論述，就教於方家①。

一、《禮書綱目》的編撰旨趣和原則

《禮書綱目》是江永的重要禮著，本書主以朱子《儀禮經傳通解》及其續編爲底本進行增訂。我們知道，《儀禮經傳通解》爲朱子未定之書，朱熹去世時，《通解》並未完成。在嘉定丁丑（1217）南康道院刊刻的《通解》中，只有家、鄉、學、邦國、王朝禮共三十七卷，其中前二十三卷經過朱熹審訂，王朝禮十四卷未訂，刊刻時標注爲《集傳集注》，禮書中喪、祭二禮未成型。同時，《通解》前後的體系相互矛盾，本書前半部分由朱子修訂，體現出"家齊國治"的理學體系和觀念，但又置"學禮"於其中，顯得混亂。黃榦、楊復續撰的喪、祭禮又溢出了朱子設計的家國體系。《通解》的這兩大缺陷，導致明清以來不斷有學者賡續此書和重編禮書，但所編禮書大多重蹈朱子禮書的繁複的窠臼，未能成功。唯一的例外是江永，他宗法朱熹，以《儀禮》爲經，《禮記》爲傳，統繁和補闕禮書，通過對朱子《通解》的增删隱括，成功實現禮書編撰。

《禮書綱目》的編撰在旨趣和原則上承襲朱子《通解》。江永對於朱子禮書的評價甚高，以爲"其篇類之法，因事而立篇目，分章以附傳記，宏綱細目，於是燦然，秦漢而下，未有此書也"②。他特別推崇朱熹以《儀禮》爲經，以《禮記》爲傳的做法，確信這種做法恢復了禮經原始面貌。所以對於禮書的編撰，江永以爲"尊經之意，當以朱子爲宗"③。

朱熹《通解》以《儀禮》爲宗，是禮書編撰史上的創舉。儘管《儀禮》在漢代具有正經地位，但隨着漢末遍注三禮的鄭玄以《周禮》爲宗，魏晉以後的公私書儀沿用《周禮》五禮（吉凶軍賓嘉）體系，內容上廢棄通行《儀禮》。

---

① 關於江永《禮書綱目》與朱子禮書的編撰差異和旨趣的研究，徐到穩從綱目、材料、案語三部分比較了二書的同旨和異趣，武勇論述了江永禮書的體系構建和復古傾向。比較來說，徐文簡略而深入，但有未及處，武文論述的深度不够。徐到穩《江永禮學研究》，清華大學博士論文，2013年，第16—49頁。武勇《江永的三禮學研究》，華中師範大學博士論文，2016年，第73—86頁。
② （清）江永《禮書綱目·序》，《叢書集成續編·經部》第11册，上海：上海書店1994年版，第153頁。
③ （清）江永《禮書綱目·序》，第153頁。

結果，漢代以後的禮書編撰擯棄作爲正經《儀禮》所記敘的古老禮儀，將隨時變遷的當代禮儀載入所編禮書，造成這些禮書只有"史"的意義，而無"經"的價值。

朱熹編撰《通解》以《儀禮》爲宗，主要是"藉古禮以資考核"，這與流傳於世的《朱子家禮》在旨趣、用途、體例設計和材料選擇上有諸多不同。《家禮》以司馬光《書儀》進行增訂，以期適用，而《通解》則強調"資考核"。朱熹認爲其所編《通解》之主旨並非使人踐履古禮，而是要使人知禮之源流。葉賀孫曾問詢朱子，"所編禮，今可一一遵行否？"朱熹回答説："人不可不知此源流，豈能一一盡行？"① 朱子又説："今所編《禮書》，只欲使人知之而已。"② 在朱熹看來，《通解》並非考禮之書，"學多不可考，蓋其爲書不全，考來考去，考得更没下梢，故學禮者多迂闊"③。清代朱軾評價朱子《通解》説："其書惟章句是正，使學者知有古禮，而其宜於今與否，固未嘗有所論斷也。"④

既資考核，朱熹於是以《儀禮》爲正經，《禮記》作爲義疏來編撰《通解》，還原經典面貌。這是因爲《禮記》中多篇傳記正相對應《儀禮》，如《冠義》爲《士冠禮》義解，《昏義》爲《士昏禮》闡釋。朱熹的做法對於《儀禮》正經地位的確立有重要意義。在此之前，陸德明《經典釋文》釋《禮記》，以爲"此記《二禮》之遺闕，故名《禮記》"⑤。换句話講，陸將《禮記》升格，同於《周禮》和《儀禮》的正經地位。而唐代的官方經禮編撰，《禮記》超越了《周》《儀》業已取得的地位，成爲五經正義之一。北宋神宗更是依王安石意見罷廢《儀禮》，造成《儀禮》研究的荒廢和附會、杜撰風氣的盛行。這種情況下，朱子以《儀禮》爲宗，《禮記》附記的做法，促進了禮學研究回歸《儀禮》的正途。

朱熹的做法在清代被廣泛接受，如李光地認同"《儀禮》，禮之經也；《禮記》，禮之傳也"的説法。⑥ 江永也認可朱子"藉古禮以資考核"的思想，贊同

---

① （宋）黎靖德編《朱子語類》卷八四，上海：上海古籍出版社 2002 年版，第 2886 頁。
② （宋）黎靖德編《朱子語類》卷二三，第 821 頁。
③ （宋）黎靖德編《朱子語類》卷八四，第 2876 頁。
④ （清）朱軾《儀禮節略序》，引自徐世昌編《清儒學案·高安學案》，陳祖武點校，石家莊：河北人民出版社 2008 年版，第 1776 頁。
⑤ 關於《禮記》是《周禮》和《儀禮》"遺闕"的問題，見（清）翁方綱《禮記附記》卷一（叢書集成初編本），北京：中華書局 1985 年版，第 1 頁。
⑥ （清）李光地《禮記纂編序》，《清儒學案·安溪學案》，第 1422—1423 頁。

朱熹宗主《儀禮》。在具體的編撰上，《綱目》仿效《通解》，在確定禮儀種類後，首引《儀禮》十七篇相關經文，下附鄭玄注解，間引賈公彦疏，或以按語對所引注疏進行總結。在每卷每章分節後面附《禮記》相關材料，同時不拘於《禮記》，且附諸子史書，從而擴大古禮文獻資料和附選材料的範圍。最後在每種《儀禮》禮儀之後附相關《禮記》義解，如《士冠禮》後附《冠義》，《士昏禮》後附《昏義》。江永宗法朱熹，以《儀禮》爲經，《禮記》爲傳，堅持經傳問題上的原則立場，確保《禮書綱目》的成功編撰。

但朱熹《通解》對《儀禮》的改定和重編並非完全按照原本進行編録，而是將《儀禮》每篇中的記和辭附於相關經文之下。朱子的這一做法被後世學者批評爲割裂經傳。元代吳澄以爲《通解》經、傳混淆的做法爲朱子未定之稿。清代姚際恒也批評朱子"經傳顛倒""經義破碎支離"①。盛世佐也贊成吳澄之說，以爲："朱子《儀禮經傳通解》，析諸篇之記，分屬經文，蓋編纂之初，不得不權立此例以便尋省。惜未卒業，而門人繼之，因仍不改，非朱子意。"② 故其《儀禮集編》經自爲經，記自爲記，一依鄭氏之舊③。而江永宗法朱熹，將《儀禮》每卷字辭和記附於相關經文之下。從保留文獻的角度看，回歸《儀禮》經傳原文值得肯定，但是對禮書編撰而言，將《儀禮》各卷相關內容附於各條之下，合乎編撰要求。江永的做法凸顯對於朱子學術的認同。

另一方面，《通解》體系是理學化的，有着內在邏輯。本書大致以家、鄉、邦國、王朝禮排列，顯示出朱子"內聖外王""家齊國治"的學術路徑，也包含着他的經世理想。《通解》在節文上的考據性和義理上的體系化，成爲乾嘉漢學研究的重要學術資源。是書在清代單疏本《儀禮》發現前對賈疏文本的壟斷，以及它兼具"通禮"的特質，在禮學考證和禮書編撰上均具學術價值。江永宗法朱子，顯示出他在"考據"與"義理"問題上的調和主張，爲其學術多樣性和可能轉向準備了條件。

在宗法朱子以《儀禮》爲宗，《禮記》附記的原則確定之後，江氏的禮書編撰接下來的工作是體例的擇選。由於江氏禮書以《通解》爲主進行編撰，而《通解》的成書過程異常複雜。從《通解》及《通解續》的成書來看，最後的筆削者主要有朱熹、黄榦和楊復三人。《通解》前三十七卷爲朱子擇定，但據

---

① （清）姚際恒《禮學通論·儀禮論旨》，上海：上海古籍出版社 1995 年版，影印北京圖書館藏抄本，第 2 頁。
② 錢基博《經學通志》，長春：吉林出版集團有限責任公司 2016 年版，第 97 頁。
③ （清）永瑢等《四庫全書總目》卷二〇《儀禮集編提要》，第 167 頁。

朱子後嗣朱在的記載，朱子去世時，其禮書僅《經傳通解》二十三卷爲朱子手定，但闕《書數》一篇，《大射禮》《聘禮》等八篇還未脫稿，《集傳集注》十四卷（主要是《王朝禮》）成於衆手，未經朱子筆削。《喪禮》《祭禮》屬之門人黃榦①。黃榦不僅編撰完《喪禮》，還參與了《祭禮》的部分設計工作，且將《祭禮》的統稿工作交予楊復，楊復成爲《通解》祭禮部分的實際定稿人。

《通解》編撰成於衆人之手，結果造成體例差異。今本《通解》及續編包括三種不同編例，即朱熹、黃榦和楊復的編撰標準。江氏禮書以《通解》爲基礎進行增訂，因而他能夠選擇的編例，亦限於朱、黃、楊三人。

由於《通解》的編選出自衆人，這使得本書篇幅極不均衡，有的篇目甚至缺略未補，還有的未脫稿整理，缺少較統一的編撰思想和體例。而黃榦不僅參與朱子《通解》前三十七卷的編撰工作，而且編撰完成續編《喪禮》部分，甚至參定了續編《祭禮》部分的設計工作。因此相較朱子和楊復，黃榦更熟稔《通解》包括續編的編撰過程和體例設計。

江永比較了朱熹、黃榦、楊復三人編撰情況，以爲：“朱子之書，修於晚歲，前後體例亦頗不一，《王朝禮》編自衆手，節目闊疏且未入疏義。黃氏之書，《喪禮》固詳密，亦間於漏落，《祭禮》未及精專修改，較《喪禮》疏密不倫。信齋楊氏有《祭禮通解》，議論詳瞻而編類亦有未精者。”他最終做出抉擇，“排纂之法當以黃氏《喪禮》爲式”②。從最後的成書來看，黃榦所編《喪禮》的體例較朱子《通解》部分更爲細密，其主要的特徵有兩點。

一、在使用的禮學材料中，黃榦對重出部分常以“見某章”的方式出現，簡潔精煉，又不失完整性。如《通解續·喪服一》小記“爲父母喪”章，黃榦以○號標明“齊衰三年章通父卒爲母通用”③。這爲江永取法。如《綱目·士冠禮》“孤子冠”章，江氏在記下附《曾子問》“父没而冠”一節，然後○號後附“詳見冠昏記”④。《喪服》“女子在室爲父”章後，江氏亦以○號圈示“齊衰三

---

① （宋）朱在《乞修三禮劄子附記》，《朱子全書》第 2 册，上海：上海古籍出版社、合肥：安徽教育出版社 2002 年版，第 26 頁。
② （清）江永《禮書綱目·序》，第 153 頁。黃榦、楊復的禮書編撰向被稱讚，儘管他們的局部考證有待商榷，比如"謂禮惟父母用衰，旁親皆不用"，及楊復"以期服用衰爲過"，被清代萬斯同批評"背禮""不達禮"，但萬氏也不得不提及時人對黃、楊二氏的高度評價，"勉齋、信齋素稱達於禮者，其於《儀禮》一書，析之極其精矣"。（清）萬斯同《群書辨疑·喪禮雜論》，引自《清儒學案》卷三五，第 1164 頁。
③ （宋）朱熹《儀禮經傳通解續》卷一，《朱子全書》第 3 册，第 1231—1232 頁。
④ （清）江永《禮書綱目》卷一，第 217 頁。

年章父卒爲母,齊衰杖期章父在爲母通用";又"子嫁反在父之室爲父三年"章後,江氏表示"齊衰三年章父卒爲母通用"①。

二、在引用大量禮書資料後,黃氏常以按語表明己見。如《喪禮》卷一○"疏衰,牡麻絰"一條,黃榦作:"今按:斬衰疏曰:云直經者,'謂直麻爲首經、要經'。此牡麻經,亦謂牡麻爲首經、要經。"② 黃氏按語形式爲江永取法。如《綱目》卷一《士冠禮》"陳器服"章,江氏將本經《記》"屨,夏用葛"一節放入相關經文,但爲表示"經""記"區别,江永特以按語形式説明③。

值得注意的是,黃榦體例的選擇在編撰前與朱子有過書信討論。朱子不僅定下編撰原則,還舉出了具體範例。朱子以爲:"今所定例,傳記之附經者低一字,他書低二字,《禮記》則以篇名别之。記之可附經者,則附於經;不可附者,則自仍舊,以補經文之缺。亦有已附於經,而又不欲移動舊文者,則兩見之。"④ 朱子又舉例説:"重出例不須如來喻,但於初見處注尾著圈而注其下曰'後某章某章放此',《喪服篇》説中亦有一例依此,可並詳之。《士虞禮記》'既封'至'除之',此一項不入例,可更詳之。"⑤ 不過,由於朱子未暇删定,《喪禮》的整理工作實際上由黃榦完成。

所以江永禮書的編纂,在確定宗法朱子以《儀禮》爲經的原則後,在編撰標準上取法較爲精密的黃氏體例,是合乎學術精神的。江永自己也説:"永竊謂是書(《禮書綱目》)規模極大,條理極密,當别立門目以統之,更爲凡例以定之,蓋裒集經傳欲其該備而無遺,釐析篇章,欲其有條而不紊,尊經之意當以朱子爲宗,排纂之法當以黃氏《喪禮》爲式。"⑥

二、《禮書綱目》的編撰標準和思想體系

朱子編撰《儀禮經傳通解》,力求恢復《儀禮》在禮學研究中的宗主地位,其所附麗的材料也超越經史,雜採諸子百家,廣蒐上古典籍之闕略禮制,下及

---

① (清)江永《禮書綱目》卷一八,第353—354頁。
② (宋)朱熹《儀禮經傳通解》,《朱子全書》第4册,第1834頁。
③ (清)江永《禮書綱目》卷一,第214頁。
④ (宋)朱熹《晦庵先生朱文公文集》卷六三《答余正甫》,《朱子全書》第23册,第3075頁。
⑤ (宋)朱熹《晦庵先生朱文公文集》卷四六,《朱子全書》第22册,第2160頁。
⑥ (清)江永《禮書綱目·序》,第153頁。

同時諸家禮説，又兼歷代典章制度，具有通禮編撰和《儀禮》研究的雙重性質。恢復《儀禮》宗主地位，必須首先解決《儀禮》的文本問題，爲此，朱熹對經文進行分章別句，同時將《禮記》及相關材料附記《儀禮》。江永禮書承繼了這一做法，並進行了創新。

  分章別句是文獻研究的常用方法，《學記》所謂"離經辨志"便是其意。對於《儀禮》經文的分章別句，賈《疏》已經着手此項工作。以《士冠禮》爲例，賈氏將正經分成十數段，如將"筮於廟門"至"宗人告事畢"劃爲一節，"論將行冠禮，先筮取日之事"①。不過賈公彥的分節有些許缺陷，主要表現在分節不完全。以《士冠禮》爲例，部分正經未爲分節，正經之後所附之《記》也未分節。其次，賈對段意的總結顯得冗繁，如"主人戒賓，賓禮辭許"，至"賓拜送"一節，賈公彥曰："論主人筮日，訖三日之前廣戒僚友，使來觀禮之事也。"②朱子易以"戒賓"，更簡潔貼切。再次，賈《疏》一直作爲單疏本流行，使用不便。即使後來經注合刊的本子，由於賈《疏》本身的煩瑣和汗漫，它未能體現出章句劃分對理解經文的顯著優勢。

  朱子重視分章別句對於《儀禮》研讀的重要性。《通解》的編撰形式最顯著的特點就是對於《儀禮》經文分章別句，將《儀禮》所記錄的各種儀節程式分別以"右"的方式加以總結。如《士冠禮》，就分別標出"筮日""戒賓"等目，而且在"醴賓"下以"今按"的方式明確指出，"此章以上，正禮已具，以下皆禮之變"。而變禮又包括"醮""殺""孤子冠""庶子冠""母不在"等情形③，内容完整，結構清晰，特別有利於初習者對較爲冗繁的《儀禮》進行總體性把握，一定程度上解決了《儀禮》難讀的問題。

  朱熹將這種分章別句的方式擴大到《通解》全書，不僅對於已有的《儀禮》十七篇十五種禮進行如是處理，而且在所補的禮，如已定之《家禮》中"内則""内治""五宗"，及《學禮》，和未暇整理之《王朝禮》中"歷數""樂制""設官""建侯""師田""刑辟"等，亦復採用此種分段括意形式。以朱熹所編"内則"爲例，他將整理搜集的材料，分成"事親事長""飲食""男女之

---

  ① 賈公彥將《士冠禮》劃分爲12個段落，見《儀禮注疏》卷一至卷三，（清）阮元刻《十三經注疏》（清嘉慶刊本），北京：中華書局2009年版，第2038—2070頁。按陳澧意見，《儀禮》研究的"分節""繪圖""釋例"皆自鄭玄，見《東塾讀書記》，上海：中西書局2012年版，第110—116頁。
  ② （清）阮元《儀禮注疏》卷一，第2041頁。
  ③ （宋）朱熹《儀禮經傳通解》卷一，《朱子全書》第2册，第63頁。

別""夫婦之別""御妻妾""胎教""生子""教子""冠笄嫁取"九章節①,以《内則》的古經爲主,將鄭玄以爲的"男女居事父母、姑舅之法",補經附傳之後,擴大至學校教民用書。

這種分別章句形式被黄榦、楊復所承。以黄榦所續《士喪禮》爲例,黄氏分《士喪禮》爲上下篇,上篇分"始死""復""楔齒綴足"等三十八章②,下篇分"請啓期""陳朝祖奠具""啓"等二十一章③。此後,吴澄《儀禮逸經傳》、敖繼公《儀禮集説》、應撝謙《禮學彙編》,均仿《儀禮經傳通解》《通解續》之例而稍變通之。朱子分章別句的方式,也代表着一種趨勢。張爾岐《儀禮鄭注句讀》、徐乾學《讀禮通考》、秦蕙田《五禮通考》,一準朱子禮書。這其中當然包括以一己之力而成書的江永《禮書綱目》。

《禮書綱目》的顯著特點就是對《儀禮》經文的分章別句。對比《禮書綱目》和《儀禮經傳通解》及《通解續》關於《儀禮》十七篇十五種禮儀的分章來看,江永對於朱子經文的劃分,幾乎全部接受,或者"仍其文而變其名",僅作一些局部的改變。如《士冠禮》的經文劃分,江永只將《通解》的"殺"章换成"殺牲,醮"④。相比朱子禮書,江氏對段意的概括更加精準。在《士昏禮》中,江永僅將《通解》"祭行"和"奠菜"章統作"廟見",這樣的概括更簡潔。在《鄉飲酒禮》《鄉射禮》和《大射儀》等章中,江永節取《鄉飲酒禮》經文的開始文字"有遵者",取代《通解》概括性的"遵入"一詞⑤。在《鄉射禮》中,江永將《通解》"設席"一章中的概括詞中綴上"陳器",又省略"獻賓""賓酢""酬賓"之"主人",顯得更簡潔⑥。在《大射儀》中,江永將朱子合爲一章的"張侯設樂"及"即位和請立賓及執事者"分拆,這種改變更符合實際。江永對於《通解續》的整理亦是如此,如他去掉《通解續》"陳遣奠明器"括語中的"明器",僅作"陳遣奠"⑦。而對於楊復《士喪禮》段落層次的

---

① (宋)朱熹《儀禮經傳通解》卷三,《朱子全書》第2册,第137—176頁。
② (宋)朱熹《儀禮經傳通解續》卷二,《朱子全書》第3册,第1315—1411頁。
③ (宋)朱熹《儀禮經傳通解續》卷三,《朱子全書》第3册,第1419—1482頁。
④ (宋)朱熹《儀禮經傳通解》卷一,《朱子全書》第2册,第69頁。
⑤ (宋)朱熹《儀禮經傳通解》卷七,《朱子全書》第2册,第296頁。
⑥ (宋)朱熹《儀禮經傳通解》卷八,《朱子全書》第2册,第320、322、323頁。
⑦ (宋)朱熹《儀禮經傳通解續》卷三,《朱子全書》第3册,第1459頁。

劃分，江永幾乎不作調整地全盤接受①。

在分章別句進行經文整理的同時，對於新體系下禮學資料的裁剪、甄別和編撰工作，必須同步推進。對於新體系中禮學材料的取材和排序，朱熹將《禮記》附記《儀禮》相關章節之下。這樣可以凸顯《儀禮》的正經地位，同時完善禮書材料的收集和整理。《儀禮經傳通解》編撰的基本式樣，便是在確定禮儀種類後，首引《儀禮》相關經文，仿《釋文》、注疏格式，先對經文進行文字訓詁，再引鄭玄注解，及節引賈公彥疏，最後以按語的方式對所引注疏進行總結，闡述自己見解。在具體編纂上，朱熹不僅將《儀禮》本經所附之《記》分附於各條之下，而且在每種禮儀分節的後面，附上《禮記》相關材料，同時不拘於《禮記》，且附諸子史書，從而擴大古禮文獻資料和編選材料的選取範圍。

朱子禮書的這一編排標準爲江永所取法，他不僅承繼朱子《禮記》附記《儀禮》之下的原則，且將朱熹增補材料中的三禮文獻定爲"經"，同時附史傳諸子相關資料。江永拋棄了朱子在經傳問題上的模糊做法，將其作爲禮書編撰的標準式樣，分經附記成爲《禮書綱目》的顯著特點。江永的分經附記，不僅實現了禮書編撰的簡潔效果，同時解決了朱子集衆人之力未能有效解決的冗繁難題。

具體來講，這種分經附記的編撰標準，就是在每一禮儀編撰的正文和附錄部分劃分出經傳關係。如果是《儀禮》十五種，便附原文爲經；如爲增補禮儀，則《周禮》《禮記》相關材料爲主進行排列，形成禮書本經，然後在分章別句概括章旨之後，附上史傳材料。江氏嚴格自律，堅持"以古經爲主，經不足，補以傳、記，又不足，則旁證以諸家之說，巨細咸備，正變不遺，而缺者可補矣"②。如此一來，"先王之全經雖不幸不得見於後世，而由是循類而求之，錯綜以通之，其節目之精密，規模之博大，猶可略見"③。

江永禮書分經附記方式亦分爲兩個層次。其一，由相關禮學資料彙編而成的某種禮儀，與之後對該禮儀的總體闡釋之間，形成類似經傳的關係。如《冠

---

① 江永禮書對楊復《士喪禮》唯一的改動在"飯含襲"，見《禮書綱目》卷二三，四庫全書本，廣雅書局本。黃榦作"襲飯含"，見（宋）朱熹《儀禮經傳通解續》卷二，《朱子全書》第3冊，第1354頁。
② （清）汪廷珍《禮書綱目·序》，（清）江永《禮書綱目》，《叢書集成續編·經部》第11冊，第152頁。
③ 同上。

義》附《士冠禮》後,《昏義》附《士昏禮》後,《鄉飲酒義》附《鄉飲酒禮》後,《燕義》附《燕禮》後,《士相見義》附《士相見禮》後。這種引據今本《儀禮》某種禮儀之後附《禮記》相關記載,形成推崇《儀禮》正經,同時又經傳分明的風格。這種經傳風格甚至體現在今本《禮記》闕略的某些禮儀中,如今本《禮記》並無《公食大夫禮》相對應的闡釋,於是江永便接受朱熹的做法,採取附記劉敞《公食大夫義》的方式,以形成這種經傳關係①。

其二,在由其他材料雜編的某種禮儀中,江永則在具體段落中,每一段先引《儀禮》正經,然後以低格書名"右某章"的方式,總結段落旨意,同時下引《禮記》相關章節,及史傳資料。這樣,段落上下間便形成類似經傳的關係。以《士冠禮》"字冠者"章爲例,江氏前引《儀禮》原文"賓降……冠者對",然後低格書"右字冠者",下引本經記之"字辭",且附《檀弓》"幼名,冠字,五十以伯仲,周道也"②。由此在《儀禮》本經和所附本經記及《禮記》相關記載中形成類似經傳關係。有時候江氏禮書編撰所附僅爲史傳材料,如同卷"奠摯於君及鄉大夫鄉先生"章附《國語》"趙文子冠見衆賓,衆賓美之"的記載③,但這並不妨礙段落前後類似經傳關係的形成。

必須說明的是,江永的經傳觀念是靈活的,並不固執於定《儀禮》爲一尊。如果某種禮儀爲今本《儀禮》所無,而恰好被《禮記》所載,江永則升《禮記》相關記載爲"經",同時附《大戴禮記》和其他經史諸子材料形成"傳",典型的如《禮記》記載之《投壺禮》,江永將其獨立爲"經"④。另外,江氏所增補的一些典制中,很多爲今本《儀禮》《禮記》俱無,如《綱目・通禮》之《制國》《職官》,江氏則取《周禮》相關記載爲"經",其他經史諸子材料爲"傳",極少破例,而且風格謹嚴。

與朱子《通解》以《儀禮》爲經,《禮記》附傳,《周禮》作補充的做法不同,江永此書體現出明顯的宗主《周禮》傾向。江氏在序言中明確表示按照《大宗伯》五禮的順序排列,而實際的順序安排上,以《儀禮經傳通解》爲本進行了增損,最終以"嘉禮""賓禮""喪禮""祭禮""軍禮""通禮""曲禮""樂"進行排序。在補經的處理上,尤其是"通禮"的編撰上,《綱目》徵引《周禮》最多,以三禮爲經,他書附傳。這主要是由於"通禮"中多典章、制

---

① (清)江永《禮書綱目》卷六《公食大夫禮》《公食大夫義》,第253—257頁。
② (清)江永《禮書綱目》卷一,第215頁。
③ 同上書,第216頁。
④ (清)江永《禮書綱目》卷一二,第301—305頁。

度，而《周禮》側重典制，這種相契正合江氏編撰禮書的需要。

值得注意的是，江氏禮書編撰中的分章别句和分經附記，體現着擬選主題與材料間類似經傳的關係。這種經傳關係包含着禮學考據的萌芽。如《綱目》對於軍禮的整理，江永在擁有大量材料的基礎上，以"以上某國軍制"予以明確總結，然後排列各國衆多的軍制材料①。儘管江氏並没有明確地表示他的考據態度，但這種史料的鋪陳背後暗含着軍制考證的意圖非常明顯。此外，在祭禮部分的整理中，江氏附麗的資料不僅涵蓋了私人生活的祭祀規範，也包括了國家、社會的祭祀。這些相關材料的收集，爲江氏後期的禮學考證提供了條件。

儘管江氏《綱目》的分章别句和分經附記在形式上較爲粗糙，有時僅爲材料的排比。如《冠昏記》"天子諸侯大夫昏禮"章，江氏引《左傳·成九年》"晉人來媵，禮也"，附注"同姓故"，然後又指出"明年齊人來媵，注：異姓來媵，非禮也"②。這種史料排陳所構建的簡單考據，不僅不能和乾嘉學者的精深化考據相較，也無法和江氏後期的精深化禮學研究比肩。但卻不能否認在《綱目》分章别句和分經附記的體例設計中，由於主題和材料之間形成的詮釋關係，已經萌發着禮學考證的雛形。加上《通解》每篇首列經文，下附音韻訓詁，再引鄭注賈疏，並諸儒之説斷以己意。這種做法使得清季主張漢宋調和的陳澧以爲"朱子《通解》之書，純是漢唐注疏之學"③，至少有着形式上的證據。皮錫瑞在溯源清代經學復盛的淵源時，以爲朱子及其後學考證性的一面亦有功焉④。

論及思想體系，我們知道，朱子《儀禮經傳通解》在結構上以家、鄉、邦國、王朝爲範圍來劃分禮儀類别，與《大學》修齊治平的政治模式相同。此書包括續編，共七門，其結構如下：

1. 家禮。包括：士冠禮、冠義、士昏禮、昏義、内則、内治、五宗、親屬記。

2. 鄉禮。包括：士相見禮、士相見義、投壺禮、鄉飲酒禮、鄉飲酒義、鄉射禮、射義。

3. 學禮。包括：學制、學義、弟子職、少儀、曲禮、臣禮、鐘律、鐘律

---

① （清）江永《禮書綱目》卷四八，第617—625頁。
② （清）江永《禮書綱目》卷三，第234頁。
③ （清）陳澧《東塾讀書記》（外一種），上海：中西書局2012年版，第119頁。
④ （清）皮錫瑞《經學歷史》卷一○，北京：中華書局2004年版，第217—218頁。

義、詩樂、禮樂記、書數（闕）、學記、大學、中庸、保傅、踐阼、五學。

4. 邦國禮。包括：燕禮、燕義、大射禮、大射義、聘禮、聘義、公食大夫禮、公食大夫義、諸侯相朝禮、諸侯相朝義。

5. 王朝禮。包括：覲禮、朝事義、歷數、卜筮（闕）、夏小正、月令、樂制、樂記、分土、制國、王體、王事、設官、建侯、名器、師田、刑辟。

6. 喪禮。包括：喪服、士喪禮、士虞禮、喪大記、卒哭祔練祥禫記、補服、喪服變除、喪服制度、喪服義、喪服通、喪變禮、弔禮、喪禮義、喪服圖式。

7. 祭禮。包括：特牲饋食、少牢饋食、有司徹、諸侯遷廟釁廟、祭法、天神、地示、百神、宗廟、因事之祭、祭統、祭物、祭義。

朱子的禮學體系有着鮮明的"經世致用"旨趣①，但同時有着致命缺陷。首先是本書"前後體例亦頗不一"②，這主要是指本屬於《家禮》的喪、祭二禮被獨立出來。儘管《喪》《祭》二禮成書於黃榦、楊復，但朱子在編撰之前已定下體例。在與余正甫的通信中，朱子認爲"喪、祭二禮，別作兩門，居邦國王朝之後，亦甚穩當"③。朱子可能出於"慎終追遠"的考慮，結果不僅割裂了《家禮》，也使得《大學》的修齊治平邏輯被畫蛇添足，受到清代以來學者的批評。

其次，《學禮》位處家、鄉與邦國、王朝禮之間，位置上不倫，分類上也不類，因爲它不同於以地域爲標準的其他禮類。所以從宋明以來，特別是清代以來，很多學者擬對此書結構作修改，甚至程朱理學的衛道士也對朱子禮學體系的重新劃分有着極大熱忱。清代李光地重編《禮記》，將《禮記》分成內外編，內編以《通解》框架而稍變其意，終成"學、家、鄉、朝廷"禮體系，外編以闡釋禮意的篇章構成④。其後又欲"卒朱子之未盡"，用"四際八篇"來賅括整個禮學體系，即承順朱熹禮學結構上由"冠昏""喪祭"而至"鄉射""朝聘"，同時又包含此八種禮儀的體系⑤。無論是將《學禮》置於篇首，或者將其

---

① 殷慧認爲，從《通解》目錄中，可以看到朱熹從家、鄉、學、邦國各個層面對"治道"的探索與追求，可以看到其經世致用的旨趣。《通解》篇章的設立均與朱熹的學術思想以及參與的政治生活有着密切的聯繫，是朱熹禮學思想乃至自身學術思想的總結。殷慧《朱熹禮學思想研究》，湖南大學博士論文，2009年，第129—135頁。

② （清）江永《禮書綱目·序》，第153頁。

③ （宋）朱熹《晦庵先生朱文公集》卷六三《答余正甫》，《朱子全書》第23册，第3079頁。

④ （清）李光地《禮記纂編序》，《榕村集》卷一〇，清刻榕村全書本。

⑤ （清）李光地《禮學四際約言序》，《榕村集》卷一〇。

刪除，都體現了後世學者對於朱熹《儀禮經傳通解》禮學體系的質疑和更正。

宗法朱熹的江永亦復如是。在體例設計上，《禮書綱目》打破了朱熹以家禮開始，繼之王國禮，最後喪、祭禮的安排，而採取回歸古禮的編撰，按照《周禮》"吉、凶、軍、賓、嘉"五禮來進行排列，又附益通禮、曲禮及樂，形成共八門八十五卷的禮書彙編。其結構如下：

1. 嘉禮。包括：士冠禮、冠義、士昏禮、昏義、昏冠記、鄉飲酒禮、鄉飲酒義、燕禮、燕義、公食大夫禮、公食大夫義、饗食燕記、養老、鄉射禮、大射儀、三射記、射義、投壺、嘉事雜記。

2. 賓禮。包括：士相見禮、士相見義、聘禮、聘義、王朝邦國遣使禮、諸侯相朝禮、覲禮、朝事義、會同禮、巡禮。

3. 凶禮。包括：喪服、補服、喪服變除、喪服制度、喪服義、士喪禮、士虞禮、喪大記、卒哭祔練祥禫記、喪通禮、奔喪、喪變禮、吊禮、喪禮義、災變禮。

4. 吉禮。包括：祭法、天神、地示、百神、宗廟、特牲饋食禮、少牢饋食禮、天子諸侯廟享、諸侯遷廟、諸侯釁廟、祭通禮、因祭、祭物、祭義。

5. 軍禮。包括：兵制、武備、征伐、軍通禮、田役。

6. 通禮。包括：歷數、夏小正、周月、月令、制國、職官上、職官下、封建、内治、朝廷禮、政事、井田、財賦、學制、學記、大學中庸（存目）、教太子、書數、五宗、親屬記、名器、刑辟、卜筮、禮記、禮樂記。

7. 曲禮。包括：曲禮、内則、孝經、少儀、弟子職、臣禮。

8. 樂篇。包括：樂制、鐘律、鐘律義、樂器、歌舞、樂記。

比較而言，朱子《儀禮經傳通解》的篇章設計體現出其經國思想，江永卻是要回歸古代禮儀，恢復禮經原貌，加上他在"通禮"典制的編撰上宗主《周禮》，客觀上造成回歸漢學原典的做法。儘管《禮書綱目》在形式上同於一般的"五禮"類禮書，但在排序上與朱熹《通解》宗法《儀禮》的做法更接近，凸出冠、昏、喪、祭的先後順序，江永用復古的外衣對朱熹禮書的體系進行了重新包裝。

三、《禮書綱目》對朱子禮書的輯補與增訂

在《儀禮》研究中，把雜亂的禮學資料編撰成系統化禮書，最重要的工作是統繁。朱子曾作過嘗試，他以爲《儀禮》難讀有兩大原因，一是缺乏善本，

"鄭《注》、賈《疏》之外，先儒舊說多不復見，陸氏《釋文》亦甚疏略。近世永嘉張淳忠甫校定印本，又爲一書以識其誤，號爲精密，然亦不能無舛謬"①。一是不分章句，"前賢常患《儀禮》難讀，以今觀之，只是經不分章，記不隨經，而注、疏各爲一書，故使讀者不能遽曉"②。朱子採用分章別句的方法，較好地解決了《儀禮》章句問題。但由於朱子所編禮書於經傳注疏、子史百家資料無所不附，無法解決《儀禮》的繁難問題。朱子以後的學者繼有進展，如顧炎武以爲《儀禮》繁難的根源，在於其傳抄過程中的"魯魚亥豕"之誤，於是利用石經校勘《儀禮》，把研究推向前進。陳澧總結說："《儀禮》難讀，昔人讀之之法，略有數端：一曰分節，二曰繪圖，三曰釋例。今人生古人後，得其法以讀之，通此經不難矣。"③ 面對禮書編撰的繁難，江永是如何進行統繁工作呢？

一、建立禮書結構，確定編撰體例。朱子《通解》於"家、鄉、學、王朝禮"外，再續喪、祭二禮，使用禮學材料的重複性較大。如《家禮》原則上應該包含祭祀，朱子在《邦國禮》中又設邦國祭祀之禮，最後又由楊復專門編撰《祭禮》，顯得紊亂。相比之下，江氏回歸《周禮》五禮結構，重編《儀禮》，但實際編撰又以冠昏喪祭的先後爲原則。這樣一方面最大限度避免禮學資料的重複，另一方面，編撰體系明晰，風格簡省，以此解決困擾《儀禮》的繁難問題。

二、設定處理具體材料的原則。禮書材料的處理決定了編撰成敗。江永對於材料的處理，以《儀禮》爲本經，《禮記》附記，在所補的禮中，又凸顯一禮的重要性，"其纂輯也，以古經爲主，經不足，補以傳、記，又不足，則旁證以諸家之說，巨細咸備，正變不遺，而缺者可補矣"④。

三、爲使本書綱舉目張，江永進行了兩項創新。一是對於所引材料進行簡化。《綱目》所引並非原文，而是根據編撰主旨進行省減，最明顯的是對《春秋》三傳的引用，江氏往往在《春秋》同一年下引用三傳及其注解，省卻原書年月，有時甚至是經文。這樣的例子通書皆是，尤其是涉及典制問題的考證，

---

① （宋）朱熹《晦庵先生朱文公文集》卷七〇《記永嘉儀禮誤字》，《朱子全書》第23冊，第3390頁。
② （宋）朱熹《晦庵先生朱文公文集》卷五四《答應仁仲》，《朱子全書》第23冊，第2550頁。
③ （清）陳澧《東塾讀書記》（外一種），第109頁。
④ （清）汪廷珍《禮書綱目·序》，第152頁。

江氏幾乎全引《春秋》經傳，兹不贅述。另外，江氏還以"見某章"，或"某章通用"的方式，節約篇幅。"見某章"方式汲自黄榦《喪禮》，也爲歷史編撰學所慣用，特別適於篇幅浩繁的禮書編撰。江永的兩項創新，一方面充實了禮書内容，使其變得完整，另一方面避免了禮書編撰的冗繁和汗漫，使得江氏禮書的編撰呈現出高度的綱領性與注釋的簡潔性相融合的風格。

最爲主要的是，《綱目》幾乎完全删去了注疏，這是統繁成功的關鍵。朱子《通解》保留了賈疏，但他保留的疏經過了裁剪和增飾。不過由於本書在明清以來《儀禮》文本的唯一地位，朱子所保留的疏成爲清代學者校對《儀禮》的必用材料①。但由此帶來的弊病卻是冗繁。江永删除了朱熹的釋文及訓詁，只保留了有限的鄭注，並且幾乎全部删除了賈疏，只在特别重要的地方以"今按"的方式加以保留。如卷一九"補齊衰三月"章，"爲所後者之祖父母若子"條，江氏注：案，注疏云："高祖齊衰三月。""心喪三年"條，江氏引《家語》"孔子葬于魯城北，弟子皆家于墓行心喪之禮"。下案：傳疏云："父在爲母杖期，心喪三年。"② 卷四二"薦熟"章，江氏引《禮運》："'然後退而合亨'。此謂薦今世之食也。疏曰：前薦爓既未孰……故云合亨。"③

江氏删削注疏的改動獲得意外成功。此舉本是缺少人手的無奈之舉，他在《綱目》序言中表示"若夫賈孔諸家之疏，與後儒考正之説，文字繁多，力不能寫，且以俟諸異日"④。禮書原本煩瑣，注疏汗漫。如果在賈孔疏基礎上續加諸儒學説，並且附上己見，要解決禮書冗繁的千古難題幾無可能。同邑汪紱在聽聞江永欲俟來日增加疏解時，便指出："若及唐宋疏義與古今諸儒議論，搜羅太多，則議論恐不能無雜。三代而下代有禮書，如《開元禮》以及《大明》，其間禮制增損，多失先王之意，注疏家尤多紕繆。至有吕坤等'四禮'之疑，是不惟不足以治經，而反足以亂經，不增入焉正可以全經而不爲闕略也。"⑤

禮書編撰面臨的難題，是在統繁的同時，還必須補闕。儘管今文學家認爲《儀禮》是孔子删削而成的全書，但是經古文學家以爲今本《儀禮》是經過秦

---

① 彭林《清人的〈儀禮〉研究》，《清代學術講論》，桂林：廣西師範大學出版社 2005 年版，第 21—44 頁。
② （清）江永《禮書綱目》卷一九，第 367 頁。
③ （清）江永《禮書綱目》卷四二，第 555 頁。
④ （清）江永《禮書綱目·序》，第 153 頁。
⑤ （清）汪紱《雙池文集》卷三《與江慎修論學書》，清道光一經堂刻本。亦見（清）余龍光《雙池先生年譜》，薛貞芳主編《清代皖人年譜合刊》，合肥：黄山書社 2006 年版，第 184 頁。

火之後的殘卷，才是符合歷史的敘述。同時，存於上古書中大量的禮儀文獻，證明《儀禮》的缺損，同時爲禮書編撰提供了具體文獻，使得後來學者可以探賾索隱，勾勒出完備的禮學體系，重編禮書。

朱熹《通解》在今本《儀禮》上增補了多種禮儀，其部分途徑是將《禮記》中的材料直接提升爲獨立禮類，如將《禮記》中《内則》《投壺》增補爲《家禮》《鄉禮》相關禮類。朱子以爲《内則》"必古者學校教民之書，宜以次於《昏禮》，故取以補經而附以傳記之説"①。又，《投壺禮》"其事與射爲類，於五禮宜屬嘉禮。今取《大戴》及《少儀》合之，以繼《士相見禮》之後"②。但《通解》更多的增補禮類來自三禮之外，如"家禮"中的《内治》《五宗》《親屬》，"鄉禮"中的《士相見義》，"學禮"中的《學制》《學義》《弟子職》，以及"邦國""王朝"及喪、祭禮等。如《士相見義》取劉敞補亡之篇，《弟子職》則取《管子》相關篇目，分章別句，參以衆説，補其注文③。

相較《通解》增加的禮儀篇目和篇幅，江氏禮書進行了更廣範圍的增補。除卻"嘉禮"和"賓禮"根於今本《儀禮》禮儀外，其餘的"喪禮""祭禮""軍禮""通禮""曲禮"和"樂"，幾乎全爲補輯。八十五卷的《禮書綱目》中，有七十七篇爲增補，包括存目的《大學》《中庸》。其中僅二十七篇爲今本《儀禮》及《禮記》相關章節，未作結構上的調整。增補篇目佔據整部禮書七成以上，重點是軍禮、曆法和樂的增補。

《綱目》首先進行了冠、昏、喪、祭禮的補輯和考證。如《士冠禮》補充"女子笄禮"，《士昏禮》中補充"祭行""奠菜""壻見婦之父母"等④，但本質上只是豐富了士禮内容，依然缺略士以外階層的禮用狀況。《綱目》以《通解》爲基礎，增輯天子、諸侯禮儀。江永補充《冠昏記》，位列《士冠禮》《士昏禮》及《冠昏義》之後，分"通論""天子諸侯冠禮""冠變禮""女子笄""嫁娶""不取同姓""天子諸侯大夫昏禮""庶民昏禮""昏變禮""不改嫁""歸寧""出妻"等十二章⑤，不僅對天子、諸侯的冠昏禮儀進行補輯，也對庶民禮用進行整理，同時對其中的變禮，如"同姓昏嫁""歸寧""出妻"等問題展開

---

① （宋）朱熹《篇第目録序題》，《儀禮經傳通解》，《朱子全書》第2册，第32頁。
② 同上書，第34頁。
③ 同上書，第27—39頁。對"踐阼"以下各篇内容及所取材料的簡要説明，見王啓發《朱熹〈儀禮經傳通解〉的編纂及其禮學價值》，王俊義主編《炎黄文化研究》第三輯，鄭州：大象出版社2006年版，第118—132頁。
④ （宋）朱熹《朱子全書》第2册，第70頁，第111—115頁。
⑤ （清）江永《禮書綱目》卷三，第228—237頁。

論述，豐富和完善了冠、昏禮書的編撰。

在《喪禮》方面，黄榦《喪禮》包括今本《儀禮》之"喪服""士喪禮""士虞禮"，《小戴記》之"喪大記"。另外，黄氏補輯了"卒哭祔練祥禫""補服""喪服變除""喪服制度""喪服義""喪通禮""喪變禮""喪禮義"，以及"喪服圖式"。《綱目》則在黄氏基礎上進行了順序調整，補入"奔喪""災變禮"，而删去《喪服圖式目録》。其中順序調整如"補服"，二書同分其爲"補斬衰"等十二章，《綱目》僅於"補吊服加麻"章附注，較《通解續》多引《孔叢子》"秦莊子死，孟武伯問于孔子"一節①。而"奔喪""災變禮"的加入使得江永禮書的編撰更完整。江永的調整、補充，確較黄、楊更詳贍，更有倫次。

江氏對軍禮的補充，具有學術上的原創性。依《周禮·大宗伯》，軍禮是五禮之一，但是今本《儀禮》卻没有軍禮。杜佑《通典》對於軍禮的編撰雖有開山之功，但缺點也顯而易見。不僅軍禮資料收録不全，而且他將鄉射、大射禮亦列入其中。嚴格來說，射禮由軍禮轉化而來，但軍禮是否包括鄉射和大射禮，其爭論由來已久。元代汪克寬便主張射禮屬於軍禮，而江永擯除了這一意見。他將軍禮單獨列出，在朱熹"王朝禮師田"篇的基礎上，構建起自己的軍禮體系。具體來説，江永將軍禮分成"兵制""武備""征伐""軍通禮""田役"五個部分。每部分下又分若干細條②。江氏於各條之下再排陳材料，予以詳細說明。江永通過排比材料，將軍制的起源、發展、内容整理得井井有條。江氏軍禮補輯有兩個突出特點，一是將軍制的内容擴大，不僅在卷數上進行增加，内容上除卻兵制，還包括武備和征伐，二是將田役也列入軍制。

朱熹將曆法放入王朝禮，次於覲禮後，顯示出對曆法的重視。朱熹曆法包括《曆法》本篇、《卜筮》，以及取自古書的《夏小正》《周月》《月令》等，其補輯材料還包括《史記》《堯典》《洪範》《周禮·馮相氏》《大戴禮記·夏小正》《逸周·書周月解》《禮記·月令》等。同時，朱熹利用《吕氏春秋》《淮南子·時則訓》《通典·唐月令》等材料進行了訂正和補充，體系上較爲完整，内容上比較豐富。但美中不足的是，其《曆法》一篇較爲含混，《卜筮》又闕略，一些常見材料亦有遺漏。江永則在朱子基礎上進行增訂，主要對朱子《曆法》一篇進行了分段整理，增訂更多材料，補入《占候》和《壺漏》，彌補了

---

① （清）江永《禮書綱目》卷一九，第368頁。
② （清）江永《禮書綱目》卷四八至卷五二，第617—662頁。

朱熹《卜筮》的闕略，豐富了《曆法》的內容。

　　禮書編撰離不開對"樂"的處理，朱子《通解》將"樂"放入《學禮》，內容上包括"鐘律""鐘律義""詩樂""禮樂記"等。如《鐘律》，朱熹說："古無此篇。今以六藝次之，凡禮之通行者，以略見上諸篇矣。此後當繼以樂，而《樂經》久已亡逸，故取《周禮》鄭注、太史公、《淮南子》、前後《漢志》、杜佑《通典》之言律吕相生、長短均調之法，創爲此篇，以補其闕。"① 即使有朱熹的補充，樂制內容依舊不完整。江永在朱子禮書的基礎上，於《鐘律》前補輯《樂制》，包括"樂歷代樂制"和"樂事"。"樂制"引《通典》《樂記》《尚書》等，並附《吕氏春秋·古樂》《白虎通》《論語》《樂記》《詩序》。"樂事"引《尚書》《春官》《王制》等，附《國語》《論語》，進行增删②。《鐘律》篇首在《通解》的基礎上引劉昭《續後漢志》"伏羲氏作易紀陽氣之初，以爲律法"③。江永以《樂記》爲主進行增補，材料翔實，且置"樂"於最後，實現禮樂會通，使得其禮學體系更完整，內容更豐富。

　　江氏的補闕還包括補《記》，不僅引用材料極多，而且對材料的排列極有次第。如所補的《冠昏記》先引《周禮》《穀梁傳》有關章節作《通論》，接下來續作《天子諸侯冠》，引《家語》《左傳》相關材料，構建起編撰框架。江氏特別是對其中"變禮"部分作了詳細分梳，如《冠變記》引《曾子問》《雜記》相關材料，"女子笄"引自《內則》《公羊》。關於"嫁娶"，特別指出不娶同姓的方面，引材包括《晉語》《家語》《左傳》等，材料充分，考證精細。而關於《天子諸侯大夫昏禮》的補節，引書更多，包括《曲禮》《國語》《周禮·春官》《祭統》《說苑》等④。他極爲自信地表示，"凡三代以前禮樂制度散見經傳雜書者，搜羅略備，而篇章次第較《通解》尤詳密焉"⑤。

　　正是在禮書統繁和補闕上的關鍵突破，《禮書綱目》最終取得成功，其編撰的內容極其簡省，補闕極有體例，體系上綱舉目張，這也符合他給本書取名"綱目"的蘊意。儘管江永《禮書綱目》只是清代衆多賡續朱子禮書的嘗試性禮書，但卻獲得了極大的成功。四庫館臣指出："蓋《通解》，朱子未成之書，不免小有出入。其間分合移易之處，亦尚未一一考證，使之融會貫通。

---

① （宋）朱熹《篇第目錄》，《儀禮經傳通解》，《朱子全書》第 2 册，第 37 頁。
② （清）江永《禮書綱目》卷八一，第 949—956 頁。
③ （清）江永《禮書綱目》卷八二，第 957 頁。
④ （清）江永《禮書綱目》卷三《冠昏記》，第 228—237 頁。
⑤ （清）江永《禮書綱目·序》，第 153 頁。

永引據諸書,釐正發明,實足終朱子未竟之緒。視胡文炳輩務博,篤信朱子之名,不問其已定之説、未定之説,無不曲爲袒護者,識趣相去遠矣。"[1] 其説至平。

(作者單位:西南財經大學馬克思主義學院)

---

[1] (清)永瑢等《四庫全書總目》卷二二,第179頁。

盧文弨《經典釋文考證·周易音義考證》所引"錢本"考辨

樊 寧

【內容提要】 盧文弨《經典釋文考證·周易音義考證》參校了七種不同版本的《周易釋文》。其中錢求赤鈔本《周易釋文》的版本性質並非如盧氏所言"影宋鈔本",而是一部主要參考葉林宗影宋鈔本《經典釋文》、宋福建刻《周易》經注本所附《釋文》、明國子監刻《周易兼義》後附《釋文》,擇善而從,重校而成的新文本,其間還存有錢氏據他書或無版本依據的校改,由此可見錢本《周易釋文》的文本來源頗爲繁雜。

【關鍵詞】 盧文弨 《周易音義考證》 錢本

《四庫全書總目》評述《經典釋文》云:"所採漢、魏、六朝音切凡二百三十餘家,又兼載諸儒之訓詁,證各本之異同。後來得以考見古義者,注疏以外,惟賴此書之存。真所謂殘膏賸馥,沾溉無窮者也。"[1] 正是由於《經典釋文》保存了大量漢、魏、六朝的音切和訓詁,對探求經書中的古音古義具有重要價值,因而成書之後一直受到重視,尤其是清代學者在經書校勘與考據著述中更是大規模地參引此書。另一方面,清儒亦認識到《經典釋文》文本本身存在十分嚴重的錯譌問題,故相繼進行校勘整理工作,先後出現徐乾學《通志堂經解》和盧文弨《抱經堂叢書》兩個單行本。其中抱經堂本所附的盧氏《經典釋文考證》三十卷進行了極爲詳盡的考辨,並充分吸收了顧炎武、閻若璩、臧琳、何焯、惠棟、錢大昕、段玉裁等多位學者的研究成果,可謂彙集衆家,博採群言,水準極高,後出著作如阮元《經典釋文校勘記》、黃焯先生《經典釋文彙校》多有採入,其深遠影響可見一斑。

---

[1] (清)永瑢等《四庫全書總目》卷三三《五經總義類》,北京:中華書局1965年版,第270頁。

關於盧文弨《經典釋文考證》一書，學界已多有討論，成果堪稱豐碩①。然仍存有不少含混不明之處。如《周易音義考證》中盧氏參校了7種不同版本的《周易釋文》，分別是：

徐乾學《通志堂經解》本，盧氏稱"舊本"，亦是校勘底本。

葉林宗影鈔宋本，盧氏稱"宋本"。

明錢求赤影宋本，盧氏稱"錢本"②。

明神廟十四年《周易》注疏本後載《釋文》，盧氏稱"神廟本"③。

明國子監本《周易兼義》後附《釋文》，盧氏稱"監本"或"明監本"。

盧見曾《雅雨堂叢書》本《周易音義》，盧氏稱"雅雨本"。

清武英殿本《周易注疏》中所附《音義》，盧氏稱"官本"④。

其中通志堂本、明監本、雅雨本、武英殿本皆可見，版本性質較爲清楚，但錢本今已不存，故相關認識相當模糊。本文擬重新探究"錢本"的版本性質與文本來源，正本溯源，糾正以往的錯誤認識，以期對若干問題有所澄清。

有清一代，《周易》之宋刻經注本、單疏本和注疏合刻本（南宋"八行本"和"十行本"）已極爲稀有，絕少有人寓目。而明末清初藏書家錢求赤⑤有一部

---

① 學界以往的研究主要側重盧文弨校刻《經典釋文》事件始末、校勘的內容與體例、校勘的理念與方法、當時及後世學者的評價、今人重新整理研究《經典釋文》的借鑒與影響等方面。如王利器《〈經典釋文〉考》，載《曉傳書齋集》，上海：華東師範大學出版社1997年版，第9—75頁；萬獻初《〈經典釋文〉研究綜論》，《古籍整理研究學刊》2005年第1期，第20—27頁；楊軍、黃繼省《盧文弨抱經堂本〈經典釋文〉再評價》，載華學誠主編《文獻語言學》第二輯，北京：中華書局2016年版，第204—218頁；朱意煒《盧文弨〈經典釋文考證〉研究》，浙江大學漢語言文字學專業碩士學位論文，2016年，指導教師：陳東輝。其餘成果可參見彭喜雙、陳東輝編著《盧文弨研究文獻目錄》，載陳東輝主編《盧文弨全集》第15冊，杭州：浙江大學出版社2017年版，第477—568頁。

② （清）盧文弨《周易音義考證》第一條"易"云："今據明錢求赤影宋本補。"陳東輝主編《盧文弨全集》第5冊《經典釋文考證》，第18頁。

③ （清）盧文弨《周易音義考證》"乾卦·无悶"條云："明神廟十四年注疏本後載《易釋文》一卷，較通志堂本爲勝。"第19頁。

④ 除此之外，《周易音義考證》中還有"注疏本""毛注疏本""毛本""足利本""古本"術語，此皆指《周易》經注正文，其中"毛本""毛注疏本"指明末毛晉汲古閣本《周易兼義》（此本後無《釋文》），"足利本""古本"則指引自日本學者山井鼎《七經孟子考文補遺》中的《周易》古經注本，皆非《周易釋文》版本。

⑤ 錢孫保（1624—?），又名容保，字求赤，號匪庵，別號木訥逸人、木訥野人，明末清初蘇州常熟人，爲錢謙益從弟謙貞之長子。錢氏藏書頗豐，且多有校跋。藏書室名"懷古堂""竹深堂"，藏印有"錢求赤讀書記""彭城""匪庵""錢孫保一名容保""錢孫保字求赤""孫保""錢氏校本""天啓甲子""求赤氏""錢印孫保"等。

《周易注疏》鈔本，盧文弨曾得見之。據清人張爾耆過錄的盧文弨《周易注疏》校本卷前題識云：

> 明天啓時有錢孫保求赤號匪庵影宋鈔本，與毛氏本科段大不相同，今武英殿本略近之，而亦未全是也。今取以校正，稱錢本，其殿本稱新本。盧文弨識。①

由上，盧氏將錢本與毛晉汲古閣本《周易兼義》（以下簡稱"毛本"）、武英殿本《周易注疏》（以下簡稱"殿本"）對勘，發現錢本與毛本大不相同，卻與殿本略近之，因而認定錢本保存了宋刻本的文字與款式，當爲"影宋鈔本"，成爲其批校《周易注疏》的主要參校本。後世學者對錢本的看法，幾乎衆口一辭，皆沿襲盧氏之説。如臧庸《拜經堂文集》卷二《刻〈呂氏古易音訓〉序》云："錢求赤影宋本《易疏》。"② 吳騫《唐長孫無忌等〈進五經正義表〉跋》、其子壽暘《拜經樓藏書題跋記·周易兼義》作"錢孫保求赤影鈔宋本"③。葉德輝亦認爲阮元《周易注疏校勘記》中的"錢本"當是"盧文弨傳録明錢孫保求赤校影宋注疏本"④。黄焯先生《經典釋文彙校·前言》亦云："阮元《周易釋文校勘記》於'易乾'下引'宋本乾作乹'，蓋依盧文弨所據明錢求赤影鈔宋本爲言。"⑤ 惜錢本今已不存，遂不知盧氏所言是否屬實⑥。

近來顧永新先生藉助盧文弨《群書拾補·周易注疏校正》、阮元《周易注疏校勘記》中保存的錢本異文、陳鱣舊藏宋刻宋元遞修八行本《周易注疏》及清人藏書題跋等材料，對錢本進行了相關考察，最大程度復原它的本來面貌，最終得出："錢本並非影宋鈔本，而是以宋刻宋元遞修八行木和明萬曆北監本

---

① 關於湖北省圖書館所藏清人張爾耆過録的盧文弨《周易注疏》校本的收藏、流傳、體例、題跋等情況，可參見拙作《稀見清儒稿校題跋本五種探微》，《古籍整理研究學刊》2019年第3期，第48—52頁。
② （清）臧庸《拜經堂文集》卷二《刻〈呂氏古易音訓〉序》，《續修四庫全書》第1491册，上海：上海古籍出版社2002年版，第511頁。
③ （清）吳騫《愚谷文存》卷四，清嘉慶十二年刻本。吳壽暘《拜經樓藏書題跋記》卷一，清道光二十七年刻本。
④ （清）葉德輝《書林清話》卷九《國朝阮元刻十三經注疏本之優劣》，北京：中華書局1957年版，第247頁。
⑤ 黄焯《經典釋文彙校》，武漢：武漢大學出版社2008年版，第4頁。
⑥ 關於錢本之性質，清儒亦有所質疑，如清人瞿鏞《鐵琴銅劍樓藏書目録》卷一經部"宋刊本《周易注疏》"提要云："錢校蓋據明監本，故失校處每同監本。所影亦未是式，載《群書拾補》，可證也。"北京：中華書局1990年版，第8頁。

爲主體，兼及單疏本和經注本，匯校各本異文重構而成的、新的校定本。"① 筆者則據清人張爾耆過錄的盧文弨《周易注疏》校本進一步補充探討了錢本的性質特徵，讚同顧先生的觀點，錢本的文本構成極爲複雜，絕非單純的"影宋鈔本"，而是一個"匯及各本重構而成的新校定本"②。

此外，據清儒陳鱣舊藏宋刻宋元遞修八行本《周易注疏》卷前題記云：

> 常熟錢求赤所藏鈔本《周易注疏》十三卷，後附《略例》一卷、《音義》一卷。前有《五經正義表》四葉，每葉十八行，行十七字。表後半葉有朱筆題識，凡三條，其弟二條書於上方。全書俱用朱筆句讀點勘。……嘉慶十五年（1810）秋日陳鱣記。③

依上，錢本除了《周易注疏》正文十三卷外，還包括《略例》一卷，《音義》一卷。盧氏亦據錢本《略例》與《音義》進行校勘，成果分別見於《群書拾補·周易注疏校正》和《經典釋文考證·周易音義考證》。盧氏既認定錢本爲"影宋鈔本"，自然將《略例》和《音義》當成宋刻八行本所固有，顯然未見過真正的宋刻八行本。今日本足利學校藏有現存唯一一部宋刻宋印《周易注疏》八行本十三卷④，其後不附載《略例》與《音義》，陳氏舊藏宋元遞修八行本亦無此兩部分，可知錢本《略例》與《音義》絕不出自宋刻八行本。《略例》已知當出自宋刻經注本⑤，那麼錢本所附《音義》從何而來？是取諸宋本、明刻諸本，還是參考衆本重構而成？今考辨如下。

鑒於錢本《周易釋文》今已不存，現唯一可以利用的是盧氏《周易音義考證》中所引的錢本《釋文》文字，將它們與現存《周易釋文》諸版本一一比勘，大致可得錢本《釋文》文本來源。據筆者統計，盧氏共引錢本《釋文》61

---

① 詳情可參見顧永新《錢求赤鈔本〈周易注疏〉考實》，《文獻》2018年第1期，第52—65頁。

② 詳見拙作《盧文弨校〈周易注疏〉所據版本補考》，《中國典籍與文化》2020年第1期，待刊稿。

③ 清儒陳鱣曾購得一部宋刻宋元遞修八行本《周易注疏》，但闕卷首和卷一，故從周錫瓚處借得錢本鈔錄補全。陳書即《中華再造善本·唐宋編》影印國家圖書館藏宋兩浙東路茶鹽司刻宋元遞修《周易注疏》本。

④ 日本足利學校藏南宋八行刻本《周易注疏》十三卷，《域外漢籍珍本文庫》第四輯經部第1冊，重慶：西南師範大學出版社2008年版，第1—205頁。

⑤ 顧永新先生已對錢本《略例》內容進行了探究，得出"錢本《略例》出自宋經注本（建本或與之同系統者），並不出自十行本、閩本、監本等注疏合刻本"。詳見《錢求赤鈔本〈周易注疏〉考實》，第63—65頁。

處，其中《周易》上經 26 處，下經 17 處，《繫辭》《説卦》《序卦》《雜卦》《略例》18 處。而關於《周易釋文》的版本，可見的有：

《周易釋文》單行本：《中華再造善本·唐宋編》影印國家圖書館藏宋刻宋元遞修本《經典釋文》三十卷（以下簡稱"國圖宋本"）、徐乾學《通志堂經解》本《經典釋文》三十卷（以下簡稱"通志堂本"）①、盧見曾編刻，惠棟校定《雅雨堂叢書》本《周易音義》（以下簡稱"雅雨堂本"）②。

《周易》經注附《釋文》本：《中華再造善本·唐宋編》影印國家圖書館藏宋建陽坊刻《周易》經注附《釋文》本十卷（以下簡稱"建本"）、《中華再造善本·金元編》影印國家圖書館藏元相臺岳氏荆谿家塾刻《周易》經注附《釋文》本十卷（以下簡稱"岳本"）。

《周易》經注疏附《釋文》本：美國加利福尼亞大學伯克利分校藏元刊十行本《周易兼義》（以下簡稱"元刻本"）、《原國立北平圖書館甲庫善本叢書》所收明永樂二年刻本《周易兼義》（以下簡稱"永樂本"）③、《中華再造善本·金元編》影印北京市文物局藏元刊明修本《周易兼義》（以下簡稱"文物本"）、日本内閣文庫藏明嘉靖李元陽刊本《周易兼義》（以下簡稱"閩本"）、德國巴伐利亞國家圖書館藏明萬曆北監本《周易兼義》（以下簡稱"監本"）、日本内閣文庫藏明萬曆年間刊重修本（以下簡稱"重修監本"）、天津圖書館藏清武英殿刊本《周易注疏》（以下簡稱"殿本"）、阮元校刻《周易兼義》（以下簡稱"阮刻本"）④。

此外，還需要釐清葉林宗影鈔宋本《經典釋文》（以下簡稱"葉鈔本"）的相關問題。葉鈔本是據錢謙益絳雲樓所藏宋本迻寫，後絳雲樓藏書化爲灰燼，葉鈔本遂成爲當時唯一可見的宋本《經典釋文》，直至民國清廷内府所藏宋本（即國圖宋本）重現人間。通志堂本和抱經堂本雖都曾使用葉鈔本進行校勘，然改動頗多，皆非葉鈔本原貌。另一方面，清儒如何煌、惠棟、江聲、段玉裁、鈕樹玉、黄丕烈、顧之逵、顧廣圻、臧庸、江沅、王筠、陳奂等二十餘家亦校勘過《經典釋文》，基本都是以通志堂本爲工作底本，參校葉鈔本或葉鈔

---

① （清）納蘭性德、徐乾學編《通志堂經解》第 16 册《經典釋文》，揚州：廣陵書社 2007 年版，第 314—512 頁。
② （清）惠棟校訂《周易音義》，清乾隆二十一年盧見曾《雅雨堂叢書》本。
③ 中國國家圖書館編《原國立北平圖書館甲庫善本叢書》第 1 册《周易兼義》，北京：國家圖書館出版社 2013 年版，第 173—191 頁。
④ （清）阮元《周易兼義附校勘記》，杭州：浙江大學出版社 2014 年版，影印上海圖書館藏嘉慶年間江西南昌府學刊本，第 763—821 頁。

之傳鈔本，留下了不少校本①。因此，葉鈔本原書今雖不可見②，然通過盧氏《周易音義考證》中引用的葉鈔本（盧氏稱"宋本"）、惠棟據葉鈔本校定的雅雨堂刊本《周易音義》③、清儒如王筠、臧庸等據葉鈔本校勘的校本（黃焯先生《經典釋文彙校》中大量參引）④、《四部叢刊初編》所收通志堂本《經典釋文》後附《校勘記》中所引的"段玉裁校本"⑤等，相互印證、相互補充，諸本所錄文字相同者自不必論，説明葉鈔本原貌即如此，不同者也可進行具體分析。通過此方法可追溯葉鈔本之原貌，幫助我們瞭解清人所據的葉鈔本及其有關問題。（如阮元《周易釋文校勘記》中的"宋本"究竟是葉鈔本，還是葉鈔之傳鈔本？）

筆者將 61 處錢本《釋文》與現存諸本《周易釋文》逐一比勘，所得結果可

---

① 關於葉鈔本的收藏及流傳情況，可參見袁媛《清代〈經典釋文〉校勘整理中的兩個問題》，國家社科基金重大項目"《春秋左傳》校注及研究""〈春秋〉學新視野與新方法論文集》2017 年，第 315—318 頁。

② 今臺北故宫博物院藏有一部葉鈔殘本（存卷三至卷一二、卷一五至卷一六、卷二一至卷三〇，凡二十二卷），一些學者認爲此即葉鈔原本。而袁媛經過考察，認爲臺藏本絕非葉鈔原本，而應是葉鈔之傳鈔本。具體詳見袁媛《清代〈經典釋文〉校勘整理中的兩個問題》，第 319—320 頁。

③ （清）黃丕烈《士禮居藏書題跋記》有《經典釋文》校本三十卷云："乾隆壬子仲冬，從同郡朱秋崖家假得惠松崖手校善本。秋崖爲余言，伊小阮文游曾有影宋鈔本，即松崖所據以校《易釋文》者也。余故讀之，較舊本頗善。此一本已重梓於《雅雨堂叢書》中矣。餘種松崖雖有評閲處，並未注出影宋本校，知校勘不全。近時盧文弨翻雕是書，云悉借文游影宋本校刊。……黃蕘圃識。"（上海：上海古籍出版社 2015 年版，第 42 頁）由此，惠棟與盧文弨參考的影宋鈔本《經典釋文》來自朱文游。而據袁媛考察，大約在乾隆中期葉鈔本歸朱文游收藏，陳樹華曾借以校勘《春秋左氏傳》，可見惠棟與盧文弨所據的影宋鈔本當爲葉鈔原本。

④ 關於清儒據葉鈔本校勘《經典釋文》所存校本的情況，可參見黃焯先生《經典釋文彙校》後附《引據各本目録》中《清代諸家勘校〈經典釋文〉》部分（第 300—301 頁）。其中"失名臨潘錫爵傳録何煌、段玉裁、臧庸堂、顧廣圻、黃丕烈等校跋本"與"劉履芬臨録本"二書所録校語大致相同，主要是惠棟與臧庸的校語。書末有臧庸題識云："此書舊藏吳縣朱文游家，學士盧召弓先生曾借校，今刻行抱經堂本是也。近又歸同邑周漪塘。金壇段明府若膺聞之，往借是篇，屬余細校，因復自臨一部。馮、葉兩跋舊鈔有之，更有陸稼書盧學士題未録。庸堂同日記。"可見臧庸所臨爲段玉裁校本，而段氏曾借得葉鈔本進行校勘。而"王筠校跋本"與"唐翰題跋本"所録校語亦大體一致，王筠校跋本卷前有題識云："内弟高敬庵光儼贈余此書，因借朱石君先生所藏宋本及葉氏影宋本校之。道光乙亥八月朔王筠記之。"黃焯先生認爲王筠所用的宋鈔本與葉鈔本小有異同，然差別不大，《經典釋文彙校》稱此本爲"朱鈔"，稱葉鈔本爲"葉鈔"。以上四個校本現皆藏國家圖書館。

⑤ 《四部叢刊初編》所收通志堂本《經典釋文》後附有孫毓修《校勘記》云："今以寫本及段玉裁、臧庸堂諸人校本付萬君以增録之。"上海：上海書店 1989 年版。

分以下 7 類：

（一）錢本《釋文》僅與宋刻建本《釋文》同

1. 鼫：《子夏傳》作"碩鼠，鼫鼠，五技鼠也"。○錢本"鼫鼠"亦作"碩鼠"。(p.32)①

按：通志堂本、雅雨堂本、國圖宋本皆作"碩鼠，鼫鼠，五技鼠也"。王筠校跋本②、劉履芬臨錄本③、《四部叢刊·釋文校勘記》皆無校記④。可見葉鈔本亦作"碩鼠，鼫鼠，五技鼠也"，與國圖宋本同。

岳本此句無《釋文》，元刻本、永樂本、文物本、阮刻本、閩本、監本、重修監本、殿本《釋文》亦作"碩鼠，鼫鼠，五技鼠也"。

惟建本《釋文》作"碩鼠，碩鼠，五技鼠"，故錢本《釋文》僅與建本《釋文》同。

2. 貞丈人：丈人，嚴莊之稱。○錢本"嚴莊"作"莊嚴"。(p.23)

按：通志堂本、雅雨堂本、國圖宋本作"嚴莊之稱"，王筠校跋本、劉履芬臨錄本、《四部叢刊·釋文校勘記》皆無校記。可見葉鈔本作"嚴莊"，與國圖宋本同。

而岳本、撫州本⑤此句無《釋文》，注文作"嚴莊之稱"。日本足利學校藏南宋八行本、陳鱣舊藏宋刻宋元遞修八行本《周易注疏》無《釋文》，注文亦作"嚴莊之稱"⑥。元刻本、永樂本、文物本、阮刻本、閩本、監本、重修監本、毛本、殿本的注文與《釋文》亦皆作"嚴莊之稱"。

惟建本注文作"莊嚴之稱"，故錢本《釋文》僅與建本同。

3. 不正無應：本亦作"不應"。○舊"不應"作正文，"無應"作注，今從錢本互易。(p.38)

---

① 文中所引盧氏《周易音義考證》及所標頁碼，皆出自陳東輝主編《盧文弨全集》第5冊《經典釋文考證·周易音義考證》，第18—47頁。

② 鑒於"王筠校跋本"與"唐翰題跋本"所錄校語大致相同，爲行文簡潔，凡二書相同校語，只列王筠校跋本。

③ 鑒於"劉履芬臨錄本"與"失名臨潘錫爵傳錄何煌、段玉裁、臧庸堂、顧廣圻、黃丕烈等校跋本"所錄校語大體一致，故相同之校語，只列劉履芬臨錄本。

④ 王筠校跋本、唐翰題跋本、劉履芬臨錄本、失名臨潘錫爵傳錄何煌、段玉裁、臧庸堂、顧廣圻等校跋本及《四部叢刊·釋文校勘記》所據《釋文》底本皆爲通志堂本，故葉鈔本與底本一致者，無需出校語。

⑤ 《四部叢刊》影印南宋淳熙撫州公使庫刻《周易注》九卷《略例》一卷，上海：上海書店1989年版。

⑥ 日本足利學校藏南宋八行刻本《周易注疏》卷三，第35頁。

按：通志堂本、雅雨堂本、國圖宋本皆作"不正不應：本亦作'無應'"。王筠校跋本、劉履芬臨錄本、《四部叢刊·釋文校勘記》皆無校記。可見葉鈔本亦作"不正不應：本亦作'無應'"，與國圖宋本同。

岳本、殿本此句無《釋文》，元刻本、永樂本、文物本、阮刻本、閩本、監本、重修監本《釋文》亦作"不正不應：本亦作'無應'"。

惟建本《釋文》作"無應，一本作不應"，故錢本《釋文》僅與建本《釋文》同。

（二）錢本《釋文》僅與葉鈔本同

1. 易：虞翻注《參同契》云："字從日下月，正從日、勿。"○宋本作"字從日、月"，無"下"字。"正從日勿"四字諸本皆無，今據明錢求赤影宋本補。（p.18）

按：盧氏所據葉鈔本、王筠校跋本、劉履芬臨錄本、《四部叢刊·釋文校勘記》、國圖宋本皆作"字從日月，正從日勿"，諸本所言一致，可見葉鈔本與國圖宋本同。

而通志堂本、建本、元刻本、永樂本、文物本、阮刻本、閩本、監本、重修監本、殿本《釋文》則作"字從日下月"。

故錢本《釋文》僅與葉鈔本同，與其餘版本不同。

2. 逐逐：《志林》云："'攸'當為'逐'。"○《志林》，虞喜所作，舊作《字林》，非。今從錢本正。通志堂原刻本作《字林》，後改作《志林》。錢本無"攸"字。（p.29）

按：王筠校跋本、劉履芬錄臧庸校語、《四部叢刊·釋文校勘記》、國圖宋本作：《志林》云"當為逐"。諸本皆同，可見葉鈔本與國圖宋本同。

而通志堂本、建本、元刻本、永樂本、文物本、阮刻本、閩本、殿本《釋文》作：《志林》云"攸當為逐"。監本、重修監本《釋文》作：《字林》云"攸當為逐"。

故錢本《釋文》僅與葉鈔本同，與經注疏附《釋文》本不同。

3. 曰人：王肅、卞伯、玉桓、玄明、僧紹作"仁"。○"卞"，舊譌"卜"，今從錢本正。（p.43）

按：王筠校跋本、劉履芬錄臧庸校語、《四部叢刊·釋文校勘記》、國圖宋本皆作"卞"。諸本一致，可見葉鈔本與國圖宋本一致。

而通志堂本作"卜"，建本、元刻本、永樂本、文物本、阮刻本《釋文》作"下"，閩本、監本、重修監本《釋文》作"王"，岳本、殿本《釋文》無此句。

故錢本《釋文》僅與葉鈔本同，與其它版本《釋文》皆不同。

（三）錢本《釋文》僅與葉鈔本、宋刻建本《釋文》同

1. 不克則反，反則得吉也：一本作"反則得，得則吉也"。○《集解》作"反則得則，得則則吉也"。錢本同。（p. 25）

按：王筠校跋本、劉履芬臨錄臧庸校語、《四部叢刊·釋文校勘記》、國圖宋本皆作"反則得則，得則則吉也：一本作'反則得，得則吉也'"。諸本同，故葉鈔本與國圖宋本同。建本《釋文》亦同。

而通志堂本、元刻本、永樂本、文物本、阮刻本、閩本、監本、重修監本、殿本《釋文》則作"不克則反，反則得吉也：一本作'反則得，得則吉也'"。

可見錢本《釋文》僅與葉鈔本、建本《釋文》同。

2. 其彭：虞作"尪"，姚云"彭旁"，徐音同。○宋本、錢本"徐音同"皆作"俗音同"。（p. 25）

按：盧氏所據葉鈔本、王筠校跋本、劉氏臨錄臧庸校語、《四部叢刊·釋文校勘記》、國圖宋本皆作"俗音同"。諸本相同，故葉鈔本與國圖宋本一致。建本《釋文》亦同。

而通志堂本、元刻本、永樂本、文物本、阮刻本、閩本、監本、重修監本、殿本《釋文》則作"徐音同"。

可見錢本《釋文》僅與葉鈔本、建本《釋文》同。

3. 朵：京作"揣"。○揣，舊本從木，譌。今從宋本、錢本正。（p. 29）

按：盧氏所據葉鈔本、王筠校跋本、劉履芬臨錄本、《四部叢刊·釋文校勘記》、國圖宋本作"京作揣"。諸本一致，故葉鈔本與國圖宋本同。建本《釋文》亦同。

而元刻本、永樂本、文物本、阮刻本、閩本、監本、重修監本《釋文》則作"京作瑞"。通志堂本、殿本《釋文》作"京作楺"。

可見錢本《釋文》僅與葉鈔本、建本《釋文》同。

（四）錢本《釋文》僅與閩本、明監本《釋文》同

1. 桔：《廣雅》云："杻謂之桔，械謂之桎。"○《廣雅》，舊本作《小爾雅》，錢本作《小廣雅》，明監本同。（p. 22）

按：通志堂本、雅雨堂本、國圖宋本皆作"小爾雅"。王筠校跋本、劉履芬臨錄本、《四部叢刊·釋文校勘記》無校記。可見葉鈔本作"小爾雅"。建本、元刻本、永樂本、文物本、阮刻本、殿本《釋文》亦作"小爾雅"。

惟明嘉靖本（閩本）、明萬曆北監本和重修監本《釋文》作"小廣雅"。是故錢本《釋文》僅與閩本、明監本《釋文》同。

2. 反生：豌豆之屬。○舊作"麻豆"。錢本、神廟本皆作"豌豆"。（p.45）

按：通志堂本、雅雨堂本、國圖宋本皆作"麻豆"。王筠校跋本、劉履芬臨錄本、《四部叢刊·釋文校勘記》皆無校記，故葉鈔本作"麻豆"。建本、元刻本、永樂本、文物本、阮刻本、殿本《釋文》亦作"麻豆"。

惟明嘉靖南監本（閩本）、明萬曆北監本和重修監本《釋文》作"豌豆"，故錢本《釋文》僅與閩本、明監本《釋文》同。

（五）錢本《釋文》僅與明監本《釋文》同

1. 虎視：又市止反。○市，舊本作"常"。今從錢本正，神廟本同。（p.29）

按：通志堂本、雅雨堂本、國圖宋本皆作"常止反"。王筠校跋本、劉履芬臨錄本、《四部叢刊·釋文校勘記》皆無校記。可見葉鈔本當作"常止反"，與國圖宋本同。建本、元刻本、永樂本、文物本、阮刻本、閩本、殿本《釋文》亦作"常止反"。

惟明萬曆北監本和重修監本《釋文》作"市止反"，可見錢本《釋文》僅與明監本《釋文》同。

2. 而中：丁仲反。○錢本、神廟本作"之仲反"。（p.44）

按：通志堂本、雅雨堂本、國圖宋本作"丁仲反"。王筠校跋本、劉履芬臨錄本、《四部叢刊·釋文校勘記》皆無校記。可見葉鈔本亦作"丁仲反"，與國圖宋本同。建本、岳本、元刻本、永樂本、文物本、阮刻本、閩本、殿本《釋文》亦作"丁仲反"。

惟明萬曆北監本和重修監本《釋文》作"之仲反"，是故錢本《釋文》僅與明監本《釋文》同。

3. 所瞻：市豔反。○市，舊作"常"，譌。從錢本正，神廟本同。（p.47）

按：通志堂本、雅雨堂本、國圖宋本皆作"常豔反"。王筠校跋本、劉履芬臨錄本、《四部叢刊·釋文校勘記》皆無校記。可見葉鈔本亦作"常豔反"，與國圖宋本同。建本、岳本、元刻本、永樂本、文物本、阮刻本、閩本、殿本《釋文》亦作"常豔反"。

惟明萬曆北監本和重修監本《釋文》作"市豔反"，故錢本《釋文》僅與明監本《釋文》同。

（六）錢本《釋文》與諸本《釋文》皆同

1. 閇：必計反。○必，舊本作"心"，今從錢本、明監本正。（p.20）

按：王筠校跋本、劉履芬臨錄臧庸校語、《四部叢刊·釋文校勘記》、雅雨堂本、國圖宋本皆作"必"，可見葉鈔本亦作"必"。

建本、元刻本、永樂本、文物本、阮刻本、閩本、監本和重修監本《釋文》亦作"必計反"。故錢本《釋文》與諸本《釋文》皆同。

2. 苞：本又作"包"。○舊本"苞""包"互易，今依錢本正。（p.24）

按：王筠校跋本、劉履芬臨錄臧庸校語、《四部叢刊·釋文校勘記》、雅雨堂本、國圖宋本皆作"苞，本又作包"，可見葉鈔本與此同。

建本、元刻本、永樂本、文物本、阮刻本、閩本、監本和重修監本、殿本《釋文》亦作"苞，本又作包"。故錢本《釋文》與諸本《釋文》同。

3. 亹亹：鄭云"沒沒"也。○"沒沒"舊作"汲汲"，誤。今據宋本正，錢本、神廟本同。（p.44）

按：王筠校跋本、劉履芬臨錄臧庸校語、《四部叢刊·釋文校勘記》、雅雨堂本、國圖宋本皆作"沒沒"，故葉鈔本與國圖宋本相同。

建本、元刻本、永樂本、文物本、阮刻本、閩本、監本和重修監本《釋文》亦作"沒沒"。故錢本《釋文》與諸本《釋文》同。

（七）錢本《釋文》與諸本《釋文》皆不一致

1. 視：徐市志反。○舊"志"作"至"，今從錢本作"志"，與《頤卦》同。（p.37）

按：通志堂本、雅雨堂本、王筠校跋本、劉履芬臨錄本、國圖宋本皆作"至"。可見葉鈔本與國圖宋本一致。建本、元刻本、永樂本、文物本、阮刻本、閩本、監本、重修監本、殿本《釋文》亦作"至"。

而錢本《釋文》卻作"志"，與諸本《釋文》皆不同，似錢氏據《頤卦》改。

2. 承筐：鄭作"匡"。○舊本"筐""匡"互易，刪此條。今從錢本，與《玉海》同。（p.38）

按：通志堂本、王筠校跋本、劉履芬臨錄本、國圖宋本皆作"承匡：鄭作筐"。可見葉鈔本與國圖宋本一致。建本、元刻本、永樂本《釋文》同。

而雅雨堂本、文物本、阮刻本、閩本、監本、重修監本《釋文》卻作"承筐：鄭作筐"，兩個皆作"筐"。

錢本《釋文》卻作"承筐：鄭作匡"，與諸本《釋文》皆不同，似錢氏據

《玉海》所改。

3. 洽乃：本亦作"合"。○亦，舊本作"又"，今從錢本作"亦"。(p.47)

按：通志堂本、王筠校跋本、劉履芬臨録本、國圖宋本皆作"本又作合"。可見葉鈔本與國圖宋本一致。建本、元刻本、永樂本、文物本、阮刻本、殿本《釋文》亦作"本又作合"。而雅雨堂本、閩本、監本、重修監本《釋文》作"本乃作合"。

錢本《釋文》卻作"本亦作合"，與諸本《釋文》皆不同，似經錢氏校改。

以上將錢本《周易釋文》與現存諸本《周易釋文》逐一比勘，大致可知錢本《釋文》文本之來源。然值得注意的是，錢求赤作爲明末清初之人，當時所能見到並可利用的《周易釋文》版本主要有哪些？據陳鱣舊藏宋刻宋元遞修本《周易注疏》卷首過録的錢求赤題記，我們可尋得有關信息：

> 此古注疏本也。經下列注，注後疏自釋經，疏釋經後，疏復釋注。其文通達曉暢，井條不紊，非仲達不能爲也。不知何年腐儒，割裂疏文，逐句逐行，列於經注之下，同一節之侏儒類既截之鶴頸，可爲深歎。予所獲單疏本一，注疏合刻一，又單注本二，皆宋刻，最精好完善者，真天下之至寶也。家貧，古書（書）盡鬻於人，惟留此鈔本，惜之不啻如寶玉大弓。後有識者，當知吾言之不誣。庚戌（康熙九年，1670）十二月甲午日記。
>
> 此古注疏原本也，蒙古刊本割截可恨，明興諸監本皆因之，而始失其舊。予所習《周易》一書，已與俗本縣絕，它可知矣。古書爲劣儒庸奴竄改，每思扼捥，而於六經尤爲可深惜云。

錢氏所云"單疏本"爲宋刻《周易》單疏本，"注疏合刻"爲南宋刻《周易》經注疏合刻本（即宋刻八行本），"單注本"爲宋刻《周易》經注本，"明興諸監本"爲明南、北監本《周易兼義》（即閩本、監本和重修監本）。其中附有《周易釋文》的只有宋刻經注本和明監本。另據顧永新對錢本《周易注疏》正文十三卷之研究，認爲錢本正文主要是以宋八行本和明監本爲基礎，間取單疏本和宋經注本，重構而成的新校定本①。據上，我們可推測出錢氏在當時所能利用的《周易釋文》版本主要有：葉鈔本②、宋刻經注附《釋文》本、明刻注

---

① 參見顧永新《錢求赤鈔本〈周易注疏〉考實》，第63頁。

② 筆者尚未找到錢求赤直接利用葉鈔本校勘《周易釋文》的記載，然鑒於錢求赤是錢謙益從弟謙貞之長子，蘇州人，且遞相收藏葉鈔本的藏書家葉萬、錢曾、何煌、朱文游、周錫瓚亦都是蘇州人，再加上上文所舉錢本《釋文》僅與葉鈔本相同的例子，故錢氏極有可能參校過葉鈔本。

疏附《釋文》本（主要是南、北監本），此亦與上文分類相對應（如錢本《釋文》僅與葉鈔本同、僅與建本《釋文》同、僅與明監本《釋文》同等）。

綜上而言，錢本《釋文》並非如盧氏所言"影宋鈔本"，而是與錢本《周易注疏》正文十三卷的性質一樣，主要參考葉鈔本、宋刻經注附《釋文》、明監本附《釋文》三個版本，擇善而從，重校而成的新文本。其間還存在若干文字與諸本《釋文》皆不一致，很可能是錢氏據他書或無版本依據的校改，由此可見錢本《釋文》文本之來源頗爲繁雜。

前輩學者之所以誤判錢本性質，很大程度上由於錢本在整個清代深藏私家（乾嘉時期曾被藏書家周錫瓚收藏），秘不示人，其間陳鱣借閱抄録卷首與卷一，後便湮没無聞，今亦無考，恐已不存。故多數學者並未親眼見過錢本，所言均源自盧氏論斷，所據錢本異文也都依盧氏轉引，如阮元《周易注疏校勘記》所引錢本異文皆來自盧氏《周易注疏》校本。通過上述考察可進一步豐富我們對錢本《釋文》的認識，糾正以往錯誤的觀點。

清儒在經書校勘與考據著述中，經常會蒐集並使用一些所謂的"宋本""影鈔宋本"等文本，或含糊其辭，缺乏詳細具體的版本描述；或言之鑿鑿，確信所用就是宋本。然將其所引内容與今存宋本相對勘，卻發現存在不少不同之處，缺乏對應關係，進而得知他們使用的並非是宋版原書，而是一些輾轉相傳的他人校本，且其文本來源不甚明晰。如阮元《春秋左傳注疏校勘記》所據的宋刻八行本《春秋正義》與國家圖書館所藏宋刻八行本存有諸多不一致的情況，張麗娟老師經過考察，認爲阮元所據宋刻八行本既非南宋原刻本，亦非據原刻本的影鈔本，而是一部段玉裁過録的校本[①]。由此可見，考析清人經書校本的文本來源，不僅有利於我們深入認識經書的版本源流，還可以從經學史的層面去梳理探究經學著述間的承襲與流變關係，以明晰其學術史意義。

附記：拙稿曾請武漢大學駱瑞鶴教授、業師羅積勇教授、南開大學李晶副教授審閱指謬，於此謹致謝忱！

（作者單位：武漢大學文學院）

---

① 張麗娟《阮元〈春秋左傳注疏校勘記〉與八行本〈春秋左傳正義〉》，國家社科基金重大項目"《春秋左傳》校注及研究"《〈春秋〉學新視野與新方法論文集》2017年，第171—188頁。

《經義考》宋代《孟子》文獻考辨

李峻岫

【内容提要】 《經義考》是清代學者朱彝尊撰寫的一部經學專科目錄，廣蒐博考先秦至清初的經學文獻，使歷代經學著述存亡可徵，源流可考。但其中亦存在引據失考、存佚不實、書名或卷數誤記等諸種疏誤，尚需今人進一步考辨補正。本文擇取《經義考》著錄的宋代《孟子》學文獻中的八則，對其記載中的疏誤或易致淆亂之處試作辨析。

【關鍵詞】 經義考　宋代　孟子　考辨

《經義考》是清代學者朱彝尊於康熙年間撰寫的一部經學專科目錄。該書依倣元馬端臨《文獻通考·經籍考》等前代書目，廣蒐博考歷代有關經學之文獻。全書凡三百卷（實二百九十七卷，因其中"宣講""立學"、"家學"、"自敘"三卷未成，有錄無書），分列三十類，每類下按時代先後羅列撰者、書名及出處、卷數，註明存、佚、闕或未見，其後多摘錄歷代序跋、諸家論說、目錄解題及史傳、碑誌、類書、方志等相關資料，附以己之考辨按斷，間或羅列所輯佚文獻。《經義考》收錄的經學書目多達八千多種，網羅宏富，保存了從先秦至清初大量的經學文獻資料，使歷代經學著述存亡可徵，源流可考。《四庫全書總目》稱其"上下二千年間，元元本本，使傳經原委一一可稽，亦可以云詳贍矣"[①]，確非虛語。

具體到筆者近年來關注的《孟子》學相關文獻，《經義考》無疑是古籍中著錄《孟子》類文獻種數最多的目錄書。僅就兩宋而言，《經義考》著錄的這一時期《孟子》學文獻已達 108 種。對比由漢至唐僅有 12 種《孟子》學著作，可以明顯看出宋代孟子學術地位的提升及《孟子》學的興盛，《孟子》類的各種研究著述數量、規模均大大超過了以往漢唐時期。但宋代的《孟子》學著

[①] （清）永瑢等《四庫全書總目》卷八五《史部·目錄類一》，北京：中華書局 1965 年版，第 732 頁。

作，尤其是北宋的著作，至明清之際大多已亡佚散失。有的因編集於文集中而得以倖存散篇，有的則文字完全佚失，即便在書目著錄當中亦難覓蹤影，僅在一些序跋、傳記、碑誌、方志文獻中有一二記載。朱彝尊廣徵博考，勾稽索隱，將這些遺籍窮蒐備錄，一一臚列。可以説，後學者讀此一編，即可得宋代《孟子》學之梗概，窺其大凡，誠爲治學之津要。

當然，《經義考》因卷帙浩繁，引錄龐雜，難免挂一漏萬，千慮一失。像引據失考、存佚不實、書名或卷數誤記、文獻出處不明等時或有之，後人在使用時還需仔細加以考辨、勘驗。清代沈廷芳、全祖望、翁方綱、錢東垣、胡爾榮、羅振玉等學者皆對《經義考》有補遺、考訂之作①，但其中能對《經義考》作系統考訂、且完整流傳下來的著述并不多，僅有翁方綱《經義考補正》和羅振玉《經義考校記》。近年來當代學者對其中個別部類或某些條目也陸續有所考訂②，但總體上來看，對《經義考》的考辨補正，無論是廣度還是深度上，今人都有進一步拓展、深入研究的必要。本文在參稽前人成果的基礎上，謹擇取《經義考》著錄的宋代《孟子》學文獻中的八則，對其記載中的錯訛或易致淆亂之處試作辨析，以抛磚引玉。每條皆先列《經義考》中該條的相關著錄内容及所在卷目，後列筆者之按語。《經義考》之内容文字皆依據清乾隆十九年（1754）盧見曾刻本之初印本。

孫奭《孟子正義》 （卷二三三）

晁公武曰："皇朝孫奭等采唐張鎰、丁公著所撰，參附益其闕。古今注《孟子》者，趙氏之外有陸善經。奭撰《正義》，以趙注爲本。其不同者時時兼取善經，如謂'子莫執中'爲'子等無執中'之類。大中祥符中書成，上於朝。"

按：《經義考》引此"孫奭《孟子正義》"條，並不見於晁公武的《郡齋讀

---

① 參見張宗友《經義考續補諸作考論》，《古典文獻研究》第十一輯，南京：鳳凰出版社2008年版，第319—336頁。
② 楊果霖《〈經義考〉著錄"春秋類"典籍校訂與補正》，臺北：臺灣學生書局2013年版；江曦《〈經義考〉書類訂疑》，《天一閣文叢》第十三輯，杭州：浙江古籍出版社2015年版；韓震軍《〈經義考〉著錄宋人春秋學著述斠摭》，《中國經學》第二十輯，桂林：廣西師範大學出版社2017年版；張宗友《〈經義考〉孟子條校考》，《傳統中國研究集刊》第十八輯，上海：上海社會科學院出版有限公司2017年版；劉貝嘉《〈經義考〉"孟子類"文獻校理——以卷二百三十二爲論域》，《嘉興學院學報》2018年第3期；曹景年《〈經義考〉論語四書類補正》，《山東圖書館學刊》2019年第2期等。

書志》，而是轉引自馬端臨的《文獻通考·經籍考》。翁方綱《經義考補正》云："此條下所引晁公武之説，不見于《讀書志》，而王深寧亦云《讀書志》無孫奭《正義》之目，此據《通考》所引。"① 其説是。馬端臨所撰《經籍考》，其提要部分主要輯録《直齋書録解題》和《郡齋讀書志》。該書將孫奭《孟子音義》和《正義》合爲一條，著録作 "《孟子音義》《正義》共十六卷"，其下解題引 "晁氏曰""陳氏曰"。"晁氏曰"部分録自衢州本《郡齋讀書志》"孟子音義"條，同時又做了改動，其中 "撰《正義》"三字非出自晁氏。《郡齋讀書志》並未收録《孟子正義》，只有 "《孟子音義》"條，而《音義》條並未提及《正義》。且釋 "子莫執中"爲 "子等無執中"語見於《孟子音義》，而非《正義》。南宋王應麟已經指出，《郡齋讀書志》等幾部宋代主要書目都沒有著録《孟子正義》，從而對其真僞提出質疑："《正義序》云'孫奭'，《崇文總目》《館閣書目》《讀書志》皆無之。朱文公謂：'邵武士人作，不解名物制度，其書不似疏。'"② 恰恰朱彝尊在這段 "晁公武曰"後緊接着引録的就是王應麟的上述論斷，但可惜朱彝尊並未發現前後兩段文字之間的牴牾之處，以致未能辨別馬氏改竄晁氏原文的情況，從而也進一步阻礙了其對《正義》真僞的判斷。此條末朱氏按曰："似有可疑，不若《音義》之真也。"可見朱彝尊已由《正義》疏解之陋劣而懷疑其是否爲孫奭所作，但對於宋元書志目録中的記録淆亂之處卻未能質疑並加以考辨，殊爲可惜③。

李覯《常語》 （卷二三三）

一卷。存。

按：李覯《常語》，《直齋書録解題》卷一七、《文獻通考》卷二三五皆著録作三卷，宋魏峙撰《直講李先生年譜》亦云李著 "《常語》上中下三卷"④。《常語》三卷單行本明清時已不見於著録，李覯自編的文集和宋代梓行的其他李覯著作，明清時亦漸散佚。現存的李覯文集是明成化年間左贊重新編刻的本子，即《直講李先生文集》，包括卷首門人撰《年譜》一卷，詩文雜著三十七卷，又有外集三卷，爲他人之作。其中卷三二至卷三四是《常語》，亦爲三卷。

---

① （清）翁方綱《經義考補正》卷九，第 11a 頁，清乾隆五十七年大興翁氏刻本。
② （宋）王應麟撰，（清）翁元圻等注《困學紀聞》卷八，上海：上海古籍出版社 2008 年版，第 1004 頁。
③ 關於《孟子正義》是否爲孫奭所作，可參看拙文《〈孟子〉疏作僞問題考論》，《中國典籍與文化》2014 年第 2 期。
④ （宋）李覯《直講李先生文集》前附《直講李先生年譜》，第 15b 頁，明成化刻本。

據此,《經義考》著録作一卷當爲誤記。又,陳振孫云:"泰伯(筆者按:李覯字泰伯)不喜孟子,《常語》專辯之。"① 可見《常語》是非孟、辨孟之作。但現存李覯文集中的《常語》部分辯駁孟子的言論甚少。《四庫全書總目》謂:"宋人多稱覯不喜孟子,余允文《尊孟辨》中載《常語》十七條,而此集所載,僅'仲尼之徒無道桓文之事'及'伊尹廢太甲''周公封魯'三條。蓋贊諱而删之。集首載祖無擇《退居類稿序》,特以孟子比覯,又集中《答李覯書》云,孟氏、荀、揚醇疵之説,不可復輕重。其他文中亦頗引及《孟子》,與宋人所記種種相反。以所删《常語》推之,毋亦贊所竄亂歟!"② 認爲左贊對原稿作了删節,文集中的《常語》已非其本來面貌。其説蓋是。南宋余允文《尊孟辨》中所録《常語》保留了很多不見於文集中的文字③。另外,南宋邵博《邵氏聞見後録》和清黄宗羲《宋元學案》中也引録了一些《常語》的佚文。可見文集中的《常語》三卷,亦不能等同於《直齋書録解題》中著録的三卷本。究竟《常語》原貌爲何,目前也只能藉助於《尊孟辨》等文獻窺知一二。

司馬康等《孟子節解》 (卷二三三)

《通考》:十四卷。佚。

范祖禹進劄子曰:"臣等準入内供奉官徐湜傳宣奉聖旨,令講讀官編修《孟子節解》一十四卷進呈。臣司馬康、吴安詩、范祖禹、趙彦若、范百禄。"又志司馬康墓曰:"司馬康公休奉對邇英閣,言《孟子》爲書最醇正,陳王道尤明白,所宜觀覽。上尋詔講筵官編修《孟子節解》爲十四卷以進。康力疾解《孟子》二卷。"……

晁公武曰:"皇朝范祖禹、孔武仲、吴安詩、豐稷、吕希哲元祐中同在經筵,所進講義貫穿史籍。雖文辭微涉豐縟,然觀者咸知勸講自有體也。"

按:范祖禹和晁公武所記五位撰者姓名並不一致,只有范祖禹、吴安詩兩位是重合的。翁方綱已發現此問題,云:"《通考》作《五臣解孟子》十四卷,據晁氏所引姓氏,范祖禹、孔武仲、吴安詩、豐稷、吕希哲,並無司馬康之名。《經義考》此條下所引范祖禹進劄子五臣姓名,則司馬康、吴安詩、范祖

---

① (宋)陳振孫《直齋書録解題》卷一七,上海:上海古籍出版社1987年版,第496頁。
② (清)永瑢等《四庫全書總目》卷一五三《集部·别集類》,第1316頁。
③ 王國軒先生校點《直講李先生文集》從余允文《尊孟辨》中輯得佚文十六條。見王國軒校點《直講李先生文集》附録一,《儒藏》精華編第二〇五册,北京:北京大學出版社2014年版,第835—842頁。

禹、趙彥若、范百禄，與《通考》不同，恐是二書而竹垞誤合爲一耳。"① 懷疑是兩種書而誤録於一書名下。核《郡齋讀書志》，《經義考》所引晁氏語乃繫於"《五臣孟子解》"書目之下，並非"《孟子節解》"，雖然二者卷數同爲十四卷，但實則是兩種書。據范祖禹所撰司馬康墓誌銘，司馬康在元祐五年（1090）四月奏對邇英閣時言"《孟子》於書最醇正，陳王道尤明白，所宜觀覽"，哲宗答曰"方讀《孟子》"，隨即下詔令講筵官編修《孟子節解》②。兩個月後，六月八日，時任講筵官的司馬康、吳安詩、范祖禹、趙彥若、范百禄完成《孟子節解》十四卷並進呈，當時司馬康已因病告假③。後來范祖禹等人真正進講《孟子》，其時間據學者考證，則在元祐五年十一月至七年六月④。司馬康已於元祐五年九月去世，所以没能進講《孟子》。據載，元祐五年二月壬寅，"詔詳録所講義以進，今後具講義，次日別進"⑤，確立了進講次日進呈講義的制度。《五臣解孟子》當爲范祖禹、孔武仲、吳安詩、豐稷、吕希哲這五位侍講先後進講《孟子》，而後所形成的講義彙編。此書宋元時期流傳，大約亡於明代⑥。《郡齋讀書志》《文獻通考》均只著録《五臣解孟子》十四卷，《孟子節解》在《經義考》以前則未見書目著録，而朱彝尊誤以二書爲同一書，將其引録於"《孟子節解》"條下，殊誤。

張載《孟子解》　　　　　　　　　　　　　　　　　　　　（卷二三三）

《通考》：二十四卷。存。

按：張載的《孟子解》在宋元目録中多有著録，但所記卷數並不完全一致。晁公武《郡齋讀書志》著録作十四卷，王應麟《玉海》卷四一《藝文》亦爲十四卷，而馬端臨《文獻通考·經籍考》則著録爲二十四卷。據《孟子》之分篇，當以作十四卷者爲是。《文獻通考》采録了晁公武的解題，但卷數卻與之不同，或爲手民之誤。《經義考》則又徑直照録《文獻通考》，未加核實。

---

① （清）翁方綱《經義考補正》卷九，第11ab頁。
② （宋）范祖禹《范太史集》卷四一《直集賢院提舉西京嵩山崇福宮司馬君墓誌銘》，第15b頁，景印文淵閣《四庫全書》本。
③ （宋）范祖禹《范太史集》卷一九《編〈孟子節解〉劄子》，第11b頁。
④ 參見吳國武《〈五臣解孟子〉與宋代孟子學》，《國學學刊》2014年第3期，第87頁。
⑤ （宋）李燾《續資治通鑒長編》卷四三八，北京：中華書局2004年版，第10559頁。
⑥ 參見吳國武《〈五臣解孟子〉與宋代孟子學》，第88頁。吳國武認爲，《郡齋讀書志》所列作者順序與進講順序完全吻合，故此書疑爲講筵所流出的傳本，可能是南宋初期編訂。

又,《孟子解》在《文獻通考》中有著録和解題,説明其書元代尚存①。明嘉靖五年(1526)吕柟編輯《張子抄釋》時,稱"今其存者止二《銘》《正蒙》《理窟》《語録》及《文集》"②,可知其時《孟子解》已不可見。此後徐必達於萬曆三十四年(1606)輯刻周敦頤、張載二人的著述,即《合刻周張兩先生全書》二十二卷③,其中未收張載的《孟子解》。由此可知,《孟子解》蓋在明代中後期已亡佚。但撰寫於清初的《經義考》收録此書時卻標明其存佚情況爲"存",其具體情形今已難詳考。學者推測,若其説可信,"似不能排除張載《孟子説》曾收存於清代個別藏書家手中的可能性"④。

黄敏《孟子餘義》 (卷二三四)

一卷。佚。

按:以上二書見《紹興續到四庫闕書目》。(筆者按:"二書"包括上一條蔡參《孟子廣義》。)

按:黄敏,生卒不詳。據《玉海》卷四二引宋代實録,宋初有懷安軍(今四川金堂)鹿鳴山人黄敏,明經術,著《九經餘義》一百卷。大中祥符五年(1012)正月,轉運使滕陟上其《九經餘義》,朝廷以爲所著有可採之處,於是被任命爲本軍助教⑤。黄敏《孟子餘義》一卷,最早著録於宋紹興間改定《秘書省續編到四庫闕書目》(下簡稱"《秘目》")卷二子類,《經義考》即據之著録。清葉德輝按曰:"此前經部小學類黄敏《九經餘義》之一。"⑥認爲此《孟子餘義》即是《秘目》卷一小學類著録的黄敏《九經餘義》(一百卷)之一。

黄敏《九經餘義》,除《秘目》著録外,《崇文總目》《遂初堂書目》《玉海》《通志·藝文略》《文獻通考·經籍考》《宋史·藝文志》《經義考》等皆有

---

① (元)馬端臨《文獻通考·自序》云:"今所録,先以四代史志列其目,其存于近世而可考者,則采諸家書目所評,並旁蒐史傳、文集、雜説、詩話。"(第27b頁,景印文淵閣《四庫全書》本)《横渠孟子解》録有晁公武解題,當即"存于近世而可考者"。
② (明)吕柟《張子抄釋序》,《張載集》附録,北京:中華書局1978年版,第389頁。
③ 明萬曆三十四年徐必達輯刻的這個本子是後來萬曆四十六年沈自彰刻《張子全書》及後此諸本《張子全書》之祖。參見陳俊民《關於〈儒藏〉精華編〈張載全集〉編校的思考》,《儒家典籍與思想研究》第一輯,北京:北京大學出版社2009年版,第488—489頁。
④ 林樂昌《張載佚書〈孟子説〉輯考》,《中國哲學史》2003年第4期,第119頁。
⑤ 參見(宋)王應麟《玉海》卷四二"祥符九經餘義"條,南京:江蘇古籍出版社、上海:上海書店聯合出版1987年版,第803頁。
⑥ (清)葉德輝校《秘書省續編到四庫闕書目》卷二,《宋元明清書目題跋叢刊》第一册,北京:中華書局2006年版,第301頁。

著録。其中《玉海》引《中興館閣書目》以及《宋史·藝文志》《經義考》撰者名皆作"黄敏求"。另，宋衛湜《禮記集説》書首所列"集説名氏"中列有"演山黄氏敏求《九經餘義》"①。錢東垣校《崇文總目》亦改黄敏爲黄敏求②。"黄敏""黄敏求"二者孰是孰非，似未可遽斷。

所謂"九經"，按照北宋的習稱，指《詩》、《書》、《易》、三《禮》、《春秋》三傳，並無《孟子》。又，《玉海》卷四二"祥符九經餘義"條中有小字注曰"總九經兼《孝經》《論語》"③，亦無《孟子》。可見，此《孟子餘義》是否即爲《九經餘義》的一部分，撰寫《孟子餘義》的黄敏是否即爲《九經餘義》的黄敏（或作黄敏求），因文獻闕如，尚有待進一步考辨。

游酢《孟子雜解》　　　　　　　　　　　　　　（卷二三四）

《宋志》：一卷。佚。

按：《孟子雜解》一卷，宋代書志目録中僅見於《宋史·藝文志》，此後直至《經義考》之前均未見著録。另，楊時所作《御史游公墓誌銘》稱游酢著有"《中庸義》一卷、《易説》一卷、《詩二南義》一卷、《論語》《孟子雜解》各一卷、文集十卷，藏於家"④。據此可知《孟子雜解》一卷原本單行，且流傳不廣，其是否板行尚難確知。此外，據《宋史·藝文志》著録，游酢尚撰有《孟子解義》十四卷。《解義》今已不可得見，其情不詳。至於《孟子雜解》，現存清代游氏後人編刻的《游廌山先生集》中尚有此卷，似與《經義考》已佚的説法有所出入。游酢的文集北宋時尚有十卷本，南宋則惟殘存一卷，至清代乾隆年間始由游氏裔孫重新蒐輯編刻。此後雖屢有重刻，卷數不盡相同，但游氏本人的詩文篇章基本没有大的增益改動⑤。四庫館臣認爲四庫採進的所謂游氏家刻本"蓋後人掇拾重編，不但非其原本，且並非完書矣"⑥，其説不爲無據。清代刊刻游酢文集中的《孟子雜解》内容僅有八條，《論語雜解》則有四十五條

---

① （宋）衛湜《禮記集説》書首，第6a頁，《中華再造善本》影印國家圖書館藏宋嘉熙四年新定郡齋刻本。
② （宋）王堯臣等《崇文總目》卷一小學類上"九經餘義"條錢東垣按語，《宋元明清書目題跋叢刊》第一冊，第30頁。
③ （宋）王應麟《玉海》卷四二，第803頁。
④ （宋）楊時《龜山先生集》卷三一，第45b頁，明正德刻本。
⑤ 參見祝尚書《宋人別集敘録》（上），北京：中華書局1999年版，第608頁。
⑥ （清）永瑢等《四庫全書總目》卷一五五《集部·別集類》，第1337頁。

之多，二者差距甚遠，推測《孟子雜解》内容當有缺佚①。蓋游氏後人據當時殘存的文集篇章及相關文獻重輯而成，既非《孟子雜解》原本，亦遠非完璧，實爲勉强湊成。同治六年（1867）和州官舍重刊《游定夫先生集》卷一"《論語雜解》"題下注曰："今先生裔孫文遠所刻《廌山集》，蓋從《論孟精義》中録出者。"其説當是。朱熹《孟子精義》中收録的游氏解説凡七條，皆見於現存《孟子雜解》②，很可能就是後人重編《孟子雜解》時據《精義》輯録的緣故。據陳廷敬康熙己卯年（1699）爲《經義考》所作序，可知《經義考》三百卷最終成書當在康熙三十八年（己卯），朱彝尊自然無法見到乾隆時期重編的游酢文集，而《孟子雜解》在當時早已佚失，故《經義考》中著録"佚"當屬實情。

楊時《孟子義》 （卷二三四）

未見。

按：楊時門人吕本中《楊龜山先生行狀》云，楊時有"《孟子義》若干卷"③。據學者推斷，行狀中稱爲"若干卷"的十幾種著作在楊時生前及其故後吕氏撰寫《行狀》之時應當並未刊刻④。故《孟子義》亦屬於此種情況。陳振孫《直齋書録解題》卷三"經解類"著録《龜山經説》八卷，其下云："《易》三，《詩》《春秋》《孟子》各一，末二卷則經筵講義也。"⑤可見《孟子義》一卷後來列入《龜山經説》而刊行。南宋咸淳庚午（1270）黄去疾所撰《龜山年譜序》云："龜山先生之書，其文集、《經説》《論語解》《語録》已刊于延平郡齋。"可知《龜山經説》有南宋延平郡齋刊本，但《經説》後來並無傳本。而傳世的《龜山集》"經解"部分中尚存《孟子解》，與《詩義》《春秋義》同卷，凡四十四條，别卷則收録《孟子義序》⑥。這四十四條解説中有四十條同時也見

---

① （宋）游酢《游定夫先生集》卷二"《孟子雜解》"題下有校注曰："今所存《孟子雜解》僅八則，疑多遺佚，然不可攷矣。"（第1a頁，清同治六年和州官舍重刊本）

② 《孟子雜解》中僅"燕人畔"章不見於《論孟精義》，但《孟子集注》卷四引録了此條。又，朱熹在《孟子或問》中曾提及此條游氏解説並作評價。見（宋）朱熹《孟子或問》，《朱子全書》第6册，上海：上海古籍出版社、合肥：安徽教育出版社2010年版，第942頁。

③ （宋）楊時《楊時集》附録二，北京：中華書局2018年版，第1151頁。

④ 方彦壽《楊時著作版本源流考述》，《合肥學院學報》（社會科學版）2014年第4期，第16頁。

⑤ （宋）陳振孫《直齋書録解題》卷三，第82頁。

⑥ 明弘治十六卷本及萬曆四十二卷本正文篇題皆作"《孟子義序》"，而明正德三十五卷本則作"《孟子序》"。

於朱熹纂輯的《論孟精義》之《孟子精義》部分。《龜山集》的幾種宋刊本早已亡佚，現存最早的爲明本。無論是選本中存世最早的明弘治十六卷本，還是全本中最早的明正德三十五卷本，二者皆源於南宋咸淳將樂刊三十五卷本①。因此，可以推斷南宋將樂刊《龜山集》中即收錄了《孟子解》，内容與我們目前所見明清諸本應該基本一致。《經義考》著錄"楊時《孟子義》，未見"，其下收錄楊時《孟子義序》，蓋朱彝尊緣《孟子義序》尋《孟子義》而未果，實不知《龜山集》中尚存有《孟子解》。據黄去疾《龜山年譜》，楊時《孟子序》文爲其崇寧二年（1103）在荆州任教官時所寫②。據此推知，《孟子義》的撰寫時間亦應在崇寧二年前後。但《龜山集》中的《孟子解》很可能並不能等同於《孟子義》原書。《孟子義》在楊時生前並未刊刻，而楊時的著述在其身後散失者多。紹興五年（1135）楊時故去不久，其門生陳淵負責編次龜山遺著，云"但寇盜以來不免散失，已囑昭祖、安止蒐求，十得六七"③。儘管《孟子義》曾收入《龜山經說》，南宋時於延平郡齋刊刻，但該本後來亦散失無傳。推測《孟子義》在流傳中很可能有佚失，後來收入《龜山集》的《孟子解》已非完本。又，現存《孟子解》諸條目雖大致按照《孟子》篇卷先後排列，但後半部分多處條目的次序出現錯雜倒置，大概亦是因爲非其原本的緣故。

尹焞《孟子解》 （卷二三四）

《宋志》：十四卷。　　佚。

按：關於尹焞《孟子解》的情況，《和靖尹先生文集》中所收《韓無咎跋和靖先生孟子解》有較爲詳細的記述："和靖先生疾革，門人吕稽中、王時敏問遺表。先生曰：'焞受詔解《孟子》，未上，即遺表也。有第三篇及其某章皆未備，宜爲我足之。'稽中等泣曰：'先生經解，稽中輩安能足也。朝廷幸來取，但當以稿進爾。'……然先生既没，是書藏于家，訖不果上也。近始傳而得之，語言嚴密，殆先生絶筆，其所謂未備者亦可概見矣。而建安趙使君併與《論語解》刊於郡齋，因書其後，尚俾學者有攷云。乾道壬辰七月潁川韓元吉謹題。"④ 按韓元吉，字無咎，韓維之子，尹焞門人。建安趙使君，指趙彦端，

---

① 參見方彦壽《楊時著作版本源流考述》，第20頁。
② 見（宋）楊時《龜山先生集》卷首《龜山先生文靖楊公年譜》，第9b頁，明正德刻本。
③ （宋）陳淵《默堂先生文集》卷一七《與胡康侯侍讀》，第24b頁，《四部叢刊三編》影宋鈔本。
④ （宋）尹焞《和靖尹先生文集》卷一〇《韓無咎跋和靖先生孟子解》，第15a頁，明嘉靖刻本。

字德莊，宋宗室。乾道間以直寶文閣知建寧府①。又，《直齋書錄解題》卷三著錄尹氏《論語解》十卷、《孟子解》十四卷，云"紹興中經筵所上，《孟子解》未成，不及上而卒"②。趙希弁《讀書附志》則著錄《孟子解》兩卷，言尹焞"既侍講筵，首解《論語》以進，繼解《孟子》，甫及終篇而卒。此本乃邢正夫刻于岳陽泮宫者"③。由以上跋文及兩種宋代書目解題可知，尹焞紹興年間侍講經筵，被旨解《孟子》，即撰作《孟子解》，未及完成而去世。乾道時趙彥端將《論語解》與《孟子解》於建安郡齋合刊，此爲《孟子解》最早的刊本，當即十四卷本。後來又有邢正夫刊刻於岳陽泮宫者，著錄爲兩卷本，當爲單行，未與《論語解》合刊。據此，《孟子解》南宋時即有趙彥端和邢正夫兩種刻本問世，分別著錄爲十四卷本和兩卷本。《宋史·藝文志》著錄了《孟子解》十四卷本④。至明代，朱睦㮮隆慶間編刻的《萬卷堂書目》著錄有尹焞"《孟子解》二卷"⑤，成書稍晚的祁承㸁《澹生堂藏書目》亦著錄"《尹和靖先生論孟解》四册（注）四卷"⑥，可知明代中後期兩卷本一直傳世。至清乾隆朝編纂《四庫全書》時，四庫館臣尚能得見地方上進呈的《孟子解》兩卷，其來源爲"浙江吳玉墀家藏本"⑦。因此朱彝尊注曰"佚"當爲失察，僅羅列《宋史》著錄之"十四卷"本亦不完備。

《孟子解》現尚存兩卷之清抄本，是該書國内唯一傳世版本，藏於西安市文物管理委員會。書前無序跋。《四庫存目叢書》曾將其影印出版。杜澤遜《四庫存目標注》據該書前的"吳城""敦復""繡谷亭續藏書"及"翰林院印"

---

① （宋）尹焞《和靖尹先生文集》卷一〇《韓無咎跋和靖先生論語解》"乃以舊年兄弟手所抄付於故人趙德莊于建安"云云（第 14b 頁）。又，趙彥端生平參見韓元吉《南澗甲乙稿》卷二一《直寶文閣趙公墓志銘》。

② （宋）陳振孫《直齋書錄解題》，第 75 頁。

③ （宋）晁公武《郡齋讀書志校證》（下），上海：上海古籍出版社 1990 年版，第 1098 頁。

④ （元）脱脱等《宋史》卷二〇五《藝文志四》，北京：中華書局 1985 年版，第 5175 頁。

⑤ （明）朱睦㮮《萬卷堂書目》卷一，《宋元明清書目題跋叢刊》第四册，北京：中華書局 2006 年版，第 582 頁。

⑥ （明）祁承㸁《澹生堂藏書目》卷二"續收"部分，《宋元明清書目題跋叢刊》第五册，北京：中華書局 2006 年版，第 729 頁。按，《論孟解》四卷，當爲《論語解》《孟子解》各二卷。又，（明）焦竑《國史經籍志》著錄了"《孟子尹氏解》十四卷"，但焦志只是照抄舊目錄，不論存佚，因此不能作爲考證書籍實際存佚情況的依據。

⑦ 《孟子解》篇題標注，見（清）永瑢等《四庫全書總目》卷三七《經部·四書類存目》，第 307 頁。又，提要正文亦云"此本出自浙江吳玉墀家"。

等鈐印，認爲此本即吳玉墀進呈原本①。但具體到這部吳玉墀進呈本《孟子解》的卷數，幾種書志目錄的著録並不一致。據乾隆四十年（1775）刊刻的《浙江採集遺書總録》著録，進呈四庫館的《孟子解》爲"十四卷"的"瓶花齋寫本"②。瓶花齋爲吳玉墀父親吳焯始建的藏書樓，吳焯去世後，吳玉墀與其長兄吳城又克紹箕裘，繼承父親的藏書志業，因此所謂瓶花齋寫本，與《四庫總目》所言吳玉墀家藏本當係同一版本。但不同於《四庫總目》著録的"兩卷"，《浙江採集遺書總録》著録爲十四卷。而早於《遺書總録》、作爲《遺書總録》編纂來源的《浙江省第四次吳玉墀家呈送書目》亦著録爲"《孟子解》十四卷，舊題宋尹焞著，一本"③。檢視現傳世的西安市文管會藏本，其書按《孟子》十四章逐章編排，卷端及卷末並無明確的卷第標識。惟版心上端有"孟子解上（下）"字樣，《離婁章句上》之前爲"孟子解上"，之後爲"孟子解下"。推測《四庫總目》蓋因版心題識而著録爲兩卷；而《呈送書目》《遺書總録》則因該書沒有明確的卷第標識，而據十四章分章著録爲十四卷。

（作者單位：北京大學《儒藏》編纂與研究中心）

---

① 杜澤遜《四庫存目標註》卷九《經部·四書類》，上海：上海古籍出版社2007年版，第349頁。
② （清）沈初等撰《浙江採集遺書總録》（上册）"丙集"，上海：上海古籍出版社2010年版，第114頁。
③ 吳慰祖校訂《四庫採進書目》，北京：商務印書館1960年版，第86頁。

· 校 勘 辨 正 ·

"九諦九解"之争時間考

谷 建

【内容提要】 明儒許孚遠與周汝登關於"無善無惡"問題引發的"九諦九解"之争,是晚明思想界一次重要的學術辯難。關於"九諦九解"之文本,前人已有較爲詳盡的疏解和辨析,然對這一事件發生的時間一直以來仍存有誤解。本文通過梳理許孚遠相關資料,結合周汝登行實,指出"九諦九解"之争應發生在萬曆二十三年四月至二十四年之間,而非萬曆二十年。

【關鍵詞】 九諦九解 許孚遠 周汝登

明萬曆年間,學者許孚遠與周汝登曾於留都南京展開一場關於"無善無惡"問題的學術辯難。周汝登承王畿之學,以無善無惡爲宗,而許孚遠學宗湛若水弟子唐樞,其學"以克己爲要","而惡夫援良知以入佛者"①,故撰《九諦》以駁其説,表達異議,周汝登又作《九解》逐一相辯,這就是"九諦九解"之争。"九諦九解"之争作爲晚明思想界著名的學術争鳴之一,轟動一時,周汝登弟子劉塙在當時即合兩家之文而刻之。關於這一事件的研究,由於《九諦》《九解》的文本在周汝登文集中得以完整保存,學界早有詳盡的疏解和辨析②,而對其論辯之

---

① (清)黄宗羲《明儒學案》卷四一《甘泉學案五·侍郎許敬庵先生孚遠》,沈芝盈點校,北京:中華書局 2008 年版,第 973 頁。
② 如蔡仁厚《王門天泉"四無"宗旨之論辯——周海門"九諦九解之辨"的疏解》,氏著《新儒家的精神方向》,臺北:臺灣學生書局 1984 年版;彭國翔《良知學的展開:王龍溪與中晚明的陽明學》,北京:生活·讀書·新知三聯書店 2005 年版,第 398—406 頁;佐藤鍊太郎《明清時代對王學派批判》,《學海》2010 年第 3 期,第 24—28 頁;Zhao Jie, *Chou Ju-teng at Nanking: Reassessing a Confucian Scholar in the Late Ming Intellectual World*, PhD diss, Princeton University, 1995;代超《周海門哲學思想研究》,北京大學博士學位論文,2010 年;劉浪《此道應須自敏求——周汝登的生命歷程和思想世界》,復旦大學碩士學位論文,2010 年。彭國翔有《周海門先生年譜稿》,見《中國儒學》第一輯,北京:商務印書館 2009 年版,第 341—386 頁。

始末細節，由於相關資料較少，則罕有論述①。特別是"九諦九解"之爭發生的時間，據周汝登門人張元憬等編刻於萬曆年間的《周海門先生文錄》卷一《九解引》云：

> 宦南都者，舊有講學之會，而至萬曆二十年前後，一時會聚尤盛。不肖時得隨諸公之後，盤桓印證。一日，偶拈舉《天泉證道》一篇，重宣其秘。而座上敬庵許先生未之首肯，明日，出《九諦》以示。不肖僭爲《九解》復之。先生於不肖爲先達，言宜順受，而師門之旨不可不明，且學問亦不嫌於明辨，故敢冒昧如是。其或當或否，俟知者判焉。②

而在周汝登的另一種文集《東越證學錄》中，記述文字則稍有出入，更爲簡練，已非海門自撰，似出於門弟子之手：

> 南都舊有講學之會。萬曆二十年前後，名公畢集，會講尤盛。一日，拈舉《天泉證道》一篇相與闡發，而座上許敬庵公未之深肯。明日，公出九條，自命曰《九諦》，以示會中。先生爲《九解》復之，天泉宗旨益明。具述於左云。③

這兩種不同版本的文集均將《九解》列在卷首，足見周汝登對這場論爭之重視。黃宗羲《明儒學案》亦有關於這一事件的記載：

> 南都講學，先生與楊復所、周海門爲主盟。周、楊皆近溪之門人，持論不同。海門以無善無惡爲宗，先生作《九諦》以難之。言："文成宗旨，元與聖門不異，故云性無不善，故知無不良，良知即是未發之中，此其立論至爲明析。無善無惡心之體一語，蓋指其未發廓然寂然者而言之，則形容得一静字，合下三言始爲無病。今以心意知物俱無善惡可言者，非文成之正傳也。"時在萬曆二十年前後，名公畢集，講會甚盛，兩家門下，互有口語，先生亦以是解官矣。④

上述文字皆有"萬曆二十年前後"之語，故學界一直據此將"九諦九解"之爭繫於萬曆二十年（1592）。

---

① 王格《"九諦九解"之爭始末考》，《哲學動態》2014年第12期，第40—45頁。
② （明）周汝登《九解引》，《周海門先生文錄》卷一，《四庫全書存目叢書》集部第165冊，第140頁，明萬曆刻本。
③ （明）周汝登《南都會語》，《東越證學錄》卷一，第一頁，國家圖書館藏明刊二十卷本。
④ （清）黃宗羲《明儒學案》卷四一《甘泉學案五·侍郎許敬庵先生孚遠》，第973頁。

今細究"萬曆二十年前後"之語，本係周汝登在日後回憶自己任職南京期間參與各種講會的盛況，並未明言與許孚遠之辯難即發生在萬曆二十年（1592）。"萬曆二十年"只是一個大致時間，此前此後數年均有可能。關於周汝登任職南京的時間，由於其傳記資料極少，黃宗羲《明儒學案》卷三六《泰州學案第五》有《尚寶周海門先生汝登》，對其學術思想有所介紹，而生平則極爲簡略。《明史》傳記等皆輾轉相抄，惟《嵊縣志》略詳，云周汝登字繼元，爲萬曆五年丁丑進士，授工部屯田主事，督稅蕪湖，謫兩淮運倅，陞南京兵部車駕司主事，轉驗封司，陞廣東按察僉事，疏乞終養不允，陞雲南參議，南京尚寶司卿、太僕寺少卿，尋陞通政使司，晉户部右侍郎致仕，詔起工部尚書，未任卒①。今考其文集，《瘞亡兒誌》云：

> 萬曆壬辰三月，余以京兆量移南發，行李戒道，乃季兒陡然病作。期以十有八日行，而兒以是日死。……夫逾巡五日，將就瘞。余不忍父子割裂於旦夕間，攜柩以行。行十日，抵靜海，余揮淚自語："兒骨可藏兹土矣。"……瘞之日爲壬辰四月五日。②

《鄒子講義序》云：

> 余蓋憶壬辰之夏，與鄒子論學留都。③

《書覺音卷》云：

> 萬曆丁酉，余量移嶺表，十月始入境。④

又《明神宗實録》載：

> 萬曆二十五年正月癸丑，陞南京吏部主事周汝登爲廣東僉事，專管屯田、鹽法、水利。⑤

可知萬曆二十年壬辰三月，周汝登自北京出發，前往南京就任兵部車駕司主事，正六品。四月初抵靜海，當年夏天之前已到南京。五年後，萬曆二十五年

---

① （乾隆）《嵊縣志》卷一一《人物·理學·周汝登》，第三十二—三十四頁，清乾隆七年刻本。
② （明）周汝登《東越證學録》卷一四，第十五—十六頁。
③ （明）周汝登《東越證學録》卷六，第二十二頁。
④ （明）周汝登《東越證學録》卷一三，第二十一頁。
⑤ 《明神宗實録》卷三〇六，臺北"中研院"歷史語言研究所校勘本，第5727頁。

丁酉正月癸丑，周汝登移官廣東，陞爲正五品按察使僉事，十月入境。則萬曆二十年夏季之後，周汝登的確身在南京不假。

然若詳考另一位當事人許孚遠之行實，萬曆二十年（1592）時，他並未身處南京，因此也不可能在這一年與周汝登於南京講會相辯難。與周汝登相比，許孚遠的傳記資料可謂詳實豐富：身後有孫鑛所撰神道碑，有葉向高所撰祭文及墓志銘，二人既是學者又身兼高位，且與許孚遠相交多年①；黄宗羲《明儒學案》將許孚遠收在《甘泉學案》，黄宗羲從學於許孚遠門人劉宗周，係再傳弟子；《明史》本傳基本沿襲萬斯同《明史稿》，而萬斯同又從學於黄宗羲。《明實錄》對許孚遠仕宦歷程也有更爲詳細的記載。據上述資料可知，許孚遠字孟中，號敬庵，世稱敬庵先生，德清人。嘉靖四十一年（1562）進士，與李材、萬思默爲同年知交，授南京工部主事，改南考功主事，再調北稽勳司，因忤上官謝病歸鄉。隆慶四年（1570），起爲吏部考功主事，陞廣東按察司僉事，招降海盗李茂等有功，旋調閩臬。六年謫兩淮鹽運司判官。稍轉南太僕丞，南文選郎中。丁母憂，服除，爲車駕郎中。萬曆十年出知建昌府。十三年，經鄒元標舉薦，任陝西提學副使。十五年陞應天府丞，因上書救李材出位遭劾，降二級調外任用，尋丁父艱。起廣東僉事，轉廣西按察副使。以通政司右通政召入，尋晉右僉都御史，巡撫福建，多有政績。後擢南京大理寺卿，南京兵部右侍郎。召入爲兵部左侍郎，行至清源，以人言連上五疏乞休。居家數年卒，贈南京工部尚書。天啟初追諡恭簡。惟其文集《敬和堂集》，國内僅國家圖書館藏有殘帙，導致研究者缺乏第一手資料，無法對其思想進行深入研究。海外藏有數種，有明萬曆二十二年葉向高序刊本，收錄許孚遠萬曆二十三年初自福建巡撫職離任之前的詩文作品，以日本内閣文庫藏十三卷本最爲完備。又有静嘉

---

① 孫鑛碑文稱與許孚遠相識於其任建昌知府時："無何，建昌之命下矣。公明於經世之大體，沉細有斷。余素敬慕公，至此始識面。公亦弟畜余，每相過談世故。"萬曆二十二年，許孚遠於福建巡撫任上曾爲孫鑛兄鑨撰寫祭文。［（明）許孚遠《敬和堂集》卷一二《祭孫立峰太宰》，收入《儒藏》精華編第263册（上），北京：北京大學出版社2016年版，第428—429頁。以下如無特別説明，《敬和堂集》引文皆出自此書。］葉向高則是在福建家鄉居喪時結識時任福建巡撫許孚遠，自謂"與公其交稍晚，知公信公，終始無損"［（明）葉向高《蒼霞草》卷一八《祭許敬庵先生文》，第三十頁］，而許孚遠對葉向高也非常看重："其所推引後輩可進於道者，莫過於余。"［（明）葉向高《蒼霞續草》卷六《許母舒老夫人八十壽序》，第十四頁］許孚遠離開福建就職於南京時，葉向高恰於萬曆二十二年守制期滿，任南京國子監司業，至二十五年方調任北京："其後先生徙貳南樞，余以校士入留都，周旋旬餘，日握手歡甚。亡何先生以少司馬召入，遂不就，拂衣歸，不數年没矣。"（同上）

堂文庫藏十卷本，係重編定本，收録許多萬曆二十三年之後的篇目①。十三卷本今有内閣文庫提供清晰圖片可供參考②，而静嘉堂文庫十卷本目前尚未公之於衆，只能根據日本學者的研究論著覓得片言隻語。今據許孚遠相關資料及文集，對"九諦九解"之辨發生時間略考一二。

首先關於許孚遠在萬曆二十年（1592）的行蹤，據《明神宗實録》所載：

> 萬曆十九年閏三月二十七日，吏部題：……孚遠雅望稱高，公論稱屈，候服滿推用。③
>
> 萬曆二十年四月十七日，陞……廣西副使許孚遠爲通政司右通政。④
>
> 萬曆二十年十二月十日丙申，……以通政使司右通政許孚遠爲都察院右僉都御史，巡撫福建，提督軍務。⑤

萬曆十五年，許孚遠由陝西提學副使陞應天府丞，正四品，然很快便因爲李材求情出位一事遭降二級調外任用，並於萬曆十六年丁外艱，隱居山林。其間"薦書日上，太宰平湖陸公急先生甚。甫禫，起廣東僉事，大計以公廉寡欲爲天下第一，旋移粵西"⑥，故許孚遠在萬曆十九年服滿後起用爲廣東僉事，轉廣西副使，萬曆二十年四月爲通政使司右通政，十二月爲都察院右僉都御史，巡撫福建。廣東僉事及廣西副使二任自然不可能與南京有關，而都察院右僉都御史的任命發生在萬曆二十年年末，亦可忽略。唯一存在爭議的，是萬曆二十年四月通政司右通政一職。王格文章認爲《明實録》所謂"通政司右通政"當係南京之通政司⑦，這樣許孚遠於萬曆二十年春夏之交出現在南京就順理成章了。然《明實録》在記載南京官員時，皆會明確冠以"南京"二字，而此處並無。葉向高墓銘稱"以通政召入，晉僉都御史，出撫閩"⑧，所謂"召入"，當是入

---

① 關於許孚遠《敬和堂集》編刻源流，詳參鍋島亞朱華《日本伝存"敬和堂集"四種篇目對照表》（《漢文學解釋與研究》第九輯，汲古書院2006年版，第159—203頁。文章所用静嘉堂文庫藏十卷本係九州大學文學部座春風文庫所藏影印本）及拙文《許孚遠〈敬和堂集〉版本考略》。（《儒家典籍與思想研究》第十輯，北京：北京大學出版社2018年版，第160—174頁）
② 十三卷本《敬和堂集》已由張琴校點，收入《儒藏》精華編第263册（上）。
③ 《明神宗實録》卷二三四，第4354頁。
④ 《明神宗實録》卷二四七，第4605頁。
⑤ 《明神宗實録》卷二五五，第4740頁。
⑥ （明）葉向高《嘉議大夫兵部左侍郎贈南京工部尚書許敬庵先生墓志銘》，《蒼霞草》卷一六，第十一頁。
⑦ 王格《"九諦九解"之争始末考》，第40頁，注釋9。
⑧ （明）葉向高《蒼霞草》卷一六，第十一—十二頁。

朝，而非前往南京。且許孚遠本人在與友人書信中提到：

> 年幾六十……昨有新報，叨轉右納言，可免炎暑西粵之行。第當此局勢，在外猶易，入朝更難。①

根據這段文字可以看出，許孚遠在廣東僉事任上接到廣西副使任命，然未及赴任，便又接到右通政使的新任命，而這一職務顯然需要"入朝"就任。其後，許孚遠於萬曆二十年（1592）年底陞任右僉都御史，福建巡撫，赴任後曾有兩份奏疏，一為《交代謝恩疏》：

> 臣前任通政司右通政，於萬曆貳拾年拾貳月初拾日，准吏部咨："該本部各衙門會推，奉聖旨：'許孚遠陞都察院右僉都御史，巡撫福建地方，提督軍務，寫勅與他，欽此。'欽遵。"……臣隨於本月拾玖日領勅辭朝，星馳就道，於貳拾壹年貳月貳拾捌日前到福建崇安縣地方。②

疏中提到，新任命於萬曆二十年十二月初十下達，而許孚遠於當月十九日已領勅辭朝。如果他當時在南京任職，這是根本不可能實現的。又《自陳不職疏》云：

> 頃蒙皇上過采庭臣之言，拔臣於罪降之後，超遷納言。隨行兩月，未有寸補於聖明。而簡命忽臨，畀以督撫重寄，遺艱投大，自知不勝，極切惶悚。③

通政使本職掌內外章奏，此疏云"隨行兩月"，應指在萬曆皇帝身邊任職兩月。可見萬曆二十年時，許孚遠並未在南京任職，因此也不可能在這一年與周汝登進行辯難。

至於許孚遠在南京的任職時間，據孫鑛《明故兵部左侍郎贈南京工部尚書許公神道碑》：

> 嘉靖四十一年進士，十月授南虞衡主事，督龍江關、瓜儀河道，皆有廉明聲。……四十四年調南考功。在南都三年，盛講學。……萬曆二年，擢南太僕丞。明年，遷南文選郎中。又明年，請告歸，遂丁內艱。……（萬曆十五年）擢應天府丞。……在閩二年，擢南大理卿，尋晉南兵右

---

① （明）許孚遠《敬和堂集》卷三《答胡元敬》，第 76 頁。
② （明）許孚遠《敬和堂集》卷六，第 174 頁。
③ 同上書，第 175 頁。

侍郎。①

又據《明神宗實録》：

> 萬曆二十二年十一月一日，陞福建巡撫許孚遠爲南京大理寺卿。②
> 萬曆二十三年四月八日，詔改……南京大理寺卿許孚遠陞南京兵部右侍郎。③
> 萬曆二十六年八月甲寅朔，陞……許孚遠爲兵部左侍郎。④

可知許孚遠一生一共四次在南京任職，分別是嘉靖四十一年（1562）至四十四年任南工部主事、南考功主事，萬曆二年（1574）至四年任南太僕丞、南文選郎中，萬曆十五年任應天府丞，及萬曆二十三年至二十六年任南大理寺卿、南兵部右侍郎。刻於福建巡撫任之十三卷本《敬和堂集》收有兩篇書信，皆提到前三次仕於南京事。《簡耿楚侗先生》云：

> 而乃誤蒙聖恩，遷以京秩。歸家數月，親病稍愈，又復勉命再三，竟違初志而走。留中二十餘年，三仕於此，江山不改，人物屢更，可爲感慨。⑤

《簡焦漪園丈》云：

> 不孝孚遠三仕留京，數承教益……謫居山林，旋罹凶戚，倏閱兩載。⑥

第四次任職南京則繼福建巡撫任之後。從時間上看，許孚遠任南大理寺卿的時間十分短暫，萬曆二十三年四月應該是他在福建與新任巡撫完成交接後，剛剛前往南京赴任，便改任南京兵部右侍郎。參考前文周汝登在南京的五年任期，二人同處南京的時間交匯點在萬曆二十三年春至萬曆二十五年周汝登赴廣東之前。

時人關於"九諦九解"的記載，如高攀龍《壽許少司馬敬翁先生七十序》：

> 晉南少司馬。是時南中倡無善無惡之學，士靡然趨之。先生大懼曰：

---

① （明）孫鑛《月峰先生居業次編》卷四，第十七—二十四頁，明萬曆四十年吕胤筠刻本。
② 《明神宗實録》卷二七九，第5153頁。
③ 《明神宗實録》卷二八四，第5253頁。
④ 《明神宗實録》卷三二五，第6027頁。
⑤ （明）許孚遠《敬和堂集》卷五，第145頁。
⑥ 同上書，第171頁。

"聖賢喫緊爲人獨有性善一脈，奈何夷善于惡，使不逹其指歸者，並名節忠孝一切弁髦之乎？"昌言排之，而時人側目矣，乃不遺力攻先生。①

葉向高《祭許敬庵先生文》：

> 晚至白門，斷斷而爭。匪爭其私，彼聖之侮。尊佛卑儒，叛我孔矩。不有鉅儒，狂瀾孰柱。惟道克伸，在心良苦。斯文未喪，繄惟公功。②

又《嘉議大夫兵部左侍郎贈南京工部尚書許敬庵先生墓志銘》云：

> 在留樞日，諸名碩講學，多以無善無惡爲宗，先生否否：人心雖無一物，而實爲萬善之根本。《易》曰元善，《大學》曰至善，皆先聖明訓，豈可以無善誣心。於是作《九諦》，及《諦解》往復辯證，不遺餘力。今留都士大夫間重名行，崇繩檢，談玄幻之習爲之衰止，則先生力也。③

據上述文中"南少司馬""留樞"等語，可知此事件發生在許孚遠最後一次任職南京時的南兵部右侍郎任上。

根據許孚遠與周汝登文集，他們二人當時除分別撰寫《九諦》《九解》論辯外，還有書信往來溝通。周汝登有《上許司馬敬庵公》：

> 我翁後學典刑，不肖企慕久切，乃生身五十載，通籍二十年，而今始得留都一叩，遭逢可云偶耶？一侍講筵，極深欣幸，是以有疑必陳，有難必問，務求實益，以慶遭逢。邇惟無善無惡之旨，《諦》語所云頗與不肖承於師門者未合，即欲作《解》，再求印正。繼而思長者之言未宜抗辨。昨蒙老先生且問及矣，則豈宜更隱？乃取言及而言與直窮到底之義，信心直吐，據見條宣，專候取裁，敢言自是。若夫語或疏狂，則亦望見諒於形跡之外耳。④

據信可知，周汝登與許孚遠在南京講會係首度會面。許孚遠撰《九諦》之後，曾致信周汝登，希望對方作出回應，故周汝登決定作《九解》以求印正。書信稱許孚遠爲"司馬"，可見當時許孚遠確爲南兵部右侍郎。而日本静嘉堂文庫所藏十卷本《敬和堂集》卷五收錄有許孚遠寫給周汝登的兩封書信《答周海門司封來書》《答周海門司封諦解》，其内容正是關於《九諦》《九解》之討論。

---

① 《高子未刻稿》，清鈔本，第六—七頁。
② （明）葉向高《蒼霞草》卷一八，第七十一頁。
③ （明）葉向高《蒼霞草》卷一六，第十三—十四頁。
④ （明）周汝登《東越證學錄》卷一九，第三十五頁。

此二函因静嘉堂文庫藏十卷本尚未公開，無從得見。惟岡田武彦《王陽明與明末儒學》在對許孚遠作專章論述時略引一二，皆出自《答周海門司封諦解》，係許孚遠對周汝登《九解》的回應。其中一段云：

竊以爲，今日此風使先輩見之，必將憂懼無措；雖良知話頭，且鉗口結舌而不敢道，而況於無善無惡空曠不情之談乎！①

另一段文字則在明人朱懷吴《昭代紀略》卷五有更爲詳盡的引述：

周海門汝登講道南都，大崇禪學。許敬庵孚遠貽書規之曰：

我朝明經取士，一崇正學。由國初而迄弘、正之間，人才樸實，風俗淳龐，文章典雅，彬彬稱盛。當時學者稍滯舊聞，不達天德，拘固支離，容或有所不免，故江門陳白沙獻章、姚江王陽明守仁之學相繼而興。江門以静養爲務，姚江以致良知爲宗，其要使人反求而得諸本心，而後達於人倫事物之際，捄偏補敝，其旨歸於宋儒未遠也。江門之派，至增城湛甘泉若水而浸晦，姚江之派復分爲三：吉州鄒東廓守益僅守其傳，淮南王艮亢而高之，山陰王龍溪畿圓而通之，而亢與圓者各有其流弊。顔山農、梁汝元之徒本於亢而流於肆，盱江羅近溪汝芳之學出於亢而入於圓。其後姚安李卓吾贄者出，合圓與肆而縱横其間，始於恠僻，卒於悖亂，蓋學之大變也。然而吾黨士大夫以其希高慕玄之情，兼有欲速助長之病，尚圓而毁方，厭常而喜恠，則往往左袒於諸公。且夫身在人倫，口談出世，名掛仕籍，意薄事爲。語敬慎則以爲安排，語善惡則以爲分别。不思任重道遠，但稱一了百當；不顧躬行踈略，謬云無證無修。其甚者怒詈訕侮，自謂真性現前，而不復有理欲之隄防。藐先儒若塵土，棄經傳若弁髦。嗟乎！此可爲痛哭流涕而長大息者也。②

許孚遠在信中稱周汝登爲“司封”，則周汝登當時任職於南吏部驗封司。周汝登萬曆二十年初到南京時，任南兵部車駕司主事，有《車駕司置書記》云：

周子爲駕部郎，凡二年往矣。③

周汝登轉南吏部驗封司，當在車駕司三年任滿之後，大約在萬曆二十三年(1595)，直至萬曆二十五年正月周汝登陞廣東按察僉事。則考慮到許孚遠南兵

① ［日］岡田武彦《王陽明與明末儒學》，上海：上海古籍出版社2000年版，第266頁。
② (明）朱懷吴《昭代紀略》卷五，第六十六頁，日本内閣文庫藏萬曆刊本。
③ (明）周汝登《東越證學録》卷一一，第五頁。

部右侍郎及周汝登南吏部驗封司郎中任期，二人"九諦九解"之争的時間當在自萬曆二十三年春許孚遠赴南京任至萬曆二十四年之間。

（作者單位：北京大學《儒藏》編纂與研究中心）

·校勘辨正·

中華書局整理本《公羊義疏》引文指瑕（上）

駢宇騫

【内容提要】 整理古代典籍，尤其是註疏類著作，全面認真地校對註疏中所引用的歷史文獻，準確地標出引文的起訖，清晰地標明引文的層次，是古籍整理工作者的一項主要任務，是古籍整理應遵守的學術規範，也是判斷古籍整理優劣的重要標誌之一。因爲認真地校對註疏中所引用的歷史文獻，準確地標出引文的起訖，對於正確理解文本十分重要，如果誤標引文起訖，必然會使讀者對文本發生誤解。差若毫釐，繆以千里，在出版的書籍中留下難於磨滅的遺憾。

【關鍵詞】 整理古籍 《公羊義疏》 引文

整理古代典籍，尤其是註疏類著作，全面認真地核對註疏中所引用的歷史文獻，準確地標出引文的起訖，清晰地標明引文的層次，是古籍整理工作者的一項主要任務，是古籍整理應遵守的學術規範，也是判斷古籍整理優劣的重要標誌之一。《公羊義疏》中引用的文獻極爲豐富，從唐代以前闡釋《春秋公羊》的舊説，至清代孔廣森、劉逢禄等人的研究成果，幾乎主要的著作都收了進來。所以整理該書，核對引文也就成了點校者、責任編輯的重要工作。其間雖然没有太多的知識和技術含量，但仍必須認真查閱，仔細校對，恪盡職守，在各個環節都要一絲不苟地去負責對待。

中華書局整理本《公羊義疏》（2017年11月北京第一版）的前言裏説："《義疏》中所徵引的典籍大多與原書一一核對過，凡有出入影響文義者均做了校改，並於當頁末出校勘記。清人引用古籍常常節引、撮引，常常跳過大段文字，將間隔較遠的文字撮合在一起。遇到此種情況，凡可以分段者則用引號切割開。遇到有所臆改又不便一一校改者，凡意思與原文不甚抵牾者，只好一仍其舊。"《公羊義疏》的整理者雖然已經做了大量的核對工作，但從已經出版的書籍來看，在引文的標點中，下引號仍然存在很多誤標的瑕疵。現將筆者所見

（卷一至卷四三），依次列出，就正於方家。

卷　一

1．p.1，倒2行－p3，1行：臧琳《經義雜識》云："《詩正義》'毛詩國風云'：'詩者'，一部之大名；國風者，十五國之總稱。不冠於《周南》之上而退在下者，按，鄭注三《禮》、《周易》、《中侯》、《尚書》皆大名在下，孔安國、馬季長、盧植、王肅之徒，其所注者莫不皆然。然則本題自然非注者移之，定本亦然，當以皆在第下，足得總攝故也。班固之作《漢書》，陳壽之撰《國志》，亦大名在下，蓋取法於經典也。"按：《周禮註疏》"天官冢宰第一"下有"周禮"二字，……賈、孔並云在下以配注，亦非。

按：此處引《經義雜識》文原下引號標至"蓋取法於經典也"止，誤。今查續四庫全書本172册pp.149－150《經義雜識》卷一四，下引號當至p.3第1行"賈、孔並云在下以配注，亦非"止，當據改。

2．p.6，1－6行：姚範《援鶉堂筆記》："隋唐間不聞有三府掾，……未知何時人。"又云："梁有孔衍《公羊集解》十四卷。"按，……蓋此爲王愆期語。

按：此處引《援鶉堂筆記》文原下引號標至"未知何時人"止，誤。今查續四庫全書本1148册p.522《援鶉堂筆記》經部卷一三，下引號當至"蓋此爲王愆期語"止。又，"蓋此爲王愆期語"之"語"，續四庫全書本《援鶉堂筆記》作"書也"。失校。

3．p.14，2－7行，萬斯大《學春秋隨筆》："君曰元首，臣曰股肱。……何休曰'必天子然後改元'，此説是也。……所謂假事以託義也。"

按：此處引《學春秋隨筆》文原下引號標至"所謂假事以託義也"止，誤。今查續四庫全書本139册p.238《學春秋隨筆》卷一，下引號當至"此説是也"止。當據改。"若然"至"所謂假事以託義也"一段，爲陳立《義疏》語。

4．p.20，5－12行，《通義》云："此周之春也，……不容於闕一也。云法象所出者，……不論三正同異也。"

按：此處引《公羊春秋經傳通義》文原下引號標至"不論三正同異也"止，誤。今查續四庫全書本129册p.3《公羊春秋經傳通義》卷一，下引號當至"不容於闕一也"止。當據改。"云法象所出者"以下，爲陳立《義疏》語。

5．p.23，5－8行，臧庸《拜經樓日記》云："《釋文序録》云：'《公羊》

有王愆期注十二卷,字門子,河東人,晉散騎常侍辰陽伯。'……言《春秋》之法,以孔子爲文王。"《禮記校勘記·曲禮下》曰:"《鉤命決》云:某爲制法之王,黑緑不代蒼黃。"是孔子爲文王之事,又或稱素王。按,……。

按:此處引《拜經樓日記》文原下引號標至"以孔子爲文王"止,誤。今查續四庫全書本1158册p.151《拜經樓日記》卷一○,下引號當至"又或稱素王"止。當據改。

6. p.26,8—10行,《孟子·滕文公》趙注:"孔子懼王道遂滅,故作《春秋》。因魯史記,設素王之法,謂天子之事也。明《春秋》借魯受命立制,故假以行天子事,所謂假以爲王法也。"

按:此處引《孟子·滕文公》趙注文原下引號標至"所謂假以爲王法也"止,誤。今查四庫全書本《孟子·滕文公》卷六下趙注,下引號當至"謂天子之事也"止。當據改。"明《春秋》借魯受命立制,故假以行天子事,所謂假以爲王法也"句,爲陳立《義疏》語。

7. p.27,4—7行,《通義·敘》又云:"經有變周之文……殆所謂天下之本在國,國之本在家者,非耶?皆假爲王法事也。"

按:此處引《公羊春秋經傳通義·敘》文原下引號標至"皆假爲王法事也"止,誤。今查續四庫全書本129册p.180《公羊春秋經傳通義·敘》,下引號當至"國之本在家者,非耶"止。當據改。

8. p.34,倒5行,《禮記·祭統》鄭《目錄》云:"統,猶本也。……《釋文》引鄭注:'統,猶本也。'本有始義。"

按:此處引《禮記·祭統》鄭《目錄》文原下引號標至"本有始義"止,誤。今查四庫全書本《禮記注疏原目》注,下引號當至"統,猶本也"止。當據改。

9. p.50,倒4行—p.51,5行,劉逢禄《箴膏盲評》云:"文家質家敘媵立子之法,……若楚共王之卜寵子五人,豈禮也哉?……且何氏多道《春秋》之制,所以爲後王法者,不必盡皆當時典禮也。"

按:此處引《春秋公羊經何氏釋例後録·左氏申膏盲》文原標點者標起訖爲:從"文家質家敘媵立子之法"至51頁第5行"不必盡皆當時典禮也"止,誤。今查續四庫全書本129册p.601《春秋公羊經何氏釋例後録·左氏申膏盲》,下引號當至50頁倒2行"豈禮也哉"止,當據改。

卷 二

1. p.66，末行，宣七年《左傳》云："凡師出，與謀曰及，則亦我欲之義。"

按：此處引《左傳》文原下引號標至"則亦我欲之義"止，誤。今查四庫全書本《春秋左傳註疏》卷二二，下引號當至"與謀曰及"止。當據改。"則亦我欲之義"，爲陳立《義疏》語。

2. p.67，5行，《説苑·指武》："《春秋》先京師而後諸侯，《春秋》假魯爲京師，故内魯言我也。"

按：此處引《説苑·指武》文原下引號標至"故内魯言我也"止，誤。今查四庫全書本《説苑·指武》卷一五，下引號當至"先京師而後諸侯（按：侯，四庫本作'夏'）"止。當據改。"《春秋》假魯爲京師，故内魯言我也"句，爲陳立《義疏》語。

3. p.71，4－5行，《周禮·玉符》注："合諸侯者，必割牛耳……尸盟者執之。"玉敦，歃血玉器。

按：此處引《周禮·玉符》注文原下引號標至"尸盟者執之"止，誤。今查四庫全書本《周禮註疏》卷六，下引號當至"歃血玉器"止。當據改。

4. p.75，1－6行，俞樾《公羊平議》："如何説以漸進爲倡始先歸……非所謂因其可褒而褒之也。"又曰："明當漸積……可褒而褒之矣。"

按：此處引俞樾《公羊平議》文下引號有誤。今查續四庫全書本178册p.368《群經平議》卷二三，"又曰"二字亦爲《公羊平議》原文，原文是緊連着的，上下兩段不當分開標點。當據改。

5. p.75，倒1行－p.76，1行，桓七年《注》："不日者，失地之君。"朝惡人，輕也。

按：此處引《春秋公羊傳注疏》文原下引號標至"失地之君"止，誤。今查四庫全書本《春秋公羊傳注疏》卷五，下引號當至"輕也"止。當據改。又，"不日者"，四庫全書本《春秋公羊傳注疏》作"不月者"。全句當標點爲："不月者，失地之君。朝惡人，輕也。"

6. p.77，8－9行，舊《疏》云："君大夫盟日，皆是惡不信。"下二年"秋八月，庚辰公及戎盟于唐"，文八年"冬十月，壬午，公子遂會晉趙盾，盟于衡雍"之屬是也。

按：此處引舊《疏》文原下引號標至"皆是惡不信"止，誤。今查四庫全書本《春秋公羊傳注疏》卷一，下引號當至"之屬是也"。當據改。

7. p.79，9—12行，《大事表》："杜注：'今潁川鄢陵縣。'成十六年晉楚戰于鄢陵，即此。在今河南開封府鄢陵縣西南四十里。《漢書·地理志》……則又作'傿'。"

按：此處引《春秋大事表》文原下引號標至"則又作'傿'"止，誤。今查四庫全書本及中華書局整理本《春秋大事表》卷七之二 p.749，下引號當至"在今河南開封府鄢陵縣西南四十里"止。當據改。

8. p.79，倒5—倒4行，《寰宇記》云："鄢城在宋州柘城縣北二十九里，漢屬陳留，鄭克段之地疑遠。"

按：此處引《太平寰宇記》文失校、誤斷且下引號有誤。(1)今查四庫全書本《太平寰宇記·宋州》卷一二，"漢"下有"縣名"二字，無"疑遠"二字。(2)此句當標點爲："鄢城在縣（柘城縣）北二十九里，漢縣名，屬陳留。王莽曰順通，鄭伯克段之地。"(3)原下引號標至"鄭克段之地疑遠"止，誤。下引號當至"鄭克段之地"。"疑遠"二字，爲陳立《義疏》語。

9. p.79，倒4行，陳氏樹華引趙匡《集傳》云："'鄢'當作'鄔'，鄭地也。《史記正義》作'鄔'，云'舊作鄢'。《漢書·地理志》作'傿'。"

按：此處引陳樹華《春秋經傳集解考證》文原下引號標至"《漢書·地理志》作'傿'"止，誤。今查續四庫全書本142冊 p.35 陳樹華《春秋經傳集解考證》卷一引趙匡《集傳》，下引號當標點至"'鄢'當作'鄔'，鄭地也"止。當據改。

10. p.84，倒2—倒1行，《注》："甚之者，甚惡殺親親也。"《春秋》公子貫於先君，唯世子與母弟，以今君錄親親也。今舍國體直稱君，知以親親責之。

按：此處引《春秋公羊經傳注》文原下引號標至"甚惡殺親親也"止，誤。今查《春秋公羊經傳註疏》卷一，下引號當至"知以親親責之"止。當據改。

11. p.85，2行，杜預云："不稱國討，而言鄭伯，譏失教也。不知鄭伯之罪不僅在失教也。"

按：此處引《左傳》杜注文原下引號標至"不知鄭伯之罪不僅在失教也"止，誤。今查《春秋左傳注疏》卷一《隱公元年》杜預注，下引號當至"譏失教也"止。當據改。"不知鄭伯之罪不僅在失教也"句，爲陳立《義疏》語。

12. p.85 末行－p.86，2 行，杜氏《釋例》曰："兄而害弟者，稱弟以章兄罪；弟又害兄，則去弟以罪弟身。統論其義，兄弟二人交相殺害，各有曲直，存弟則示兄曲也。鄭伯既失教，若依例，存弟則嫌善段，故特去弟，兩見其義是也。"

按：此處引杜氏《春秋釋例》文失校且下引號有誤。（1）今查四庫全書本《春秋釋例》卷一，"稱弟"上有"則"字、"章"作"彰"、"失教"上有"云"字、"依例"作"于例"、"兩見"上有"而"字、無"是也"二字。（2）"是也"二字爲陳立《義疏》判斷語，當在引號外。（3）"存弟則嫌善段"之"存弟"二字，當屬上讀，此句當斷爲："……鄭伯既云失教，若于例存弟，則嫌善段，故特去弟，而兩見其義。"是也。

卷 三

1. p.89，末行－p.90，1 行，《周禮目錄》云："宰者，官也。宰、寀聲義通。"

按：此處引《周禮目錄》文原下引號標至"宰、寀聲義通"止，誤。今查四庫全書本《周禮注疏原目·漢鄭氏目錄·天官冢宰第一》注，下引號當至"官也"止。當據改。"宰、寀聲義通"句，爲陳立《義疏》語。

2. p.90，1 行，《爾雅·釋詁》："寀，官也。亦通采。"

按：此處引《爾雅》文原下引號標至"亦通采"，誤。今查四庫全書本《爾雅注疏》卷一，下引號當至"官也"止。當據改。"亦通采"，爲陳立《義疏》語。

3. p.91，5－7 行，毛奇齡《春秋傳》云："此宰是宰夫，故稱名，《公羊》所謂'宰者，士也，上士以名通'。"是也。若其所使賵，則《宰夫職》曰"凡邦之弔事，掌其器幣財用"。鄭註："弔事，天子弔諸侯之事。幣者，所用賵也。"則既掌弔事，宜充弔使。

按：此處引《春秋毛氏傳》文原下引號標至"上士以名通"止，誤。今查四庫全書本《春秋毛氏傳》卷三，下引號當至"宜充弔使"。當據改。

4. p.91，倒 6－倒 5 行，《繁露·爵國》云："《春秋》曰'宰周公'，傳曰：'天子三公。''祭伯來'，傳曰：'天子大夫。''宰渠伯糾'，傳曰：'下大夫。''石尚'，傳曰：'天子之士也。''王人'，傳曰：'微者，謂下士也。'凡五等，則大夫、士皆二等。"

按：此處引《春秋繁露》文原下引號標至"則大夫、士皆二等"止，誤。今查四庫全書本《春秋繁露·爵國》卷八，下引號當至"凡五等"止。當據改。"則大夫、士皆二等"句，爲陳立《義疏》語。

5. p.93，6－8行，《白虎通義·謚》篇："夫人無謚者何？無爵故無謚。或曰夫人有謚，夫人一國之母，修閨門之則，群下亦化之，故設謚以彰其善惡。"《春秋》曰："葬宋恭姬"，《傳》曰："稱謚何？賢也。"《傳》曰："哀姜者何？莊公夫人也。"

按：此處引《白虎通義·謚》文下引號有誤且失校。（1）原下引號標至"故設謚以彰其善惡"止，誤。今查《白虎通義·謚》，下面"《春秋》曰：'葬宋恭姬'，《傳》曰：'稱謚何？賢也。'《傳》曰：'哀姜者何？莊公夫人也。'"句，皆爲《白虎通義·謚》文，所以其下引號當標至"莊公夫人也"止。（2）"修閨門之則，群下亦化之"，此句失校且斷句有誤。四庫全書本作"修閨門之内，群下亦化之"，中華書局整理本《白虎通疏證》作"修閨門之内，則群下亦化之"。所以此句"門之"下當據上列各本補"内"字。（3）"則"當屬下讀，作"修閨門之内，則群下亦化之"。

6. p.94，6－7行，《御覽》引《外傳》曰："夏、殷五世之後則通昏姻，而不通婚姻者，周道然也。故婦人以姓配字，則無適同姓之理。"

按：此處《御覽》引《外傳》文原下引號標至"則無適同姓之理"止，誤。今查四庫全書本《御覽》引《外傳》，下引號當至"夏、殷五世之後則通昏姻"止。當據改。"而不通婚姻者，周道然也。故婦人以姓配字，則無適同姓之理"一段，爲陳立《義疏》語。

7. p.96，5行，《禮》疏引庾蔚之云："贈馬欲以共駕魂車也。士常駕兩馬，若戎事則乘駟馬。"

按：此處《禮》疏引庾蔚之語原下引號標至"若戎事則乘駟馬"止，誤。今查四庫全書本《儀禮義疏》卷三〇《士喪禮》下第十三之二引庾蔚之語，下引號當至"贈馬欲以共駕魂車也"止。當據改。"士常駕兩馬，若戎事則乘駟馬"句，爲陳立《義疏》語。

8. p.97，8－10行，《詩》疏引王肅云："古者一轅之車駕三馬，則五轡，其大夫皆一轅車。夏后氏駕兩，謂之麗。殷益以一騑，謂之驂。周人又益一騑，謂之駟。本從一驂而來，亦謂之驂。經言驂，則三馬之名。"王基駁云："《商頌》曰：約軝錯衡，八鸞鏘鏘。"是則殷駕四不駕三也。

按：此處《毛詩注疏》引王肅語原下引號標至"則三馬之名"止，誤。今查四庫全書本《毛詩注疏》卷四《干旄》疏，下引號當至"是則殷駕四不駕三也"止。當據改。

9. p. 100，末行－p. 101，1行，《左疏》引服虔注云："賵，覆也。天王所以覆被臣子。賵、覆雙聲也，《說文》無，見《新附》。"

按：此處《春秋左傳註疏》引服虔語原下引號標至"見《新附》"止，誤。今查《春秋左傳註疏·隱元年》，下引號當至"天王所以覆被臣子"止。當據改。"賵、覆雙聲也，《說文》無，見《新附》"句，爲陳立《義疏》語。

10. p. 102，7－10行，臧庸《拜經日記》云："《儀禮·既夕禮》'知死者贈，知生者賻'，據《公羊注疏》本作'知生者賵'，今本作'賻'，係淺人所改也。按，舊《疏》云：'問曰："知死者贈，知生者賻"，鄭《注》云："各主於所知。"以此言之，賻專施于生者何？答曰：賻專施于生，襚專施于死，賵實生死兩施，故何氏注知生知死皆言賵。'而《既夕禮》專言知生者，對賻言之故也。"

按：此處引《拜經日記》及舊《疏》文下引號有誤且失校。(1) 原下引號標至"故何氏注知生知死皆言賵"止，今查續四庫全書本1158册 pp. 94－95《拜經日記》卷五，下引號當至"對賻言之故也"止，當據正。(2) 引舊《疏》文原下引號標至"故何氏注知生知死皆言賵"，誤，今查《春秋公羊傳註疏》卷一，下引號當至"對賻言之故也"止。當據改。

又，上《拜經日記》引舊《注》中：(1) "賻專施于生者何"之"賻"，點校者出《校勘記》曰："賻，原訛作'賵'，《叢書》本同，據《公羊注疏》校改。"此"賻"字《拜經日記》作"賵"，臧庸自注云："此因《儀禮》作'知生者賵'，賵專主於知生，而何注'知生知死皆言賵'，故設難以問之。"依臧庸意，則此"賻"字當據《拜經日記》回改爲"賵"。(2) "對賻言之故也"之"賻"，點校者出《校勘記》曰："賻，原訛作'贈'，《叢書》本同，據《儀禮》校改。"按："賻"字，《拜經日記》作"贈"。臧庸自注云："言《既夕禮》對知死者言贈，故賻專主知生者言。"依臧庸意，則此"賻"字當據《拜經日記》回改爲"贈"。

11. p. 104，3行，《白虎通·崩薨》，又云："諸侯夫人薨，告天子者，不敢自廢政事。"亦欲知之當有禮也。《春秋》曰："天子使宰咺來歸惠公、仲子之賵。"譏不及事。仲子者，魯君之貴妾也，何況於諸侯乎？

按：此處引《白虎通·崩薨》文下引號、斷句有誤且失校。(1) 原下引號標至"不敢自廢政事"止，誤。今查四庫全書本《白虎通·崩薨》卷下，下引號當至"何況於諸侯乎"止。當據正。(2)末句"何況於諸侯乎"之"諸侯",四庫全書本《白虎通疏證》作"夫人"。(3)"亦欲知之"下,當加逗號斷開,作"亦欲知之,當有禮也"。

12. p.110,6—7行,《詩·臣工》云:"嗟嗟臣工。"箋云:"臣,謂諸侯也。"諸侯來朝天子,有不純臣之義。於其將歸,故於廟中正君臣之禮。亦用《公羊》義也。

按:此處引《詩·臣工》箋文原下引號標至"謂諸侯也"止,誤。今查四庫全書本《詩·臣工》箋語,下引號當至"故於廟中正君臣之禮"止。當據正。

13. p.114,倒4行,成十五年《傳》云:"《春秋》内其國而外諸夏,故凡言内者,皆魯也。"

按:此處引成十五年《春秋公羊傳》文原下引號標至"皆魯也"止,誤。今查四庫全書本《春秋公羊傳註疏》卷一,下引號當至"内其國而外諸夏"止。當據改。"故凡言内者,皆魯也"句,爲陳立《義疏》語。

14. p.115,2—3行,《周禮·典命》注:"天子上士三命,中士再命,下士一命。其公侯伯之士一命。"

按:此處引《周禮》注文原下引號標至"其公侯伯之士一命"止,誤。今查四庫全書本《周禮注疏》卷二一《典命》注,下引號當至"下士一命"止。當據正。"其公侯伯之士一命,則俱當爲上士矣"句,爲陳立《義疏》語。

15. p.120,倒3行,齊召南《經傳考證》云:"按,杜注不注祭國所在。"羅泌《路史》云:"周圻内管城東北有古祭城。"

按:此處引《齊侍郎左傳註疏考證》文原下引號標至"杜注不注祭國所在"止,誤。今查皇清經解本卷三一二 p.2《齊侍郎左傳註疏考證》卷一,下引號當至"周圻内管城東北有古祭城"止。當據正。

16. p.125,1行,《繁露·奉本》云:"今《春秋》緣魯以言王義,殺隱、桓以爲遠祖,宗定、哀以爲考妣,舉其始終言之也。"

按:此處引《春秋繁露》文原下引號標至"舉其始終言之也"止,誤。今查四庫全書本《春秋繁露·奉本》,下引號當至"宗定、哀以爲考妣"止。當據正。"舉其始終言之也"句,爲陳立《義疏》語。

17. p.133,5—6行,《禮記·郊特牲》云:"諸侯不敢祖天子,大夫不敢祖諸侯。不敢祖者,謂不立天子、諸侯之廟。"

按:此處引《禮記》文原下引號標至"諸侯之廟"止,誤。今查四庫全書本《禮記註疏·郊特牲》，下引號當至"大夫不敢祖諸侯"止。當據正。"不敢祖者，謂不立天子、諸侯之廟"句，爲陳立《義疏》語。

卷 四

1. p.136，2—3行，毛奇齡《春秋毛氏傳》云："戎者，徐戎也。"《費誓》"淮夷、徐戎並興"，注："徐戎在魯東。"故《書序》"徐夷並興"，東郊不開，此是內夷雜處中國，故得與中國通往來之禮。

按：此處引《春秋毛氏傳》文原下引號標至"徐戎也"止，誤。今查四庫全書本《春秋毛氏傳》卷三，下引號當至"故得與中國通往來之禮"止。當據正。

2. p.139，2—4行，《左傳》疏引《世本》云："莒，己姓。向，姜姓。《譜》云：'莒，嬴姓，少昊之後。周武王封茲與於莒。初都計，後徙莒。今城陽莒縣是也。'"《世本》自紀公以下爲己姓，不知誰賜之姓者。十一世茲丕公方見《春秋》，共公以後微弱不復見，四世爲楚滅。向則不能知其終始。

按：此處《左傳》疏引《世本》文原下引號標至"今城陽莒縣是也"止，誤。今查四庫全書本《春秋左傳註疏》卷一，下引號當至"向則不能知其終始"止。當據正。

3. p.139，倒3—倒1行，《通義》："得而不居者，克勝都邑弗取而有也。《左傳》文十五年云：'獲大城焉，曰入之。'莊十五年傳云：'入不言圍。'……彼向爲莒邑者，或後此又爲莒所併也。"

按：此處引《公羊春秋經傳通義》文原下引號標至"或後此又爲莒所併也"止，誤。今查續四庫全書本129册p.5《公羊春秋經傳通義》，當至"克勝都邑弗取而有也"。當據正。

4. p.141，2—4行，《禮記·王制》云："五國以爲屬，屬有長；十國以爲連，連有帥；三十國以爲卒，卒有正；二百一十國以爲州，州有伯。則州內有無道者，其長、帥、正、伯得征伐之也。"

按：此處引《禮記·王制》文原下引號標至"其長、帥、正、伯得征伐之也"止，誤。今查四庫全書本《禮記註疏·王制》卷一一，下引號當至"州有伯"止。當據正。"則州內有無道者，其長、帥、正、伯得征伐之也"句，爲陳立《義疏》語。

5. p.148，2行，杜注："八月無庚辰，庚辰七月九日也。"日月必有誤。

按：此處引《春秋左傳》杜注文原下引號標至"庚辰七月九日也"止，誤。今查四庫全書本《春秋左傳註疏》卷一，注文下引號當至"日月必有誤"止。當據正。

6. p.149，2—3行，《校勘記》："《唐石經》、諸本同。《釋文》履綌音須。"惠棟云："綌讀爲投。"《説文》："綌䋛，布也。"古綌與繻同音。

按：此處引《公羊註疏校勘記》文原下引號標至"履綌音須"止，誤。今查續四庫全書本183冊p.52《公羊註疏校勘記》卷二及中華書局影印十三經註疏本p.2205《春秋公羊傳註疏》卷二所附校勘記，下引號當至"古綌與繻同音"止。當據改。

7. p.150，倒2行—p.151，2行，沈彤《儀禮小疏》："《士冠禮》，若孤子，則父兄戒宿，冠之日，主人紒而迎賓，拜、揖讓，立于序端，皆如冠主，禮于阼階。"注云："父兄，諸父諸兄。冠主，冠者親父。若宗兄也是諸父諸兄，但可以戒宿，而不可以爲冠主。推之昏禮，亦但可稱諸父諸兄以命使，而不可以諸父諸兄主昏。蓋旁尊不得而加諸正適也。"

按：此處引文下引號、斷句有誤。（1）原下引號標至"禮于阼階"止，誤。今查皇清經解本卷三二二p.17《儀禮小疏》，以上全段皆爲《儀禮小疏》文，當在一個引號内。下引號當至"蓋旁尊不得而加諸正適也"止。（2）"若宗兄也"下當加"。"，"但"上"，"當刪。全段當句讀爲："《士冠禮》：'若孤子，則父兄戒宿，冠之日，主人紒而迎賓，拜、揖讓，立于序端，皆如冠主，禮于阼階。'注云：'父兄，諸父諸兄。冠主，冠者親父。若宗兄也。'是諸父諸兄但可以戒宿，而不可以爲冠主。推之昏禮，亦但可稱諸父諸兄以命使，而不可以諸父諸兄主昏。蓋旁尊不得而加諸正適也。"

8. p.151，倒4行，故此云"莫使命之，辭窮，故自命之"。自命之則不得不稱使。

按：此處《春秋公羊傳注》文原下引號標至"故自命之"止，誤。今查，該句爲前面《傳》文"宋公使公孫壽來納幣，則其稱主人何？辭窮也。辭窮者何？無母也"的注文，下引號當至"自命之則不得不稱使"止。見本書p.150第5行。當據正。

9. p.154，4—5行，《禮·昏禮》注云："壻車在大門外，乘之先者道之也。男率女，女從男，夫婦剛柔之義，自此始也，皆男先女之義也。"

按：此處引《禮·昏禮》注文原下引號標至"皆男先女之義也"止，誤。今查四庫全書本《儀禮注疏·士昏禮第二》卷二注，下引號當至"自此始也"

止。當據正。"皆男先女之義也"句，爲陳立《義疏》語，當在注文引號外面。

10. p.158，倒 2 行，《禮記·郊特牲》："男女有別然後父子親，父子親然後義生，是夫婦爲人道之始、王教之端也。"

按：此處引《禮記·郊特牲》文原下引號標至"是夫婦爲人道之始、王教之端也"止，誤。今查四庫全書本《禮記·郊特牲》，下引號當至"父子親然後義生"止，當據正。"是夫婦爲人道之始、王教之端也"句，爲陳立《義疏》語。

11. p.160，7－8 行，按彼注云："夫人至，大夫皆郊迎，明日大夫宗婦皆見，周道尊尊，故從臣子辭，稱夫人也。"

按：此處引《春秋公羊傳注》文原下引號標至"稱夫人也"止，誤。今查四庫全書本、中華書局影印十三經註疏本《春秋公羊傳注疏》卷八"莊公二十四年秋"，注文下引號當至"明日大夫宗婦皆見"止。當據正。"周道尊尊，故從臣子辭，稱夫人也"句，爲陳立《義疏》語。

12. p.161，3－5 行，舊《疏》云："即莊二十四年'夏，公如齊逆女'，莊二十七年'冬，莒慶來逆叔姬'之屬是也。其文四年'夏，逆婦姜于齊'，不親迎亦書時者，……非重繼嗣之義而略之也。"

按：此處引舊《疏》文原下引號標至"非重繼嗣之義而略之也"止，誤。今查四庫全書本、中華書局影印十三經註疏本《春秋公羊傳注疏》卷二，舊《疏》文下引號當至"之屬是也"止。當據改。

13. p.163，2－3 行，吳氏紱□□□□云："歸宗，雖或然之事，而必有可歸之宗。"此見婦人在夫家，恒凜凜乎有不克終之戒焉。

按：此處引"吳氏紱□□□□"文原下引號標至"而必有可歸之宗"止，誤。今查四庫全書本《儀禮義疏》，下引號當至"恒凜凜乎有不克終之戒焉"止。但四庫全書本《儀禮義疏》未著作者。這裏只云"吳氏紱□□□□"，而缺書名。疑此處"吳氏紱"下所缺四字爲"《儀禮義疏》"。吳紱，1737 年登進士第，選庶吉士，散館，授編修。將告假歸省，任啓運上疏薦紱淹通"三禮"，云："若讓紱回籍，則難覓比他更好的撰修人了。"遂奉旨留充"三禮館"纂修官。他著作甚富，有《周官考證》《儀禮考證》《周禮臆擬》《儀禮臆擬》《學禮識小錄》《劄記小箋》《有司徹疑問》《字學審聲》《字學訂形》《詩文雜稿》《纂修三禮稿》。

14. p.163，末行－p.164，1 行，《大事表》："今萊州府昌邑縣東南十五里有密鄉故城。"疑此時之莒尚都介根。

按：此處引《春秋大事表》文原下引號標至"今萊州府昌邑縣東南十五里有密鄉故城"止，誤。今查四庫全書本及中華書局整理本 p.791《春秋大事表》卷七之二，下引號當至"疑此時之莒尚都介根"止。當據改。

卷　五

1. p.170，倒 2 行，《郊特牲》云："猶尊賢也。尊賢不過二代，即師法之義，恭讓之禮也。"

按：此處引《郊特牲》文原下引號標至"恭讓之禮也"止，誤。今查四庫全書本、中華書局影印十三經註疏本《禮記注疏》卷二五，下引號當至"尊賢不過二代"止。當據改。"即師法之義，恭讓之禮也"句，爲陳立《義疏》語。

2. p.180，9 行，《白虎通·喪服》云："諸侯有親喪，聞天子崩，奔喪者何？屈己，親親猶尊尊之義也。"《春秋傳》曰："天子記崩不記葬者，必其時葬也。諸侯記葬，不必有時，諸侯爲有天子喪當奔，不得必以其時葬也。"

按：此處引《白虎通·喪服》文原下引號標至"親親猶尊尊之義也"止，誤。今查四庫全書本、中華書局整理本 p.527《白虎通疏證》卷一一，下引號當至"不得必以其時葬也"止。當據正。且其中引《春秋傳》文下引號當至"不必有時"止，"時"下當作"。"。

3. p.188，1 行，《孟子·梁惠王》趙注："選其臣，防比周之譽、鄉愿之徒。"《論語》曰："衆好之，必察焉。"

按：此處引《孟子》趙注文原下引號標至"鄉愿之徒"止，誤。今查四庫全書本《孟子·梁惠王》卷二下趙注，下引號當至"必察焉"止。當據正。又"選其臣"，四庫全書本作"選大臣"。

4. p.189，1－3 行，《穀梁傳》注："隱，猶痛也。"《周禮·大行人職》曰："若有大喪，則詔相諸侯之禮。然則尹氏時在職，而詔魯人之弔者。"

按：此處引《穀梁傳》注文原下引號標至"猶痛也"止，誤。今查四庫全書本《春秋穀梁傳注疏》卷一，下引號當至"而詔魯人之弔者"止。

5. p.193，5－6 行，翟灝《四書考異》云："《檀弓》子思與柳岩論喪禮曰：'吾聞有其禮，無其財，君子弗行焉。有其禮，無其財，無其時，君子弗行焉。'"《孟子》所言乃即受之於子思者。

按：此處引翟灝《四書考異》文有失校且下引號有誤。（1）"無其財，無其時"，今查續四庫全書本 167 册 p.327《四書考異》作"有其財，無其時"。

(2)《四書考異》文原下引號標至"有其禮,無其財,無其時,君子弗行焉"止,誤。今查續四庫全書本《四書考異》,下引號當至"《孟子》所言乃即受之於子思者"止。當據正。

6. p.198,7行,《禮記·中庸》云:"車同軌,明王者馭天下,必令車同軌,同軌畢至,海內皆也。同盟至,謂同盟會者,故亦曰同會至。"

按:此處引《禮記·中庸》文原下引號標至"故亦曰同會至"止,誤。今查四庫全書本《禮記·中庸》卷五三,僅有"車同軌"三字,下引號當至"車同軌"止。當據正。"車同軌"以下"明王者馭天下,必令車同軌,同軌畢至,海內皆也。同盟至,謂同盟會者,故亦曰同會至"句,皆爲陳立《義疏》語。

卷 六

1. p.210,1－6行,沈欽韓《左傳補正》云:"杜以杞即都淳于……孔疏謂'雍丘、淳于郡別而境連',此尤孟浪不知方員者矣。杜又云……《史記索隱》引宋忠曰:'杞,今陳留雍丘縣是也。'去牟婁絕遠,則牟婁不得爲杞邑。"

按:此處引沈欽韓《左傳補正》文原下引號標至"則牟婁不得爲杞邑"止,誤。今查續四庫全書本125册p.5《春秋左氏傳補正》,下引號當至"此尤孟浪不知方員者矣"止。當據正。

2. p.212,5－6行,《穀梁釋文》:"弒,音試。舊作殺。按當作弒爲正。"

按:此處引《穀梁釋文》文原下引號標至"按當作弒爲正"止,誤。今查四庫全書本《穀梁釋文》卷二二,下引號當至"舊作殺"止。當據正。"按當作弒爲正"句,爲陳立《義疏》語。

3. p.215末行－p.216,3行,《釋例》曰:"《周禮》:'春曰朝,夏曰宗,秋曰覲,冬曰遇',此四時之名。今《春秋》不皆同之于禮。冬見天子,當是百官備物之時,而云遇,禮簡易。經書'季姬及鄫子遇于防',此婦呼共朝,豈當復用見天子之禮?要之,《春秋》之遇,自非《周禮》之遇。依《公羊》家說,自有遇禮,亦非魯、宋所行之遇禮也。"

按:此處引《春秋釋例》文原下引號標至"亦非魯、宋所行之遇禮也"止,誤。今查四庫全書本《春秋釋例》卷一,下引號當至"豈當復用見天子之禮"止。當據改。又四庫全書本《春秋釋例》"呼"下有"夫"字。"要之"以下當爲陳立《義疏》語。

4. p.216,3－4行,《校勘記》云:"……按,'于'當作'於','卒'當

作'猝'。"惠棟云："朝罷朝，詳見《周禮註疏》。按，……。"

按：此處引《公羊注疏校勘記》文原下引號標至"'卒'當作'猝'"止，誤。今查中華書局影印十三經註疏本 p. 2206 所附阮元《校勘記》，以下惠棟語亦爲阮元《校勘記》文，下引號當標至"詳見《周禮註疏》"止。

5. p. 216，4—11 行，《王制》疏引《鄭志》答孫皓云："唐虞之禮……諸侯間而朝天子。其不朝者朝罷朝，五年再朝。……夏殷天子六年一巡守，其間諸侯分爲五部，每年一部來朝天子，朝罷還國。其不朝者，朝罷朝諸侯，至後年不朝者，往朝天子而還，前年朝者，今既不朝，又朝罷朝諸侯，是再相朝也。故下七年注云……皆所以崇禮讓、絕慢易者也。"

按：此處《王制》疏引《鄭志》答孫皓文原下引號標至"絕慢易者也"止，誤。今查四庫全書本、中華書局影印十三經註疏本 p. 1328《禮記注疏》卷一一，下引號當至"是再相朝也"止。當據改。"故下七年注云"以下非《鄭志》答孫皓文。

6. p. 219，倒 3—倒 2 行，《魯世家》："公子揮諂謂隱公曰：'百姓便君，君其遂之，吾請爲君殺子允，君以我爲相。'"徐廣曰："允，一作'軌'，即桓公也。"

按：此處引《魯世家》文失校且下引號有誤。（1）"君其遂之"之"之"，四庫全書本、中華書局整理本《史記·魯周公世家》作"立"。當據改。（2）"徐廣曰"文下引號誤，當至"一作'軌'"止。"即桓公也"非徐廣語。

7. p. 220，2 行，《魯世家》云："隱公曰：'有先君命。吾爲允少，故攝代。'然則隱奉父命攝位，故其讓尤爲《春秋》所許。"

按：此處引《魯世家》文原下引號標至"故其讓尤爲《春秋》所許"止，誤。今查四庫全書本、中華書局整理本《史記·魯周公世家》，下引號當至"故攝代"止。當據改。"然則隱奉父命攝位，故其讓尤爲《春秋》所許"句，爲陳立《義疏》語，當在《魯世家》文下引號外面。

8. p. 221，3—4 行，《經傳釋詞》云："若猶或也。"《儀禮·士昏禮記》曰："若衣若笄。"襄十一年《左傳》曰："若子若弟。"又曰："君若能以玉帛綏晉。"

按：此處引《經傳釋詞》文下引號有誤且失校。（1）《經傳釋詞》文原下引號標至"若猶或也"止，誤。今查 1984 年版嶽麓書社《經傳釋詞》卷七，下引號當至"君若能以玉帛綏晉"止。當據改。（2）點校者"若猶或也"下出《校勘記》云："查《經傳釋詞》中有'若猶然也'、'若猶其也'、'若猶乃也'，無'若猶或也'。"此大謬也。今查《經傳釋詞》卷七有"若猶或也"條,點校者誤出《校勘記》。

9. p.223,倒6-倒4行,《説文·巫部》:"覡,能齊肅事神明也。在男曰覡,在女曰巫。"段《注》:"此析言之耳。統言,則《周禮》男亦曰巫,女非不可曰覡也。"《詩譜》曰:"陳大姬無子,好巫覡禱祈鬼神歌舞之樂,民俗化而爲之。"

按:此處引《説文解字注》文原下引號標至"女非不可曰覡也"止,誤。今查上海古籍出版社影印本《説文解字注》卷五上 p.202,下引號當至"民俗化而爲之"止。當據改。

10. p.224,6-7行,《水經注·潩水》篇:"潩水又東南,逕長社縣故城西北,南濮、北濮二水入焉。是水首受潩水,川渠雙引,俱東注,有洧與之過,枝流派亂,互得通稱。長社,今長葛縣,在許州屬。"

按:此處引《水經注·潩水》文原下引號標至"在許州屬"止,誤。今查四庫全書本《水經注》卷二二,下引號當至"互得通稱"止。當據改。"長社,今長葛縣,在許州屬"句,爲陳立《義疏》語。

11. p.224,8行,《説文·水部》云:"濮出濮陽南,入鉅野。鉅野,魯地。"

按:此處引《説文·水部》文原下引號標至"魯地"止,誤。今查中華書局影印陳昌治刻本《説文解字》卷一一上 p.227,下引號當至"入鉅野"止。當據改。"鉅野,魯地"句,爲陳立《義疏》語。

12. p.224,倒3-倒1行,《索隱》云:"濮水首受河,又受汴,汴亦受河,東北至鉅野入濟。"則濮在曹、衛之間。賈言陳地,非也。據《地理志》陳留封丘縣濮水受濟,當言陳留水也。

按:此處引《史記索隱》文下引號有誤且失校。(1)原下引號標至"東北至鉅野入濟"止,誤。今查中華書局本《史記》卷三七 p.1592,下引號當至"當言陳留水也"止。當據改。(2)"《地理志》陳留封丘縣濮水受濟"之"濟",四庫全書本作"沛",中華書局本作"沛",當出異文校。

13. p.227,倒1行,《校勘記》云:"'碏',《唐石經》、諸本同。《隸釋》載《漢石經公羊》殘碑'碏'作'踖'。"惠氏棟《公羊古義》云:"《説文》無'碏'字,當從《石經》作'踖'。"

按:此處引《公羊註疏校勘記》文原下引號標至"《隸釋》載《漢石經公羊》殘碑'碏'作'踖'"止,誤。今查中華書局影印本《十三經註疏·春秋公羊傳註疏》卷二所附《校勘記》p.2206，下引號當至"當從《石經》作'踏'"止。當據改。

14. p.231，4—6行，《校勘記》云："按此當作'登，讀爲得'也，'來'當誤衍。《古義》云《禮·大學》云'一人貪戾'，注：'戾之言利也。'《春秋傳》曰'登戾之'，《正義》云：'以來爲戾。'與《公羊》本不同。下《傳》云'百金之魚，公張之'，則登戾之説信矣。按，古來讀如釐，故與戾音相近。"

按：此處引《公羊註疏校勘記》文原下引號標至"故與戾音相近"止，誤。今查中華書局影印本《十三經註疏·春秋公羊傳註疏》卷三所附《校勘記》p.2211，下引號當至"'來'當誤衍"止。當據改。又，"《古義》云"至"故與戾音相近"，皆爲惠棟《九經古義》卷一三《公羊古義》文。故此段當標點爲：《校勘記》云："按此當作'登，讀爲得'也，'來'當誤衍。"《古義》云："《禮·大學》云'一人貪戾'，注：'戾之言利也。'《春秋傳》曰'登戾之'，《正義》云：'以來爲戾。'與《公羊》本不同。下《傳》云'百金之魚，公張之'，則登戾之説信矣。按，古來讀如釐，故與戾音相近。"

15. p.231，6—7行，《潛研堂答問》云："《説文》訓德爲升，未詳其義。"又曰："古文德與得通。《公羊傳》：'登來之'也，齊人語，以得爲登，與升同義。"

按：此處引《潛研堂答問》文下引號有誤且失校。（1）原下引號標至"未詳其義"止，誤。今查續四庫全書本1438册p.540《潛研堂文集》卷一一，下引號當至"與升同義"止。當據改。（2）其中引"《公羊傳》：'登來之'也"，"登來之也"四字爲《傳》文，"也"字不當在引號外。（3）《潛研堂文集》"詳"作"審"、"以得爲登，與升同義"作"以得爲登，登與升同義"。當據改。

16. p.232，3—7行，《公羊古義》云："《食貨志》曰：'漢興，更令民鑄莢錢，黄金一斤。'……《戰國策》云：'……趙王封蘇秦爲武安君，黄金萬溢。'高誘注：'萬溢，萬金也。二十兩爲一溢。'按，此即臣瓚所謂'秦以一溢爲一金'也。"

按：此處引《公羊古義》文原下引號標至"此即臣瓚所謂'秦以一溢爲一金'也"止，誤。今查四庫全書本《九經古義·公羊古義》卷一三，下引號當至"二十兩爲一溢"止。當據改。"按，此即臣瓚所謂'秦以一溢爲一金'也"句，爲陳立《義疏》語。

17. p.232，10行，劉寶楠云："漢世金不如此之貴，疑千是十誤。"且與錢萬之説相合。

按：此處引劉寶楠《愈愚録》文原下引號標至"疑千是十誤"止，誤。今查續四庫全書本1156册p.289《愈愚録》卷五，下引號當至"且與錢萬之説相合"止。當據改。

18. p.233，2－6行，俞樾《平義》云："……《傳》文但言張不言張罔罟，何解非也。《詩·韓奕》：'孔修且張。'《毛傳》：'張，大也。'……上文曰：'公曷爲遠而觀魚？登來之也。'下文曰：'登來之者，美大之辭也。'然則此文言公之正，所謂美大之也，若以爲張罔罟，則與上下文不屬矣，亦未諦當。"

按：此處引《羣經平議》文斷句、下引號有誤，且失校。（1）"然則此文言公之正，所謂美大之也"，今查續四庫全書本178册p.369《羣經平議》卷二三，"公"下有"張"字，作"然則此文言公張之正"，如此，則"正"字當屬下讀，作"然則此文言'公張之'，正所謂美大之也"。當據改。（2）"俞樾《平義》云"之"義"，原書名作"議"。當據改。（3）"登來之者"之"者"下原有"何"字，作"登來之者何？"。當據補。（4）原下引號標至"亦未諦當"止，誤。今查續四庫全書本178册p.369《羣經平議》卷二三，下引號當至"則與上下文不屬矣"止，"矣"下當作"。"。當據改。"亦未諦當"四字爲陳立《義疏》語。

19. p.235，倒3行，《大事表》："在今魚臺縣東北十二里。棠與唐古通，即二年公與戎盟之唐也。亦作常，《詩·魯頌·閟宮》'居常與許'是也。《毛傳》謂：'常、許，魯南鄙、西鄙。'許即許田，爲南鄙；常爲西鄙。"

按：此處引《春秋大事表》文原下引號標至"常爲西鄙"止，誤。今查四庫全書本、中華書局整理本《春秋大事表》卷七之一p.720，下引號當至"即二年公與戎盟之唐也"止。當據改。"亦作常"以下非《春秋大事表》文。

20. p.235，倒2行－p.236，3行，《讀書叢録》云："《管子·小匡》篇：桓公曰：'吾欲南伐，何主？'管子對曰：'以魯爲主，反其侵地常、潛。'《國語·魯語》作棠、潛。《左氏》隱五年：'公觀魚于棠。'棠即常也。閻氏若璩《四書釋地》：……余謂棠，萊邑也。"

按：此處引《讀書叢録》文原下引號標至"萊邑也"止，誤。今查續四庫全書本1157册p.574《讀書叢録》卷二，下引號當至"棠即常也"止。當據改。"棠即常也"以下爲閻若璩《四書釋地》文。

21. p.236，3－6行，《左傳補註》云："《水經注》據杜注。唐與棠自爲二地，唐亭在魯竟内，地亦非遠。《寰宇記》：'棠水在宋州楚丘縣北四十里，從單州城武縣入界,南行五里合絕溝即此水也。'則不得爲濟上之邑。……《漢石經公羊》有傳無經,此漢以前舊式可考者,《校勘記》云。"

按:此處引《左傳補註》文下引號有誤且失校。(1)原下引號標至"《校勘記》云"止,誤。今查續四庫全書本 125 册 p.6《左傳補註》卷一,下引號當至"南行五里合泡溝即此水也"止。當據改。(2)《左傳補註》"四十"下有"五"字;"竟内"作"境内";"城武縣"作"成武縣";"絶"作"泡";"即此水也"作"即此棠也"。(3)《寰宇記》文下引號當至"合泡溝"止;當據改。

22. p.237,1 行,《荀子·王霸》篇"以觀其盛者也",注:"盛讀爲成。盛、郕皆從成得聲,故通。"

按:此處引《荀子·王霸》注文原下引號標至"故通"止,誤。今查四庫全書本《荀子·王霸》卷七注,下引號當至"盛讀爲成"止。當據改。"盛、郕皆從成得聲,故通"句,爲陳立《義疏》語。

卷 七

1. p.247,4 行,則《小記》所云"易牲而祔於女君可也",注:"女君,適祖姑。"易牲而祔,則凡妾下女君一等是也。

按:此處引《喪服小記》注文原下引號標至"適祖姑"止,誤。今查四庫全書本《禮記注疏》卷三三《喪服小記》注,下引號當至"則凡妾下女君一等"止。當斷爲"則《小記》所云'易牲而祔於女君可也',注:'女君,適祖姑。易牲而祔,則凡妾下女君一等。'"當據改。"是也"二字爲陳立《義疏》語。

2. p.249,8 行,《漢書·韓安國傳》注:"僭,擬也。擬,儗,即齊之謂。"

按:此處引《漢書》注文原下引號標至"即齊之謂"止,誤。今查四庫全書本《漢書·竇田灌韓傳》卷五二注,下引號當至"擬也"止。當據改。"擬,儗,即齊之謂"句,爲陳立《義疏》語。

3. p.251,5—6 行,《說郛》引《章句》又云:"問者曰:子説月令,多類《周官》、《左傳》,明古文家以天子八,諸侯六,大夫四,士二也。"

按:此處《說郛》引《章句》文原下引號標至"士二也"止,誤。今查四庫全書本《說郛》卷四下,下引號當至"《左傳》"止。當據改。"明古文家以天子八,諸侯六,大夫四,士二也"句,爲陳立《義疏》語。

4. p.257，6－8行，《詩譜》云："其得聖人之化者，謂之周南；得賢人之化者，謂之召南。皆謂由陝而南者也。……《王制》所謂八州、八伯。"

按：此處引《詩譜》文原下引號標至"八州、八伯"止，誤。今查四庫全書本《毛詩註疏·毛詩譜》，下引號當至"謂之召南"止。當據改。"謂之召南"以下"皆謂由陝而南者也"至"《王制》所謂八州、八伯"句，皆爲陳立《義疏》文。

5. p.260，倒2行，《繁露·王道》云："魯舞八佾如天子之爲，是潛天子之事也。"

按：此處引《春秋繁露》文原下引號標至"是潛天子之事也"止，誤。今查四庫全書本《春秋繁露·王道》，作"魯舞八佾，北祭泰山，郊天祀地，如天子之爲"。這裏是節引，下引號當至"如天子之爲"止。且"魯舞八佾"下當加"，"斷開。"是潛天子之事也"句，爲陳立《義疏》語。

6. p.261，倒4－3行，《祭統》鄭注云："朱干，赤盾；戚，斧也，此武象之舞所執也。佾猶列也。大夏，禹樂，文舞也，執羽籥。文武之舞皆八列，互言之耳。明朱干玉戚亦八列。《大夏》亦執舞器，故云互言，是言佾則干舞在其中矣。"

按：此處引《祭統》鄭注文原下引號標至"是言佾則干舞在其中矣"止，誤。今查四庫全書本及中華書局影印阮刻本十三經註疏《禮記注疏·祭統》卷四九鄭注文，下引號當至"互言之耳"止。當據改。"明朱干玉戚亦八列。《大夏》亦執舞器，故云互言，是言佾則干舞在其中矣"句，爲陳立《義疏》語。

7. p.268，4－5行，《書疏》引鄭注："《洛誥》云：王者未制禮樂，恒用先王之禮樂。伐紂以來皆用殷之禮，非始成王用之也。蓋始起之時，草創初定。未遑制作，故一依前代，無事變更。"

按：此處《尚書疏》引鄭注文原下引號標至"無事變更"止，誤。今查四庫全書本《尚書注疏》卷一四《洛誥》鄭注文，下引號當至"非始成王用之也"止。當據改。"蓋始起之時，草創初定。未遑制作，故一依前代，無事變更"句，爲陳立《義疏》語。

8. p.272，8行，《禮記·月令》云："仲春行夏令，蟲螟爲害。"注："暑氣所生爲災害也。與螽異物而同類。"

按：此處引《禮記·月令》注文原下引號標至"與螽異物而同類"止，誤。今查四庫全書本《禮記·月令》注，下引號當至"暑氣所生爲災害也"止。當據改。"與螽異物而同類"句，爲陳立《義疏》語。

9. p.273，9行，《文選注》引彼注云："苟者，切也。與此苟令急法合。"

按：此處《文選注》引彼注文原下引號標至"與此苟令急法合"止，誤。今查四庫全書本《文選注》，下引號當至"切也"止。當據改。"與此苟令急法合"句，爲陳立《義疏》語。

10. p.275，2—4行，《水經注·洧水》篇："洧水又東南與龍淵水合，水出長社縣西北，東逕故城北，鄭之長葛邑也。《春秋》'宋人伐鄭，圍長葛'是也。後社樹暴長，故曰長社。"又按：京、杜並云長社縣北有長葛鄉，斯乃縣徙於南矣。

按：此處引《水經注·洧水》篇文原下引號標至"故曰長社"止，誤。今查四庫全書本《水經注·洧水》，下引號當至"斯乃縣徙於南矣"止。當據改。

11. p.276，5—6行，《繁露·玉杯》云："《春秋》之好微與其貴志也。鄭伯志在滅段，故如其意書克；宋人志在得長葛，故如其意言圍。所謂逆而罪之，不如徐而味之也。《春秋》之所惡者，不任德而任力，故表其意以惡其彊也。"

按：此處引《春秋繁露·玉杯》文下引號及斷句有誤。（1）原下引號標至"故表其意以惡其彊也"止，誤。今查四庫全書本《春秋繁露·玉杯》，下引號當至"《春秋》之好微與？其貴志也"止。當據改。（2）"《春秋》之好微與其貴志也"之"與"下當加"？"斷開，當標點爲："《春秋》之好微與？其貴志也。"《春秋繁露義證》云："'與'字絕句。言《春秋》之好微，以其貴志也。"

卷 八

1. p.286，1—4行，《漢書·魏相傳》云："天地變化，必繇陰陽，陰陽之分，以日爲紀。日冬夏至，則八風之序立，萬物之性成，各有常職，不得相干。"明王謹于尊天，慎于養人，故立羲和之官。君動静以道，奉順陰陽，則日月光明，風雨時節，寒暑調和。臣愚以爲，陰陽者，王事之本，群生之命，自古賢聖未有不繇之者也。天子之義，必純取法天地，而觀於先聖。

按：此處引《漢書·魏相傳》文原下引號標至"不得相干"止，誤。今查四庫全書本《漢書·魏相傳》，下引號當至"而觀於先聖"止。當據改。

2. p.289，2—3行，《文選注》引《琴操》曰："《騶虞》者，邵國之女所作也。古者君子在位，役不踰時，不失嘉會。邵國之大夫久於行役，故作是詩。"

按：此處《文選注》引《琴操》文原下引號標至"故作是詩"止，誤。今查四庫全書本及中華書局1977年影印胡（克家）刻本《文選注》卷二九《與蘇武詩三首》注文，下引號當至"不失嘉會"止。當據改。

3. p.296，5—8行，劉氏逢祿《箋》云："何君說紀季姜義曰：子尊不加于父母……此先書滕侯卒者，唯王者有先施之誼，所以懷諸侯也。明子襃爲侯，應以侯祿榮其親，故於此書侯以張義。薛侯不襃其父侯者，舊疏云'薛侯父卒在春秋之前，故無襃之文'是也。"

按：此處引劉逢祿《解詁箋》文下引號有誤且失校。（1）原下引號標至"故無襃之文是也"止，誤。今查續四庫全書本129册p.573《春秋公羊經何氏釋例後錄卷一·解詁箋》，下引號當至"所以懷諸侯也"止。當據改。"明子襃爲侯，應以侯祿榮其親，故於此書侯以張義。薛侯不襃其父侯者"句，爲陳立《義疏》語；"薛侯父卒在春秋之前，故無襃之文"爲舊疏語。當據改。（2）"唯王者有先施之誼"之"唯"，續四庫全書本《春秋公羊經何氏釋例後錄卷一·解詁箋》作"明"。

4. p.296，倒6行，《大事表》云："今沂州府東北三十里有中丘城，故此傳云'內之邑也'。"

按：此處引《春秋大事表》文原下引號標至"內之邑也"止，誤。今查四庫全書本及中華書局整理本p.720《春秋大事表》卷七之一，下引號當至"中丘城"止。當據改。"故此傳云'內之邑也'"句，爲陳立《義疏》引傳文語。

5. p.296，倒2行—p.297，1行，《校勘記》云："宋本、監本、閩本、毛本同。……若作'問'，則與'指問邑也''問'字復矣。又'故因'，彼疏引此注作'欲因'，亦宜據正。"

按：此處引《公羊註疏校勘記》文原下引號標至"亦宜據正"止，誤。今查中華書局《十三經註疏》影印本p.2211《春秋公羊傳註疏》卷三所附《校勘記》，下引號當至"'問'字復矣"止。當據改。"宋本、監本、閩本、毛本同"，《公羊註疏校勘記》原文作"諸本同"。"又'故因'，彼疏引此注作'欲因'，亦宜據正"句，爲陳立《義疏》語。

6. p.298，倒3行—p.299，2行，《春秋說》云："《春秋》凡書弟者，皆母弟。《左氏》、《公羊》皆云然。"趙匡駁云："以爲不可以訓"，此非駁傳，乃駁經也。以兩國言之，則秦后子鍼，楚公子于，皆秦景、楚靈之弟也，《春秋》獨書"秦伯之弟鍼"豈非鍼爲母弟與？以一國言之，則宋公子地、公子辰皆景公之弟也，《春秋》獨書"宋公之弟辰"，則地非母弟可知。魯宣及叔肸同出敬嬴，衛獻與子鮮同出敬姒，故胖之卒，鱄之奔，皆稱弟，此母弟之尤章明較著者，故曰非駁傳乃駁經也。

按：此處引《惠氏春秋説》文下引號有誤且失校。（1）原下引號標至"《公羊》皆云然"止，誤。今查四庫全書本《惠氏春秋説》卷一五，下引號當至"故曰非駁傳乃駁經也"止。當據改。（2）"楚公子于"下，點校者出《校勘記》曰："'楚公子于'殆'楚公子比'之訛。公子比字子于。子干，楚共王子，楚靈王弟。"其實"楚公子于"並非"楚公子比"之訛，《惠氏春秋説》作"楚子干比"，是，當據以出校。

7. p.300，7－8行，《類聚》引《白虎通》云："諸侯相聘何？爲相尊敬也。故諸侯朝聘，天子無恙。"

按：此處《藝文類聚》引《白虎通》文原下引號標至"天子無恙"止，誤。今查四庫全書本《藝文類聚》卷三九，下引號當至"爲相尊敬也"止。當據改。

8. p.302，倒5－倒4行，《續漢志》："河内郡共縣云汎亭。"劉昭注："凡伯邑。考河内周地，凡伯國卿士食采汎城。"

按：此處引《續漢志》注文原下引號標至"凡伯國卿士食采汎城"止，誤。今查四庫全書本《後漢書》卷二九《郡國志》，下引號當至"凡伯邑"止。當據改。"考河内周地，凡伯國卿士食采汎城"句，爲陳立《義疏》語。

9. p.302，倒3－倒2行，惠氏棟云："'較'讀爲'覺'。"《詩》曰："有覺德行。"

按：此處引《惠氏春秋説》文原下引號標至"'較'讀爲'覺'"止，誤。今查四庫全書本《惠氏春秋説》卷七，下引號當至"有覺德行"止。當據改。

10. p.302，末行－p.303，2行，《禮》疏引《異義》："天子聘諸侯，《公羊》説：天子無下聘義。《周禮》説：間問以諭諸侯之志。許慎謹案，禮，臣疾，君親子有下聘之義。從《周禮》説。"鄭無駁，與許同。

按：此處引《禮記》疏引《異義》文原下引號標至"從《周禮》説"止，誤。今查四庫全書本《禮記注疏》卷一一，下引號當至"與許同"止。當據改。

11. p.303，6－7行，《大事表》云："今曹州府曹縣東南四十里，爲衛之南楚丘，本戎州己氏之邑。隱七年'戎伐凡伯于楚丘，以歸'，又襄十年'宋公享晉侯于楚丘'即此。蓋宋、衛二國相錯處。"

按：此處引《春秋大事表》文原下引號標至"蓋宋、衛二國相錯處"止，誤。今查四庫全書本《春秋大事表》卷六上，下引號當至"即此"止。當據改。"蓋宋、衛二國相錯處"句，爲陳立《義疏》語。

12. p.303，倒6行－p.304，2行，沈氏欽韓《左傳補註》云："杜云衛地，非也。……。欽韓案，《漢志》云：'山陽郡成武縣有楚丘亭，齊桓公所城，遷衛于此。'由此輾轉遂誤。"

按：此處引《左傳補註》文原下引號標至"由此輾轉遂誤"止，誤。今查續四庫全書本125册 p.7《左傳補註》卷一，下引號當至"遷衛于此"止。當據改。"由此輾轉遂誤"句，爲陳立《義疏》語。

13. p.305，2行，《鹽鐵論·論功》云："凡伯因執而使。"不通。

按：此處引《鹽鐵論·論功》文失校、誤斷且下引號有誤。（1）"因執"，四庫全書本作"囚執"，點校者失校。"囚執"，謂執季孫隱如。《漢書·劉向傳》云："戎執其使。"（2）"凡伯因執而使"，文不成義。今查四庫全書本《鹽鐵論·論功》卷一一，原文作"凡伯囚執而使不通"，點校者將"不通"標在原文引號外，大謬也。（3）原下引號標至"凡伯因執而使"止，誤。今查四庫全書本《鹽鐵論·論功》卷一一，下引號當至"不通"止。當標點爲"凡伯囚執而使不通"，當據改。

卷　九

1. p.310，末行，惠氏棟《穀梁古義》："《穆天子傳》云：'戊戌，天子北入于邴。'郭璞曰：邴，鄭邑。《左傳》作'祊'，古方、丙同字是也。"

按：此處引惠棟《穀梁古義》文原下引號標至"古方、丙同字是也"止，誤。今查四庫全書本《九經古義》卷一五《穀梁古義》，下引號當至"古方、丙同字"止。當據改。"是也"二字，爲陳立《義疏》判斷語，當在引號外。

2. p.311，1－2行，《水經注·沂水》篇："治水又東南逕費縣。又東南逕祊城南。"《春秋》隱公八年《傳》"鄭伯請釋泰山之祀而祀周公"，使宛歸泰山之祊，而易許田。

按：此處引《水經注·沂水》文原下引號標至"又東南逕祊城南"止，誤。今查四庫全書本《水經注》卷二五《沂水》，下引號當至"而易許田"止。當據改。

3. p.312，末行－p.313，1行，《禮疏》謂"燔柴以祭上天而告至"。其祭天之後，乃望祀山川，所祭之天則蒼帝靈威仰也。

按：此處引《禮疏》文原標點至"燔柴以祭上天而告至"止，誤。今查四庫全書本《禮記注疏》卷一一《王制》疏，下引號當至"所祭之天則蒼帝靈威仰"止。當據改。

4. p.313，1行，金氏榜《禮箋》云："巡狩，則方嶽之下，覲其方之群后，亦曰明堂。"《孟子》書齊宣王曰："人皆謂我毀明堂。"

按：此處引金榜《禮箋》文原下引號標至"亦曰明堂"止，誤。今查續四庫全書本109册 p.63《禮箋》卷三，下引號當至"人皆謂我毀明堂"止。當據改。

5. p.313，4-8行，孔氏廣森《經學卮言》："此非如圖中明堂五室十二堂之制。"《荀子》曰："築明堂於塞外，以朝諸侯。"楊注："明堂，壇也。謂巡狩至方嶽之下，令諸侯爲宮，方三百步，四門，壇十有二尋，深四尺，加方明壇上。"蓋其望祀方明，故以明堂言之。而《朝事儀》言方明之下，公侯伯子男覲位，亦並與明堂位同。漢時公玉帶上明堂圖，中有一殿，四面無壁，近泰山明堂之遺象。

按：此處引《經學卮言》文失校且下引號有誤。今查續四庫全書本173册 p.297《經學卮言》卷五，（1）"圖中"，《經學卮言》作"國中"、"令諸侯爲宮"作"會諸侯爲宮"、"蓋其望祀方明"作"蓋其堂祀方明"、"朝事儀"作"朝事義"，點校者失校，當據改。（2）此處引《經學卮言》文原下引號標至"此非如圖中明堂五室十二堂之制"止，誤。今查續四庫全書本《經學卮言》，下引號當至"近泰山明堂之遺象"止。當據改。

6. p.316，倒3-倒2行，《路史·發揮》引《書傳》云："再黜少以地，較爲詳備，五年親自巡守，則《堯典》之五載一巡守也。"

按：此處《路史·發揮》引《書傳》文原下引號標至"則《堯典》之五載一巡守也"止，誤。今查四庫全書本《路史·發揮》卷三二，下引號當至"再黜少以地"止。當據改。《路史·發揮》引《書傳》原文作"誣則黜之，一黜少以爵，再黜少以地，三黜而爵地畢，此之是矣"。故此處當標點爲："《路史·發揮》引《書傳》云：'再黜少以地。'"以下"較爲詳備，五年親自巡守，則《堯典》之五載一巡守也"句，爲陳立《義疏》語。

7. p.320，倒4行，《禮記疏》引鄭《書注》又云："'每歸格于祖'，既言每歸，似是嶽別一歸。"若嶽別一歸而後去。

按：此處《禮記疏》引鄭《書注》文下引號有誤且失校。（1）原下引號標至"似是嶽別一歸"止，誤。今查四庫全書本《禮記注疏》卷一一，下引號當至"若獄別一歸而後去"止。當據改。(2)"若獄別一歸而後去"之"後",四庫全書本《禮記注疏》作"更"。

8. p. 320,倒2—倒1行,鄭注《王制》云:"特,特牛也。祖下及禰皆一牛,則從始祖下及禰皆各用一特。唐虞五,殷六,周七也。"

按:此處引鄭注《王制》文原下引號標至"周七也"止,誤。今查四庫全書本《禮記注疏》卷一一,下引號當至"祖下及禰皆一牛"止。當據改。"則從始祖下及禰皆各用一特。唐虞五,殷六,周七也"句,為陳立《義疏》語。

9. p. 322,6—7行,《校勘記》云:"'日',閩本、監本、毛本同誤。鄂本作'吳',是也,當據正。即哀八年'吳伐我'是也。"

按:此處引《公羊註疏校勘記》文下引號有誤且失校。(1)原下引號標至"即哀八年'吳伐我'是也"止,誤。今查續四庫全書本183冊p. 57《公羊註疏校勘記》卷一及中華書局影印《十三經註疏》附校勘記下冊p. 2211,下引號當至"當據正"止。"即哀八年'吳伐我'是也"句,為陳立《義疏》語。(2)"鄂本作'吳',是也",續四庫全書本及中華書局影印《十三經註疏》附《公羊註疏校勘記》無"是也"二字,當據刪。

10. p. 327,倒3—倒2行,《公羊古義》云:"古浮、包字同。秦有儒生'浮丘伯',見《漢書·楚元王傳》,而《鹽鐵論》作'包丘子',蓋古音通也。按,浮、包古韻同部。故從孚從包字,經多相通。"

按:此處引《公羊古義》文原下引號標至"經多相通"止,誤。今查四庫全書本《九經古義》卷一三《公羊古義》,下引號當至"蓋古音通也"止。當據改。"按,浮、包古韻同部。故從孚從包字,經多相通"句,為陳立《義疏》語。

11. p. 329末行—p. 330,2行,《春秋正辭》曰:"《春秋》之義,不可書則避之,……辭有據正則不當書者,皆書其可書,以見其所不可書;……避其所大不可,而後目其所常不忍常不可也。此則不可書,不隱書,故詭其辭以隱所不忍、避所不可也。董子所謂'隨其委曲而後得之'者也。"

按:此處所引《春秋正辭》文,實際出自莊存與《春秋指要》。原下引號標至"董子所謂'隨其委曲而後得之'者也"止,誤。今查續四庫全書本141冊p. 120《春秋指要》一卷,下引號當至"而後目其所常不忍常不可也"止。當據改。"此則不可書,不隱書,故詭其辭以隱所不忍、避所不可也。董子所謂'隨其委曲而後得之'者也"句,為陳立《義疏》語。

12. p. 335,7—13行,洪氏震煊《疏義》又云:"雷者,所以開發萌芽,辟除陰害。故啓蟄以月驗雷，雉震响以耳驗雷，先幾而作，謹始慎微之道也。是以正月雷尚始聞於地中，則震電爲異明矣。……故《穀梁》注引劉向云：'雷出非其時者，是陽不能閉陰，陰氣縱逸而將爲害也。'"

按：此處引洪震煊《夏小正疏義》文下引號有誤且失校。（1）原下引號標至"陰氣縱逸而將爲害也"止，誤。今查續四庫全書本 108 冊 p.206《夏小正疏義》卷一，下引號當至"謹始慎微之道也"止。當據改。"是以正月雷尚始聞於地中，則震電爲異明矣。……故《穀梁》注引劉向云：'雷出非其時者，是陽不能閉陰，陰氣縱逸而將爲害也。'"一段，爲陳立《義疏》語。（2）"故啓蟄以月驗雷"之"月"，《夏小正疏義》作"目"，"啓蟄以目驗雷，雉震响以耳驗雷"爲對文。當據改。

13．p.336，倒 4 行，司馬遷述董子言："有國者不可以不知《春秋》。"前有讒賊而弗見，後有讒賊而不知。

按：此處引司馬遷《史記·太史公自序》文下引號有誤且失校。（1）原下引號標至"有國者不可以不知《春秋》"止，誤。今查《史記·太史公自序》卷一三〇，下引號當至"後有讒賊而不知"止。當據改。（2）"前有讒賊而弗見，後有讒賊而不知"，《史記·太史公自序》作"前有讒而弗見，後有賊而不知"。

14．p.350，3—7 行，《春秋說》云："……伐取之者，三國伐載，鄭獨取之，因人之力，是爲易詞。載，微國也，故言取。經不稱師，故知其非取三師也。鄭伯不能救人之危難，乘危滅人，不仁莫甚，故書取，以著其惡。"

按：此處引《惠氏春秋說》文原下引號標至"以著其惡"止，誤。今查四庫全書本《惠氏春秋說》卷八，下引號當至"故知其非取三師也"止。當據改。"鄭伯不能救人之危難，乘危滅人，不仁莫甚，故書取，以著其惡"句，爲陳立《義疏》語。

15．p.355，6—8 行，《大事表》："許今爲河南許州府治新設石梁縣。時鄭莊使許叔居許西偏，猶未全并許地也。《說文·邑部》……《前漢書》：'潁川郡，許故國，姜姓，四嶽後，文叔所封，二十四世爲楚所滅。'"

按：此處引《春秋大事表》文原下引號標至"二十四世爲楚所滅"止，誤。今查四庫全書本及中華書局整理本《春秋大事表》卷四 p.533，下引號當至"猶未全并許地也"止。當據改。

16．p.356 末行—p.357，3 行，《公羊古義》云："蔡邕《石經》'弒'作'試'。《白虎通》引《春秋讖》曰：'弒者，試也。欲言臣子殺其君父，又不敢卒，候間司事，可稍稍弑之。'《易》曰：'臣弑其君，子弑其父，非一朝一夕之故也。'《荀子·議兵》篇曰：'傳曰：威厲而不試，刑措而不用。'《鹽鐵論》曰：'威厲而不殺。'殺音試，古音同。《石經》作'試'，蓋嚴氏《春秋》也。"

按：此處引《公羊古義》文原下引號標至"蓋嚴氏《春秋》也"止，誤。今查四庫全書本《九經古義·公羊古義》卷一三，下引號當至"可稍稍弑之"止。當據改。"《易》曰：……。《荀子·議兵》篇曰：……。《鹽鐵論》曰：……。殺音試，古音同。《石經》作'試'，蓋嚴氏《春秋》也"一段，爲陳立《義疏》語。

卷一〇

1. p.363，4—5行，《左傳》疏引《世本》云："桓公名軌。"《世族譜》亦作軌。

按：此處引《左傳》疏文原下引號標至"桓公名軌"止，誤。今查四庫全書本《春秋左傳注疏》卷四疏文，下引號當至"《世族譜》亦作軌"止。當標點爲：《左傳》疏引："《世本》云：'桓公名軌。'《世族譜》亦作軌。"當據改。

2. p.363，6—7行，《周禮·小宗伯》云："掌建國之神位。"注："故書'位'作'立'。"鄭司農云："立讀爲位，古者位、立同字。古文《春秋經》'公即位'爲'公即立'。"

按：此處引《周禮·小宗伯》注文原下引號標至"故書'位'作'立'"止，誤。今查四庫全書本《周禮·小宗伯》卷一九注，下引號當至"'公即位'爲'公即立'"。當據改。

3. p.376，倒5行，又鄭注《明堂》云："魯在東方，朝必以春。"魯於西方，近東故也。

按：此處引鄭注《明堂》文下引號有誤且失校。（1）原下引號標至"朝必以春"止，誤。今查四庫全書本《禮記注疏》卷一一《王制》疏引，下引號當至"近東故也"止。當據改。（2）"魯於西方"，四庫全書本《禮記注疏》卷一一《王制》疏引作"魯於東方"。陳立《義疏》上文亦云："或近東者朝春，近南者朝夏，近西者朝秋，近北者朝冬。"

卷一一

1. p.404，倒4—倒3行，《公羊問答》云："問：'此方言乎？'曰：'《說文》：楚人謂女弟曰娚。《廣雅》：娚，妹也。《爾雅》注亦云：猶今謂兄爲昆，妹曰娚。'"

按：此處引《公羊問答》文原下引號標至"妹曰娚"止，誤。今查續四庫全書本129册p.442《公羊問答》卷上，下引號當至"《廣雅》：娚，妹也"止。當據改。

2. p.406，8－10行，《校勘記》云："依《説文》，歎、嘆有別。按，《説文·口部》：'嘆，吞歎也。'……《疏》云：'歎，吟息也。'其實對文異，散則通。"

按：此處引《公羊註疏校勘記》文原下引號標至"散則通"止，誤。今查續四庫全書本183册p.59《公羊註疏校勘記》卷二及中華書局影印十三經註疏本下册p.2217，下引號當至"歎、嘆有別"止。當據改。

3. p.424，倒4行，《説文·邑部》："鄆，魯下邑。三《傳》皆作䢵。鄆正字，䢵假借也。"

按：此處引《説文解字》文原下引號標至"䢵假借也"止，誤。今查中華書局影印本《説文解字》p.135，下引號當至"魯下邑"止。當據改。"三《傳》皆作'䢵'。鄆，正字。䢵，假借也"句，爲陳立《義疏》語。

4. p.425，倒4－倒1行，周氏柄中《四書辨正》云："《士昏禮》，女父不相送。……毛西河引《戰國策》：'婦車至門，送諸母還。'謂諸母有送至婿門者。"按：……與《士昏禮記》所言庶母及門内略同，並無送至婿門之説，《國策》恐未可據。

按：此處引《四書典故辨正》文原下引號標至"謂諸母有送至婿門者"止，誤。今查續四庫全書本167册p.546《四書典故辨正》卷一五，下引號當至"《國策》恐未可據"止。當據改。

5. p.429，倒6－倒4行，《公羊問答》云："問：當衍否？……不當衍也。《疏》又云'多謂麥禾，少謂豆之屬'，亦非是。《經》、《傳》無明文，安能強爲之區別耶？按，以多少不等爲少辭，今俗語猶然，舊疏非也。"

按：此處引《公羊問答》文原下引號標至"舊疏非也"止，誤。今查續四庫全書本129册p.442《公羊問答》卷上，下引號當至"安能強爲之區別耶"止。當據改。"按，以多少不等爲少辭，今俗語猶然，舊疏非也"句，爲陳立《義疏》語。

卷一二

1. p.433，4 行，郭注《爾雅》云："爲苗除害，就夏田釋耳。"

按：此處引郭注《爾雅》文原下引號標至"就夏田釋耳"止，誤。今查四庫全書本《爾雅註疏》卷五，下引號當至"爲苗除害"止。當據改。"就夏田釋耳"句，爲陳立《義疏》語。

2. p.438，7－8 行，《校勘記》云："依《説文》當作髃。"古書有作腢者，從身，誤。

按：此處引《公羊註疏校勘記》文下引號有誤且失校。（1）原下引號標至"依《説文》當作髃"止，誤。今查續四庫全書本 183 册 p.60《公羊註疏校勘記》卷二及中華書局影印本《十三經註疏》下册所附《校勘記》p.2217，下引號當至"從身，誤"止。（2）"從身"下，續四庫全書本《公羊註疏校勘記》卷二及中華書局影印本《十三經註疏》所附《校勘記》尚有"作躬，誤"三字，當據補。

3. p.441，倒 5－倒 3 行，沈氏彤《釋骨》云："腰髃骨旁，臨兩股者曰堅骨、曰大骨、曰髂。一身之伸屈司焉，故通曰機關。關之旁曰髀樞，亦曰樞機者，髀骨之入樞者也。在膝以上者曰髀骨、曰股骨，其直者曰楗，其斜上俠髖者，則所謂機也。由左髎達右髀，遠心，死稍遲，肉已不及一殺之鮮絜，故以爲賓客也。"

按：此處引沈彤《釋骨》文下引號有誤且失校。（1）原下引號標至"故以爲賓客也"止，誤。今查四庫全書本《果堂集·釋骨》卷二，下引號當至"則所謂機也"止。當據改。（2）"腰髃骨旁"之"髃"，《果堂集·釋骨》作"髁"；"臨兩股者曰堅骨"之"堅"，《果堂集·釋骨》作"監"；"其斜上俠髖者"之"髖"，《果堂集·釋骨》作"髖"。

4. p.442，8 行－p.443，1 行，《校勘記》云："《五經文字》：'䚩，羊紹反，見《春秋傳》。又作䚟，見《詩》。'"見《春秋傳》者，即指《公羊》此注也。見《詩》者，指《毛詩·車攻傳》也。今《詩傳》作"䚟"，此注作"䚩"，皆"䚟"字，形近之訛作。䚟，從肖，故音羊紹反，《毛詩音義》。字書無"䚩"字，一本作"䚩"，與張參所據《春秋傳》正合。……《五經文字》注中䚟乃䚟之誤。《詩音義》"䚟"字亦䚟字之誤。

按：此處引《公羊註疏校勘記》文下引號及斷句有誤。（1）原下引號標至

"又作䏚,見《詩》"止,誤。今查續四庫全書本 183 册 p.61《公羊註疏校勘記》卷二及中華書局影印十三經註疏本下册《春秋公羊經傳註疏》卷四所附《校勘記》p.2217,下引號當至"《詩音義》'䏚'字亦䏚字之誤"止。當據改。(2)"此注作'䏚',皆'䏚'字,形近之訛作。䏚,從肖,故音羊紹反"之"字"下","當删;"訛"下當加"。";"作"下"。"當删。當斷爲:"此注作'䏚',皆'䏚'字形近之訛。作䏚,從肖,故音羊紹反。"

5. p.444,7—10 行,《公羊問答》云:"……《月令·仲冬》:'日短至,陰陽争,諸生蕩,芸始生,荔挺出。'"《後漢書·陳寵傳》:"冬至之節,陽氣始萌,故十一月有蘭、射干、芸、荔之應。……天以爲正,周以爲春。"此可見三代時月相變,而宋儒夏時冠月之說不足據。

按:此處引《公羊問答》文原下引號標至"荔挺出"止,誤。今查續四庫全書本 129 册 p.443《公羊問答》卷上,下引號當至"而宋儒夏時冠月之說不足據"止。當據改。

6. p.445,倒 4—倒 1 行,《校勘記》云:"段云:且字者,謂《經》之糾也。……此雖言伯糾,而《注》云且字,則專釋糾也,下方釋伯也。則《注》'名'字疑衍,渠非名也。繫官氏,官謂宰,氏謂渠也。"

按:此處引《公羊註疏校勘記》文原下引號標至"氏謂渠也"止,誤。今查續四庫全書本 183 册 p.61《公羊註疏校勘記》卷二及中華書局影印十三經註疏本下册《春秋公羊經傳註疏》卷四 p.2217 所附《校勘記》,下引號當至"下方釋伯也"止。當據改。"則《注》'名'字疑衍,渠非名也。繫官氏,官謂宰,氏謂渠也"句,爲陳立《義疏》語。

7. p.448 末行—p.449,3 行,《獨斷》云:"天子父事三老者,適成於天地人也;兄事五更者,訓於五品也。更者,長也,更相代至五也,能以善道改更已也。"又:"三老,老謂久也,舊也,壽也,皆取首妻男女完具者。古者天子親袒割牲,執醬而饋,三公設几,九卿正履,使者安車頓輪,送迎而至其家,天子獨拜于屏。其明旦,三公詣闕謝,以其禮過厚故也。又五更或爲叟,叟老稱,與三老同義也。"

按:此處引《獨斷》文原下引號標至"能以善道改更已也","又"下另起一段,誤。今查四庫全書本《獨斷》,當至"與三老同義也"止。此處"又:'三老,老謂久也'……"句,原文緊接上段讀,"又"也爲《獨斷》原文文字,不當在引號外面。當標點爲"……。又,三老,老,謂久也……"。

8. p.449,5—7 行,《校勘記》云:"'王謂',宋本、閩本同。監本、毛本

'謂'改'曰',非。《禮記·明堂位》注亦作'王謂叔父',當據韓、魯《詩》。何所據《詩》,多與毛、鄭異。鄭《禮記》亦與《箋詩》本異也。"

按:此處引《公羊註疏校勘記》文原下引號標至"鄭《禮記》亦與《箋詩》本異也"止,誤。今查中華書局影印阮刻本《十三經註疏》下冊 p.2217《春秋公羊經傳註疏》卷四所附《校勘記》,下引號當至"當據韓、魯《詩》"止。當據改。"何所據《詩》,多與毛、鄭異。鄭《禮記》亦與《箋詩》本異也"句,爲陳立《義疏》語。

9. p.460,3—4 行,《禮記·月令》鄭注:"雩之正,當以四月。凡周之秋,五月之中而旱,亦修雩祀而求雨。因著正雩於此月。"失之矣。

按:此處引《禮記·月令》鄭注文下引號有誤且失校。(1) 原下引號標至"因著正雩於此月"止,誤。今查四庫全書本及中華書局影印阮刻本《十三經註疏》上冊 p.1369《禮記·月令》卷一六鄭注,下引號當至"失之矣"止。當據改。(2)"五月之中而旱"之"五",四庫全書本及中華書局影印阮刻本《十三經註疏》作"三";"修雩祀而求雨"之"祀而",四庫全書本及中華書局影印阮刻本《十三經註疏》作"禮以"。

10. p.461,7—10 行,舊《疏》引《論語》云:"冠者五六人,童子六七人。"明魯人正雩,故其數少,復不言男女。此書見于經,非正雩,皆爲旱甚作之,故其數多,又兼男女矣。是以《司巫職》曰:"國大旱,則率巫以舞雩。"《春秋説》云"冠者七八人,童子八九人者",蓋是天子雩也。

按:此處舊《疏》引《論語》文原下引號標至"童子六七人"止,誤。今查四庫全書本《春秋公羊傳注疏》卷四《桓公元年》,下引號當至"蓋是天子雩也"止。當據改。

卷一三

1. p.473,7 行,《莊子·齊物論》"化聲之相待,若其不相待",《注》:"是非之辯爲化聲,蓋無禮,故相辨也。"

按:此處引《莊子·齊物論》注文原下引號標至"故相辨也"止,誤。今查四庫全書本《莊子·齊物論》注,下引號當至"是非之辯爲化聲"止。當據改。"蓋無禮,故相辨也"句,爲陳立《義疏》語。

2. p.473,倒 6—倒 5 行,《讀書叢録》云:"化我,即上文過我。過、化同聲,因口授,其字異耳。"哀六年《傳》"願諸大夫之化我也",不得謂無禮。

"無禮"二字是注者增成云。《穀梁傳》作"晝我",其音義正同。

按:此處引《讀書叢錄》文下引號有誤且失校。(1)原下引號標至"其字異耳"止,誤。今查續四庫全書本1157册p.607《讀書叢錄》卷六,下引號當至"其音義正同"止。當據改。(2)"'無禮'二字是注者增成云"之"云"字,《讀書叢錄》作"之",點校者失校。

3. p.474,倒2行,《繁露·觀德》云:"州公化我,奪爵而無號,亦書寔來,見慢之爲惡義也。"

按:此處引《春秋繁露·觀德》文原下引號標至"見慢之爲惡義也"止,誤。今查四庫全書本《春秋繁露》卷九,下引號當至"奪爵而無號"止。當據改。

4. p.475,倒6—倒3行,《大事表》云:"在今兗州府甯陽縣東北九十里。"莊三十年"次于成,備齊也",襄十五年"齊人圍城,公救成",……定十三年,仲由爲季氏宰,將墮成,公歛處父曰:"齊人必至于北門。"是魯之北境,近齊之邑也。

按:此處引《春秋大事表》文下引號有誤且失校。(1)原下引號標至"在今兗州府甯陽縣東北九十里"止,誤。今查四庫全書本及中華書局整理本p.722《春秋大事表》卷七之一,下引號當至"是魯之北境,近齊之邑也"止。當據改。(2)"定十三年,仲由爲季氏宰",今查《春秋左傳註疏》,"仲由爲季氏宰"在定十二年,非"定十三年"。失校。

5. p.478,4—6行,《公羊問答》云:"問:其異同安在?曰:……鄭君釋之曰:'教民習戰而不用是亦不教也。'按,教民習戰者,安不忘危、存不忘亡之意,不能無故而用。鄭君義非。"

按:此處引《春秋公羊問答》文原下引號標至"鄭君義非"止,誤。今查續四庫全書本129册p.443《春秋公羊問答》卷七之一,下引號當至"教民習戰而不用是亦不教也"止。當據改。"按,教民習戰者,安不忘危、存不忘亡之意,不能無故而用。鄭君義非"句,爲陳立《義疏》語。

6. p.491,倒7行,《左傳》云:"名,賤之也。以其失地,故賤之。"

按:此處引《左傳》文原下引號標至"故賤之"止,誤。今查四庫全書本《春秋左傳注疏·桓公七年傳》卷六,下引號當至"賤之也"止。當據改。"以其失地,故賤之"句,爲陳立《義疏》語。

7. p.491,倒6行,劉氏逢禄《左傳考證》云:"來朝何故賤之?《曲禮》:'諸侯失地,名。'真《春秋》家言,是也。杜以爲'辟陋小國,賤之。禮不足,故書名'。……與下'失地,名'正相成。杜注非《左氏》旨也。"

按:此處引劉逢禄《左氏春秋考證》文原下引號標至"杜注非《左氏》旨也"止,誤。今查續四庫全書本125册p.243《左氏春秋考證》卷一,下引號當至"真《春秋》家言"止。當據改。"是也。杜以爲'辟陋小國,賤之。禮不足,故書名'。……與下'失地,名'正相成。杜注非《左氏》旨也"一段,爲陳立《義疏》語。

8. p.493末行－p.494,1行,方氏苞云:"失地之君不宜遽與民同,而特制此服,俾守宗廟社稷者,知一旦可降爲鄰國之庶人,而慎乃有位也,亦足示《春秋》垂戒之義。"

按:此處引方苞《儀禮析疑》文原下引號標至"亦足示《春秋》垂戒之義"止,誤。今查四庫全書本《儀禮析疑》卷一一,下引號當至"而慎乃有位也"止。當據改。"亦足示《春秋》垂戒之義"句,爲陳立《義疏》語。

9. p.494,2－7行,俞氏樾云:"何解雖本《郊特牲》'寓公不繼世'之義,然與下句'待之如初'義不相承,殆非也。……是謂貴者無後,待之如初也。"……是卿大夫之子孫不能嗣守先人之禄位,亦爲無後。蓋古語如此矣。

按:此處引俞樾《群經平議》文下引號有誤。原下引號標至"是謂貴者無後,待之如初也"止,誤。今查續四庫全書本178册p.369《群經平議》卷二三,下引號當至"蓋古語如此矣"止。當據改。

卷一四

1. p.496,5－6行,《繁露·祭義》:"始生故曰祠,善其司也。"又云:"春上豆實。"豆實韭也,春之始所生也,始生故曰祠,善其司也。

按:此處引《春秋繁露》文原下引號標至"春上豆實"止,誤。今查四庫全書本《春秋繁露·祭義》卷一六,下引號當至"善其司也"止。當據改。

2. p.502,2－3行,故《郊特牲》又云"直祭祝于主",注:"謂薦孰時也。"如特牲少牢饋食之爲也。直,正也。祭以孰爲正,則血腥之屬盡敬心耳。

按:此處引《郊特牲》注文原下引號標至"謂薦孰時也"止,誤。今查四庫全書本《禮記註疏》卷二六,下引號當至"則血腥之屬盡敬心耳"止。當據改。

3. p.502,3－4行,《郊特牲》又云:"索祭祝于祊,不知神之所在於彼乎?於此乎?或諸遠人乎?"祭于祊,尚曰求諸遠者與?祊之爲言倞也。鄭注:

"索，求神也。廟門曰祊。"

按：此處引《郊特牲》注文原下引號標至"或諸遠人乎"止，誤。今查四庫全書本《禮記註疏》卷二六《郊特牲》注，下引號當至"祊之爲言倞也"止。當據改。

4. p.503，6－7行，故熊氏云："殷人先求諸陽，謂合樂在灌前。周人先求諸陰，謂合樂在灌後。與降神之樂別。殷質周文，知質文之義也。"

按：此處引熊氏文原下引號標至"知質文之義也"止，誤。今查四庫全書本《禮記註疏》卷二六《郊特牲》疏，下引號當至"與降神之樂別"止。當據改。

5. p.503，7－8行，《周禮·大宗伯》注云："殷人先求諸陽，周人先求諸陰，灌是也。"祭必先灌，乃後薦腥。

按：此處引《周禮》注文原下引號標至"灌是也"止，誤。今查四庫全書本《禮記註疏·大宗伯》卷一八注，下引號當至"乃後薦腥"止。當據改。

6. p.504，2－4行，孔氏廣森《補注》云："太牢舉牛，以該羊豕；少牢舉羊，亦該豕也。"《國語》云："士食魚炙，祀以特牲；大夫舉以特牲，祀以少牢；卿舉以少牢，祀以特牛；諸侯舉以特牛，祀以大牢；天子舉以大牢，祀以會。"

按：此處引《大戴禮記補註》文原下引號標至"亦該豕也"止，誤。今查續四庫全書本107册 p.557《大戴禮記補註》卷六注，下引號當至"祀以會"止。當據改。

7. p.504，6－7行，疏《曲禮》云："大夫以索牛，士以羊豕。"彼天子大夫士，此《儀禮·特牲少牢》，故知是諸侯大夫士也。

按：此處引《儀禮注疏》文下引號及標點有誤。（1）原下引號標至"士以羊豕"止，誤。今查四庫全書本《儀禮注原目》疏，下引號當至"故知是諸侯大夫士也"止。當據改。（2）"《曲禮》云"三字亦爲疏文，應該在引號內，故當標爲：疏："《曲禮》云：'大夫以索牛，士以羊豕。'彼天子大夫士，此《儀禮·特牲少牢》，故知是諸侯大夫士也。"

8. p.511，1－2行，鄭云："合於天道，因四時之變化，孝子感時念親，則以此祭之也。"非其寒之謂，謂悽愴及怵惕，皆爲感時念親也。

按：此處引《禮記》鄭氏注文原下引號標至"則以此祭之也"止，誤。今查四庫全書本《禮記注疏》卷四七《祭義》注，下引號當至"皆爲感時念親也"止。當據改。

9. p. 511，3—4 行，《繁露·祭義》又云："奉四時所受於天者而上之，爲上祭，貴天賜且尊宗廟也。"一年之中，天賜四至，至則上之，此宗廟所以歲四祭也。

按：此處引《春秋繁露》文原下引號標至"貴天賜且尊宗廟也"止，誤。今查四庫全書本《春秋繁露·祭義》卷一六，下引號當至"此宗廟所以歲四祭也"止。當據改。

10. p. 518，倒 4 行—p. 519，2 行，《春秋正辭》云："辭不異乎？祭伯來，則若非王命然也。逆王后非王命則不可，雖曰不稱主人，王命也。可以遂事乎？……此蓋兼譏王不親迎，故謂其不重妃匹也。"

按：此處引《春秋正辭》文下引號有誤且失校誤斷。（1）原下引號標至"故謂其不重妃匹也"止，誤。今查續四庫全書本 141 册 p. 26《春秋正辭》卷二，下引號當至"可以遂事乎"止。當據改。（2）"辭不異乎？祭伯來"之"乎"，續四庫全書本《春秋正辭》作"於"，如此則此句當斷爲"辭不異於祭伯來，則若非王命然也"。

11. p. 522，倒 1 行，《方言》："京，大也。燕之北鄙，齊、楚之郊或曰京。京、景聲義通，故景也訓大。"

按：此處引《方言》文原下引號標至"故景也訓大"止，誤。今查四庫全書本《方言》卷一，下引號當至"齊、楚之郊或曰京"止。當據改。"京、景聲義通，故景也訓大"句，爲陳立《義疏》語。

12. p. 523，4 行，《禮記·王制》注亦云："象日月之大。"亦取晷同也。

按：此處引《禮記·王制》注文原下引號標至"象日月之大"止，誤。今查四庫全書本《禮記·王制》卷一一注，下引號當至"亦取晷同也"止。當據改。

13. p. 525，倒 5—倒 3 行，劉氏逢祿評曰："世子行聘，可也；攝上卿行聘，亦可也；罷老避位致國天子，天子以命世子行朝，亦可也，安得曰廢王事？曹伯在位，世子行朝禮，非一國二君無王無父，而不知乎？左氏此類，亦非舊文，是其行朝禮爲非禮也，惟其有疾，而猶使世子來朝，故知其有尊厚魯之心。"

按：此處引劉逢祿《春秋公羊經何氏釋例後錄·申左氏膏肓》文原下引號標至"故知其有尊厚魯之心"止，誤。今查續四庫全書本 129 册 p. 596《春秋公羊經何氏釋例後錄》卷三《申左氏膏肓》，下引號當至"亦非舊文"止。"亦非舊文"下當作"。"。當據改。"是其行朝禮爲非禮也，惟其有疾，而猶使世

· 238 ·

子來朝，故知其有尊厚魯之心"句，爲陳立《義疏》語。

14. p.532，7行，《校勘記》云："《釋文》：'勁力字多作勍。'"十二年疏引此注亦作勍。

按：此處引《公羊註疏校勘記》文有失校且下引號有誤。（1）"勁力字多作勍"，第一個"勁"字，續四庫全書本183册p.63《十三經註疏校勘記·春秋公羊傳》卷二作"勠"字。（2）原下引號標至"勁力字多作勍"止，誤。今查續四庫全書本《十三經註疏校勘記·春秋公羊傳》卷二，下引號當至"十二年疏引此注亦作勍"止。皆當據改。

卷一五

1. p.535，6行，故莊二十五年《左傳》云："陳侯使女叔來聘，嘉之，故不名。"

按：此處引《左傳》文原下引號標至"故不名"止，誤。今查四庫全書本《春秋左傳註疏》卷九，下引號當至"陳侯使女叔來聘"止。當據改。"嘉之，故不名"句，爲陳立《義疏》語。

2. p.536，6－8行，《公羊問答》云："問：前此有言權字否？曰：……《九家易》解巽象號令，又爲近利。人君改教進退，擇利而爲權也。"《春秋傳》曰："權者，反於經，然後有善者也。"據此則"權"字不始於《春秋》。

按：此處引《春秋公羊問答》文原下引號標至"擇利而爲權也"止，誤。今查續四庫全書本129册p.443《春秋公羊問答》卷上，下引號當至"據此則'權'字不始於《春秋》"止。當據改。

3. p.537，8行－p.538，3行，武氏億云："鄭之説果信，以爲在陳留之東，……然以余考之，殆非也。"……故祭仲將往省留，塗出於宋。謂宋所執，亦勢所必至也，尚何疑乎？

按：此處引武億《授堂文鈔》文原下引號標至"殆非也"止，誤。今查續四庫全書本1466册p.81《授堂文鈔》卷一《古鄭國陳留辨》，下引號當至"尚何疑乎"止。當據改。

4. p.538，8－10行，《讀書叢録》云："惠棟《古義》云：《左傳》'侵宋吕、留'。後漢彭城有留，張良所封。"按：《漢書·地理志》"陳留郡，……陳留"，孟康曰："留，鄭邑也，後爲陳所并，故曰陳留。"鄭康成《發墨守》謂在陳、宋之東，非是。

按：此處引《讀書叢錄》文原下引號標至"張良所封"止，誤。今查續四庫全書本 1157 册 p. 607《讀書叢錄》卷六，下引號當至"鄭康成《發墨守》謂在陳、宋之東，非是"止。當據改。

5. p. 539，2 行，《公羊古義》云："鄶公者，鄶仲也。夫人者，叔妘也。"《周語》："富辰曰：鄶之亡也，由叔妘。"注云："鄶，妘姓之國，叔妘同姓之女，爲鄶夫人。"《鄭語》："史伯曰：子男之國，虢、鄶爲大，虢叔恃勢，鄶仲恃險。君若以周難之故，寄帑與賄焉，無不克矣。寄帑與賄，故得通於夫人，而取其國。"

按：此處引《公羊古義》文原下引號標至"夫人者，叔妘也"止，誤。今查四庫全書本《九經古義》卷一三，下引號當至"而取其國"止。當據改。

6. p. 539，5 行，鄭氏《詩譜》云："其子武公與晉文侯定平王於東都王城，卒取史伯所云十邑之地。……昭公十六年《左傳》云：'昔我先君桓公與商人皆出自周，庸次比耦，以艾殺此地，斬之蓬蒿藜藋，而共處之。'"

按：此處引鄭氏《詩譜》文原下引號標至"而共處之"止，誤。今查四庫全書本《毛詩註疏·毛詩譜·鄭譜》，下引號當至"卒取史伯所云十邑之地"止。當據改。

7. p. 540，倒 4－倒 3 行，《詩譜》云："桓公從之，言：'然。'之後三年，幽王爲犬戎所殺，桓公死之。"其子武公"卒取史伯所云十邑之地。右洛、左濟、前華、後河，食溱洧焉"。今河南新鄭是也。

按：此處引《詩譜》文原下引號標至"桓公死之"止，誤。今查四庫全書本《毛詩註疏·毛詩譜·鄭譜》，下引號當至"今河南新鄭是也"止。當據改。

8. p. 540，倒 1 行－p. 541，2 行，《大事表》云："桓公初定虢、檜，地爲新鄭，此爲東虢，文王弟虢叔所封。"杜注："滎陽縣在今河南開封府氾水縣東十里，并滎陽、滎澤皆其地，檜即管叔鮮之故封。"《左傳》有檜城、管城。檜城在今許州府密縣東北五十里，管城在開封府鄭州北二里是也。

按：此處引《春秋大事表》文原下引號標至"文王弟虢叔所封"止，誤。今查四庫全書本及中華書局整理本 p. 533《春秋大事表·春秋列國疆域表》卷四，下引號當至"管城在開封府鄭州北二里"止。當據改。"是也"二字爲陳立《義疏》語。

9. p. 541，4－10 行，《詩古義》云："王符《潛夫論》云：'會在河、伊之間，其君驕貪嗇儉，滅爵損禄，群臣卑讓，上下不臨，詩人憂之，故作《羔裘》，閔其痛悼也。《匪風》，冀君先教也。會仲不悟，重氏伐之，上下不能相使,禁罰不行,遂以見亡。'"按:節信此言蓋本《周書》《史記》。……王符之說失之。

按:此處引《九經古義·毛詩古義》文原下引號標至"遂以見亡"止,誤。今查四庫全書本《九經古義·毛詩古義》卷五,下引號當至"王符之說失之"止。當據改。

10. p.542,1—3行,武氏億《經讀考異》云:"此凡兩讀,何氏以'焉'字絕句,'而野留'另爲句。"《周禮·大司徒》注引"遷鄭焉而鄙留",又以"遷鄭焉"屬下讀爲句。《太宰》疏引此文與鄭氏同。

按:此處引武億《經讀考異》文原下引號標至"另爲句"止,誤。今查續四庫全書本173冊p.138《經讀考異》卷六,下引號當至"《太宰》疏引此文與鄭氏同"止。當據改。

11. p.543,倒4—倒3行,《注》:"言忽微弱甚於鴻毛,僅若匹夫之出耳,故不復錄。忽爲突逐在後。"

按:此處引《春秋公羊傳注》文原下引號標至"忽爲突逐在後"止,誤。今查四庫全書本《春秋公羊傳注疏》卷五,下引號當至"故不復錄"止。當據改。

12. p.546,1行,《穀梁》范序駁《公羊》,謂"以廢君爲行權,是神器可得而闚也,不識輕重之義者也"。

按:此處引《穀梁》范序駁《公羊》文原下引號標至"不識輕重之義者也"止,誤。今查四庫全書本《春秋穀梁傳注疏·春秋穀梁傳序》,下引號當至"是神器可得而闚也"止。當據改。"不識輕重之義者也"句,爲陳立《義疏》語。

13. p.547,5—6行,《孟子·離婁》篇趙注:"權者,反經而善也。即董子所謂'前枉後義,謂之中權'是也。"

按:此處引《孟子·離婁》篇趙注文原下引號標至"是也"止,誤。今查四庫全書本《孟子·離婁》篇趙注,下引號當至"反經而善也"止。當據改。"即董子所謂'前枉後義,謂之中權'是也"句,爲陳立《義疏》語。

14. p.548,10行,《鹽鐵論·論儒》云:"祭仲自貶損以行權時也,蒙逐君惡名,是其自貶損也。"

按:此處引《鹽鐵論·論儒》文原下引號標至"是其自貶損也"止,誤。今查四庫全書本《鹽鐵論·論儒》卷三,下引號當至"祭仲自貶損以行權時也"止。當據改。

15. p.554，6行，《書》序云："巢伯來朝。"《傳》："伯，爵也。"南方遠國，知殷之稱伯與《春秋》書子一也。

按：此處引《書》序《傳》文原下引號標至"爵也"止，誤。今查四庫全書本《尚書註疏》卷一二，下引號當至"南方遠國"止。"國"下當作"。"。當據改。

16. p.559，6－7行，隱九年"俠卒"，《注》："未命所以卒之者，賞疑從重，明隱公有恩禮於大夫也。"

按：此處引隱九年注文原下引號標至"明隱公有恩禮於大夫也"止，誤。今查四庫全書本《春秋公羊傳注疏》卷三，下引號當至"賞疑從重"止。當據改。"明隱公有恩禮於大夫也"句，爲陳立《義疏》語。

17. p.561，6－7行，《續漢志》注："《地道記》：'臨淄縣西南門曰曲門，其側有池。非也。'"

按：此處引《續漢志》注文原下引號標至"非也"止，誤。今查四庫全書本《後漢書》卷三〇《郡國志》郡國二注，下引號當至"其側有池"止。當據改。"非也"二字爲陳立《義疏》語。

18. p.561，7－8行，《一統志》："嶮河在兗州府曲阜縣東北五十里，源出九龍山，東南流入洙水，其溪磵險隘，即此曲池也，今其水常流不絕。"

按：此處引《大清一統志》文原下引號標至"今其水常流不絕"止，誤。今查四庫全書本《大清一統志》卷一二九《兗州府》嶮河注，下引號當至"其溪磵險隘"止。當據改。"即此曲池也，今其水常流不絕"句，爲陳立《義疏》語。

19. p.563，1－5行，《大事表》云："《左傳》云'句瀆之丘'，杜注：'即穀丘也。'《方輿紀要》：'在今山東曹州府曹縣北三十五里。'按，穀，即句穀之合聲也。……按，商丘之穀丘與在曹縣者自爲二地，魯、宋、燕所盟，似在曹州府界爲宜。"

按：此處引《春秋大事表》文原下引號標至"似在曹州府界爲宜"止，誤。今查四庫全書本及中華書局整理本 p.765《春秋大事表》卷七之二《春秋列國都邑表》，下引號當至"在今山東曹州府曹縣北三十五里"止。當據改。"按，穀，即句穀之合聲也。……按，商丘之穀丘與在曹縣者自爲二地，魯、宋、燕所盟，似在曹州府界爲宜"一段，爲陳立《義疏》語。

20. p.567，倒6－倒5行，《曲禮》疏云："此與成十三年《經》書宋公、衛侯，並先君未葬而稱爵者。"賈服注："譏其不稱子。"杜預云："非禮也。"

按：此處引《曲禮》疏文原下引號標至"並先君未葬而稱爵者"止，誤。今查四庫全書本《禮記注疏》卷五《曲禮下》疏，下引號當至"非禮也"止。當據改。

21. p.570，3－5行，李氏惇《群經識小》云："《穀梁》曰：'其不地，於紀也。'范注：'《春秋》戰無不地，於紀戰無爲不地。鄭康成謂于紀之紀，當爲己字之誤，謂在魯龍門城下之戰，故不地。'……然則非在紀國。"

按：此處引《群經識小》文原下引號標至"然則非在紀國"止，誤。今查續四庫全書本173册p.45《群經識小》卷五，下引號當至"於紀戰無爲不地"止。當據改。"鄭康成謂于紀之紀，當爲己字之誤，謂在魯龍門城下之戰，故不地。……然則非在紀國"一段，爲陳立《義疏》語。

22. p.572，5－6行，隱三年《傳》："當時而不日，正也；當時而日，危不得葬也。衛惠背殯用兵，有危，宜書日。"

按：此處引隱三年《傳》文原下引號標至"宜書日"止，誤。今查四庫全書本《春秋公羊傳注疏》卷二，下引號當至"危不得葬也"止。當據改。"衛惠背殯用兵，有危，宜書日"句，爲陳立《義疏》語。

23. p.577，倒2行，《甸師》注云："粢，稷也。"穀者稷爲長，是以名。

按：此處引《甸師》注文原下引號標至"稷也"止，誤。今查四庫全書本《周禮注疏》卷四，下引號當至"是以名"止。當據改。

24. p.578，倒4行，《廣韻》云："御，侍也，進也。進於尊者。"

按：此處引《廣韻》文原下引號標至"進於尊者"止，誤。今查四庫全書本《原本廣韻》《重修廣韻》卷四"九御"，下引號當至"進也"止。當據改。

25. p.584，倒3－p.585，2行，趙氏坦《春秋異文箋》云："謹按，《左氏》定四年傳，晉文爲踐土之盟，衛成公不在。夷叔，其母弟也，猶先蔡。杜注：'踐土、召陵二會，蔡在衛上，伯主以國大小序之也。子魚所言，盟歃之次。'此《經》，《左氏》、《穀梁》蔡在衛上，似亦以大小爲次，《公羊》或傳寫之譌。……宋能用四國師，故曰行其意矣。"

按：此處引《春秋異文箋》文原下引號標至"故曰行其意矣"止，誤。今查續四庫全書本144册p.551《春秋異文箋》卷四，下引號當至"《公羊》或傳寫之譌"止。當據改。

卷一六

1. p.588，7－9行，朱氏彬《經傳考證》云："當是齊侯使官司受諸侯所貢之方物，以獻于天子。不當重諸侯二字，即四方各以其職來貢也。蓋齊侯行霸，令諸侯行之與？"

按：此處引《經傳考證》文原下引號標至"令諸侯行之與"止，誤。今查四庫未收書輯刊第四輯第九册p.502《經傳考證》卷四，下引號當至"不當重諸侯二字"止。當據改。

2. p.591，7行，《説文·曰部》："㗱，出氣詞也。從曰，象氣出形。"《春秋傳》有鄭太子㗱。

按：此處引《説文解字》文下引號有誤且失校。（1）原下引號標至"象氣出形"止，誤。今查中華書局影印本p.100《説文解字》卷五上，下引號當至"《春秋傳》有鄭太子㗱"止。（2）"《春秋傳》有"之"有"，中華書局影印本《説文解字》作"曰"。當據改。

3. p.593，1－2行，《通義》云："已下並道通例。"入者，内弗受也，故言惡；歸者與使有其國家也，故言無惡。

按：此處引《公羊春秋經傳通義》文引號當標爲兩段。原下引號標至"已下並道通例"止，是。今查續四庫全書本129册p.33《公羊春秋經傳通義》卷二，"已下並道通例"以下"入者，内弗受也，故言惡；歸者與使有其國家也，故言無惡"句亦爲《公羊春秋經傳通義》文。此句當標爲：《通義》云："已下並道通例。""入者，内弗受也，故言惡；歸者與使有其國家也，故言無惡。"

4. p.594，5－6行，《通典》："登州（治蓬萊縣）爲《春秋》牟子國，亦曰東牟郡。"

按：此處引《通典》文原下引號標至"亦曰東牟郡"止，誤。今查四庫全書本《通典》卷一八〇，下引號當至"爲《春秋》牟子國"止。當據改。

5. p.594，7－8行，《地理志》："'故國'，應劭曰：'附庸也。'師古曰：'桓十五年牟人來朝，即此也，無魯附庸之説。'"

按：此處引《漢書·地理志》師古注文原下引號標至"無魯附庸之説"止，誤。今查四庫全書本《漢書·地理志》卷二八上，下引號當至"即此也"止。當據改。"無魯附庸之説"句，爲陳立《義疏》語。

6. p.595，6行，杜云："櫟，鄭别都也。"今河南陽翟縣。

按：此處引《春秋左傳注》文原下引號標至"鄭别都也"止，誤。今查四庫全書本《春秋左傳注疏》卷六，下引號當至"今河南陽翟縣"止。當據改。

7. p.596，倒3－倒2行，《鄭世家》："齊襄公會諸侯於首止，子亹往會，高渠彌相，祭仲稱疾不行。"齊侯殺子亹，高渠彌歸，與祭仲謀，召公子嬰於陳而立之。

　　按：此處引《史記·鄭世家》文原下引號標至"祭仲稱疾不行"止，誤。今查四庫全書本《史記·鄭世家》卷四二，下引號當至"召公子嬰於陳而立之"止。當據改。

　　8. p.599，7—10行，沈氏欽韓云："按，此冬城向，實是十月。唐《曆志·大衍日度議》曰：……十月之時，水星昏正，故傳以爲得時。則當周之十二月，在'衛侯朔出奔齊'下。"

　　按：此處引沈欽韓《左傳補註》文下引號有誤且失校。（1）原下引號標至"在'衛侯朔出奔齊'下"止，誤。今查續四庫全書本125冊pp.14—15《左傳補註》卷一，下引號當至"故傳以爲得時"止。當據改。（2）"十月之時"，《左傳補註》同，《新唐書·曆志》作"十月之前"。

　　9. p.600，7—8行，《周禮·太史職》"頒告朔于邦國"，注："天子頒朔于諸侯，諸侯藏之祖廟。至朔，朝于廟告而受行之。"鄭司農云："以十二月朔，布告天下諸侯。"

　　按：此處引《周禮·太史職》注文原下引號標至"朝于廟告而受行之"止，誤。今查四庫全書本《周禮·太史職》注卷二六，下引號當至"布告天下諸侯"止。當據改。

　　10. p.601，3—4行，《繁露·王道》云："觀乎衛侯朔，知不即召之罪，似天子召衛侯發衆，不往也。"

　　按：此處引《春秋繁露·王道》文原下引號標至"不往也"止，誤。今查四庫全書本《春秋繁露·王道》卷四，下引號當至"知不即召之罪"止。當據改。"似天子召衛侯發衆，不往也"句，爲陳立《義疏》語。

　　11. p.602，7—8行，又《禁耕》云："民人藏於家，諸侯藏於國，天子藏於海內。故民人以垣墻爲藏閉，天子以海內爲匣匱。"故權利深者，不在山海，在朝廷。

　　按：此處引《鹽鐵論·禁耕》文原下引號標至"天子以海內爲匣匱"止，誤。今查四庫全書本《鹽鐵論·禁耕》卷二，下引號當至"在朝廷"止。當據改。

　　12. p.606，倒5—倒3行，《傳》云："此其爲可褒奈何？漸進也。"《注》："譬若隱公受命而王，諸侯有倡始先歸之者，當進而封之，以率其後者。宿與滕、薛猶先，故爲元功之臣也。"

　　按：此處引《春秋公羊傳注》文原下引號標至"故爲元功之臣也"止，

誤。今查四庫全書本《春秋公羊傳注疏》卷一，下引號當至"以率其後者"止。當據改。

13. p.611，3行，《大事表》云："瀧，即今之小清河。《志》云：濟之南源也。……。又東北入大清河，即濟瀆焉。"

按：此處引《春秋大事表》文原下引號標至"即濟瀆焉"止，誤。今查四庫全書本及中華書局整理本 p.1019《春秋大事表·春秋列國地形口號》，下引號當至"即今之小清河"止。當據改。

14. p.617末行－p.618，1行，《曾子問》注又云："誄，累也。"累列生時行迹誄之以作諡，諡當由尊者成故也。

按：此處引《禮記注疏》文原下引號標至"累也"止，誤。今查四庫全書本《禮記注疏·曾子問》卷一九注，下引號當至"諡當由尊者成"止。當據改。

卷一七

1. p.626，7－9行，《經義述聞》："《傳》言錄者，関錄之也。人之者，仁之也。謂於練時，閔夫人之不與祭，於是始仁之也。"《公羊》言念母，此言仁之，其義一也。

按：此處引《經義述聞》文原下引號標至"於是始仁之也"止，誤。今查續四庫全書本175冊 p.177《經義述聞》卷二五，下引號當至"其義一也"止。當據改。

2. p.630，10行，《疏》引《說文》："搚，捉也。"拉折聲，正謂手捉其脇而折，拉然爲聲，此指言殺狀，故言搚也。

按：此處引《毛詩注疏》文原下引號標至"捉也"止，誤。今查四庫全書本《毛詩注疏》卷八，"引"下至"故言搚也"皆爲疏文，下引號當至"故言搚也"止。全句當標爲：《疏》引："《說文》：'搚，捉也。'拉折聲，正謂手捉其脇而折，拉然爲聲，此指言殺狀，故言搚也。"當據改。

3. p.631，7行，《注》："刑人于市，與衆棄之，故必於臣子集迎之時貶之，所以明誅得其罪是也。"

按：此處引《春秋公羊傳注》文原下引號標至"所以明誅得其罪是也"止，誤。今查四庫全書本《春秋公羊傳注疏·僖公元年》卷一〇，下引號當至"所以明誅得其罪"止。當據改。"是也"二字爲陳立《義疏》語，當在引號外。

4. p.632，12—14行，《注》"脅之"與"責求"同義。社者，土地之主也；月者，土地之精也。上繫于天而犯日，故鳴鼓而攻之，脅其本也；朱絲營之，助陽抑陰也。

按：此處引《春秋公羊傳注》文原下引號標至"'脅之'與'責求'同義"止，誤。今查四庫全書本《春秋公羊傳注疏》卷一〇僖公元年，"脅之"下至"助陽抑陰也"皆爲注文。全句當標爲：《注》："脅之，與'責求'同義。社者，土地之主也；月者，土地之精也。上繫于天而犯日，故鳴鼓而攻之，脅其本也；朱絲營之，助陽抑陰也。"

5. p.643，10—11行，《禮·士昏禮》注："古者命士以上，年十五，父子異宮，以其十五成童，故女子亦十五許嫁，乃別宮也。"

按：此處引《儀禮·士昏禮》注文原下引號標至"乃別宮也"止，誤。今查四庫全書本《儀禮·士昏禮》卷二注，下引號當至"年十五，父子異宮"止。當據改。"以其十五成童，故女子亦十五許嫁，乃別宮也"句，爲陳立《義疏》語，當在引號外。

6. p.654，9—10行，而下四年《傳》"三月，紀伯姬卒"，不日者，彼《注》云："卒不日，葬日。"魯本宜葬之，故移恩錄文於葬也。

按：此處引《公羊春秋傳》注文原下引號標至"葬日"止，誤。今查四庫全書本《春秋公羊傳注疏·莊公四年注》卷六，下引號當至"故移恩錄文於葬也"止。當據改。

卷一八

1. p.660，8行，《國語·魯語》"執政未改"，韋《注》："改，易也；易，亦更也。更、改雙聲。"

按：此處引《國語·魯語》注文原下引號標至"更、改雙聲"止，誤。今查四庫全書本《國語·魯語》卷五，下引號當至"改，易也"止。當據改。"易，亦更也。更、改雙聲"句，爲陳立《義疏》語。

2. p.662，倒5—倒3行，庾蔚之云："改葬所以總而不重者，當以送亡有已，復生有節。若用始亡之服，則是死其親，故制總以示變吉。"既有其服，若旬月而葬，則當如鄭氏說。卒總之限，三月而除。若葬過三月者，湏葬畢釋服，服爲葬說故也。

按：此處引庾蔚之文下引號有誤且失校。（1）原下引號標至"故制總以示變吉"止，誤。今查四庫全書本《通典》卷一〇二《改葬服議》，下引號當至"服爲葬説故也"止。當據改。（2）"服爲葬説故也"之"説"，四庫全書本《通典》作"設"。

3. p.665，倒2行，《穀梁傳》曰："鄑，紀之邑也。入于齊者，以鄑事齊也，亦即服罪義也。"

按：此處引《穀梁傳》文原下引號標至"亦即服罪義也"止，誤。今查四庫全書本《春秋穀梁傳註疏·莊公三年》卷五，下引號當至"以鄑事齊也"止。當據改。"亦即服罪義也"句，爲陳立《義疏》語。

4. p.670，3行，又《宫伯職》："授八次八舍"之職事，先鄭謂"在内爲次，在外爲舍"。

按：此處引《周禮·宫伯職》文原標點只標"授八次八舍"爲原文，誤。今查四庫全書本《周禮注疏》卷三，"授八次八舍之職事"皆爲原文。當據改。

5. p.671，6－7行，《穀梁傳》："有畏也。欲救紀，而不能也。"《注》："畏齊，是避難義也。"

按：此處引《春秋穀梁傳》注文原下引號標至"是避難義也"止，誤。今查四庫全書本《春秋穀梁注疏·莊公三年》卷五，下引號當至"畏齊"止。當據改。"是避難義也"句，爲陳立《義疏》語。

6. p.671，倒5行，閔二年《左傳》云簡書"同惡相恤"之謂也。請救邢以從簡書。

按：此處引《春秋左傳》文下引號有誤且失校。（1）原標點只標"同惡相恤"爲原文，誤。今查四庫全書本《春秋左傳注疏·閔公元年》卷一〇，"簡書，同惡相恤之謂也。請救邢以從簡書"全爲《左傳》原文，下引號當至"請救邢以從簡書"止。當據改。（2）"閔二年"之"二"，今查《春秋左傳》，此文實出閔公元年，非閔公二年。"二"字當據改爲"元"。

7. p.673，7行，《淮南·氾論訓》"犒以十二牛"，高《注》："牛羊曰犒，共其枯槁也。"

按：此處引《淮南子·氾論訓》高注文原下引號標至"共其枯槁也"止，誤。今查四庫全書本《淮南子·氾論訓》卷一三，下引號當至"牛羊曰犒"止。當據改。

8. p.673，倒6－倒2行，錢氏大昕《潛研堂答問》："《春秋》屢見犒師之文，而《説文》無犒字。……張有《復古編》謂即鎬字，果何所據？曰：經典無以鎬與犒通者,唯《玉篇》犒與鎬通,故謙中從之。其實不足據也。"……然則"槁"本從木,後人因此犒牛,字妄改爲牛旁爾。

按:此處引《潛研堂答問》文原下引號標至"其實不足據也"止,誤。今查續四庫全書本1438冊 p.511《潛研堂文集·答問五》卷八,下引號當至"字妄改爲牛旁爾"止。當據改。

9. p.676,5—7行,盛氏世佐云:"大夫之妻,爲姑姊妹嫁于大夫者之服在此,則其適士,當降在小功可知矣。此亦命婦以尊降旁親之證也。按,此四人所降,即天子諸侯所絶,二王之後,王者所不臣,故得申其尊,服本服大功也。"

按:此處引盛世佐《儀禮集編》文下引號有誤且失校。(1) 原下引號標至"服本服大功也"止,誤。今查四庫全書本《儀禮集編》卷二四《喪服第十一之三》,下引號當至"此亦命婦以尊降旁親之證也"止。當據改。(2)"則其適士"下,四庫全書本《儀禮集編》有"者"字,當據補。

10. p.686,7行,《國語》"世后稷",韋《注》:"父子相繼曰世。世世相承,自一世至百世皆然。"

按:此處引《國語》韋《注》文原下引號標至"自一世至百世皆然"止,誤。今查四庫全書本《國語·周語上》卷一韋昭注,下引號當至"父子相繼曰世"止。當據改。"世世相承,自一世至百世皆然"句,爲陳立《義疏》語。

11. p.688,5行,《釋文》:"無說,音悦。"注同。

按:此處引《經典釋文》文原下引號標至"音悦"止,誤。今查四庫全書本《經典釋文·春秋公羊音義》卷二一,下引號當至"注同"止。當據改。

12. p.689,1—3行,《經傳釋詞》云:"若,猶此也。則襄公得爲若行乎?謂此行也。"又釋僖公二十六年《傳》"曷爲以外內同若辭"謂此辭也。定四年《傳》"君如有憂中國之心,則若時可矣"謂此時可也,《論語》"君子哉若人"謂此人也。

按:此處引《經傳釋詞》文原下引號標至"謂此行也"止,誤。今查嶽麓書社整理本《經傳釋詞》卷七 p.151,下引號當至"謂此人也"止。當據改。

13. p.696,2行,父讎不共戴天,而《周禮·調人》云:"辟諸海外,不共戴天。"極言孝子不與父讎並生之義。

按:此處引《周禮·調人》文原下引號標至"不共戴天"止,誤。今查四庫全書本《周禮注疏·調人》卷一四,下引號當至"辟諸海外"止。當據改。又"辟諸海外"下當作"。"。全句當斷爲:父讎不共戴天,而《周禮·調人》

云：" 辟諸海外。" 不共戴天，極言孝子不與父讎並生之義。

14. p.696，4－10 行，盧辯云："朋友之讎不同國，厚矣。……蓋惟君父之讎不共戴天無異說，其餘則各述所聞，故難一致。"

按：此處引盧辯語失校且下引號有誤。(1)"厚矣"，今查四庫全書本《大戴禮記》卷五，"厚"上有"失"字，當據補。(2)原標點至"故難一致"止，誤。下引號當至"失厚矣"止。

15. p.697，3 行，《穀梁》："於彼惡其會讎讎伐同姓。"《公羊》所不取。

按：此處引《春秋穀梁傳》文上引號有誤。今查四庫全書本《春秋穀梁注疏·莊公三年》卷五，"於彼"二字非《穀梁》原文，當在引號外。全句的標點爲："《穀梁》於彼'惡其會讎讎伐同姓'，《公羊》所不取。"

卷一九

1. p.699，倒 2－倒 1 行，《春秋異文箋》云："邾、倪二字，古祇作兒，從人從邑，皆後起字。黎、犁，通假字。按，《莊子·齊物論》有王倪，……文學曰：'兒大夫閉口不言'是倪本作兒。"

按：此處引《春秋異文箋》文原下引號標至"是倪本作兒"止，誤。今查續四庫全書本 144 冊 p.555《春秋異文箋》卷三，下引號當至"黎、犁，通假字"止。當據改。"按，《莊子·齊物論》有王倪，……文學曰：'兒大夫閉口不言'是倪本作兒"句，爲陳立《義疏》語。

2. p.700，2 行，邵氏晉涵《南江札記》云："《左氏傳》成十五年'伯州犁奔楚'，《潛夫論》引作'黎州'，是犁、黎同也。"

按：此處引《南江札記》文原下引號標至"是犁、黎同也"止，誤。今查續四庫全書本 1152 冊 p.347《南江札記》卷一，下引號當至"《潛夫論》引作'黎州'"止。當據改。"是犁、黎同也"句，爲陳立《義疏》語。

3. p.700，3－7 行，《疏》云："邾之上世出於邾國。"《世本》云："邾顏居邾，肥徙郳。"宋仲子《注》："邾顏別封小子肥於郳，爲小邾子。"則顏是邾君，肥始封郳。《譜》云："小邾，邾俠之後也。……而楚滅之。"《世本》言肥，杜《譜》言友，當是一人。僖七年經"書小邾子來朝"，知齊桓請王命命云。

按：此處引《春秋左傳注疏》文下引號有誤且失校。(1)"知齊桓請王命命云"之"云"字，《春秋左傳注疏》作"之"字。(2)原下引號標至"邾之上世出於郱國"止，誤。今查四庫全書本《春秋左傳注疏・莊公五年》卷七，下引號當至"知齊桓請王命命之"止。當據改。

4. p.701，7—12行，孔氏廣森《經學巵言》云："不達于天子者，《春秋》所謂未能以其名通也。"《繁露》曰：……昔齊人滅紀季，以酅爲齊附庸。酅者，紀之采也。然則多亡國之後，先世有功德者，故存録之。使世食其采以臣屬於大國。……董仲舒説正與《書傳》合。

按：此處引《經學巵言》文下引號有誤且失校。（1）原下引號標至"《春秋》所謂未能以其名通也"止，誤。今查續四庫全書本173册 p.301《經學巵言》卷五，下引號當至"董仲舒説正與《書傳》合"止。當據改。（2）"昔齊人滅紀季，以酅爲齊附庸"之"季"上，續四庫全書本《經學巵言》復有"紀"字，當據補。如此，則此句當斷爲："昔齊人滅紀，紀季以酅爲齊附庸。"（3）"然則多亡國之後"之"然則"下，續四庫全書本《經學巵言》有"附庸"二字，作"然則附庸多亡國之後"，當據補。（4）"故存録之"之"存"，續四庫全書本《經學巵言》作"追"字。當據改。

5. p.702，2—3行，《左傳》云："郳犂來來朝，名，未王命也。"《注》："未受爵命爲諸侯。"《傳》發附庸稱名例也。

按：此處引《春秋左傳》注文原下引號標至"未受爵命爲諸侯"止，誤。今查四庫全書本《春秋左傳注疏・莊公五年》卷七，下引號當至"《傳》發附庸稱名例也"止。當據改。

6. p.705末行—p.706，1行，杜云："雖官卑，而見授以大事，故稱人而又稱字，不知子突，王子突故也。"

按：此處引《春秋左傳》杜注文原下引號標至"王子突故也"止，誤。今查四庫全書本《春秋左傳注疏・莊公六年》卷七經注，下引號當至"故稱人而又稱字"止。當據改。"不知子突，王子突故也"句，爲陳立《義疏》語。

7. p.716，9—10行，《漢書・五行志》云："《左氏傳》曰'恒星不見'，夜明也。'星隕如雨'，與雨偕也。劉歆以爲'星隕如雨'，如，而也，星隕而且雨，故曰與偕也。明雨與星隕兩變相成也。"

按：此處引《漢書・五行志》文下引號有誤且失校。（1）引《左氏傳》文原下引號標至"恒星不見"止，誤。今查四庫全書本《春秋左傳注疏・莊公七年》，"恒星不見，夜明也。星隕如雨，與雨偕也"皆爲《左傳》文，下引號當至"與雨偕也"止。（2）"故曰與偕也"，四庫全書本《漢書・五行志》及《春秋左傳注疏》"與"下有"雨"字，當據補。

8. p.720，3－7行，齊氏召南《考證》云："《天官書》：參爲白虎，罰爲斬艾事。張守節《正義》云：罰亦作伐。《春秋運斗樞》云：參伐事主斬艾。即其説也。"……《正義》云："鳥衡，柳星也。"然則持衡平，祇可以言井、鬼、柳、星、張、翼、軫七宿，不可以言天狼矣。存疑於此。

按：此處引齊召南《春秋公羊傳考證》文原下引號標至"即其説也"止，誤。今查皇清經解本卷三一四 pp.8－9《春秋公羊傳考證》卷六，下引號當至"存疑於此"止。當據改。

9. p.723，倒5－p.724，2行，《春秋説題辭》云："粟五變，一變而以陽生爲苗，二變而秀爲禾，三變而粲然爲粟，四變入臼米出甲，五變而蒸飯可食。是生曰苗，秀曰禾，苗即禾也。《經》、《傳》多以禾與諸穀並舉。……《説文》'粲'下云：'稻重一秅，爲粟二十斗。'因事難件繫，得假借通稱也。"

按：此處引《春秋説題辭》文下引號有誤且失校。（1）原下引號標至"得假借通稱也"止，誤。今查河北人民出版社《緯書集成·春秋編·春秋説題辭》（中册）p.867，下引號當至"五變而蒸飯可食"止。當據改。（2）"三變而粲然爲粟"，《緯書集成·春秋編·春秋説題辭》（中册）p.867 作"三變而粲然謂之粟"。

10. p.728，5－8行，舊《疏》云："陳、蔡與魯伐衛，即上《經》'公會齊人、宋人、陳人、蔡人伐衛'是也。同心又國遠者，欲對齊、宋，雖亦同心而近魯，是以不得託待齊、宋。"辟下言及者，即下經"師及齊師圍成"是也。凡言及者，汲汲之詞。若此時已出師，更無所待，即下文言及，乃至汲汲之甚者，便是魯人欲得滅同姓，孜孜之深，是以託待陳、蔡以辟之。

按：此處引舊《疏》文原下引號標至"是以不得託待齊、宋"止，誤。今查四庫全書本《春秋公羊傳註疏·莊公八年》卷七，下引號當至"是以託待陳、蔡以辟之"止。當據改。

11. p.728 末行－p.729，1行，《校勘記》云："鄂本'人微'作'知微'，毛本作'人者'，誤，當據正。'知微之'三字爲句，言本無此事，故從微者稱，略之同外國辭也。"

按：此處所引非《公羊注疏校勘記》原文。今查續四庫全書本183册 p.68《公羊注疏校勘記》卷三，原文作："鄂本'人'作'知'，此誤。當讀'知微之'三字爲句。"如此，則原下引號標至"略之同外國辭也"亦誤。

12. p.730，5－7行，《詩·小雅·采芑》箋引《春秋傳》曰："出曰治兵，入曰振旅，其禮一也。"《正義》此引《春秋傳》者，莊八年《公羊傳》文也。

《公羊》爲"祠兵",此爲"出曰治兵"者,諸文皆作"治兵",明彼爲誤。故《經》改其文而引之。

按:此處所引《詩·小雅·采芑正義》文,當加引號。作:《正義》:"此引《春秋傳》者,莊八年《公羊傳》文也。《公羊》爲'祠兵',此爲'出曰治兵'者,諸文皆作'治兵',明彼爲誤。故《經》改其文而引之。"點校者漏標。

13. p.737,4-6行,《禮記·少儀》云:"師役曰罷。"……《疏》引此《傳》云:"此滅同姓,何善爾?病之也。"何休云:"慰勞其罷病也。"是鄭用《公羊》爲注也。

按:此處引《禮記·少儀》疏文原下引號標至"病之也"止,誤。今查四庫全書本《禮記注疏·少儀》卷三五,下引號當至"是鄭用《公羊》爲注也"止。當據改。

卷二〇

1. p.741,正文3行,《繁露·王道》云:"衛人殺州吁,齊人殺無知,明君臣之義,守國之正也。故《穀梁傳》曰'稱人以殺,殺有罪也。'"

按:此處引《春秋繁露》文原下引號標至"殺有罪也"止,誤。今查四庫全書本《春秋繁露·王道》卷四,下引號當至"守國之正也"止。當據改。

2. p.745,末行-p.746,3行,劉氏逢禄難曰:"譏可納不納,當文自見。……乾時之戰,正責公無復仇之心,而在下謹能以爲名耳,反以爲惡内,於義短矣。按,何氏上注云……。《廢疾》所云,亦非何氏定論。"

按:此處引劉逢禄《穀梁申廢疾》文原下引號標至"亦非何氏定論"止,誤。今查續四庫全書本129册p.621《春秋公羊經何氏釋例後録》卷五《穀梁申廢疾》,下引號當至"於義短矣"止。當據改。"按,何氏上注云"至"亦非何氏定論"句,爲陳立《義疏》語。

3. p.746,10行,彼注云:"故以君薨稱子某。"言之者著其宜爲君,則下經舉子見其宜爲君,知此經單言糾,非當國辭。

按:此處引《春秋公羊經傳》注文原下引號標至"故以君薨稱子某"止,誤。今查四庫全書本《春秋公羊經傳註疏·莊公九年》卷七,下引號當至"言之者著其宜爲君"止。當據改。"則下經舉子見其宜爲君,知此經單言糾,非當國辭"句,爲陳立《義疏》語。

4. p.749,2-4行,《穀梁傳》:"大夫出奔,反,以好曰歸,以惡曰入。"

齊公孫無知弑襄公，公子糾、公子小白不能存，出亡。齊人殺無知而迎公子糾於魯，公子小白不讓公子糾，先入，又殺之于魯，故曰"齊小白入于齊"，惡之也。

　　按：此處引《穀梁傳》文原下引號標至"以惡曰入"止，誤。今查四庫全書本《春秋穀梁傳註疏·莊公九年》卷五，下引號當至"惡之也"止。當據改。

　　5. p.751，5－8行，《通義》云："復讎者，雖不愛其死，要期於有成，豈以敗爲榮？……若曰'幸有此敗，莊之忘讎乃可以自解'云爾。"……齊、魯皆非能復讎者，而假襄公以見復讎之榮善，又假莊公以寬不能復讎之責，皆所以因事託義，著爲後法。

　　按：此處引《公羊春秋經傳通義》文下引號有誤且失校。（1）原下引號標至"'莊之忘讎乃可以自解'云爾"止，誤。今查續四庫全書本129冊 p.43《公羊春秋經傳通義·莊公九年》卷三之上，下引號當至"著爲後法"止。當據改。（2）"齊、魯皆非能復讎者"之"能"下，續四庫全書本《公羊春秋經傳通義》有"誠"字；"而假襄公以見復讎之榮善"之"善"上無"榮"字。當據補刪。

　　6. p.756，倒5－倒2行，李氏貽德《左傳賈服注輯述》云："《管子》：'齊僖公生公子諸兒、公子糾、公子小白。'……《白虎通·封公侯》：'《春秋經》曰：齊無知殺其君，貴妾子公子糾當立也。'"亦以糾爲次正也。《春秋》之例，諸侯庶子皆得稱"公子"，以糾爲次正，故不書"公"，嫌與庶子同也。

　　按：此處引李貽德《左傳賈服注輯述》文下引號有誤且失校。（1）原下引號標至"貴妾子公子糾當立也"止，誤。今查續四庫全書本125冊 pp.429－430《左傳賈服注輯述》卷四，下引號當至"嫌與庶子同也"止。當據改。（2）"故不書'公'"之"公"下，《左傳賈服注輯述》有"子"字，當據補。

　　7. p.760，5行，杜《釋例》云："出魯國東北，西南入洮水，下合泗。乃作沇字，俟考。"

　　按：此處段玉裁《說文解字注》引《春秋釋例》文原下引號標至"俟考"止，誤。今查四庫全書本《春秋釋例》卷七，下引號當至"下合泗"止。當據改。

　　8. p.761，6－7行，杜亦云："洙水在魯城北，浚深之，爲齊備。魯在齊南，故爲齊所由來。"

　　按：此處引《春秋左傳》杜注文原下引號標至"故爲齊所由來"止，誤。

今查四庫全書本《春秋左傳註疏·莊公九年》卷七，下引號當至"爲齊備"止。當據改。"魯在齊南，故爲齊所由來"句，爲陳立《義疏》語。

9. p.768，8-9行，杜云："宋强遷之而取其地，故文異於邢遷，貶宋稱人，故知爲因而臣之也。"

按：此處引《春秋左傳》杜注文原下引號標至"故知爲因而臣之也"止，誤。今查四庫全書本《春秋左傳註疏·莊公十年經》卷七，下引號當至"故文異於邢遷"止。當據改。"貶宋稱人，故知爲因而臣之也"句，爲陳立《義疏》語。

10. p.769，8-10行，《大事表》云："漢泰山郡有乘丘縣。顏師古曰：即《春秋》乘丘也。"《括地志》："乘丘在瑕丘縣西北三十五里。"今《兖州府志》："滋陽縣西南有古瑕丘城。"

按：此處引《春秋大事表》文下引號有誤且失校。（1）原下引號標至"即《春秋》乘丘也"止，誤。今查四庫全書本及中華書局整理本 p.723《春秋大事表·春秋列國都邑表》卷七之一，下引號當至"今兖州府志滋陽縣西南有古瑕丘城"止。當據改。（2）"兖州府志"之"志"，四庫全書本及中華書局整理本《春秋大事表》皆作"治"。如此，則此句當標點爲："今兖州府治滋陽縣西南有古瑕丘城。"當據改。

11. p.770，1-5行，馬氏宗槤《左傳補註》云："應劭《地理風俗記》曰：'濟陰乘氏縣，故宋乘丘邑也。'《漢志》泰山郡乘氏縣，顏氏注：'公敗宋師即此地。'槤按，……則敗宋師，必在魯之近郊。"……《禮記正義》亦云："乘丘，魯地。"

按：此處引《左傳補註》文下引號有誤且失校。（1）原下引號標至"必在魯之近郊"止，誤。今查續四庫全書本 124 册 p.719《春秋左傳補註·莊公十年》卷一，下引號當至"乘丘，魯地"止。當據改。（2）"馬氏宗槤"之"槤"，續四庫全書本 p.715《春秋左傳補註》自序署名作"璉"，當據改。

12. p.776，7-8行，《注》云："中國者，禮義之國也。執者，治文也。君子不使無禮義制治有禮義，故絕不言執，正之言伐也。"所以降夷狄，尊天子爲順辭。

按：此處引《春秋公羊傳》注文原下引號標至"正之言伐也"止，誤。今查四庫全書本《春秋公羊傳註疏·莊公十年》卷七，下引號當至"尊天子，爲順辭"止。當據改。

13. p.777，1-3行，舊《疏》云："《注》言此者，欲道楚屬荆州，吳屬揚州，所以抑楚言荆。不抑吴言揚者，正以楚近中國故也。戴氏云：'荆、楚一物，義能相發。吳、揚異訓，故不得州名也。'"與何氏異。

按：此處引舊《疏》文原下引號標至"故不得州名也"止，誤。今查四庫全書本《春秋公羊傳註疏·莊公十年》卷七，下引號當至"與何氏異"止。當據改。

14. p.778，3－4行，段氏玉裁云："《齊世家》譌作'郯'。"《小司馬》所據正作"鄟"。

按：此處引段玉裁《説文解字注》文原下引號標至"《齊世家》譌作'郯'"止，誤。今查上海古籍出版社影印版 p.299《説文解字注·邑部》卷七，下引號當至"《小司馬》所據正作'鄟'"止。當據改。"《小司馬》"，段玉裁《注》作"可證《司馬》"，不完全一致。

15. p.778，倒1行，成十二年《注》："不月者，小國也。小國奔例時，此月，故爲惡不死位也。"

按：此處引《春秋公羊傳·成公十二年》注文下引號原標至"故爲惡不死位也"止，誤。今查四庫全書本《春秋公羊傳註疏·成公十二年》卷一八，下引號當至"小國也"止。當據改。

卷二一

1. p.779，末行，《注》："魯本與邾婁以漷爲竟，漷移，入邾婁界，魯隨而有之，是也。"

按：此處引《公羊春秋傳》注文下引號原標至"是也"止，誤。今查四庫全書本《春秋公羊傳註疏·襄公十九年》卷二〇，下引號當至"魯隨而有之"止。當據改。"是也"二字爲陳立《義疏》語。

2. p.781，倒3行，杜亦云："紀侯去國而死，叔姬歸魯。"來歸不書，非寧，且非大歸。

按：此處引《春秋左傳》杜注文下引號原標至"叔姬歸魯"止，誤。今查四庫全書本《春秋左傳注疏·莊公十二年》卷八，下引號當至"且非大歸"止，當據改。

3. p.782，倒4行，《繁露·竹林》云："紀侯謂其弟曰：'請以立五廟，使我先君歲時有所依歸。'明五廟存也，故書酅以起之，同附庸也。"

按：此處引《春秋繁露》文下引號有誤且失校。（1）原下引號標至"同附庸也"止,誤。今查四庫全書本《春秋繁露·玉英》篇,下引號當至"使我先君歲時有所依歸"止。(2)上引《春秋繁露》文並非出自《竹林》篇,而是出自《玉英》篇。皆當據改。

4. p.783,2—6行,《經義雜記》云:"解云:正本皆作'接'字……。《公羊音義》云:'接,《左氏》作捷。'《穀梁音義》無文。蓋亦誤同今本矣。"……《左氏》、《穀梁》作"捷菑"。接、捷二字古多互用。

按:此處引《經義雜記》文下引號原標至"蓋亦誤同今本矣"止,誤。今查續四庫全書本172册《經義雜記》卷三〇,下引號當至"接、捷二字古多互用"止。"蓋亦誤同今本矣"以下爲《經義雜記》作者自注文,亦當在引號之内。當據改。

5. p.784,5—7行,《春秋正辭》云:"苟一義一法,足以斷其凡……故曰'游、夏之徒不能贊一辭'也。《春秋》於孔父、仇牧、荀息書法同,《傳》故不厭其書重辭複,以道之也。"

按:此處引文非出自《春秋正辭》,實爲莊存與《春秋指要》文。原標點下引號有誤且失校。(1)原標點至"以道之也"止,誤。今查續四庫全書本141册 pp.121—122《春秋指要》,下引號當至"游、夏之徒不能贊一辭"止。當據改。(2)"游、夏之徒不能贊一辭也"續四庫全書本《春秋指要》無"之徒"二字。

6. p.786,2—3行,《莊子·人間世》云:"不在可用之數,故曰散木,亦謂棄放木也。"

按:此處引《莊子》注文下引號有誤且失校。(1)原標點至"亦謂棄放木也"止,誤。今查四庫全書本《莊子·人間世》篇注,下引號當至"故曰散木"止。(2)上引《莊子》文並非出自《莊子·人間世》正文,而是出自《莊子·人間世》的注文。皆當據改。

7. p.786,倒3—倒2行,《釋文》:"公博,如字,戲名也。字書作簙。葉本簙作薄。按,當作簙。博,假借字。"

按:此處引《經典釋文》文下引號原標至"博,假借字"止,誤。今查四庫全書本《經典釋文·春秋公羊音義》卷二一,下引號當至"字書作簙"止。當據改。

8. p.787,6—11行,戴氏震《方言疏證》云:"簙、博古通用。……局博所以行棊,弈,圍棋也。"《荀子·大略》篇……《廣雅》"簙箸謂之箭"……"曲道桐也""圍棋弈也",皆本此。

按：此處引《方言疏證》文下引號原標點至"弈，圍棋也"止，誤。今查續四庫全書本193册p.449《方言疏證》卷五，下引號當至"皆本此"止。當據改。

9. p.787，倒4行－p.788，2行，王氏念孫《廣雅疏證》云："簙，通作博。"《韓非子·外儲說》云："……"……《列子·說符》篇《釋文》引《六博經》曰："博法，二人相對坐向局，局分爲十二道，兩頭當中名水，用棊十二枚法，六白六黑。又用魚二枚，置於水中，其擲采以瓊爲之，二人互擲采行棊。棊行到處即豎之，名爲驍棊，即入水食魚，亦名牽魚。每牽一魚，獲二籌，翻一魚，獲三籌。若已牽兩魚而不勝者，名曰被翻雙魚，彼家獲六籌，爲大勝也。"

按：此處引《廣雅疏證》文下引號及斷句有誤且失校。（1）原下引號標至"通作博"止，誤。今查續四庫全書本191册p.255《廣雅疏證》卷八上，下引號當至"爲大勝也"止。當據改。（2）"用棊十二枚法，六白六黑"之"法"，當屬下讀，當斷爲"用棊十二枚，法六白六黑"。（3）"兩頭當中名水"之"名"下，續四庫全書本《廣雅疏證》有"爲"字，當據補。

10. p.788，3－7行，宋氏鳳翔《訓纂》云："《說文》：'弈，圍棋也。'……《大戴禮·小辨》篇：'夫亦，固十棋之變，由不可既也。'亦即弈字。"……《說文》："簙，局戲也。六箸，十二棊。"法與圍棋異。

按：此處引宋鳳翔《小爾雅訓纂》文下引號原標至"亦即弈字"止，誤。今查續四庫全書本189册p.508《小爾雅訓纂》卷四，下引號當至"法與圍棋異"止。當據改。

11. p.788，倒3行－p.789，4行，焦氏循《孟子正義》云："《史記·日者列傳》'旋式正棊'，……蓋弈但行棊，博以擲采而後行棊。後人不行棊而專擲采，遂稱擲采爲博，與弈益遠矣。

按：此處引《孟子正義》文未標下引號。今查中華書局整理本《孟子正義》卷二三pp.780－781，下引號當至"與弈益遠矣"止。當據補。

12. p.791，4－6行，《公羊古義》云："董仲舒《春秋繁露》曰：'此虜也，爾虜，焉知魯侯之美惡乎致？萬怒，搏閔公，絕脰。'《韓詩外傳》引此云：'閔公矜此婦人，妒其言，顧曰：爾虜，焉知魯侯之美惡乎？'何氏意反迂曲。"

按：此處引宋鳳翔《公羊古義》文下引號原標至"何氏意反迂曲"止，誤。今查四庫全書本《九經古義·公羊古義》卷一三，下引號當至"焉知魯侯之美惡乎"止。當據改。"何氏意反迂曲"句，爲陳立《義疏》語。

13. p.792，1行，段注云："頭後者，在頭之後。"此當曰項。而曰頸者，渾言則不別。《小雅》"四牡項領"，《傳》曰："項，大也。"此謂項與堆同。

按：此處引段玉裁《説文解字注》文下引號原標至"在頭之後"止，誤。今查續四庫全書本 206 册 p.462《説文解字注》卷九上，下引號當至"此謂項與堆同"止。當據改。

14. p.793，倒 2－倒 1 行，《管子·八觀》云："間閈不可以毋闔。"《注》："闔扉，扉即扇也。"

按：此處引《管子·八觀》注文下引號及斷句有誤。（1）原下引號標至"扉即扇也"止，誤。今查四庫全書本《管子·八觀》卷五，下引號當至"闔扉"止。當據改。（2）"闔扉"，"扉"是注釋"闔"字的，所以二字間當加"，"斷開，作："闔，扉。""扉即扇也"句，爲陳立《義疏》語。

15. p.793，倒 1 行，《月令注》云："用木曰闔，用竹葦曰扇者，對文爲異，散則通也。"

按：此處引《月令》注文下引號原標至"散則通也"止，誤。今查四庫全書本《禮記注疏·月令》卷一五，下引號當至"用竹葦曰扇者"止。當據改。"對文爲異，散則通也"句，爲陳立《義疏》語。

16. p.794，8 行，王褒《四子講德論》："是以養雞不畜貍，貍虎本食雞犬。精誠至者，乳犬可攫虎，伏雞可搏貍也。"

按：此處引《四子講德論》文下引號原標至"伏雞可搏貍也"止，誤。今查四庫全書本《御定佩文韻府》卷九之二引王褒《四子講德論》，下引號當至"是以養雞不畜貍"止。當據改。"貍虎本食雞犬。精誠至者，乳犬可攫虎，伏雞可搏貍也"句，爲陳立《義疏》語。

17. p.795，倒 5－倒 4 行，《通義》云："《春秋》不書討賊葬閔公者，蓋既葬乃得殺萬，以討賊晚，故不録也。猶慶父奔莒，踰年縊死，經亦不録慶父之誅。"閔公之葬。

按：此處引《公羊春秋經傳通義》文下引號原標至"經亦不録慶父之誅"止，誤。今查續四庫全書本 129 册 p.42《公羊春秋經傳通義》卷三上，下引號當至"閔公之葬"止。當據改。

18. p.800，6 行，《史記·孔子世家》："爲壇位，土階三等是也。"

按：此處引《史記·孔子世家》文下引號原標點至"土階三等是也"止，誤。今查四庫全書本《史記·孔子世家》卷四七，下引號當至"土階三等"止。當據改。"是也"二字爲陳立《義疏》語。

19. p. 801，3—4 行，《史記·刺客列傳》："桓公與莊公既盟於壇上，曹沫執匕首劫齊桓公。"《注》："劉氏曰：短劍也。"《鹽鐵論》以爲長尺八寸，其頭類匕，故曰匕首。

按：此處引《史記·刺客列傳》注文下引號原標點至"短劍也"止，誤。今查四庫全書本《史記·刺客列傳》卷八六，下引號當至"故曰匕首"止。當據改。

20. p. 804，倒 5 行，《荀子·王霸》篇："臣下曉然皆知其可要也。"《注》："要，約也。臣劫約其君曰要君。"

按：此處引《荀子·王霸》注文下引號原標點至"臣劫約其君曰要君"止，誤。今查四庫全書本《荀子·王霸》卷七，下引號當至"約也"止。當據改。"臣劫約其君曰要君"句，爲陳立《義疏》語。

21. p. 807，倒 4—倒 3 行，彼《疏》引麋信云："楚子貪淫，爲息嬀滅蔡，故州舉之。是取《左傳》之説，自亂其家法矣。"

按：此處《疏》引麋信語下引號原標點至"自亂其家法矣"止，誤。今查四庫全書本《春秋穀梁註疏》卷五，下引號當至"是取《左傳》之説"止。當據改。"自亂其家法矣"句，爲陳立《義疏》語。

22. p. 807，末行—p. 808，2 行，《大事表》云："後爲齊豹邑。昭二十年'衛公孟彄與齊豹狎，奪之司寇與鄄'，即此鄄，讀絹。漢末爲兗州治，曹操創業于此。"《水經注》："鄄城，在河南岸十八里。河上之邑，最爲險固。"今山東曹州府濮州東二十里，舊城集，故鄄城也。

按：此處引《春秋大事表》文下引號及斷句有誤。（1）原下引號標點至"曹操創業于此"止，誤。今查四庫全書本及中華書局整理本 p. 777《春秋大事表·春秋列國都邑表》卷七之二，下引號當至"故鄄城也"止。當據改。（2）"即此鄄，讀絹"之"鄄"當屬下讀，當斷爲"'衛公孟彄與齊豹狎，奪之司寇與鄄'即此。鄄，讀絹"。

23. p. 809，1—2 行，《元和姓纂》："兒、郳、黎、來之後亦爲兒氏，是郳、兒通也。"

按：此處引《元和姓纂》文斷句及下引號有誤。（1）"兒、郳、黎、來之後亦爲兒氏"句斷句有誤，當斷爲："兒，郳黎來之後，亦爲兒氏。"（2）原下引號標點至"是郳、兒通也"止，誤。今查四庫全書本《元和姓纂》卷三，下引號當至"亦爲兒氏"止。當據改。"是郳、兒通也"句，爲陳立《義疏》語。

卷二二

1. p. 811，末行－p. 812，4 行，《校勘記》云："諸本同。《唐石經》損缺，以字數計之，有公會二字。"惠氏棟云："《左氏》、《穀梁》無公字，故《穀梁傳》云'不言公'。按，……不曰公會齊侯，及會齊侯云云也。《繁露·滅國下》云："幽之會，莊公不往。"

按：此處引《校勘記》語下引號原標點至"有公會二字"止，誤。今查續四庫全書本 183 冊 pp. 70－71 及中華書局影印《十三經註疏》下冊 p. 2235《公羊注疏校勘記》，下引號當至"莊公不往"止。當據改。

2. p. 814，倒 3－倒 2 行，《九經古義》云："佞，讀爲年。故《國語》'輿人誦曰：佞之見佞，果喪其田'。佞與田協，故讀曰年，年讀爲壬，田讀爲陳。故甚佞謂之孔壬，齊田謂之齊陳，既同物又同聲，是之謂古訓。"

按：此處引《九經古義》語下引號有誤且失校。（1）原下引號標點至"是之謂古訓"止，誤。今查四庫全書本《九經古義·公羊古義》卷一四，下引號當至"田讀爲陳"止。當據改。（2）"佞，讀爲年"之"年"，《九經古義》作"壬"；"佞之見佞"之第一個"佞"，《九經古義》作"倭"；"年讀爲壬"之"壬"，《九經古義》作"寧"。

3. p. 822，倒 4－倒 3 行，《周禮·小司徒職》"以比追胥"，《注》："追，逐寇也。"《春秋》莊十八年"夏，公追戎于濟西"，又《士師職》"以比追胥之事"，《注》："追，追寇也。"

按：此處引《周禮·小司徒職》注文下引號原標點至"追，逐寇也"止，誤。今查四庫全書本《周禮·小司徒職》卷一一注，下引號當至"公追戎于濟西"止。當據改。

4. p. 825，倒 7－倒 5 行，《疏》引陸璣《疏》云："一名射影。江淮水皆有，云人在岸上，影見水中，投人影則殺之，故曰射影。南人將入水，先以瓦石投水中，令水濁，然後入。或曰含沙射人皮肌，其狀瘡如疥。"是也。

按：此處引陸璣《疏》文下引號原標點至"其狀瘡如疥"止，誤。今查四庫全書本《毛詩注疏·小雅·何人斯》卷一九疏，下引號當至"是也"止。當據改。

5. p. 827，2－3 行，《穀梁疏》引舊解："一有，南越所生"是也。"一無，魯國無"是也。今以爲或有有時，或有無時，言不常也，故書曰有。

按：此處《穀梁疏》引舊解文下引號有誤且失校。（1）原下引號標點至"魯國無"止，誤。今查四庫全書本《春秋穀梁註疏·莊公十八》卷五疏，下引號當至"故書曰有"止。當據改。（2）"今以爲"下，尚有"一有一亡曰有者謂"八字。當據補。全句當斷爲："一有，南越所生是也。一無，魯國無是也。今以爲一有一亡曰有者，謂或有有時，或有無時，言不常也，故書曰有。"

6. p.828，5－6行，段注："佚，今之媵字。《釋言》曰：'媵，送也。'《周易》：'媵口說也。'虞《注》曰：'媵，送也。'《燕禮》鄭《注》、《九歌》王《注》：'媵，送也。'送爲媵之本義。以姪娣從，謂之媵者。"

按：此處引《說文解字注》文下引號原標點至"謂之媵者"止，誤。今查續四庫全書本206冊p.302《說文解字注·人部》卷八上，下引號當至"以姪娣從"止。"從"下當作句號。當據改。

7. p.830，2－4行，《後漢書·劉瑜傳》云："古者，天子一娶九女，娣姪有序。《河圖》授嗣，正在九房。"章懷《注》引："《公羊傳》曰'諸侯一聘三女，天子一娶九女'。夏殷制也，與此《傳》異。或《公羊》先師有如此說者。"

按：此處引《後漢書·劉瑜傳》章懷《注》文下引號原標點至"或《公羊》先師有如此說者"止，誤。今查四庫全書本《後漢書·劉瑜傳》卷八七，下引號當至"夏殷制也"止。當據改。"與此《傳》異。或《公羊》先師有如此說者"句，爲陳立《義疏》語。

8. p.832，2－4行，錢氏大昕《潛研堂答問》云："三代之世，諸侯以邦交爲重，故使於四方，不辱君命，則稱之；使於四方，不能專對，則譏之。《論語》之'辭達'，則專對之辭也。"大夫受命不受辭，《聘禮記》："辭多則史，少則不達。辭苟足以達，義之至也。"

按：此處引《潛研堂答問》文下引號原標點至"則專對之辭也"止，誤。今查上海古籍出版社整理本《潛研堂文集·答問六》卷九，下引號當至"義之至也"止。當據改。全句當標點爲："三代之世，諸侯以邦交爲重，故'使於四方，不辱君命'，則稱之；'使於四方，不能專對'，則譏之。《論語》之'辭達'，則專對之辭也。'大夫受命不受辭'，《聘禮記》：'辭多則史，少則不達。辭苟足以達，義之至也。'"

9. p.833，6行，○"公比"，鄂本、宋本同。十行本"比"誤"此"，閩本、監本、毛本改，皆非。按：比猶頻也，上十五年……。

按：此處所引爲阮元《校勘記》文，見中華書局影印十三經註疏本下册 p.2239。該句標點及下引號有誤。（1）"閩本、監本、毛本改，皆非"之"皆"字，當屬上讀。這是關於"公比"二字的《校勘記》，當斷爲："閩本、監本、毛本改'皆'，非。"（2）"按：比猶頻也"亦爲《校勘記》語，"比猶頻也"下當作"。"。全句當標點爲："鄂本、宋本同。十行本'比'誤'此'，閩本、監本、毛本改'皆'，非。按：比，猶頻也。"

10. p.834，7—8行，《繁露·滅國下》云："幽之會，莊公不徃，戎人乃竊兵於濟西，由見魯孤獨而莫之救也。此時大夫廢君命，專救危者，謂此。"

按：此處引《春秋繁露》文下引號原標點至"謂此"止，誤。今查四庫全書本《春秋繁露·滅國下》卷五，下引號當至"專救危者"止。"者"下當作句號，當據改。"謂此"二字爲陳立《義疏》語。

11. p.834，10行，舊《疏》："謂書鄑是也。"正以鄑爲衛地故也。

按：此處引舊《疏》文下引號原標點至"謂書鄑是也"止，誤。今查四庫全書本《春秋公羊傳註疏·莊公十九年》疏，下引號當至"正以鄑爲衛地故也"止。當據改。

12. p.838，6行，《爾雅義疏》云："今東齊人謂病爲災。"蓋古之遺言也。

按：此處引《爾雅義疏》文下引號原標點至"今東齊人謂病爲災"止，誤。今查續四庫全書本187册 p.394《爾雅義疏·釋詁上》，下引號當至"蓋古之遺言也"止。當據改。

13. p.838，倒5—倒4行，《經義雜記》云："痾，亦俗字，當爲瘕。《集韻》云：'痾或作瘕。'可證。《説文·疒部》：'瘕，疫疾也。從疒叚省聲。'何義本此。今本作'惡疾也'，非是，從《詩·思齊正義》引改。"

按：此處引《經義雜記》文下引號原標點至"從《詩·思齊正義》引改"止，誤。今查續四庫全書本172册 p.233《經義雜記》卷二四，下引號當至"何義本此"止。當據改。"今本作'惡疾也'，非是，從《詩·思齊正義》引改"句，爲陳立《義疏》語。

14. p.838，倒3行—p.839，2行，《公羊問答》云："《説苑》：'古者，有災者謂之厲。君一時素服，使有司弔死問疾，憂以巫醫。匍匐以救之，湯粥以方之。……有親長者，不呼其門。有齊衰大功，五月不服力役之征。……事畢，出乎里門，入乎邑門，至野外，此救厲之道也。'"按：痾與瘕通。

按：此處引《公羊問答》文下引號有誤且失校。（1）原下引號標點至"此救厲之道也"止，誤。今查續四庫全書本 129 册 p.445《公羊問答》卷上，下引號當至"痫與癘通"止。當據改。（2）"有親長者"之"長"，《公羊問答》及《説苑》皆作"喪"；"入乎邑門"之"入"，《公羊問答》及《説苑》皆作"出"；"此救厲之道也"之"此"下，《公羊問答》及《説苑》皆有"匍匐"二字。當據補。

15. p.839，3－4 行，《方言》三："凡飲藥傅藥而毒，南楚之外謂之瘌，北燕、朝鮮之間謂之癆，東齊、海岱之間謂之眠，或謂之眩，自關而西謂之毒。"瘌，痛也。

按：此處引《方言》文下引號原標點至"自關而西謂之毒"止，誤。今查四庫全書本《方言》卷三，下引號當至"瘌，痛也"止。當據改。

16. p.839，6－9 行，《潛研堂答問》云："《説文》無痫字，未審當何從。曰：《説文》：'癘，惡疾也。'……《説文·羊部》別出羵字，則又因《記》又'四足曰漬'益之。《月令》：'仲冬行春，令民多疥癘。'注：'疥癘之病，孚甲之象。'"

按：此處引《潛研堂答問》文下引號有誤且失校。（1）原下引號標點至"孚甲之象"止，誤。今查上海古籍出版社整理本 p.96《潛研堂文集·答問四》卷七，下引號當至"則又因《記》又'四足曰漬'益之"止。當據改。（2）"《記》又'四足曰漬'"之"又"，《潛研堂文集·答問四》作"文"，是。當據改。

17. p.842，倒 4 行，盧氏文弨《龍城札記》："一云古眚、省通用。"《周禮·大司徒》眚禮即省禮也。

按：此處引《龍城札記》文下引號及標點有誤。（1）原標點至"古眚、省通用"止，誤。今查續四庫全書本 1149 册 p.699《龍城札記》卷一，下引號當至"眚禮即省禮也"止。當據改。（2）"一云古眚、省通用"之"一云"二字，是指"《龍城札記》卷一云"，而非《龍城札記》正文。全句當標點爲：《龍城札記》一云："古眚、省通用。《周禮·大司徒》'眚禮'即'省禮'也。"

18. p.843，2－3 行，《公羊問答》云："問：跌，過度，何也？曰：此如《後漢書·律曆志》'無有差跌'之跌。《穀梁傳》之失即跌之省。《國語·周語》'不失其序'，《漢書·五行志》'不過其序'，是失有過義也。"

按：此處引《公羊問答》文下引號原標點至"是失有過義也"止，誤。今查續四庫全書本 129 册 p.445《公羊問答》卷上，下引號當至"此如《後漢書·律曆志》'無有差跌'之跌"止。當據改。

19. p. 844，6－12 行，孔氏廣森《經學卮言》云："舊說紂以甲子喪，桀以乙卯亡，故國君以爲忌日。……《穆天子傳》有'吉日辛酉'，亦乙卯之衝。故説《春秋》當以何氏推本人事爲正。"

按：此處引《經學卮言》文原下引號標點至"故説《春秋》當以何氏推本人事爲正"止，誤。今查續四庫全書本 173 册 p. 309《經學卮言》卷上，下引號當至"亦乙卯之衝"止。當據改。

（待續）

（作者單位：中華書局）

•儒 學 新 論•

從《緇衣》"上人疑"章看儒家的君臣觀念

李丹鳳

【內容提要】 《禮記·緇衣》又見於郭店簡和上博簡,其中"上人疑"章主要討論君不使民惑,臣不使君勞兩個問題。簡本立足君、臣兩個角度並列展開,將二者置於相對平衡的位置上,體現了儒家宣揚的君臣平等的治國理念。傳本內容亦體現了這一君臣關係,但後人解經多從鄭玄之説,將"不援其所不及,不煩其所不知"中的"其"字理解爲君主,誤解經義,從而使這一思想被掩蓋。

【關鍵詞】 《緇衣》 君臣 平等 治國

傳本《禮記·緇衣》内容又分別見於郭店簡和上博簡,簡本《緇衣》第四章,即"上人疑"章,記君不使民惑,臣不使君勞之理。簡本分別立足君、臣自身應有的作爲,將二者置於相對平等的位置上,各行其道。對傳本的注解,舊多從鄭玄、孔穎達的説法,細細推究,鄭、孔之説在文本前後難以貫通,尤其是對"臣儀行"句的闡述,在文意和邏輯上存在抵牾之處,恐難成立。以往學者對此章的研究主要集中在簡本的文字考證上,對傳本"臣儀行"句的解讀及此章的思想内涵,特别是不同本子中所涉及的爲政理念問題,關注較少,今筆者不揣鄙陋,試作探析,以就教於方家。

一、簡本文意解析

爲討論方便,現將郭店本、上博本"上人疑"章内容分別抄録如下:

子曰:上人疑則百姓惑,下難知則君長勞。故君民者,章好以視民欲,謹惡以渫民淫,則民不惑。臣事君,言其所不能,不詞其所能,則君不勞。《大雅》云:"上帝板板,下民卒癉。"《小雅》云:"非其止之共,唯王恭。"①

　　子曰：上人疑則百姓惑，下難知則君長□□□□□□□□□□欲，歎②惡以虞③民淫，則民不惑。臣事君，言其所不能，不訝其所能，則君不勞。《大雅》云："上帝板板，□□□□□□□□□□□惟王之功。"④

此章講述爲政治國中，君主不讓百姓困惑，臣子不使君主辛勞之理，以"上人疑則百姓惑，下難知則君長勞"爲中心內容，後文是對它的解說和闡釋。"疑，謂好惡不明也"⑤，難知，"在下之人心懷欺詐，難知其心"⑥。君主好惡不明，百姓不知所從，就會心生疑惑；臣屬心思叵測，君主不識其人，就會格外辛勞。因此，使"民不惑"，君主需好惡分明；使"君不勞"，臣屬需要心思透明。

若要"民不惑"，君主需"章好以視民欲，謹惡以禦民淫"，好、惡，這裏指君主喜好、厭惡的對象⑦，君主"章好""謹惡"，以此對民欲、民淫施加影響，從而達到"民不惑"的效果。"上有所好，下必甚焉"，君主喜好的，下面的人一定更甚，君主的所好所惡影響到臣民的行爲，因此，作爲君主，要將自己的好惡明白地示之於下，下面的臣民以此爲標杆，有了效仿的對象，知道何事應該做，何事不應該做，自然不會困惑。若使"君不勞"，臣屬事奉君主時要"言其所不能，不訝其所能"，"言其所不能"意爲做不到的事要說明。訝，

---

① 荊門市博物館：《郭店楚墓竹簡》，北京：文物出版社1998年版，第129頁。
② 从女从堇，郭店簡从心从堇，原整理者均隸作"謹"，《説文解字》："慎，謹也"，謹、慎二字義近，文獻中又可通假，故"謹惡"與傳本"慎惡"同義。"謹惡"之"謹"意近傳本第11章的"癉惡"之"癉"，即"病"，憎恨所惡。廖名春先生將簡本用字讀作"癉"，訓爲"病"，謹、慎爲"癉"之借字，亦可通（見廖名春《郭店楚簡儒家著作考》，《孔子研究》1998年第3期，第71頁）。總之，傳本與簡本在文意上是相同的。
③ 兩簡本與傳本用字均不同，學者多有討論（見陳偉《郭店竹簡別釋》，武漢：湖北教育出版社2003年版，第35－36頁），對簡本的文字隸定不一，但在釋義上有相通之處，都強調對"民淫"的排斥，在意義上與"禦"字有相近之處。
④ 馬承源主編《上海博物館藏戰國楚竹書》（一），上海：上海古籍出版社2001年版，第177－178頁。
⑤ （清）孫希旦《禮記集解》，沈嘯寰、王星賢點校，北京：中華書局2017年版，第1326頁。
⑥ （清）阮元校勘《十三經注疏·禮記注疏》，臺北：藝文印書館2001年版，第930頁。
⑦ 好、惡當讀作hào、wù，季旭昇先生對兩字的讀音有詳細分析，可參看季旭昇《從簡本〈緇衣〉"章好章惡"章到今本〈緇衣〉"章善癉惡"章》，臺灣師範大學編《第二屆儒道國際學術研討會——兩漢論文集》，臺北：臺灣師範大學國文系，2005年，第9—10頁。

有兩種解釋：一是讀作"辭"①，意爲推辭、辭讓；一是讀作"詒"②，意爲欺騙、欺詒。不推辭或不相欺，都是説自己能做到的事要盡力而爲，讀"辭"或"詒"均能説通。人臣事奉君主，做不到的事直接言明，能做到的事不欺瞞推脱，對君主坦誠相待，不掩飾、不僞裝，君主便能輕鬆地識其人，據其才能加以任用，人盡其才，自然不會辛勞。

綜上，簡本"上人疑"一章分别從君、臣兩個角度講述了治國中不使百姓困惑，君主辛勞的問題。君主表彰自己喜好的，憎恨自己厭惡的，對民欲、民淫加以引導，百姓就不會疑惑不解。臣屬事奉君主，做不到的及時言明，能做到不推辭，坦誠無欺，心跡明了，君主能輕鬆地知人善用，就不會辛勞。簡本從君、臣自身出發，論述各自應有的作爲，這是儒家"求諸己"思想的體現，二者處於相對獨立的位置上，各司其職，各行其事，反映了儒家推崇的君臣平等觀念。

二、傳本文意解析

傳本《緇衣》"上人疑"章内容如下：

> 子曰：上人疑則百姓惑，下難知則君長勞。故君民者，章好以示民俗，慎惡以禦民之淫，則民不惑矣。臣儀行，不重辭，不援其所不及，不煩其所不知，則君不勞矣。《詩》云："上帝板板，下民卒癉。"《小雅》曰："匪其止共，惟王之卭。"③

"上人疑則百姓惑，下難知則君長勞"是本章的中心内容，傳本與簡本相同，在"君民者"句上，雖然用字有少許差别，但基本思想是一致的，即君主要通過章好、慎惡的方式明其好惡，不使百姓困惑。傳本與簡本的區别主要表現在

---

① 荆門市博物館《郭店楚墓竹簡》，第132頁；廖名春《郭店楚簡與〈詩經〉》，《文學前沿》2000年第1期，第41頁；李零《郭店楚簡校讀記》（增訂本），北京：中國人民大學出版社2007年版，第77頁。

② 馬承源主編《上海博物館藏戰國楚竹書》（一），第178頁；涂宗流、劉祖信《郭店楚簡〈緇衣〉通釋》，武漢大學中國文化研究院編《郭店楚簡國際學術研討會論文集》，武漢：湖北人民出版社2000年版，第184頁；劉信芳《郭店簡〈緇衣〉解詁》，武漢大學中國文化研究院編《郭店楚簡國際學術研討會論文集》，第167頁。

③ （清）阮元校勘《十三經注疏·禮記注疏》，第930頁。

"臣儀行"句,以往學者對此句的解釋多從鄭玄、孔穎達的觀點,二人的觀點有不甚合理之處,傳本該作何解釋,還需考辨。

歷來注解"臣儀行"句,多囿於鄭玄、孔穎達的説法:

> 鄭玄注:"儀,當爲'義',聲之誤也。言臣義事君則行也。重,猶尚也。援,猶引也,引君所不及,謂必使其君所行如堯舜也。不煩以其所不知,謂必使其知慮如聖人也,凡告喻人,當隨其才以誘之。"①

> 孔穎達疏:"'臣儀行'者,儀當爲'義',謂臣有義事則奉行之。'不重辭'者,重,尚也。爲臣之法,不尚虛華之辭。'不援其所不及'者,謂君才行所不能及,臣下不須援引其君行所不能及之事,謂必使其君所行如堯舜也。'不煩其所不知'者,謂君有所不知,其臣不得煩亂君所不知之事,令必行之。臣能如此,則君不勞苦。"②

何謂"義事",令人費解,孔穎達所謂的"虛華之辭"更有主觀推測之嫌。據上述觀點,"不援其所不及,不煩其所不知"是説不援引君主不能及之事,不拿君主不知道的事煩亂他,均以"其"代指君主。清孫希旦解釋道:

> "儀,度也。儀行,儀度君之所行也。不重辭,不多爲辭説也。援,引也。爲臣者度君之所能行而引之,則不至援其所不及;不多爲辭説以瀆之,則不至煩其所不知。"③

大意是説,人臣儀度君主之行,就不至於援引君主做不到的事;不多爲辭説,就不至於拿君主不知道的事煩擾他。對"儀""重辭"的訓釋簡潔明了且無臆測之嫌,優於鄭玄的説法。"其"字指代君主,此點與鄭、孔之説無異。結合前後文看,鄭玄、孔穎達、孫希旦訓"其"爲"君"有共同的缺陷。首先,"臣儀行,不重辭,不援其所不及,不煩其所不知,則君不勞矣"句從反面對"下難知則君長勞"進行解説,也就是説"臣儀行,不重辭,不援其所不及,不煩其所不知"對應的是"下易知",即下位之人心思透明,君主能夠便易地知人善用。其次,"臣儀行,不重辭,不援其所不及,不煩其所不知"整體在討論如何使君知臣的問題,若將"其"訓作"君",句意轉到臣屬揣度君主的能力上,討論的問題變成了如何使臣知君,背離了使君知臣的中心,前後文意

---

① (清)阮元校勘《十三經注疏·禮記注疏》,第930頁。
② 同上書,第930頁。
③ (清)孫希旦《禮記集解》,第1326頁。

脱節，無法連貫，導致後文的論述不能用以證明"下易知則君長勞"。

王夫之在《禮記章句》中另有新説：

> "'儀'，法也。凡所行者，皆即所言以爲則，行顧言也。'重辭'，言之不能行而又言之也。所言則必思其可行，言顧行也。'援'，稱引也。'所不及'者，所不能也。不言其所不能行，言之必可行也。'煩'者，徒勞無益之意，所不知者而强行之，徒勞而已。不行其所不知，行之必可言也。言行相顧，心跡明白，無難知也。"①

據王夫之之意，兩個"其"字指人臣。臣法行，不能行之事不多次言說，自己做不到的事不稱引，不知道的事不强行去做，以免徒勞無益。臣屬言行統一，心跡明白，君主易於知曉其人，前後貫通，較訓"其"爲"君"的說法更勝一疇。但此說亦稍有不足，"重辭"僅就"辭"而言，與"行"沒有關係，解作"言之不能行而又言之也"，有增字解經之嫌，不若孫希旦訓作"不多爲辭説"恰當。"不煩其不知"，亦不談及"行"，謂"所不知者而强行之"，略顯生硬，其意可從傳統的訓詁上尋找出路。傳統觀點以"其"代指君，意爲不拿君主不知道的事煩擾他，由上述分析可知，"其"當指臣，故"不煩其所不知"意爲不拿不知道的事煩擾自己（臣）。總體來說，王夫之以"其"字指代"臣"的解釋較鄭玄、孔穎達及孫希旦之説在邏輯上更合理。遺憾的是學者注解《緇衣》此章多採用鄭、孔、孫的訓釋，王夫之的説法反而被忽視②。

可知，關於"其"字，主要有兩種解釋：一是指君主，一是指人臣。前者意爲臣屬揣度君主的才能，瞭解君主的資質，即臣要知君，這與"臣儀行"句討論的使君知臣的立意相背離，前後扞挌不通。後者以人臣解"其"字，從言行一致的角度切入，身爲人臣，不説自己不能做的事，不强行不知道的事，心思透明，君主易知其人，符合使君知臣的立意。"言之不能行而又言之""所不

---

① （清）王夫之《禮記章句》，長沙：嶽麓書社 2010 年版，第 1368—1369 頁。
② 如葉紹均先生解釋道，"不援其所不及，不煩其所不知"，"言不強君以所不及不知之事也"（見葉紹均選注《禮記》，北京：商務印書館 1930 年版，第 218 頁），王夢鷗先生譯作"臣子效法君主的行爲，不務空談，不牽引到他能力所不及的事，亦不煩絮他所不及知的事"（見王夢鷗《禮記今譯今注》，臺北：臺灣商務印書館 1979 年版，第 715—716 頁），楊天宇先生譯作"臣遵奉道義行事，不重言詞，不援引國君做不到的事去要求國君，不煩擾國君做他所不瞭解的事"（見楊天宇《禮記譯注》，上海：上海古籍出版社 2016 年版，第 901 頁），均以"其"字指"君"，基本沿用鄭玄、孔穎達的說法。

知者而強行之"的説法雖有些牽强,但解"其"爲"臣"在前後文意銜接上優於鄭玄、孔穎達之説。"君民者"句立足君主的好惡,以君主所好、所惡影響百姓;"臣儀行"句意在人臣言行相顧,君主可由言行觀其人,識其才,與"君民者"句分别從臣、君各自應有的作爲着手論述如何使君不勞、民不惑,較釋"其"爲"君"更恰當。故傳本中"不援其所不及,不煩其所不知"中的"其"當指人臣。

綜括上述,簡本與傳本"上人疑"章的主題相同:君主好惡明確,百姓知所從,就不會心生疑慮;人臣行事磊落,心思透明,君主易知其人,就不會辛勞。因此,爲君要利用其好惡引導百姓,爲臣要坦蕩無欺。在如何使君主不辛勞的問題上,傳本與簡本在具體内容上有區别,簡本强調臣下要赤誠無詐,傳本强調言行一致,方法不同,但都立足於臣下自身的作爲,與前文中的"民不惑"句分别從君臣兩個角度展開,君臣各行其事、各司其職,以達到"民不惑""君不勞",其背後藴含的是儒家所倡導的君臣平等的爲政理念。

三、春秋晚期至戰國的儒家君臣觀念

《緇衣》一篇側重儒家的政治學思想,以"子曰"的形式記孔子之言,既有孔子的思想,又有儒門後學的主觀詮釋,是一幅理想中的儒家政治藍圖①。其中"上人疑"章在治國理念上將君臣置於相對平等的位置上,這一君臣關係正是孔子所嚮往的,也是特定時代背景的反映。

《論語·八佾》記載魯定公向孔子詢問君使臣,臣事君的問題,孔子答道,"君使臣以禮,臣事君以忠"②,君以禮待臣,臣對君盡忠,君臣各有其權利和義務,不是一方對另一方的絶對服從與聽命。君和臣是相對的關係,像主、客

---

① 學界對《緇衣》的作者有不同的看法,但大都同意《緇衣》中的孔子言論,經歷了孔門後學的整理、潤色,有些可能是假託孔子之言。(詳見王葆玹《晚出的"子曰"及其與孔氏家學的關係》,國際儒學聯合會編:《紀念孔子誕辰二千五百五十周年國際學術討論會論文集》(下),北京:國際文化出版公司 2000 年版,第 1820—1821 頁;陳來《儒家系譜之重建與史料困境之突破——郭店楚簡儒書與先秦儒學研究》,武漢大學中國文化研究院編《郭店楚簡國際學術研討會論文集》,第 568 頁;張文修《孔子的生命主題及其對六經的闡釋》,《中國哲學》第二十一輯,第 301 頁;虞萬里《竹簡〈緇衣〉與先秦君臣、君民關係索隱》,《社會科學》2005 年第 10 期,第 103 頁。)

② (清)阮元校勘《十三經注疏·論語注疏》,第 30 頁。

一樣，而不是像主人和奴隸那樣，臣有獨立的人格尊嚴，不是君的附屬品①。臣對君盡忠的前提是"以道事君"②，君臣關係建立在"道"的基礎上③，一旦違反"道"的原則，臣可以主動辭職不幹，中斷君臣關係。臣有獨立的人格和自主選擇的能力，"可以仕則仕，可以止則止，可以久則久，可以行則行"④。臣屬"以道事君，不可則止"，事君與事友方式相近，"忠告而善道之，不可則止，毋自辱焉"⑤，君臣關係近乎朋友關係⑥。孔子的君臣觀在孟子那裏得到繼承和發揚，《孟子·離婁下》記載孟子告諭齊宣王："君之視臣如手足，則臣視君如腹心；君之視臣如犬馬，則臣視君如國人；君之視臣如土芥，則臣視君如寇讎。"⑦ 君主待臣之道，臣可以反之以待君主，君臣之間是一種對等關係。

君臣對等的觀念在郭店簡《語叢》中亦有體現，《語叢一》簡80、81云"友君臣，無親也"⑧，《語叢三》簡7"友，君臣之道也"⑨，君臣之間只是一個朋友之道。《語叢一》簡87"君臣、朋友，其擇者也"⑩，君臣與朋友一樣是可以雙向互選的。《語叢三》簡3、4、5"君臣不相在也，則可已，不悅，可去也，不義而加諸己，弗受也"⑪，君不任臣，臣不信君，君臣關係就可以終結，臣不悅君，可以自行離去，君主的號令不符合道義而強施於臣身，臣可以拒絕接受⑫。這裏的君臣關係近似於朋友關係⑬，而一旦道不同，便分道揚鑣，不

---

① 傅武光《釋"忠"——從孔孟原義詮釋》，《東方雜誌》1990年第3期，第22頁。
② （清）阮元校勘《十三經注疏·論語注疏》，第100頁。
③ 寧可、蔣福亞《中國歷史上的皇權和忠君觀念》，《歷史研究》1994年第2期，第80頁。
④ （清）焦循《孟子正義》，沈文倬點校，北京：中華書局2017年版，第178頁。
⑤ （清）阮元校勘《十三經注疏·論語注疏》，第110—111頁。
⑥ 查昌國《友與兩周君臣關係的演變》，《歷史研究》1998年第5期，第103頁。
⑦ （清）焦循《孟子正義》，第452頁。
⑧ 荊門市博物館《郭店楚墓竹簡》，第179頁。
⑨ 同上書，第209頁。
⑩ 同上書，第197頁。
⑪ 同上書，第209頁。
⑫ 文本意譯參考了丁四新先生的觀點，見丁四新《郭店楚墓竹簡思想研究》，北京：東方出版社2000年版，第233頁。
⑬ "君主的號令不符合道義而強施之於己身，作爲朋友關係的臣民是可以拒絕接受，不服從其命令的"，見丁四新《郭店楚墓竹簡思想研究》，第233頁；"The ruler-minister relations resemble those of friends"，Yuri Pines, "Friends or foes: Changing Concepts of Ruler-Minister Relations and the Notion of Loyalty in Pre-imperial China" Monumenta Serica 50 (2002): 41.

相爲謀。臣獨立於君，君臣處於相對平等的框架中，爲臣有自己的理想和操守，用之於君則仕，不用則去。

簡本《緇衣》成書於《孟子》之前①，很可能在戰國中期已有定本②，因此，文本反映的是活動在春秋晚期至戰國中期的儒門學人的政治追求。"上人疑"章中追求君臣平等的思想便與這一時期的社會狀況及時代風尚有關。在宗法制和分封制下，君臣之間是嚴格的統治與服從關係，而隨着分封制和世族制度的瓦解，世襲社會在春秋戰國之交走向崩潰，舊的宗法貴族制度下的統治與服從關係開始鬆弛、崩解③，春秋戰國時期諸侯分立、游士成風的時代特點決定了君臣之間是相對自由的雙向選擇關係④。春秋戰國之際的士已經表現出相當的個體自由⑤，至戰國，士對君主的人身依附性進一步變弱，"合則留，不合則去"的現象屢見不鮮。加之諸侯爭霸紛紛招攬人才，極大地刺激了知識分子的參政入仕之心。在"社稷無常奉，君臣無常位"及"邦無定交""士無定主"的現實下，君臣關係鬆弛多變，士人自由地輾轉奔走於各諸侯國，擇君而仕。在這種相對寬鬆的政治背景下，知識分子以干君求仕爲務，爲臣在某種意義上只是謀生手段⑥。爲了有效地兜售自己的主張和學説，士一方面要提高自身的處境，獲到君主的優待，在强烈的自我意識的推動下宣傳君臣在人格上的平等；另一面士必然要對君有所選擇，同時君也要選擇符合自己要求的士，這種雙向選擇性決定了君臣關係不可能一成不變。

---

①　李學勤先生指出，郭店一號墓的年代與孟子活動的後期相當，墓中書籍都爲孟子所能見到。《孟子》七篇是孟子晚年撰作的，故而郭店竹簡典籍均早於《孟子》的成書，見李學勤《先秦儒家著作的重大發現》，《中國哲學》第二十輯，第15頁。

②　上博簡是劫餘截歸之物，出土時、地已不可考，整理者認爲是楚國遷郢以前貴族墓中的隨葬物［馬承源主編《上海博物館藏戰國楚竹書》（一），第2頁］，郭店簡是科學發掘所得，墓葬的年代決定了出土竹書的年代下限，學界對一號墓的年代判斷大體相近，即公元前300年左右，墓中出土的典籍應該是在此之前就已經廣泛傳播的經典作品，可能在戰國中期就有了定本（虞萬里《上博館藏楚竹書〈緇衣〉綜合研究》，武漢：武漢大學出版社2009年版，第451頁；王平《上博簡、郭店簡和今本〈緇衣〉文獻結構差異》，《漢語史研究輯刊》2003年第六輯，第364頁；鍾肇鵬《荆門郭店楚簡略説》，《中國哲學》第二十一輯，第232頁）。

③　寧可、蔣福亞《中國歷史上的皇權和忠君觀念》，《歷史研究》1994年第2期，第80頁。

④　丁四新《郭店楚墓竹簡思想研究》，第233頁。

⑤　羅新慧《試論春秋戰國之際的士與儒士》，《北京師範大學學報》（社會科學版）1998年第4期，第102頁。

⑥　龔建平《意義的生成與實現——〈禮記〉哲學思想》，北京：商務印書館2005年版，第350頁。

活動於春秋晚期至戰國中期的儒家所嚮往的君臣平等的政治關係就產生在這一時代背景下。士人依託君主實現政治抱負，君主競用有才之士提升實力，君臣之間雙向互選，人臣有了更廣闊的發展空間，進而追求與君主的人格地位平等，以期得到君主的厚待，便捷地發揮才能，一展宏圖。在強烈個人意識的引領下，人臣不再唯君命是從，希冀在政治上有相對自主的權利，表現在《緇衣》"上人疑"章中就是君臣各行其道，君主章好病惡，人臣坦蕩無欺，君臣各司其職，而不是一方對另一方的無條件服從。人臣這種對個人權利的追求，在戰國晚期走向另一個極端——君臣互市。"臣盡死力以與君市，君垂爵禄以與臣市，君臣之際，非父子之親也，計數之所出也"①，赤裸裸地宣傳利益至上的價值取向，君臣之間靠互相利用來維繫，二者的遇合，建立在政治交易成功的基礎上，這與孔孟倡導的君臣觀已大相徑庭。

四、結　語

通過對簡本與傳本《緇衣》"上人疑"章的分析可知，三個本子的主旨相同，在如何使民不惑上，主體思想一致，均認爲君主章好病惡以引導百姓，百姓知所從，就不會困惑。在如何使君不勞上，簡本與傳本存在差異，簡本"言其所不能，不詞其所能"中的"其"指"臣"，人臣根據自身的能力事君，不狡詐、不欺瞞，君知臣，量才適用，自然不會辛勞。傳本"不援其所不及，不煩其所不知"中的"其"多被解作"君"，人臣行事前先考察君主的才能，文意偏向臣知君，與"下難知則君長勞"中強調的使君知臣主客倒置，邏輯上存在明顯的缺陷。今參照簡本可知，"其"應該理解爲人臣，比較而言，王夫之的觀點更合理，爲臣不援引自己不能的事，不拿不知道的事煩擾自己。簡本與傳本存在差異，但分別從君、臣兩個並列角度對二者各有要求，從君臣自身出發有其作爲，這符合孔子提倡的"求諸己"的思想。君臣各安其道，各司其職，並行不悖，處於相對平等的地位上，這符合孔子的君臣理念，也是春秋晚期以來血緣貴族政治體制衰敗下的士人對君主人身依附性逐漸弱化的時代特徵的反映。

藉助簡本再重新審視傳本，可知"臣儀行，不重辭，不援其所不及，不煩其所不知"中的"其"指臣，此句的立足點是臣，與簡本雖有差別，但在

---

① 陳奇猷校注《韓非子新校注》，上海：上海古籍出版社 2017 年版，第 851—852 頁。

句式上仍有相近之處，均在三字句後接兩個字數相等的句子。不同的是傳本有兩個三字句，似乎更加對稱，若考慮到"君民者"後只接兩個句子，恐簡本的句數更爲合理，傳本可能爲後世傳抄之訛。加上鄭、孔之説影響深遠，以致對"臣儀行"句的釋讀出現偏差，今幸見簡本爲參照，得以重新解讀此章經義。

（作者單位：北京師範大學歷史文化學院）

從耳目的作用再議張載的"德性之知"及其達致之道

吳 瑤

【内容提要】 張載認爲盡性需要貫通見聞之知和德性之知，且後者是大過於人的真知，其是對太虚、天、神、道、性等根本道理和人的本性的覺知。天德良知是固有於人的德性之知，是無需耳目接引的内外本合；德性之知是需要工夫的内外合一，需要耳目但又不受制於耳目，是對天德良知的復歸。見聞之知和耳目是學習的必要基礎，但在進一步求致德性之知的精義利用等工夫中，耳目不再是直接的媒介作用，而是匯歸和啓發最終德性之知的啓之之要。

【關鍵詞】 耳目 合内外 心 德性之知 見聞之知

儒學向來不乏對"知"的關注，《周易》論"知禮成性"，《大學》論"格物致知"，《中庸》言"知、仁、勇"三達德，《荀子》有"心生而有知"。雖然德性之知與見聞之知是由張載和程頤首先明確對舉①，但孔、孟其實已經隱微透露出這樣一種傾向②，因此有學者認爲這是中國古代哲學一直以來的特點，而在張載那裏發展到了最高的水平③。本文將從獲取知的媒介——"耳目"切

---

① 例如，程頤説："聞見之知，非德性之知，物交物則知之，非内也，今之所謂博物多能者是也。德性之知，不假見聞。"[（宋）程顥、程頤《二程集》，北京：中華書局1981年版，第317頁]

② 例如，子曰："君子不可小知，而可大受也；小人不可大受，而可小知也。"（《論語·衛靈公》）魯欲使樂正子爲政。孟子曰："吾聞之，喜而不寐。"公孫丑曰："樂正子強乎？"曰："否。""有知慮乎？"曰："否。""多聞識乎？"曰："否。""然則奚爲喜而不寐？"曰："其爲人也好善。""好善足乎？"曰："好善優於天下，而況魯國乎？夫苟好善，則四海之内，皆將輕千里而來告之以善。"（《孟子·告子下》）

③ 程宜山《關於張載的"德性所知"與"誠明所知"》，《哲學研究》1985年第5期，第66頁。

入，通過分析耳目在獲取知中發揮的作用和地位來剖析張載所言的德性之知及其達致之道①。

一、"耳目有受"和"內外之合"

耳目是一個自明的概念，指人所擁有的對世界發生感知的耳目等官能。需要稍作説明的是，耳目不僅僅指耳與目，它還指代包含口、鼻等在內的其他官能，實質是代指整個身。身又與心相對，孟子曾用"小體"與"大體"來論述耳目之官和心之官的功能和地位，在孟子那裏，已經明確揭示了耳目相對於心的有限性，並且認爲由之會導致大人和小人的分判②。"聞見"或者"見聞"是與耳目密切相關的概念，張載經常將二者與耳目連起來使用。相對於靜態的耳目而言，聞見既可以指靜態的耳目感知世界的結果，也可以指動態的耳目的功能和作用過程。因此，張載常常使用"耳目聞見"來表達耳目所產生的聞見結果。

在張載看來，世人對於知的產生和認識，往往是基於一種樸素的認知："人謂己有知，由耳目有受也。"③ 人們認爲自己之所以有知，是因爲耳目有所受，耳聞聲，目睹色，所以產生了知，這是一種被廣泛接納的看法。根據這種看法，耳目在獲取知的過程中充當着非常重要的角色。然而，張載認爲，僅僅依靠耳目對外物的接收還不足以產生知。他説，"人之有受，由內外之合也"④。人之所以有知，固然有耳目的作用，但是耳目之所以能夠有所受並產生知，還需要內外之合，即外物和內心的結合。"民何知哉？因物同異相形，萬變相感，

---

① 關於張載的"德性之知"，已有多篇學術論文。例如程宜山的《關於張載的"德性之知"與"誠明所知"》、曹剛的《論張載的"德性所知"》(《湖南師範大學學報》1992年第4期)、王黔首的《"德性所知"與"德性之知"之區別及其意義——張載〈大心篇〉解讀兼論其知識論》(《貴州大學學報》2011年第5期)、張靖傑的《張載"知"論研究》(華東師範大學碩士論文，2015年)、張玉的《張載"德性所知"辨析》(南京大學碩士論文，2017年)等，從不同角度對張載的"德性之知"進行了深入研究，本文之所以擬題爲"再議"，是指將從另一個角度——耳目的作用——對張載的"德性之知"再次進行討論。

② 公都子問曰："鈞是人也，或爲大人，或爲小人，何也？"孟子曰："從其大體爲大人，從其小體爲小人。"曰："鈞是人也，或從其大體，或從其小體，何也？"曰："耳目之官不思，而蔽於物；物交物，則引之而已矣。心之官則思，思則得之，不思則不得也。此天之所與我者。先立乎其大者，則其小者不能奪也。此爲大人而已矣。"(《孟子·告子上》)

③ (宋)張載《張子全集》，西安：西北大學出版社2014年版，第18頁。

④ 同上書，第18頁。

耳目内外之合"①，一般人的知是對事物的同異狀貌和形態各異的變化的感知，而這種感知是通過耳目、外物、内心的共同作用來完成的。常人"耳目有受"的看法忽略了心在認識中的重要作用，所以過分肯定了耳目的功勞和地位。

此外，張載説："天之明莫大於日，故有目接之，不知其幾萬里之高也；天之聲莫大於雷霆，故有耳屬之，莫知其幾萬里之遠也；天之不禦莫大於太虚，故心知廓之，莫究其極也。人病其以耳目見聞累其心而不務盡其心，故思盡其心者，必知心所從來而後能。"② 前兩句言人的眼睛和耳朵不能窮盡天之明和天之聲，第三句的字面意思與前兩句一致，認爲心不能窮盡太虚，但這不符合張載"大其心則能體天下之物"的看法。王夫之認爲這裏的心是被耳目聞見所累的心③，此心與耳目一樣都因其有限性而不能窮盡天下之物，因此張載緊接着講這正是因爲人心爲耳目聞見所累，而不能盡其本心。

"只是人尋常據所聞，有拘管局殺心，便以此爲心，如此則耳目安能盡天下之物？盡耳目之才，如是而已。"④ 耳目聞見對心的牽累表現爲"拘管局殺"，使得心變得狹隘，並且人會將這一狹隘的心錯認爲本心。張載還説："由象識心，徇象喪心。知象者心，存象之心，亦象而已，謂之心可乎？"⑤ "象"指由耳目所得的物象，"由象識心"是通過内外之合而知。"識"並不是一般意義上的認識之意，因爲認識這個動作本身是心發出來的，又怎麼能夠通過發出認識這個動作的心去認識心本身呢？心是認識的主體，即"知象者心"之意。王夫之在解釋這句話的時候舉過一個例子，"乍見孺子入於井，可以識惻隱之心"⑥，孺子入於井是由眼睛所受產生的物象，與它相感而萌發惻隱之心，同時人也覺察到自己的惻隱之心。這就是由象識心，通過與象的相感而使心得以呈現，而不是指以心爲認識對象。"徇象喪心"即"耳目聞見累其心"，並不是説喪失了心，而是本心没有得到彰顯，而將拘管的、狹隘的心認作心，此心也就成了"存象之心"。"心便神也。若聖人起一欲得靈夢之心，則心固已不神矣。"⑦ 心本身是能妙應萬物之感的，但如果起了人爲的、刻意的私意，心就變成了存象之心，不再無所偏滯，此時的心便不能再被稱爲本心。存象之心也就是張載所

---

① （宋）張載《張子全書》，第18頁。
② 同上書，第18頁。
③ （清）王夫之《張子正蒙注》，北京：中華書局2011年版，第124頁。
④ （宋）張載《張子全書》，第251頁。
⑤ 同上書，第18頁。
⑥ （清）王夫之《張子正蒙注》，第123頁。
⑦ （宋）張載《張子全書》，第66頁。

説的止於聞見之狹的"世人之心",是很多人都存在的病痛。其後果是"徇物喪心,人化物而滅天理"①,"心禦見聞,不弘於性"②,"蔽固之私心,不能默然以達於性與天道"③,會妨害"性與天道"的達成和人的自我實現。

並且,在這種情形下,"耳目安能盡天下之物?盡耳目之才,如是而已"④,以被聞見所拘的心去主領的認識活動,作爲媒介的耳目又怎麽能窮盡天下之物呢,只是能夠盡耳目視聽的本分而已。張載説,"人心病,耳目亦病"⑤。因此,知的不充分的根源不在耳目,而在心。唐君毅先生曾指出,張載將知的不充分歸罪於心比孟子歸罪於耳目,在闡釋上更進一步且更爲恰當⑥。總的來説,張載認爲知的獲取僅僅依靠耳目是不能完成的,還需要物、心、耳目的共同作用,即内外之合,同時,在這個過程中,要避免耳目聞見累其心而不能盡其心的弊病。

二、"知合内外於耳目之外"

"人謂己有知,由耳目有受也;人之有受,由内外之合也。知合内外於耳目之外,則其知也過人遠矣。"⑦ 内外之合固然是知的有效獲取機制,但張載還提出了另外一種遠過於人之知,即"知合内外於耳目之外"。王夫之對此的解釋是"合内外者,化之神也,誠之幾也。以此爲知,則聞之見之而知之審,不聞不見而理不亡,事即不隱,此存神之妙也"⑧。王夫之認爲"知合内外於耳目之外"不是合内外而知,而是對所以合内外的知,即對造化之神、誠之幾的覺察。若以此爲知,聞見外物之時固然能夠有所知,但即使是在不聞不見的時候其所知之理也没有消亡,這樣的知不同於合内外之合,其不倚靠、受制於耳目,因此是外於耳目之知,且這是人存神工夫的妙驗。那麽,王夫之爲什麽要以知"神"來解釋"知合内外於耳目之外"呢,他的解釋又是否符合張載的本義呢?

---

① (宋)張載《張子全書》,第11頁。
② 同上書,第16頁。
③ 同上書,第36頁。
④ 同上書,第251頁。
⑤ 同上書,第254頁。
⑥ 唐君毅《中國哲學原論·原教篇》,北京:中國社會科學出版社2005年版,第106頁。
⑦ (宋)張載《張子全書》,第18頁。
⑧ (清)王夫之《張子正蒙注》,第124頁。

張載説：“成吾身者，天之神也。不知以性成身，而自謂因身發智，貪天功爲己力，吾不知其知也。民何知哉？因物同異相形，萬變相感，耳目內外之合，貪天功而自謂己知爾。”① 如若只是以耳目內外之合所獲取的知爲知，並認爲智識的來源是自己的身軀，這是將天的功勞據爲己有，這不是真正的、充分的知。這僅僅是利用自己一身所具的聞見感知來認識世界和自我，對於自我和造就自我的創生之理没有充分地認識，真正的知是伴隨着"以性成身"來達成的，是對自己的人之爲人的本性的充分認識和彰顯。造就我之身的是天之神，因此人需要"窮神知化"，去瞭解我之所從來、瞭解天地對包括我在內的萬物的造化活動，從而能夠知曉我的知的真正由來，避免將天功據爲己力，此亦"思盡其心者，必知心所從來而後能"之意，要盡性，也要知性所從來，要致知，也要知知所從來。"因身發智"就是內外之合。張載認爲以性成身不僅不同於而且過於內外之合，因爲張載對因身發智的評價是"吾不知其知也"，認爲這不是真正的知，並要求要以性成身，因此，以性成身所伴隨的知是過於內外之合的真知，是"知合內外於耳目之外"。可見，對人之性、人之所從來的"神"的知也就是"知合內外於耳目之外"的內容。這就解釋了王夫之爲何在對"知合內外於耳目之外"的解釋中要談到神以及要以神爲知。同時，張載還説，"體物體身，道之本也。身而體道，其爲人也大矣"②，"能以天體身，則能體物不疑"③，這表明，除了神，天、道也與人身的來源和人的自我實現密切相關。

"天"在張載的使用中是對萬物始源的偏形體化的描述，例如，"不曰天地而曰乾坤者，言天地則有體，言乾坤則无無"④。而神、道、性是從不同角度對天的論述，即張載所謂的"指事異名"⑤，因此他也常常説"天之神""天道""天性"。"所以妙萬物而謂之神，通萬物而謂之道，體萬物而謂之性。"⑥ "神"是對天地造化萬物的神妙大用的描述，其不僅是人的造就者，還造就了天地間的萬事萬物。因此張載説"神，天德；化，天道"⑦，神是天地的生生之德，化則是陰陽之氣的創生之道。對於人來説，天德造化的結果不僅是人的身軀，還

---

① （宋）張載《張子全書》，第18頁。
② 同上。
③ 同上。
④ 同上書，第111頁。
⑤ 同上書，第57頁。
⑥ 同上書，第54頁。
⑦ 同上書，第9頁。

包括人之性,如《西銘》所言"天地之塞,吾其體;天地之帥,吾其性"①。之所以以神來描述天之德,是因為"大率天之爲德,虛而善應。其應非思慮聰明可求,故謂之神"②,天地造化是自然而然、沒有人爲的私意充雜的,因此是虛而善應、神妙莫測的。人以發身用智的方式是無以領會天德的自然感應、無以知化之神的。故而張載要在内外之合和發身用智之外提出知合内外於耳目之外和以性成身。"由氣化,有道之名"③,"陰陽合一存乎道"④,"若道,則兼體而無累也。……語其推行,故曰道"⑤。"道"是對天造化萬物的氣化過程的描述,通過一陰一陽、屈伸往來而生成整個世界。其描述了天地大化流行的實施和推行過程,其推行和貫穿於萬物,因此是通於萬物的。而"體萬物而謂之性"則意在表達"性"對萬物的融攝。楊立華教授對這一章有着非常詳細和深入的分析,他認爲"體萬物"是"内在於萬物而又能引生内而見諸外的作用"⑥,即性是内融於萬物之中,但又有引内而現於外的作用,後者體現了性對萬物的統攝性。張載也提到,"太和所謂道,中涵浮沉、升降、動靜相感之性,是生絪縕相蕩、勝負、屈伸之始"⑦,性是内涵於道的,但又是引發相蕩、勝負、屈伸等的原因,這就是"内在於萬物而又能引生内而見諸外"。"體萬物而謂之性"的"性"不是人性,是天性,是指天創生萬物的根據,其内在於萬物之中,又決定萬物的所是,因此言"體萬物而謂之性"。神、道、性都是對天地化育流行的不同面向的描述,是關乎我之所從來的道理,是人所應當去追求的有以盡性之知。

"性者萬物之一源,非有我之得私也。惟大人爲能盡其道"⑧,這句話中的"性"也是天性,張載認爲大性是萬物的共同來源,並非只有我一個人有所得從而爲我一人私有,但是只有大人才能够盡其道,大人即能知性、盡性之人。他還利用水冰之喻來闡明天與人的關係,"天性在人,正猶水性之在冰,凝釋雖異,爲物一也。受光有大小、昏明,其照納不二也"⑨。天性落於人,就好比

---

① (宋) 張載《張子全書》,第 53 頁。
② 同上書,第 57 頁。
③ 同上書,第 3 頁。
④ 同上書,第 14 頁。
⑤ 同上書,第 57 頁。
⑥ 楊立華《論張載哲學中的感與性》,《中國哲學史》2005 年第 2 期,第 83 頁。
⑦ (宋) 張載《張子全書》,第 1 頁。
⑧ 同上書,第 14 頁。
⑨ 同上。

水凝聚成冰，凝結以後的性是人性，溶釋以後的性是天性，雖然有天性、人性之別，但其實是相同的東西。而在不同的人那裏，同樣的性會呈現出不同的表現，並不是因爲性在本質上有不同，而是由於受到的光照有大小、昏明的區別，因此出現了不同的凝結狀況。受光情況是對人在氣質上的清濁厚薄之分的比喻，其使得相同的天地之性表現在氣質上的時候呈現出不同的氣質之性。這說明人擁有着來自於天的相同的本性，但是又因爲氣質的不同對自身本性的認知和實現存在着差異。但"天所性者通極於道，氣之昏明不足以蔽之"①，天所賦予人的本性是通乎天道的，氣質昏明上的差異並不能阻礙人對於本性的覺察和敞現。這表明人不僅應該盡性，還能夠盡性。

"天人異用，不足以言誠；天人異知，不足以盡明。所謂誠明者，性與天道不見乎小大之別也。"② "性與天道合一存乎誠。"③ 張載認爲，人通過自身的修養，通過誠明工夫，就能夠突破氣質的遮蔽，實現人的本性，也就是對所得天性的復歸，在這個意義上說，人的性與天道就無所謂大小的區別，人在天的面前也不再渺小，實現了人性和天道的合一、人與天的合一。而如果人被自己的氣質所拘管，不能覺知和實現自己的本性，那麼這時候所表現出來的氣質之性在天道、天性的對照下，就是狹隘的、小的。這是張載強調要"以性成身""以天體身""身而體道"的必要。從知的角度講，這也是張載爲何強調要不止於内外之合的知，而要達致對天、神、道、性等天地造化之理和人之性等超越於内外之合的知。

這是張載非常強調的一個議題，他在《正蒙》開篇就提到："太虛無形，氣之本體。其聚其散，變化之客形爾。至靜無感，性之淵源。有識有知，物交之客感爾。客感客形與無感無形，惟盡性者一之。"④ 太虛是無形的，是氣本來的樣子，氣所呈現出來的不同形態是氣聚散而產生的相對的存在狀態。太虛是至靜無感的，是性的所從來。太虛在張載的思想中是一個在創生和價值上都具有根本性的概念，其與天、神、道、性一樣，都與天地造化有關。通過感所產生的各種識知，是與物相交而產生的，即由内外之合而有的認知。盡性者不僅僅滿足於知客感客形，而能貫通無感無形的太虛和客感客形的内外之合，可見，張載對於知合内外於耳目之外的強調並不意味着要棄絶内外之合，而是要

---

① （宋）張載《張子全書》，第 14 頁。
② 同上。
③ 同上。
④ 同上書，第 1 頁。

兼二者而貫通之。

由上所述，張載提出"知合内外於耳目之外"，並不是要人只以之爲知而貶斥内外之合，他認爲人要貫通此二者。但後者是更爲充分的知，是對太虚、天、神、道、性等根本道理的覺察，這些内容僅靠内外之合是無法獲得的，其超越於内外之合的機制，也不受限於耳目，這就是"知合内外於耳目之外"。

明代學者劉璣在解釋"知合内外於耳目之外"的時候説"必於聞見之外而有知，則德性所知乃爲知之大焉"①，其將内外之合對應於見聞之知，將"知合内外於耳目之外"對應於德性所知。根據張載的論述，"見聞之知，乃物交而知，非德性所知；德性所知，不萌於見聞"②，見聞之知是與物相交、通過内外之合這個機制而獲得的知，這樣的知不是德性所知；德性所知是不由見聞而萌發的。可見，德性所知在不受制於耳目這一點上是與"知合内外於耳目之外"一致的。從德性所知的字面意思來看，"'德者，得也'，凡有性質而可有者也"③，"德"是凡是有性和氣質的人都能有的，其本意是得到的意思；"循天下之理之謂道，得天下之理之謂德"④，遵循天下之理便是道，德比道更進一步，是實得天下之理。因此，"德"既是能得，也是實得。同時，"德不勝氣，性命於氣；德勝其氣，性命於德"⑤，人的德不能主導氣質，其性便會爲氣所主導；德如果能主導氣質，其性就爲德主導。因此，所謂德性，就是通過修養，然後由實有所得的德所主導和彰顯的性。德性所知也就是關於實德所主的性的知。此性也是"以性成身"的性，通過盡此性，人就能實現性與天道的合一。

張載還説，"誠明所知，乃天德良知，非聞見小知而已"⑥，通過誠明工夫所獲得的知不是聞見小知，而是天德良知。天德良知是與德性所知稍有不同的一個説法。程宜山先生認爲天德良知和誠明所知是相同的，它是德性所知的高級階段，是不需要思勉工夫的階段⑦。良知的説法來源於《孟子》，是固有、不學而知的意思，如"孩提之童，莫不知愛其親，及其長也，莫不知敬其兄也"

---

① 林樂昌《正蒙合校集釋》，北京：中華書局 2012 年版，第 381 頁。
② （宋）張載《張子全書》，第 17 頁。
③ 同上書，第 25 頁。
④ 同上。
⑤ 同上書，第 16 頁。
⑥ 同上書，第 14 頁。
⑦ 程宜山《關於張載的"德性所知"與"誠明所知"》，《哲學研究》1985 年第 5 期，第 65 頁。

（《孟子·盡心上》）。張載説，"學者但養心識明静，自然可見"①，這也是良知的一種表現。這表明天德良知是本有的知，其是内外本合，不需要耳目所引的内外之合；天德則表明良知的由來，是來源於天，是對在人的天性的覺知。

在與見聞之知對舉的時候，當代的學者常常都會使用"德性之知"這個説法，而不是德性所知、誠明所知或天德良知。有學者認爲這一定程度上是受程頤的影響，例如程頤所説："聞見之知，非德性之知，物交物則知之，非内也，今之所謂博物多能者是也。德性之知，不假見聞。"② 王夫之在注解德性所知的時候也將其直接解釋爲德性之知，他説，"德性之知，循理而反其原，廓然於天地萬物大始之理，乃吾所得于天而即所得以自喻者也"③。不過，王黔首教授認爲德性之知並不等同於德性所知，前者只是關於道德的知識，是局部的知識④。張載本人也使用過"德性之知"這個説法，例如："'樂則生矣'，學至於樂則不已，故進也。生猶進，有知乃德性之知。"⑤ 他認爲德性之知是由學到達了樂的境界而產生的知。孔子説"知之者不如好之者，好之者不如樂之者"（《論語·雍也》），孟子説："樂則生矣，生則惡可已也。惡可已，則不知足之蹈之，手之舞之。"（《孟子·離婁上》）"樂"在孔孟看來都是學習和知的最高級階段的表現，其不僅僅是對於外物的知識性的見聞之知，而是對道理實有所得，因此，其不僅可以阻止惡的產生，也讓人順應天理而没有任何的勉强和拘束，所以從容快樂，甚至於到達手舞足蹈的境界。這種達到了樂的境界的德性之知一定是建立在實得德性的基礎之上的，從這個意義上講，其與德性所知之意相同。同時，張載也没有明確地區分過這幾組概念，因此今天的學者在使用德性之知的時候也大都將其在德性所知的意義上使用，認爲德性之知就是德性所知。

然而，從字面意思上來説，不可否認這幾組概念的確存在着細微的差别，例如程宜山先生所提到的天德良知和德性所知的區别。前者强調的是知來源於天的固有性；而後者則是需要後天工夫，需要對德進行培壅而實有德性，從而獲得關於天地造化之理和本性的知。但是，誠明所知、德性所知和德性之知卻

---

① （宋）張載《張子全書》，第86頁。
② （宋）程顥、程頤《二程集》，第317頁。
③ （清）王夫之《張子正蒙注》，第122頁。
④ 王黔首《"德性所知"與"德性之知"之區别及其意義——張載〈大心篇〉解讀兼論其知識論》，《貴州大學學報》（社會科學版）2011年第5期，第15頁。
⑤ （宋）張載《張子全書》，第88頁。

沒有明確的差異，三者之意都是經由工夫來達到的對於本性的知，是對天德良知的復歸。

總的來說，"天德良知""德性所知（德性之知）"，是關於人之所由來和人的本性的覺知，與"知合內外於耳目之外"的內容一致，又都是外於耳目之知，因此，劉璣將"知合內外於耳目之外"解釋爲德性所知。分而言之，天德良知是固有於人，是內外本合，無關乎後天功夫和耳目的作用；德性之知則需要工夫去實現內外相合，但卻超越於耳目和耳目所接引的內外之合。換言之，"耳目之外"對於天德良知來說是無需耳目，對於德性之知來說是需要耳目卻又超越於耳目之外；"合內外"對於天德良知來說是內外本合，對於德性之知來說是通過工夫而內外合。不過，因爲德性之知是通過工夫而完成的知，因此德性之知就是天德良知，是對天德良知的復歸和實現。無論是談論內外之合與知合內外於耳目之外，還是論述用身發智和以性成身，抑或對舉見聞之知和德性之知，張載都是爲了強調對於真知的追求和對德性之知與見聞之知的貫通。這些都是理解張載知論和德性之知的重要資源。

三、"啓之之要"與達致之道

天德良知是不需要耳目接引而固有於人的，而德性之知的達成則需要耳目但又不受制於耳目。因此張載說，"耳目雖爲性累，然合內外之德，知其爲啓之之要也"①。耳目累性的原因是耳目見聞累其心，使得受累的心不能知太虛、不能盡性。然而，上文談到，張載認爲造成耳目見聞累其心的罪責主要在心，而不在耳目。因此，要盡性、要達致德性之知以及發揮好耳目的作用，心是非常重要的工夫下手處。同時，他認爲耳目不僅在合內外而知中擔任媒介作用，在培壅合內外的實德中也具有啓之之要的作用。

"大其心則能體天下之物，物有未體，則心爲有外。世人之心，止於聞見之狹。聖人盡性，不以見聞梏其心，其視天下無一物非我，孟子謂盡心則知性知天以此。天大無外，故有外之心不足以合天心。"② 第一句話講只有大心才能够體凡天下之物，如果有未嘗體的事物，就說明心是有外之心。後面三句是對第一句話的解釋，世人的心往往都止於見聞之知，因此是狹隘的、有限的。聖

---

① （宋）張載《張子全書》，第18頁。
② 同上書，第17頁。

人能够盡性，能够擺脱見聞之知對心的桎梏，從而能够認識到天下無一物非我，也就是能"體天下之物"。上文提到，我與天下之物都來自於天地大化，共享着天地之氣和天地之性，萬物之氣就是我的氣，因此我與天地萬物是同體而在的，在這個意義上，可以説"天下無一物非我"和"體天下之物"，而不是萬物和我是無差別的等同。對這一道理的覺知需要對天地造化之理、人之性和人與萬物關係的認知，也就是知性、知天。所謂"有外之心"，是對著"天心"而言的。天是至大的，因此没有天之外，天就是整個世界，包藏着天下衆物。因此有外之心、不盡之心都無法比於天心，也無法由之實現性與天道的合一。張載之所以提出大心的工夫論主張就是要人擺脱聞見之狹，從而盡心知性知天和"以性成身"。

在張載看來，要做到"大心"，就需要"虚心"。大心的心是人的本心，而虚心的心是張載所説的私心、成心、被見聞所累之心，是被遮蔽和拘束的心。虚心就是破除見聞的桎梏，去除心中的私意，從而通過去蔽的方式讓心恢復到本然的狀態。如張載所説"虚心，則無外以爲累"①，"虚心，然後能盡心"②。他還多次提到《論語》中的"四毋"，認爲其是不能虚心的表現。"今人自强自是，樂己之同，惡己之異，便是有固、必、意、我，無由得虚"③，自以爲是、樂同惡異就是因爲固、必、意、我的毛病，導致了心不虚，唯有絶去四者，才能使心恢復到本然的狀態。

張載在《經學理窟》中有一段對於如何求心的詳細論述，其一便是要虚心、不起人爲的私意；其二則提到精義利用的内外相交養的工夫，他説："'精義入神，以致用也；利用安身，以崇德也'，此交相養之道。……博文所以崇德也，惟博文則可以力致。"④"精義入神"就是要研磨義理以達到神的境界，能够和天之神一般虚而善應，在事情來臨之際，能够恰如其分地應對，從而有所利於外。"利用安身"是指對義理利用得宜，身得以安。身安事宜，是有以利外，但同時也是實體義理，反過來會滋養於内、培雍己德。這是一個内外相交養的進德修業過程。對此，朱熹極爲肯定，認爲"此幾句親切，正學者用功處"⑤。同時，在這個内外交養的過程中，博學於文是非常重要的工夫，其既是

---

① （宋）張載《張子全書》，第263頁。
② 同上。
③ 同上書，第80頁。
④ 同上書，第77頁。
⑤ （宋）朱熹《朱子語類》第二册，北京：中華書局1986年版，第1814頁。

增進己德的重要途徑,又是身體力行的基礎。

博學於文就是廣博地讀書學習。張載認爲,書不能無選擇性地讀,而要讀關乎人的性命之理的六經;同時,書也不能淺觀,不能止於對書本大意的瞭解,而要達到對其中道理的深刻認知並且有所實得。在讀書學習的過程中,耳目是必要的媒介,内外之合是其工作原理。張載在解釋夢的時候提到:"寤,形開而志交諸外也;夢,形閉而氣專於内也。寤所以知新於耳目,夢所以緣舊於習心。"① 寤是睡醒的狀態,此時人與外界保持相互的感應,通過耳目合内外獲得新知,這是見聞之知增長的過程;而夢的狀態是不與外界相接,因此夢的内容來源於舊所聞見。這表明,耳目對於新知的獲取有着重要的作用。另外,張載在闡述"溫故而知新"的時候說"溫故知新,多識前言往行以畜德,繹舊業而知新,蓋思昔未至而今至,緣舊所聞見而察來,皆其義也"②。溫故而知新的含義包括通過學習過往的言行來增益己德,並且通過過去的所學而有進一步的新的領會,過去沒有明白的在今時有了新的領悟,這是從過去的聞見中推究出了新意。溫故而知新這個學習階段不同於内外之合而獲得新知的階段,溫故而知新所得到的新知並不直接來源於内外之合,不是純粹意義上的新知,而是由過去合内外之知中生發和推究出來的,是比内外之合更進一步、更深入的學習階段,其沒有直接依靠耳目的作用,但是又不完全無關乎耳目。這個階段就是從内外之合向着知合内外於耳目之外過渡的階段。"惟博學然後有可得以參較琢磨,學博則轉密察,鑽之彌堅,於實處轉爲實,轉誠轉信。"③ 在博學的基礎之上,對義理進行打磨,這樣才能從博學轉爲密察,溫故而知新就是密察的表現,進而,還應當鑽之彌堅,將所窮的義理轉實、轉誠、轉信。誠、信,都是實的意思,也就是要將義理實有諸於己,這樣就能將義理變成實得的己德。"會歸既久,一日沛然,左右逢原,必心得而後已。"④ 通過對見聞之知的積累和反思,學習既久,積累既多,便能夠有所融貫通達,知曉萬物始源之理和天道性命之理,即獲得德性之知,從而能夠如天之神一般應物無累、左右逢源。

由此可見,德性之知的獲致需要長期且深入的學習,在學習之初,獲取新知或見聞之知是非常必要的,它是學習的基礎,但是學者不能滿足於此,還要對所獲得的知進行深入的反思和探究,並且通過踐行來驗證並使其實有所得於

---

① (宋)張載《張子全書》,第13頁。
② 同上書,第22頁。
③ 同上書,第78頁。
④ 同上書,第383頁。

己，這也就是精義利用的過程，也是己德培壅的過程，是對見聞之知和合內外而知的超越。在此階段中，耳目不再起着直接的媒介作用，但這時候的知卻得益於見聞之知的會歸和啓發，因此耳目是最終德性之知獲致的"啓之之要"。王夫之在解釋"啓之之要"的時候也説"多聞而擇，多見而識，乃以啓發其心思而會歸於一，又非徒恃存神而置格物窮理之學也"①。

張載對於德性之知的獲致有着豐富的論述，主要包括從心上施行的大心和虛心工夫，以及藉助耳目但又超越耳目的精義致用工夫。張載没有否認耳目和見聞之知的價值，也没有否認他們對於德性之知的"啓之之要"的作用，而只是強調不能以見聞之知爲真知而不求知德性之知，盡性者要實現對二者的通貫。

結　　論

張載認爲，內外之合是獲取知的機制，即由耳目擔任媒介，合內心與外物而有知。但他同時指出，人的求知不能滿足於此，人應該追求德性之知。追求德性之知的主張並不是意味着棄絶見聞之知和否定耳目的作用，而是要人貫通見聞之知和德性之知。事實上，見聞之知和耳目在求知的初級階段發揮着重要作用，進而通過精義利用的工夫，通過反思、實踐去實得道理，最終會歸爲德性之知。德性之知是既啓發於耳目但又超越於耳目的，它是通過工夫所獲得的關於太虛、天、神、道、性等天道性命的知，是關於天地造化的根本道理，也是關乎我之所從來、我之爲我以及我如何自我實現的道理，同時，其不同於見聞之知，它一定會實現爲體天、體道的身體力行，也就是實現人之性的道德實踐，從而使人成爲人。

(作者單位：北京大學哲學系、《儒藏》編纂與研究中心)

---

① （清）王夫之《張子正蒙注》，第125頁。

儒家典籍與思想研究（第十二輯）
北京大學出版社，2020年6月

·儒學新論·

清胡紹勳《四書拾義》對《孟》學增字解經的克服暨其他創解

李暢然

【内容提要】 道咸年間學者胡紹勳的《四書拾義》聞高郵二王之風而繼起，以較爲濃重的筆墨抨擊了經典詮釋當中的增字解經問題，並常常借此來提出疑點。儘管存在諸多的不盡如人意，《拾義》依然有大量新穎可喜的觀點，成一家之言，有多方面的啓迪，值得後人參考借鑒。較之焦循《孟子正義》，多有發明創獲。其對增字解經的批評分析，也足以在訓詁學史上留下一筆。

【關鍵詞】 增字解經　清代孟子學　訓詁學

胡紹勳（1789—1862），字文甫，號讓泉，安徽績溪人。受業族兄胡培翬（1782—1849），道光十七年辛酉（1837）拔貢，咸豐元年辛亥（1851）舉孝廉方正，潛心篤學，不求仕進①。《四書拾義》是胡紹勳唯一刊行的著作，由弟子汪運鉽、運鏈整理出來，釐爲五卷，首刊於道光十四年甲午（1834），民國間劉世珩收入《聚學軒叢書》第三集。紹勳另有《四書疑義》和《周易》《春秋文字箋異》②，俱未定稿即毀於太平天國戰火。是書以王引之《經義述聞》和《經傳釋詞》爲楷模，雖篇幅無多（卷四《上孟》二十九條，卷五《下孟》二十七條③），然陳義精確，多發前人所未發，是焦循《孟子正義》之後的一部

---

① 胡紹勳生平詳（清）胡昌豐《從伯父文甫先生事略》，載閔爾昌《碑傳集補》卷四一，民國十二年刊本。

② 俱見（清）胡紹勳《四書拾義》（清）汪運鉽跋，民國間劉世珩《聚學軒叢書》本，臺灣藝文出版社《叢書集成續編》第33册影印，1989年版，第722頁下欄。"文字箋異"，《拾義》（清）胡培翬序作"異文疏證"（第674頁下欄）。

③ 但筆者唯數得二十六條。

《孟子》學佳作。陳澧譽"其精核可接武閻氏《四書釋地》"①，雖嫌於所擬不倫，因爲閻書不長於訓詁，更沒有清代古音學作爲利器；然高郵二王不校《孟子》，而閻若璩《釋地》則爲清代四書學最早的代表性著作，影響深遠，因此以閻書在清代四書研究中的地位而論，接武閻書仍是極高的讚譽。此書於古注則趙注與《集注》平列，擇善而從②，也論及僞孫奭疏；引據其他學者説法較少，大約有王引之《經義述聞》③、王鳴盛《尚書後案》、翟灝《四書考異》（蓋轉據焦疏而已④）、焦循《孟子正義》⑤，例言、序文中提到的有江有誥、陳澧，以及其友人汪澤。

一、《四書拾義》對《孟子》注家增字詮解問題的克服

楊樹達先生嘗謂："訓詁之學，明義詁爲首要矣，而尤貴乎審辭氣。大抵漢代儒生精於義詁，而疏於審辭氣；趙宋學者善於審辭氣，而疏於義詁。王氏（引者按，指高郵二王）生當漢宋之後，挈取兩者之所長以成其業，此其所以爲豪傑之士，而絶特秀出於前古也。"⑥ 按，儘管清儒多以漢學爲標榜，然而但凡於訓詁卓有成就的學者，均没有拋棄宋人擅長的審辭氣，而且依靠對經書原文的尊重和堅守，使得其對古書特定字義的訓詁更加精審可靠。楊樹達遠紹王念孫、王引之父子，而道咸年間胡紹勳更是聞風繼起的學者。本小節即主要展示《四書拾義》對《孟子》傳統詮釋中增字解經的缺陷之克服，以此來顯示清儒之"審辭氣"對其"義詁"探究的促進。

《拾義》無自序，只有四條《略例》，可窺其旨趣。首條只是揭示全書宗

---

① 見《四書拾義》胡培翬序所引（第 675 頁上欄）。該書録有引陳澧補正之説，見卷五"微服"條（第 718 頁上欄）。
② 稱"《集注》之精"者如卷四"絶長補短"條，第 711 頁下欄。
③ 行文只稱"王氏"，其意或包王念孫在内。
④ 如胡書轉據翟書引"王氏《翼注》"（卷五"人莫大焉"條，第 721 頁上欄），實則翟灝原書只云"《翼注》"，未揭姓氏，《四書翼注論文》實出張甄陶；《孟子正義》引翟書同條材料，則已誤冠以"王氏"，見（清）焦循《孟子正義》卷二七，北京：中華書局 1987 年版，第 930 頁。焦循殆誤植爲王步青《四書本義匯參》，進而誤導了胡紹勳。按，王書自乾隆十年直到光緒年間，甚至在日本，都很受歡迎。
⑤ 不過凡稱引"《正義》"，一般指僞孫奭疏。
⑥ 楊樹達《淮南子證聞・後序》，《楊樹達全集・淮南子證聞・鹽鐵論要釋》，上海：上海古籍出版社 2006 年版，《證聞》序第 6 頁。

清胡紹勳《四書拾義》對《孟》學增字解經的克服暨其他創解

旨——"務使經旨昭然,了無窒礙之處,非敢好異",第三、四兩條論通假訛字和古韻系統(採用江有誥體系);第二條論"古經有省文無缺略之文",即是專門針對增字解經:

> 古經有省文,無缺略之文。後人注經曲爲斡旋,而經旨反失。如"何事於仁",以"事"爲"事事"之"事",必曰"何止事於仁",然"事"解爲任而"止"字不必補矣。"啓予足啓予手",以"啓"爲開,必曰"開衾而視",然"啓"讀爲"晵"而"視"字不必補矣。……拙著於此類揭出若干條,以見注經無煩添設。至若言有緩急……又非語未完全。(略例,第675頁下欄)

此條與《拾義》兩次引過的王引之《經義述聞》① 卷三二《通說下》倒數第二條——"增字解經"條是一脈相承的②。其文曰:

> 經典之文,自有本訓。得其本訓則文義適相符合,不煩言而已解;失其本訓而強爲之說,則扤陧不安,乃於文句之間,增字以足之,多方遷就而後得申其說。此強經以就我,而究非經之本義也。如(第32葉下半葉)……《繫辭傳》"聖人以此洗心","洗"與"先"通,先猶"導"也,言聖人以此導其心思也。而解者曰"洗濯萬物之心"(自注:韓注),則於"心"上增"萬物"字矣。(第33葉上半葉)……此皆不得其正解而增字以遷就之。治經者苟三復文義而心有未安,雖捨舊說以求之可也。(第63葉上半葉)③

王、胡表述方式不同,所言現象則一。假如對文字的義項選擇有誤,往往只有通過補足文意,從而破壞經文原有的語法語義結構,才能講通經文。這時讀者如果足夠細心,對經書原文足夠計較,就會調整思路,質疑對原文詞義的理解,去尋找新的訓詁方案。

王氏《經義述聞》舉例連篇累牘,似將全書中關涉增字解經的條目逐一羅列,惜二王著書無專及《孟子》者。胡氏《四書拾義》儘管《略例二》之三例皆出《論語》,實則其《孟子》部分亦屢見。這是《拾義》一書發現、提出問題頗爲常見的方式。先舉三個比較簡明但不是很有意思的例子。《公孫丑上》:

---

① 見胡書卷五第720頁下欄、第721頁上欄兩條。
② 《經義述聞》有嘉慶二年初刻本、嘉慶二十二年南昌重刻本和道光七年京師西江米巷壽藤書屋刻定本。《拾義》成書的年代應該可以見到道光七年定本。
③ (清)王引之《經義述聞》,道光七年京師西江米巷壽藤書屋刻本。

"大舜有大焉：善與人同，舍己從人，樂取於人以爲善……"朱熹《集注》："言舜之所爲又有大於禹與子路者。"《拾義》云：

> 此經朱子補出"又"字，文義始明。竊謂"有"即"又"之借字……讀"有"爲"又"，文義自通。（卷四"有大焉"條，第710頁下欄—第711頁上欄）

按，朱注之"又"，未必不自經文"有"字出，"有……者"俱出於補足文義的需要。但經文"有"作"又"字用，是没有疑問的。《梁惠王下》："於是始興發補不足。"趙岐注："始興惠政，發倉廩，以振貧下不足者也。"《拾義》云訓詁無誤，但解"興"爲興惠政不確：

> "興"即興此發倉廩之舉。此舉久廢，因景公說晏子言而復興之，故曰"始興"，一言"發"而"惠政"在其中矣。（卷四"始興發"條，第709頁上欄）

按，文意上實無大别，趙注"惠政"當亦來自"發（倉廩）""補不足"，然而《拾義》强調經文裏"發"才是"興"的賓語，是必要的。《盡心下》："吾今而後知殺人親之重也。殺人之父，人亦殺其父；殺人之兄，人亦殺其兄。然則非自殺之也，一間耳。"趙注："一間者，我往彼來，間一人耳。"《拾義》云：

> 經無"人"字，注以"人"字增成其義，如此當云"間一"，不當云"一間"。既云"一間"而訓爲一人之間，究與經文詞例不符。蓋自殺對代殺言。間者，代也。《爾雅·釋詁》訓"間"爲"代"。《詩·桓》"皇以間之"傳、《儀禮·燕禮》"乃間歌《魚麗》"注、《周語》"新不間"舊注並同。此經謂父兄非自殺，人之殺我父兄者，特爲我一代耳。（卷五"一間耳"條，第721頁下欄）

按，代我，我亦人也，語意上與趙注並無實質性差别。趙注雖云"間一人"，倘扣住經文"一間"，無妨説是"一人之間"。《拾義》所揭舊注（按，《拾義》引舊注以《經籍籑詁》爲主要依據），皆是注解"間"的謂詞性用法，更接近"間一人"而非體詞性的"一間"。不過此例還是可以體現出《拾義》的思維特色。

較值得注意的如《公孫丑上》："管仲、曾西之所不爲也，而子爲我願之乎？"僞孫奭疏："孟子言管仲，曾西之所不願爲也，而子以爲我願比之乎？"《拾義》云：

清胡紹勳《四書拾義》對《孟》學增字解經的克服暨其他創解

> 疏訓"爲"爲"以爲",必用"以"字增成其義而後可讀。不知古人"爲"與"謂"通用,"爲我願之"即"謂我願之"也。如《禮記·禮器》"誰謂由也而不知禮乎",《家語·公西赤問篇》作"孰爲"。《左傳》莊二十二年"是謂觀國之光",《史記·陳杞世家》作"是爲"。《大戴禮記·文王官人篇》"此之爲考志也",《逸周書》作"謂考志"。《墨子·公輸篇》"宋所爲無雉兔鮒魚者也",《宋策》作"所謂":皆是。(卷四"子爲我願之乎"條,第710頁上欄)

按,雖然語音上"爲"屬歌部,"謂"屬微部,只是較遠的旁轉關係,不過既有大量文例可證,還是成立的。惜此條觀點王引之《經義述聞》卷二五"孰爲"條已揭之,《拾義》所舉各條例證包括《公孫丑》條,亦未出王書範圍。《滕文公上》:"暴君汙吏必慢其經界。"朱注:"暴君汙吏則必欲慢而廢之也。"《拾義》云:

> 朱子因"慢"字補出"廢"字,文義方明。竊謂"慢其經界"即敗其經界也。如《方言》十二①及《廣雅·釋詁三》皆訓"慢"②爲"敗",可證。必敗其經界者,暴君因此侵奪鄰國,汙吏因此侵佔鄰邑也。(卷四"必慢其經界"條,第712頁上欄)

按,朱注謂"慢"爲怠慢,胡紹勳謂爲漫溮。儘管"漫(慢)"不是一般的敗壞,而是特指水漬而敗壞,然而仍可備一說。至少會話中是允許用比喻的。《公孫丑下》:"夫既或治之,予何言哉?"趙注:"夫人既自謂有治行事,我將復何言哉?"《拾義》云:

> 趙注訓"夫"爲"夫人",訓"或"爲"有",當云"彼既有人治事",而復補出"自謂"二字者,以此"治事"專指王驩本身也。不知古人文義最顯白,無待斡旋。"或"當讀爲"咸"。如《易·咸》"或承之羞",鄭本或作"咸"。《家語·正論》"不爲末,或曰義",注云:"或,《左傳》作咸。"皆是。"夫既或治之"即"夫既咸治之","咸"與"皆"同義。蓋王驩以行事自專,並無一事商於孟子,故孟子云,彼既皆治之,予復何言?(江有誥補充意見從略)(卷四"夫既或治之"條,第711頁上欄下欄)

按,"或""咸"形近易訛,可備一說。不過作"或"亦通,當是孟子說話委

---
① 按,實見《方言》十三。
② 按,二書實皆作"漫"。

婉，説那（些事務）既然已經有人做了，我還有什麽可説呢，文意未必如趙注所言。

也有筆者認爲《拾義》在克服增字解經方面有不太成功的例子，如《滕文公上》："百官族人可謂曰知。""可謂曰知"費解。趙注無訓。朱注："可謂曰知，疑有闕誤，或曰皆謂世子之知禮也。"《拾義》云：

> 此經無闕誤，或説得之。"可"有"合"義。《荀子·解蔽篇》"則不可道而非道"，注云："可謂合意也。"《正名篇》"故可道而從之"，注云："可道，合道也。""可謂曰知"即"合謂曰知"也。上經云"父兄百官皆不欲"，此經云"可謂曰知"，猶云"皆謂曰知"，明矣。至僞疏於"可謂曰知"上加"乃曰"二字，謂百官族人皆以爲知禮，能行三年之喪，乃曰可謂曰知，更屬添設。（卷四"可謂曰知"條，第711頁下欄—第712頁上欄）

按，《拾義》所舉文例中"可"訓"合"都是實義動詞，而"合"訓"皆"則是經過虛化的副詞。"合"可虛化（語法化）爲"皆"的確是語言事實，然而"可"也虛化爲"皆"，在唯舉此孤證的情況下未必可判定爲語言事實。可見《拾義》的觀點顯然有"以訓詁代本字"的偷換概念、不守同一律之嫌，因而是不成功的。筆者還是傾向於"可"是泛泛的認可，"謂曰知（智）"是進一步説明認可的具體形式，或進一步的評價，之間不妨逗開。

二、《四書拾義》有關《孟子》解讀的其他成績

《拾義》在詞義訓詁方面勝義紛出。有涉於義理者如《公孫丑上》："志壹則動氣，氣壹則動志也。今夫蹶者趨者，是氣也，而反動其心。"關於"蹶者"，《拾義》提出不是跌倒而是跳躍：

> "今夫蹶者"，《集注》釋"蹶"爲"顛躓"。"顛"之本字作"蹎"，經傳多借"顛"爲之。《説文》："蹎，跋也。""跋"即"沛"之本字。馬融《論語》注云："顛沛，僵仆也。""蹎"或借"疐"爲之。《詩·豳風》："狼跋其胡，載疐其尾。"毛傳云："疐，跲也。"與《説文》"躓"訓"跲"合，亦"僵仆"之意。

> 然《説文》"蹷"下云："僵也，一曰跳也。""跳"下云："蹷也，一曰躍也。"《廣雅·釋詁》亦云："蹶，跳也。"當以"跳"義爲長。

清胡紹勳《四書拾義》對《孟》學增字解經的克服暨其他創解

>《禮記·曲禮》"足毋蹶"，鄭注云："蹶，行遽貌。"《越語》云："蹶而趨之，惟恐弗及。"《吕氏春秋·貴直篇》云："狐援聞而蹶往過之。"一言"蹶而趨之"，一言"蹶"而"往過"，皆不見有僵仆之義，非跳而何？趨謂疾行，跳則行且跳，較趨爲尤疾。趨與蹶，作氣使然，氣勝者，心無不動矣。（卷四"蹶者"條，第710頁上欄下欄）

按，這個理解是很有價值的，也有與《孟子》接近的文例。更重要的如《盡心上》："夫君子所過者化，所存者神，上下與天地同流，豈曰小補之哉？"關於"存神過化"，趙注："聖人如天，過此世能化之；存在此國，其化如神。"《拾義》據《爾雅》等認爲"所存者神"指"所在之地無不治"：

>趙注以"在"釋"存"，據《爾雅·釋訓》："存存，在也。"注云："存，即在。"《公羊》隱三年傳"有天子存"注、《孟子·離騷下》"以其存心也"注、《告子上》"雖存乎人者"注、《荀子·非十二子》"使天下混然不知是非治亂之所存者，有人矣"注、《吕覽·應同》"召寇則無以存矣"注，皆訓"存"爲"在"。"所存"即"所在"也。

>"神"與"化"對文，"化"主"所過"之地言，"神"亦主"所在"之地言。《爾雅·釋詁》云："神，治也。""所存者神"，謂所在之地無不治也。趙云"其化如神"，猶是比擬之辭，而非"神"之本義。（卷五"所存者神"條，第720頁下欄）

按，此說甚新奇可喜。不過《拾義》未能對《釋詁》之"神"何以會訓爲"治"作出合理的解釋，也沒有援引到類似的文例，所以其可靠性要打折扣。像郝懿行《爾雅義疏》謂"神"訓"引"，通過引申從而與治理的意義近[①]（清同治五年郝氏家刻本，卷上之又一），就是一種解釋。不過郝氏也沒找到文例，王念孫《廣雅疏證》亦然（清嘉慶元年刻本，卷二上）。

有關普通文義的更多。《告子下》："五霸者，摟諸侯以伐諸侯者也。故曰五霸者，三王之罪人也。"關於"摟諸侯"，趙注："五霸强摟牽諸侯以伐諸侯。"《拾義》云：

>"逾東家牆而摟其處子"，注亦訓"摟"爲"牽"。據《說文》手部："摟，曳聚也。"《詩·山有樞》"弗曳弗婁"，毛傳云："婁，亦'曳'也。"趙注以"牽"釋"摟"，亦"曳"義之引伸也。許氏又訓"摟"爲"聚"，

[①] 其意大約是說以牽引的方式實現治理。

本《爾雅·釋詁》。《釋詁》云："摟，聚也。"《孟子》"摟諸侯"與"摟處子"字同而義異。"摟處子"當訓"牽"，"摟諸侯"當訓"聚"。"聚"猶"會"也，"聚諸侯以伐諸侯"猶言"會諸侯以伐諸侯"也。（卷五"摟諸侯"條，第719頁上欄下欄）

按，此訓有理，且注意到與同書"摟其處子"相區別，較之趙注、朱注訓"牽"，更爲準確形象。又如《告子下》："子服堯之服，誦堯之言，行堯之行，是堯而已矣；子服桀之服，誦桀之言，行桀之行，是桀而已矣。"趙注："堯服，衣服不踰禮也。"《拾義》云：

> 《孝經》言卿大夫之孝曰："非先王之法服不敢服，非先王之法言不敢道，非先王之德行不敢行。"亦先敘"服"而後敘"言"、"行"。《都人士詩》"狐裘黃黃"，兼及"出言有章，行歸於周"，此皆"言"、"行"與"服"並論。然謂堯服爲"法服"則可，謂桀服皆非"法服"，恐未必然。桀言非仁義之言，桀行非仁義之行，至桀服，不聞其"譎詭"，趙注云"桀服，譎詭非常之服"，亦臆斷爾。
>
> 竊謂"服"當訓"事"。《詩·關雎》"寤寐思服"，《六月》"共武之服"，《共武之服》"昭哉嗣服"，《板》"我言維服"，《噫嘻》"亦服爾耕"，鄭箋皆訓"服"爲"事"，本《爾雅·釋詁》。又《楚辭·天問》"舜服厥弟"，注亦以爲舜事厥弟。然則"服堯之服"者，事堯之事也；"服桀之服"者，事桀之事也。事堯事則爲堯，事桀事則爲桀，方與"言"、"行"二句一例。《中庸》"言前定"、"事前定"、"行前定"，"事"與"言"、"行"並舉，正與此經同。（卷五"堯之服"條，第719頁上欄）

按，此從桀之服裝既古無記載，亦不合事理出發，推出"服"當訓"事"，始於文義爲妥貼。又如《離婁上》："暴其民甚則身弒國亡，不甚則身危國削，名之曰'幽厲'，雖孝子慈孫，百世不能改也。"關於"孝子慈孫"，《拾義》云：

> "慈"亦"孝"也。《孝經》"若夫慈愛恭敬"，《正義》云："或曰，慈者，接下之別名；愛者，奉上之通稱。劉炫引《禮記·內則》說'子事父母'，'慈以甘旨'，《喪服四制》云高宗'慈良於喪'，《莊子》曰'事親則孝慈'，此並施於事上。如劉炫此言，則知慈是愛親也。"
>
> 勳按，《禮記·曲禮》："不勝喪，乃比於不慈不孝。"《禮運》："行於祖廟而孝慈服焉。"孫之愛祖稱"孝"，亦稱"慈"；猶子之愛親稱"孝"，亦稱"慈"也。"慈孫"猶"孝孫"。（卷五"慈孫"條，第716頁上欄）

清胡紹勳《四書拾義》對《孟》學增字解經的克服暨其他創解

按，此是考究了"慈"今日已經罕用的反向義。《梁惠王上》："王如施仁政於民，省刑罰，薄稅斂，深耕易耨……"關於"易耨"，趙注："易耨，芸苗令簡易也。"《拾義》云：

> "耨"，《説文》作"槈"，訓爲"薅器"，或從金作"鎒"。本指鋤而言，引申其義，凡芸苗皆可稱"槈"，經籍通作"耨"。
>
> 此經"易耨"與"深耕"對文，不徒令苗簡易。"易"有"速"義。如《史記·天官書》"易福薄"，《集解》引徐廣云："易，猶輕速也。"蓋以"時雨將至"，速耨以待之，不容少緩，故曰"易耨"。"速"與"疾"同義。如《齊語》："深耕而疾耰之，以待時雨。"其明證也。又《管子·度地篇》："大暑至，利以疾耨。""疾耨"即"易耨"矣。（卷四"易耨"條，第707頁上欄）

按，此訓有根據，有文例，甚爲可取。當然此條《經義述聞》卷一九"易之亡也"條已言之，胡氏《拾義》之舉證亦未出其範圍。

《拾義》有多條涉及虛詞詞義的，也很有啓發。例如《公孫丑下》："王使人來曰：'寡人如就見者也，有寒疾，不可以風；朝將視朝，不識可使寡人得見乎？'"關於"寡人如就見者也"，趙注："若言就孟子之館相見也，有惡寒之病，不可見風。"《拾義》云：

> 趙注以"若言"釋"如"字，合下二句作一氣讀。然玩本句"者也"，語意不與下二句緊連。蓋"如"字有本義，有引伸之義。"如"訓"若"爲本義，引伸其義，凡云"相若"者，亦謂之"相當"。
>
> 如《宋策》"夫宋之不足如梁也"，注正訓"如"爲"當"。此經"寡人如就見者也"，猶云"寡人當就見者也"。齊王此言甚得體，本欲託疾而先言當就見，語頗婉然。（卷四"如就見"條，第711頁上欄）

按，《宋策》"夫宋之不足如梁也"的"如"是實義動詞，而"寡人如就見者也"的"如"則是助動詞，存在一定的差距，但仍可備一説。又如《萬章上》："舜曰：'惟兹臣庶，汝其于予治。'"趙注："惟念此臣衆，汝故助我治事。"《拾義》云：

> 趙氏訓"于"爲"助"，甚合古義。"于"、"於"二字經傳通用。《爾雅·釋詁》："於，代也。""于予治"，謂代予治也。（卷五"于予治"條，第716頁下欄）

按，此處"于"接近一個介詞。

《拾義》既然於四條《略例》以兩條討論通假和古音，自然會有通過通假解決問題的條目。上小節即已涉及"有""又"通假，"爲""謂"通用，又如《萬章上》："舜往於田，則吾既得聞命矣。號泣于旻天于父母，則吾不知也。"關於最後一個"于"字，《拾義》云：

> 《萬章》"號泣于旻天于父母"，劉向《列女傳·母儀傳》引作"號泣，曰呼旻天，呼父母"。王氏《經義述聞》云："《列子·周穆王篇》'王乃歎曰於于'，《釋文》音'嗚呼'，是其例也。《史記·屈原傳》：'人窮則反本，故勞苦倦極，未嘗不呼天也；疾痛慘怛，未嘗不呼父母也。'文義與此相近。不然，則舜往於田時不在父母之側，何得曰'於父母'乎？趙注不讀'于'爲'呼'，失之。"
>
> 勳按，《說文》："于，於也，象氣之舒。""乎，語之餘也。"義本相近。"于"、"乎"之通用者，如《易·需》象傳"位乎天位"，石經作"位于"；《莊子·人間世篇》"且幾有翦乎"，《釋文》云："乎，崔本作'于'。"《列子·黃帝篇》"今汝之鄙，至此乎"，《釋文》云："乎，本又作'于'。"是也。"乎"與"呼"通。如《詩·抑篇》"於乎小子"，以"乎"爲"呼"可證。（卷五"于父母"條，第716頁下欄）

按，此雖於因音求義無甚難度，然而對《孟子》原文的理解，卻有極大裨益。《拾義》引用過的翟灝《四書考異》另從《孟子》全書的文例指出，《孟子》除引《詩》《書》外，於"於"字例用"於"，故作"于"者很可能是"乎"之訛①，可以參看。

當然，《拾義》在因音求義的過程中對語音條件控制得並不嚴格。《梁惠王下》："弓矢斯張，干戈戚揚，爰方啓行。"《拾義》云：

> "干戈戚揚"，毛傳云："戚，斧也；揚，鉞也。"《正義》曰："《廣雅》云：'鉞、戚，斧也。'則'戚'、'揚'皆斧鉞別名。《傳》以'戚'爲斧，以'揚'爲鉞，鉞大而斧小。太公《六韜》云：'大阿斧重八斤，一名天鉞。'是鉞大於斧也。"勳按，"鉞"亦名"揚"者，"鉞"、"揚"二字爲雙聲，故知"揚"爲"鉞"聲之轉，"鉞"即"揚"也。如《易·夬》

---

① （清）翟灝《四書考異》卷二五"則塞于天地之間"條，《續修四庫全書》第167册，上海：上海古籍出版社1995—2000年版，第319頁上欄。

清胡紹勳《四書拾義》對《孟》學增字解經的克服暨其他創解

卦辭"揚於王庭",鄭注訓"揚"爲"越",謂"揚於王庭"即"越於王庭"也。他如"發揚"之轉爲"發越",亦類是。(卷四"咸揚"條,第709頁下欄)

按,中古聲母"揚"是喻四,上古與定母接近;"鉞""越"是喻三,上古歸匣母,其實算不上雙聲。當然以胡紹勳當時的語音知識,尚未於喻母中區別三等四等,因而《拾義》判斷"二字爲雙聲",情有可原。《拾義》中體現出胡紹勳對等韻學還是有很好的基礎的,如判斷"爲""有"二字"同屬喉音喻母"(卷四"將爲君子將爲野人"條,第712頁上欄),又指"拂"爲"輕脣音","弼"爲"重脣音","古人輕重脣不甚區別"(卷五"拂士"條,第720頁上欄)。但上小節也提到,"爲"歌"謂"微,關係不是特別近;謂"'或'當讀爲'咸'",還不如説形近爲妥。

《拾義》也有考名物者。《萬章上》:"孔子不悦於魯衛,遭宋桓司馬,將要而殺之,微服而過宋。"關於"微服而過宋",趙注:"變更微服而過宋。"《拾義》云:

> "變更微服",非聖人所爲。且桓司馬素識孔子,雖"變更微服",亦安必不遭其害?竊謂"微服"即"微行"。《説文》彳部云:"微,隱行也。"此云"微服","服"亦訓"行"也。《尚書·盤庚》"先王有服",《康誥》"子弗祗服厥父事",孔傳皆訓"服"爲"行"。文十八年《左傳》"服讒蒐慝",注亦云:"服,行也。"蓋孔子過宋,恐桓魋害己,故微行而過之,豈變服乎?
>
> 長洲縣陳碩甫先生爲勳得一證云:《詩·七月》"遵彼微行",傳曰:"微行,牆下徑也。""微服"正與此"微行"同意。孔子從小路過宋,不由大道也。勳按,《廣雅·釋詁二》以"小"釋"微",足證"微行"確是小路。從小路,亦"隱行"之一義。其説極精。(卷五"微服"條,第717頁下欄—第718頁上欄)

按,典籍當中"服"訓爲"行"(xíng),與訓爲"事"同義,都是動詞從事之意。無論胡紹勳還是陳澧,他們舉的證據俱無可以直接證明"服"有道路("行",háng)之義者。聊備一説可也。

《拾義》雖以訓詁見長,也還是有考史實特別是考制度的條目。《梁惠王下》:"春省耕而補不足,秋省斂而助不給。"朱注認爲二句爲互文見義:"給,亦'足'也。"然而趙注作了區分:"春省耕,補未耕之不足;秋省斂,助其力不給也。"僞孫奭疏："春則省察民之耕，而食不足者則補之，如《周禮·旅師》'春頒其粟'是也；收則省察民之收，而有力不足者則助之，如《遂師》'巡其稼穡而移用其民，以救時事'是也。"《拾義》云：

> 鄭氏注《遂師》云："移用其民，使轉相助，救時急事也。四時耕耨、斂艾、芟地之宜，晚早不同，而有天期地澤風雨之急。"其引《旅師》者，彼職云："掌聚野之耡粟、屋粟、閒粟而用之。以質劑致民，平頒其興積，施其惠，散其利，而均其政令。"又云："凡用粟，春頒而秋斂之。"鄭注云："困時施之，饒時收之。"疏注云："①經所云是貸而生利，此經所云是直給不生利也。官得舊易新，民得濟其困乏，官民俱益之也。"據此，則"補不足"亦是春頒粟，秋仍斂之，但不生利耳。如此説"補不足""助不給"，可以通行，爲諸侯所取法。

> 若時解以爲"補不足""助不給"俱是發倉廩以補助之，是謂"不給"即"不足"也。如必每年春秋俱發倉廩，恐亦難周。況當秋斂，非甚凶荒，無有不足。

> 據《説文》："給，相足也。"《周語》"事之供給"注、《晉語》"伎藝畢給則賢"注、"知羊舌之聰敏肅給也"注，皆訓"給"爲"足"。然"足"爲"給"之本義，引伸其義，亦與"及"同。如《晉語》"豫而後給"，注云："給，及也。"《漢書·晁錯傳》"弗能給也"，注云："給，謂相連及。"然則"助不給"正謂助其事之所不及也。恐其不及，則早斂者使晚斂者轉相助，晚斂者使早斂者轉相助，專主人力而言，與"發倉廩"無涉。（卷四"不足不給"條，第708頁下欄—第709頁上欄）

按，"給"訓爲"足"還是"及"，意義並無大別，關鍵還是從事理和制度史兩方面的證據，更爲關鍵。

綜上可見，胡紹勳《四書拾義》以較爲濃重的筆墨抨擊了經典詮釋當中的增字解經問題，並常常借此來提出疑點。其觀點雖未必皆可信，但多數能成一家之言，給人以多方面的啓迪。當然此書本未定稿，乃其學生錄出刻行，儘管刻行前顯然經過了作者首肯，甚至及時吸收了作序前輩的意見（陳澧、江有誥），但依然暴露出成書時間短，和四十出頭學問尚未精熟的問題。這突出表現在書中大量的訓詁例證來自《爾雅》《經籍籑詁》等工具書，未經足夠的辨析和解釋；也表現在書中與《經義述聞》高度相合的例子，仍有未捨棄者

---

① 據賈疏，此處宜有"上"字。

("子爲我願之乎"條、"易耨"條);其對舊注詮解的批評,也未必均得當("有大焉"條)。胡培翬作序時援陳澧語許爲閻若璩《四書釋地》,之所以略嫌不倫,或許也有此方面的考慮,胡培翬本人作爲其師似還是有保留的。

儘管存在諸多的不盡如人意,胡紹勳《四書拾義》一書依然有大量新穎可喜的觀點,值得後人參考借鑒。較之焦循《孟子正義》,多所發明,且較爲可信。其對增字解經的批評分析,也足以在訓詁學史上留下一筆。

(作者單位:北京大學《儒藏》編纂與研究中心)

"理"論：從戴震到馮友蘭

甘祥滿

【内容提要】 以"理"爲核心概念的宋明儒學，是對以"仁義"爲核心思想的先秦儒學的發展，而以戴震爲代表的清代儒學卻自覺地攻擊這種"理"學理論的根基，試圖返本開新。清末民初的王國維受西學影響，通過對西方"理"義的追溯和闡釋，以"理"爲主觀義，從而批評程朱對"理"概念所做的客觀化解讀。到馮友蘭，則在充分消化程朱理學和新實在論思想的基礎上，全新地創建起具有現代學説體系的"新理學"，把"理"的概念推進到現代哲學的範疇。

【關鍵詞】 理　理性　戴震　王國維　馮友蘭

儒學的核心價值和理論形態，在先秦時代主要表現爲仁、義這兩個概念，而其制度化的建構則形成爲一套對社會規範具有實際指導意義的禮儀制度。禮儀制度建構的初衷原不過是仁義這種内在價值的外化，但外化的過程及其實踐則不免偏離或異化爲一種與"自然"相對立的"名教"。因此儒學在魏晉時期遭遇了來自道家和佛教的理論衝擊，世人對儒學的信奉或遵從較多地表現爲一種對名教的"他律"，而不是"爲仁由己"的"自律"。這就是被韓愈以至程朱所稱爲的道統中斷的時期。

宋代興起的道學或理學，其主觀目的和爲學宗旨，仍是要回歸孔孟，續承道統，但其理論形態則顯然有異於孔孟，當然也迥異於漢儒經學。相對於"仁義"，"道"和"理"成爲理學體系裏更頻繁、更重要的兩個概念。從二程"體貼天理"到王陽明的"心外無理"，以"理"爲核心概念的新儒學話語體系和理論體系存在並延續了近五百年。儒學迎來了它的理論高峰期。

清代漢學興盛，成果斐然。在學術形態上，漢學顯然是宋學的反動，但這種反動本身並不足以在理論上對理學形成深刻的檢討和反思。戴震、阮元等人則是清代漢學中少有的幾個在理論上對理學進行批判和發展的學者。戴震的《孟子字義疏證》《原善》被後人視爲有清一代"新"理學或反理學的代表之作,如胡適所說,"戴震的哲學,從歷史上看來,可說是宋明理學的根本革命"[1]。

本文即從戴震對"理"的新詮釋以及對宋明"理"說的批判開始,續以清末民初王國維關於中西文化"理"義的疏釋,最後考察新時代馮友蘭先生的新理學創建,勾勒出中國儒學在由近代到現代的過程中"理"論的演變脈絡。

一、戴震的返本與開新

我們知道,戴震自述其爲學方法乃是"由字以通其詞,由詞以通其道",《孟子字義疏證》一書即貫徹了這種意圖,但《疏證》不是一部訓詁之作,而毋寧說是一本純粹的義理之書。此書的目的,正如戴震《自序》所言,乃是因後人以楊、墨、老、莊、佛之說汨亂孟子之言,故不得已而辯之,"以求觀聖人之道",即力圖通過對《孟子》一書中的核心概念予以重新考釋,恢復先儒古義,掃除宋儒摻雜了釋老之學的障蔽。戴震對理學的批判,集中在理、道、性、心等幾個概念上,本文只從"理"以及理與心的關係兩個方面做出考察。

宋儒言理,好與"天"相連而言"天理"。以"天"言"理",則"理"不免染有濃厚的高高在上的超然性格,即理與事、理與物與人(心)有某種隔離。所以在戴震看來,宋以來儒者乃是以理爲"如有物焉"。如有物焉,意味着理是某種與物、與人可以相分離的東西,理被實體化、本體化。戴震不滿於宋儒的這種說法,他從《孟子》《說文》《樂記》等經典中總結出理的基本意義是區分,由區分而繼之有"條理"。"理者,察之而幾微必區以別之名也,是故謂之分理;在物之質,曰肌理,曰腠理,曰文理;得其分則有條而不紊,謂之條理。"[2] 這就是說,理是物和事本身所具有的標示其自身特質從而以區別於其他事物的某種獨特性質。這種性質具有自然性、必然性、條理性,因而也可以用"天理"來稱謂,所謂"天理者,言乎自然之分理也"。所以在戴震看來,"天理"之"天"只是指自然性,天理並不因爲"天"字而具有高高在上的性格,因而理之於物,不是注入或授予的關係,而只是說理是物自身的理,物是有理之物。

從人的角度來說理,則人不再是一個物理學或生物學意義上的人,而是一個社會學、倫理學意義上的人,因而人之理,即是指人在人倫與社會中如何處

---

[1] 胡適《戴東原的哲學》,《胡適全集》第6卷,合肥:安徽教育出版社2003年版,第396頁。
[2] (清)戴震《孟子字義疏證》(第2版),北京:中華書局1982年,第1頁。

理人與人、人與物的關係問題。在這個意義上，理仍然是指"分別"和"條理"，它的具體內涵是"理也者，情之不爽失也"。所謂"不爽失"就是指"以情絜情"，也就是：凡有所施於人，反躬而靜思之："人以此施於我，能受之乎？"凡有所責於人，反躬而靜思之："人以此責於我，能盡之乎？"① "天理云者，言乎自然之分理也；自然之分理，以我之情絜人之情，而無不得其平是也。"② 我之情與人之情，必有別，所以在處理人我、物我關係時，必時時"反躬"：我如此待他，能否接受他也如此待我？他如此待我，我能否做到如此待他？通過這種反思，在我之情與人之情之間找到一個"節"，以使雙方皆能"得其平"，這個"節"就是"有物有則"之"則"。簡言之，人之"理"就是在人倫日用的實踐事務上，遵循"以情絜情"的原則，而得到的"情不爽失"的狀態。但是如何達到這個狀態，如何判定這個狀態是人人皆得其平的狀態？有没有根據或標準？這個根據或標準是怎麽來的？這就要從《孟子》的一句話中來尋找答案。

問：孟子云："心之所同然者，謂理也，義也；聖人先得我心之所同然耳。"是理又以心言，何也？

曰：心之所同然始謂之理，謂之義；則未至於同然，存乎其人之意見，非理也，非義也。凡一人以爲然，天下萬世皆曰"是不可易也"，此之謂同然。舉理，以見心能區分；舉義，以見心能裁斷。分之，各有其不易之則，名曰理；如斯而宜，名曰義。是故明理者，明其區分也；精者，精其裁斷也。不明，往往界於疑似而生惑；不精，往往雜於偏私而害道。求理義而智不足者也，故不可謂之理義。自非聖人，鮮能無蔽；有蔽之深，有蔽之淺者。人莫患乎蔽而自智，任其意見，執之爲理義。吾懼求理義者以意見當之，孰知民受其禍之所終極也哉！③

戴震對孟子所謂"同然"一詞之義作了明確闡明："然"是判斷，"同然"是天下古今人們的共同判斷。"心之所同然"一語蘊含着"心"與"理"的關係，而朱熹、王陽明、戴震對孟子這句話的解釋則體現出三者對心與理關係的不同理解。朱熹的解釋是這樣的："'同然'之'然'如'然否'之'然'，不是虛字，當從上文看。蓋自口之同嗜、耳之同聽而言，謂人心豈無同以爲然

---

① （清）戴震《孟子字義疏證》，第1—2頁。
② 同上書，第2頁。
③ 同上書，第3頁。

者？只是理義而已。故'理義悦心，猶芻豢之悦口'。"① 就朱子與戴震相比較而言，二者都承認"同然"是心所追求的目標，但朱子以爲心已具義理，這是"心之所同然"的基礎，而戴震則認爲"心之所同然"而達到的效果才是義理。換言之，戴震主張，理義是心追求得來的，不是心體已然具有的；而朱子説"人心豈無同以爲然者？只是義理而已"，則以爲人心之同，在於人心皆有義理。二者的説法大有分歧。在戴震看來，只有同以爲然才能稱爲義理，而並非先備有共同的義理在心才是同以爲然。這就是説，義理來源於人心之同然，並非來源於天命。

王陽明的理解偏離孟子的原義，乃是以衆人之心與聖人之心皆有相同的心體，即皆有良知本體，稱作心體之同然。心體良知即是天理，此天理乃衆人先天所有，且先天本同，這就是王陽明理解的孟子所謂"心之所同然者，謂理也，義也"。戴震從不把心看作體，而是把心看作下判斷的能力或開展思維活動者。這個心不是陽明所謂的本體之心，不是那個卓然純然無所不知、無所不能的心體，而是理智之心，是能區分、能裁斷的心，能反躬自省的心。在戴震，只有在"心之所同然"的意義上，心才是理，因此，心不能抽象地稱作理，也不存在有先天地相同而具有天理的心本體。理智心的能力是因人而異而非衆人皆同的，當其理智能力不能做出精切的判斷，不能達致與他人"同然"時，此心靈之所思、所想、所欲，就不能稱爲理，而只能稱爲"意見"。王陽明"心外無物""心外無理"之説，其"心"是本體之心，是"無善無惡心之體"之心。按戴震的觀點，陽明的這些説法，有其潛在的危險，就是會把實際的、經驗的心當作本體的心，這樣的話，就難於分辨心是天理還是意見。所以戴震很擔憂地説："吾懼求理義者以意見當之，孰知民受其禍之所終極也哉！"②

不只是陽明的"心外無理"説容易把意見當做理，朱子的理具於心之説同樣有這樣的理論危險。朱子説：理無心則無著處，"凡物有心而其中必虛……人心亦然；止這些虛處，便包藏許多道理……推廣得來，蓋天蓋地，莫不由此。此所以爲人心之妙歟！理在人心，是謂之性。心是神明之舍，爲一身之主宰；性便是許多道理得之天而具於心者。"③ 心儼然是一個包藏理的空間，人人心中皆藏着理，只是或多或寡。戴震認爲這些説法，同樣容易導致把"意見"當天理的情況："凡事至而心應之，其斷於心，輒曰理如是，古賢聖未嘗以爲

---

① （南宋）黎靖德編《朱子語類》卷五九，北京：中華書局 1986 年版，第 390 頁。
② （清）戴震《孟子字義疏證》，第 3 頁。
③ （南宋）黎靖德編《朱子語類》卷九八，第 2514 頁。

理也。……昔人知在己之意見不可以理名，而今人輕言之。夫以理爲'如有物焉，得於天而具於心'，未有不以意見當之者也。"① 所以不能輕易地把理等同於心，也不能把理視爲"具於心"的某種實然的東西。

在戴震看來，心之於理，其正面的關係，是這樣的：以情絜情，從而達到"心之所同然"，這就是理。以情絜情，當然離不開心，而恰恰正是心的反思和平衡能力的表現，心的理智能力是人倫日用中行事中理、得理的必要條件和環節，但不能説"心即理"或理在心中。

可以看出，戴震論説心與理的關係，一方面是要讓"理"走出"心"的束縛——這種束縛既可能是陽明"心即理"這樣的表達，也可能是朱子"理具於心"這種表達——從而讓理回歸到實際的、具體的人倫日用的生活實踐中來，而且也通過脱離一己之心而決斷於衆情之平這種方式，擺脱主觀主義、個人主義，折射出一種客觀主義的原則——理在事情，心之同然。另一方面，戴震又較之以往儒者更加恰當地揭示了"心"的作用，這個心是理智之心，是理性的分判、裁度、推理等能力，而不是返思、冥想或别的非理性的情態的心，這個理智之心，是保證人們在其具體的人倫實踐中做到以情絜情的關鍵，這裏又體現出一種理性主義精神，有某種啓蒙的意義。

從理與心的關係可以看出，戴震對理的闡釋，最鮮明的特點是注重從心的角度説理，從而特別突出了心智的作用。關於這一點，還有必要從三方面做一些説明。

其一，從性上説，心有悦理之性。孟子言："口之於味也，有同耆焉；耳之於聲也，有同聽焉；目之於色也，有同美焉；至於心獨無所同然乎。"戴震論性，完全從孟子來，以爲性只是一，血氣之於嗜欲，心知之於義理，二者都是人同時具有的能力。"理義在事情之條分縷析，接於我之心知，能辨之而悦之；其悦者，必其至是者也。"② 理是事物之條理性，而人的心知有悦而辨之之性，故人心能識理義。這就是孟子所説的"理義之悦我心，猶芻豢之悦我口"。

其二，從能力上説，心能進於神明而照察事理。戴震説："凡血氣之屬，皆有精爽。其心之精爽，鉅細不同，如火光之照物，光小者，其照也近，所照者不謬也，所不照（所）〔斯〕疑謬承之，不謬之謂得理；其光大者，其照也遠，得理多而失理少。"③ 戴震用光照比喻區分了物、事及其條分縷析性（也

---

① （清）戴震《孟子字義疏證》，第 4 頁。
② 同上書，第 5 頁。
③ 同上。

是理義）與人的官能之關係，後者是主體、是能動，前者是客體、是被動。一方面，事物是事物，義理是義理，它有其自在性、自然性，跟作爲主體的人没有直接的存在論上的依賴關係，故既不能説是"心外無物"，也不能説是"心具衆理"；另一方面，人的感官有分辨事物性質的能力，人的思維心知有分辨理義的能力。人的心知不是一成不變的，而是像火光一樣，可以放大、增强，終而能進於神明、洞察衆理。

其三，從條件上說，心智能力的提升有待於學。所謂能進於神明，正是因爲有進於神明的必要。人的心知有如火光，它有大有小，而所照之物也有明有暗，所以心知時常不能如實地照察出事物的實情，這就是"失理"，這是心知"愚昧"的表現。人的心知並非先天即具有洞察天下事理的自足圓滿的能力，"惟學可以增益其不足而進於智，益之不已，至乎其極，如日月有明，容光必照，則聖人矣"①。這就突出了後天學習的重要性，强調聖人之智的達成，在於終生不斷地學習，不斷擴充他的光輝，此所謂"進於神明"。

我們説過，戴震一生的學術志向，是要由訓詁以尋義理，因爲"今古懸隔，必求之古訓"。於"理"這個概念而言，因爲它是宋明理學最核心、最有標識性的概念，因而戴震的《孟子字義疏證》中所費的筆墨也最多。其目的，無非是想通過訓詁的方式，還原理字的古義，再從這個古義裏生發出更多相應的義理性命題。總之，他是要繞開宋明儒對理的釋義，揆諸詁訓，從而返本。但是我們看到，戴震在返本的訴求中恰恰又展現了很多新義，即經過戴震的詮釋，從"條理""分理"的古義上衍生出的"心知明照"義，因自然而求必然義等，已經展現了傳統儒學在近代的一種新面貌，尤其展現了從"心知"一面追求真理的啓蒙精神。這已經不是返本，而是開新。

二、王國維：以西釋中

王國維生活在一個特殊的年代：清王朝氣數已盡，新政權又似風雨飄摇。他一生的學術成就，主要在史學和美學上，而其哲學思想也別具一格。他的舊學功底極爲深厚，但對新學也饒有興趣，而且常有獨到的領會。在他那個時代，王國維是一個並不多見的中西貫通的學者，他對康德、叔本華等人的著作均有深入的研究，其思想也深受康德理性主義的影響。

---

① （清）戴震《孟子字義疏證》，第6頁。

就"理"這個概念而言,王國維有專門的一篇《釋理》進行梳理。在此之前,他對戴震已有研究。在《國朝漢學派戴阮二家之哲學說》一文中,他總結説:"雍乾以後,漢學大行。……然其中之鉅子,亦悟其説之龐雜破碎,無當於學,遂出漢學固有之範圍外,而取宋學之途徑。……其中之最有價值者,如戴東原之《原善》《孟子字義疏證》,阮文達之《性命古訓》等,皆由三代、秦漢之説,以建設其心理學及倫理學。其説之幽玄高妙,自不及宋人遠甚。然一方復活先秦之古學,一方又加以新解釋,此我國最近哲學上唯一有興味之事,亦唯一可紀之事也。"① 在這篇文章裏,他很精確地概括出了戴震的性理觀、理氣觀,並指出了戴震對理學的批判着重在理、性等關鍵概念上。尤其可貴的是,王國維看到了戴震對心知的重視,這既是對戴震理論貢獻的肯定,也是他自己所特别看重之處。只不過,對於"心知"、理智的弘揚,戴震的根據在《孟子》和先秦典籍,王國維則多援引西學古義。

《釋理》一文,形式上是梳理中國和西方關於"理"這個概念的源始含義及其意涵的演變,雖然開篇即從訓詁説起,但它已經明顯不同於戴震《孟子字義疏證》的風格,而是具有了鮮明的以西釋中的特徵。《釋理》全文分爲五個部分:(一)理的語源,(二)理之廣義,(三)理之狹義,(四)理之客觀義,(五)理之主觀義。"語源"部分追溯了中國和西方"理"字的源始含義,即,在中國古義裏,"理"是指作爲動詞的治理、分析義,以及作爲名詞的事物之可分析性——即文理、條理義。戴震所説只關涉後者,而王國維更強調前者,即人的分析作用。在西洋世界裏,王國維通過考察英語之"Reason"、法語之"Raison"、拉丁語之"Ratio"而總結出"理"是思索(分合概念之力)能力、言語能力,是其他動物所無而爲人類獨有者,這就是"理性"。理性是西方思想史上"理"的源始義,也就是狹義。"理之廣義"一節,分析了作爲廣義的"理由"其含義所在。理由即存在之故,也就是"充足理由律"。充足理由律原則在西方得到了充分的説明和揭示,它成爲一切事物存在的普遍法則,也是人類思維必然要遵循的普遍形式。但作爲"理由"的理之廣義是後起的,而並非"理"之源始義。理之狹義,即理性,才是理的源始義。

如果説前三部分都是對"理"的含義做一歷史性的客觀考察的話,那麼第四、第五部分則屬王氏主觀上的觀點發揮。他的觀點非常明確,那就是:理無

---

① 王國維《王國維文選》,徐洪興編選,上海:上海世紀出版股份有限公司遠東出版社2011年版,第27頁。

"理"論：從戴震到馮友蘭

論是廣義的理由還是狹義的"理性"，"二者皆主觀的而非客觀的"。在此觀念下，王國維梳理了中西方"理"義的客觀化過程，並認爲這種所謂客觀的理只是一種"假定"，一種異化。王氏認爲，在中國，理之客觀義始自程朱。他分析説，程子曰"在物爲理"、又曰"萬物各具一理，而萬理同出一原"，這是理的"物理學上的意義"。到朱子，則直言"蓋人心之靈，莫不有知，而天下之物，莫不有理"。既而，朱子又將理形上化："天地之間，有理有氣。理也者，形而上之道也，生物之本也。氣也者，形而下之器也，生物之具也。是以人物之生，必禀此理，然後有性；必禀此氣，然後有形。"王國維認爲，程朱所謂的"理"，"存於生天、生地、生人之前"，以爲"離吾人之知力而獨立，而有絶對的實在性"，這是一種實在論的觀點，不是"理"之本義。由此，王國維推崇與程朱"實在論"相反的"觀念論"，即王陽明的"心即理"之説。王陽明説："夫物理不外於吾心，外吾心而求物理，無物理矣。遺物理而求吾心，吾心又何物？"王國維對此予以高度評價："我國人之説'理'者，未有深切著明如此者也。"① 在"理"的詮釋上，王國維抑朱（子）揚王（陽明）的立場是非常明確的。

王國維斷言"'理'之爲物，但有主觀的意義而無客觀的意義"② 這一説法顯然是深受康德《純粹理性批判》影響的結果，即認爲人對世界的認識是主體因其感性形式和知性範疇構建而成的。但王國維的判斷猶有可商榷處。按他的總結，理有理由、理性二義，理性固然只是人的理性，但"理由"絶非只是人的理由。雖然充足理由律已經發展爲人類知力思維必然普遍遵循的形式，但這種形式對於理性的人來説恰恰是一客觀的存在——既然它是所有思維中都存在且不得不如此存在的一種方式。而且，充足理由律、因果律，在人之外的自然世界同樣存在，自然世界、物理世界不是無序的、雜亂的，它有它自己的存在規律。因此，説理性是主觀的，可以接受；説"理由"是主觀的，則不可接受。那麽，王國維批評朱子的以理爲物，推揚陽明的以理爲心，就存在着不精確之處。這一點，反而是戴震理解得更爲到位。在戴震看來，理既是客觀的，又不是一實然的物；既是"心之所同然"，又不是任何的"意見"。這樣，朱子的實在論和陽明的觀念論，在戴震看來，就都有其合理性，也都有其不合理性。

---

① 王國維《王國維文選》，第20頁。
② 同上書，第22頁。

王國維的《釋理》從中西比較的角度綜論"理"之義，在中國近代學術史上，大概是第一人。他受西學特別是康德理性主義的影響，從西方思想史中歸納出理的兩種含義，理性和理由，並試圖以此來詮釋中國文化中的"理"，這是典型的以西釋中的思路和方法。當我們由他的理性、理由義反觀《釋理》第一段，即用訓詁的方法考釋出中國古代"理"字的本義，則可知它並不能涵蓋中文語境下"理"的含義。換言之，以西方語境下的理性、理由概念來解釋中國語境下的"理"，無論是從朱子的意義，還是從戴震的意義上，都是不能完全吻合的。中國思想文化裏的"理"，有事物的文理、條理義，有人爲的治理義，有倫理義，有天理義，這些含義與西方的理性、理由二義既有重合的內容，也有不同的差異。這當然不是說不可以對中西之學進行橫向的比較，更不是說以西釋中沒有價值、不合學術之法，而是說，在這種比較的過程中，要注意到中國的"理"的差異性及其在中國哲學發展脈絡中特有的意義和價值。相較於戴震而言，王國維突出"理"的主觀義，可以說是對戴震重視心知對認識理的重要性的進一步發展，但把理完全歸於主觀，則不免有些偏頗。

三、馮友蘭：新瓶新酒

　　馮友蘭第一部哲學著作——兩卷本的《中國哲學史》，是對傳統中國哲學做一歷史的梳理，其後的《新理學》則是馮友蘭對自己的哲學觀點的體系建構。在《新理學》的《序言》裏，馮友蘭開宗明義地揭示了這本書何以叫"新理學"的兩個理由：其一，本書研究對象和內容系統是接着宋明理學派講，但非照着講；其二，本書所講之理學，是講理之學，但此已"非以前所謂理學的意義"。我們借用馮友蘭在《中國哲學史》中的說法，則《新理學》的建構乃是新瓶裝新酒①。"新瓶"是指形式，即走出傳統經學那種注疏訓詁形式而採用

---

① 按，馮友蘭先生晚年自述其"新理學"是"舊瓶裝新酒"，但依其兩卷本《中國哲學史》"通論經學時代"中的說法："在經學時代中，諸哲學家無論有無新見，皆須依傍古代即子學時代哲學家之名，大部分依傍經學之名，以發佈其所見。其所見亦多以古代即子學時代之哲學中之術語表出之。此時諸哲學家所釀之酒，無論新舊，皆裝於古代哲學，大部分爲經學，之舊瓶內。而此舊瓶，直至最近始破焉。"又說："西洋學說之初東來，中國人如康有爲之徒，仍以之附會於經學，仍舊以舊瓶裝此絕新之酒。然舊瓶範圍之擴張，已達極點，新酒又至多至新，故終爲所撐破。經學之舊瓶破而哲學史上之經學時期亦終矣。"由此可見，在馮友蘭自己的判斷裏，"舊瓶裝新酒"的形式已然爲時代所棄，"新酒"的內容必然要求"新瓶"的形式。故此，我認爲馮友蘭的"新理學"是新瓶裝新酒。

現代的以義理爲中心、以邏輯爲架構、以現代語言爲表達方式的哲學創作。"新酒"是指内容，新理學與宋明舊理學固然是"接續"的關係，有着很多相同的核心範疇和概念，但新理學的邏輯體系和新實在論的基本觀點已經很不同於舊理學。

在《新理學》裏，馮友蘭一開始就展現出哲學建構的方式，即先設定概念和理論框架，對實際與真際做出區分。他說，科學是對"實際"的肯定和研究，哲學是對"真際"的肯定和研究。哲學必靠人之思與辯，思是指思維思想，是邏輯的、形式的；辯是言説，是寫出或説出。《新理學》完全"不着實際"，不從某書、某人、某言、某事説起，更不從五經文本的訓詁説起，而是從真際説起，從"類"到"理"，從概念的邏輯分析和演繹建構起觀點和原理。如他説："説這是方底，即是説'這'有方性，或是説'這'是屬方底事物之類。"① 當我們説"這是方底"而關注於所有或個別事實存在的方的事物時，這個命題就是及於實際者，是"科學"的命題；而當我們更進一步而離開一切方的物，即屬方的物之類之實際的物，而只思及方的物之所以爲方者時，我們的判斷不及於實際，而是及於真際，這是"哲學"的命題。

運用邏輯的方法，由分析某之"性"（如"方"性）而可總括出某之"類"，而"所謂某之類，究極言之，即是某之理"②。凡事或物，它之爲某事某物，都有其成爲某事某物的所以然者，這個所以然者就是它的理。有某之理，即有某之性。如："凡方底物必有其所以爲方者，必皆依照方之所以爲方者。此方之所以爲方，爲凡方底物所皆依照而因以成其爲方者，即方之理。凡方底物依照方之理而爲方，其所依照於方之理者即其性。凡依照某所以然之理而成爲某物之某，即實現某理，即有某性。理之實現於事物者爲性。"③ 理可以是純真際而不必然實現的本然概念，但只要有某實際之物存在，它就一定程度上實現了此物之理，此所實現之理即是某物之性。在此意義上，性即是理。程朱也講"性即理"，從這一點上説，馮友蘭跟程朱的説法是一致的，但與戴震不同④。

---

① 馮友蘭《新理學》，《三松堂全集》第五卷，北京：中華書局 2014 年版，第 29 頁。
② 同上書，第 32 頁。
③ 同上書，第 40 頁。
④ 戴震所謂性，就是本諸陰陽五行的血氣心知，血氣心知本身不是理，但每一物因其血氣心知不同而有不同之理。"性者，血氣心知本乎陰陽五行，人物莫不區以別焉是也，而理義者，人之心知，有思輒通，能不惑乎所行也。"（《孟子字義疏證》，第 28 頁）故在戴震，不能説"性即理"，而可以説"性之理"。

理是物之理，凡物皆有理。這並不是說理是某種更完善或絕對完美之物，也不是主觀上想象的某種絕對理想之物，理只是物之爲物的所以然者，是某物之爲某物所依照而成的根據或叫"當然之則"。物是實際，理是真際。因此，理不是任何可經驗性的物事，它是超時空的，它不是某種先在之物，不是某種高高在上、神通廣大之物，也不是某種神秘莫測之物——它根本上就不是物。所以馮友蘭借用朱子的說法，說理不是"一個物事光輝輝地在那裏"。然而正如前文所述，戴震以爲宋儒說理"視之如有物焉"，正是以理爲"一個物事光輝輝地在那裏"。但戴震認爲（並因此而批評）宋儒所說的理"如有物焉"，這是對宋儒的誤解。馮友蘭於此給理學家做了一些辯護，以爲理學家以理爲形而上者，這正說明理不是物；而理學家"理無不在"的說法，與戴震"一物有其條理，一行有其至當"的說法完全是一致的。當然戴震的批評也不是無中生有的杜撰，因爲宋儒對理的描述多借用比喻的修辭說法，賦予理以某種形象。這一點，馮友蘭也明確地指了出來："宋儒對於理之非爲實際底亦有看不清楚，或說不清楚者。"① 馮友蘭進一步指出，理既然不是物，因而既不可說"理在事上"，也不可說"理在事中"，因爲"在上"或"在中"的說法，仍然是把理視爲某物。如朱子說"心具衆理而應萬事"，認爲"人人有一太極，物物有一太極"，這些"具""有"等字的說法，馮友蘭說，"最易引起誤會"。

關於理氣先後的問題，馮友蘭完全跳脫出舊理學的框架。宋明理學常常以時間之恒久來形容理（道）的永恒性、時間性，又常說理在氣先，理氣、理物有先後關係。如朱子說"若論道之常存，卻又初非人所能預。只是此個，自是亙古亙今，常在而不滅之物，歲千五百年被人作壞，終殄滅他不得耳"②。這裏所說的道就是理。馮友蘭指出，時間和空間是實際事物之間的兩種關係，它不是實際的物，但它是實際，而理與氣，都是真際，不是實際，因此它們都是超時空的。馮友蘭說，"凡實際存在底物皆有兩所依，即其所依照，及其所依據"③。其所依照即其類之理，所依據即其藉以而成之氣。氣就是事物依照某理而實現其理的依據，也就是"料"。無論一物或萬物，無論它具體的料如何，總歸它是料，它必須據料而成。這個意義上的"料"是絕對的、邏輯的，馮友蘭把它稱爲"氣"，更準確地說應該叫"真元之氣"。這個氣乃是相對理而言

---

① 馮友蘭《新理學》，第47頁。
② （南宋）朱熹《晦菴先生朱文公文集》卷三六，《朱子全書》第21册，上海：上海古籍出版社、合肥：安徽教育出版社2002年版，第1583頁。
③ 馮友蘭《新理學》，第56頁。

者，它不是具體物，是不可名狀、不可言説、不可思議的。總之，理與氣是一切實際事物存在的"兩所依"，它們都是真際，二者之間不可以用時間或先後、大小、高下等概念來表述其關係。故馮友蘭説，"在舊理學中所有理氣先後之問題，是一個不成問題底問題，亦可説是一個不通底問題"①。

新理學一以貫之的原則是真際與實際的區分，而其所追求的目標就是"不著實際"。舊理學的問題正在於往往不能自覺地或自始至終地堅持這種區分，因而往往出現一些錯誤的表述。如視理"如有物焉"，視理爲在物上，或在物中，視理氣有先後等等，都是把理或氣混淆成了實際。在心與理的關係問題上，也存在着同樣的問題。

朱子特別看重格物的工夫。"格物者，窮理之謂也。……理無形而難知，物有跡而易睹，故因是物以求之。"② 格物的目的是窮理，而窮理必即物而求。朱子又説："所謂致知在格物者，言欲致吾之知，在即物而窮其理也。蓋心之靈莫不有知，而天下之物莫不有理，唯於理有未窮，故其知有不盡也，是以《大學》始教，必使學者即凡於天下之物，莫不因其已知之理而益窮之，以求至乎其極。至於用力之久，而一旦豁然貫通焉，則衆物之表裏精粗無不到，而吾心之全體大用無不明矣。"③ 朱子一方面認爲物中有理，另一方面又認爲"人心有知"。但這個"知"究竟是能知還是已知，即是一種心靈的知的能力，還是已經存在於心中而有的知識，朱子没有做出明確分析。但據後文及其思想推論，應指已有之知，只不過此知有未盡，故要去物上再格，再擴充，一旦達到一定程度，便可豁然貫通，最終"吾心之全體大用無不明"。所以朱子的格物窮理説呈現爲這樣一種結構：在本體上，心具衆理；在工夫上，即物窮理。

正是在格物窮理的問題上，王陽明跟朱子分道揚鑣。王陽明由格竹子而致病，遂悟朱子格物之非，以爲理不在物上，而在心中，所謂"心外無理""心外無物"也。而馮友蘭則指出，"朱子於此，誠有錯誤，但其錯誤不在於以理爲不在心，而正在其以理爲亦在心"④。"照我們的看法，事物之理，完全不在我們心中。"⑤ 因爲心只能知衆理，而不能有衆理。這就是説，在馮友蘭的觀點下，朱子格物説的錯誤，正如同王陽明"心外無理"基礎上的致良知説的錯

---

① 馮友蘭《新理學》，第 69 頁。
② （南宋）朱熹《晦菴先生朱文公文集》卷一三，《朱子全書》第 20 册，第 631 頁。
③ （南宋）朱熹《四書章句集注》，北京：中華書局 1983 年版，第 6—7 頁。
④ 馮友蘭《新理學》，第 223 頁。
⑤ 同上書，第 223 頁。

誤，那就是以理在心中。從這裏，我們看的非常清楚，馮友蘭的新理學完全是新實在論的。正如馮友蘭後來的回憶所指出的，新理學的創作，思想資源上受程朱理學、新實在論的影響很大①。而新實在論的最大特點就在於，承認有不依賴於主體的客觀實在，反對認知對象依賴於主體的意識而存在的觀點。前面已經指出，王國維推崇王陽明的"觀念論"，而不滿於朱子的實在論。從這裏則可看出，馮友蘭正好相反，他更能接受於朱子的實在論，而不能接受陽明的觀念論。

從馮友蘭對戴震和王國維關於"理"的論説的評價和揭示，也可以看出"理"論的發展軌跡和方向。馮友蘭對戴震的總體評價是，戴震"建立了一個與道學完全對立的哲學體系，無論從政治上或從學術上看，他對於道學的批判都已達到封建社會可能有的高峰"②。戴震《讀孟子論性》認爲："耳能辨天下之聲，目能辨天下之色……心能辨天下之義理。……人有天德之知，能踐乎中正。"③ 人有知，能由自然而知必然。人能辨義理，辨必然，此人之有理性的表現。此理性付諸社會人倫實踐中，即表現爲道德理性："人之心知，於人倫日用，隨在而知惻隱，知羞惡，知恭敬……於其知惻隱，則擴而充之，仁無不盡；於其知羞惡，則擴而充之，義無不盡。"④ 對此，馮友蘭歸納説，"由是人之有一切道德，皆由於人之有知。知識即道德之説，東原可謂持之"⑤。認爲戴震已經具有蘇格拉底所謂"知識即美德"的思想。這説明，馮友蘭準確地看到了戴震在心理關係上對心知、理性重要性的肯定和推揚，而《新理學》熟練地運用邏輯分析的方法構建其哲學體系則可謂是對這種心知能力的實踐和發展。至於《新知言》《新原人》則更是對這一理性精神的理論化和體系化完善。

對王國維的《釋理》一文，馮友蘭在《中國哲學史新編》有專門討論。他説《釋理》中的這句話值得注意："吾人對種種之事物而發見其公共之處，遂抽象之而爲一概念，又從而命之以名。"馮友蘭對這一句話做出了新的解釋："就是説事物有許多類，每一類的事物都有公共處，人們從這一類的具體事物

---

① 《三松堂自序》裏説："懂得了柏拉圖以後，我對於朱熹的瞭解也深入了，再加上當時我在哥倫比亞大學所聽到的一些新實在論的議論，在我的思想中也逐漸形成了一些看法，這些看法就是'新理學'的基礎。"（馮友蘭《三松堂自序》，北京：三聯書店1984年版，第276頁）
② 馮友蘭《中國哲學史新編》（下册），北京：人民出版社1999年版，第385頁。
③ （清）戴震《孟子字義疏證》，第182頁。
④ 同上書，第29頁。
⑤ 馮友蘭《中國哲學史》（下册），上海：華東師範大學出版社2000年版，第317頁。

中把它們的共同之處抽象出來,成爲一個概念,名之曰這一類的理。"① 這個解釋的最後一句"名之曰這一類的理",顯然是馮友蘭自己的解讀和詮釋。在王國維《釋理》裏,並没有説把每類事物共同之處抽象出來而命之以名就是這類事物的"理",而毋寧説只是事物之共名、類名,而從《釋理》下文的思想看,王氏也決不認爲此類名就是"理"。馮友蘭依其新理學的思想,從類推出理,故類概念就是此事物的理。王國維承認,作爲"理"的狹義内涵的理性是以概念的方式來表現的,可以説概念是理(即理性)的作用和方式,但不可以説概念就是理,因爲理是主觀的。馮友蘭的解讀則是對這種主觀之理的扭轉,即把局限於主觀性的理還原爲作爲真際的客觀性的理。那麼或許可以這樣説,對戴震,馮友蘭肯定了他的主觀性"心知";對王國維,馮友蘭又否定了他的主觀性的"理"義。

(作者單位:北京大學《儒藏》編纂與研究中心)

---

① 馮友蘭《中國哲學史新編》(下册),第536頁。

儒學·國學·洋學

[日] 前田勉/文　劉　瑩/譯　劉　麗/校

【内容提要】　江户思想史中，有儒學、國學、洋學三種思潮，且各自都有着豐碩的研究史。但是，如何在研究不斷細分化和擴散化的背景之中，建立起三者的新的歷史性關聯卻成爲了有待解決的課題。本文將儒學、國學、洋學總括起來，通過"讀書之學"來探討這三者的問題。第一，探討世襲家業的"家職國家"中學者的社會地位與個人意識。第二，探討學問等於"讀書之學"的目的與方法。第三，探討從"家職國家"中析出的"我"的存在方式。

【關鍵詞】　家職國家　讀書之學　會讀　天皇　國益

緒論——學問等於作爲讀書之學的儒學·國學·洋學

關於儒學、國學、洋學，各自都有着豐碩的研究史。衆所周知，丸山真男的近世思想史像就是這些研究的出發點①。丸山提出了從朱子學的思維模式向近代性思維模式發展的圖式，從對這一明晰圖式的批判出發，儒學在對於近世日本社會的適應性②問題上，而就國學而言則是在其非政治性性質的政治性意味③上受到了考察。此外洋學（蘭學）也被指出受到徂徠學的影響④，一方面

---

① 參照 [日] 丸山真男《日本政治思想史研究》，東京：東京大學出版會1952年版。
② 參照 [日] 尾藤正英《日本封建思想史研究》，東京：青木書店1961年版；[日] 渡邊浩《近世日本社會と宋學》，東京：東京大學出版會1985年版；拙著《近世日本の儒學と兵學》，東京：ぺりかん社1996年版。
③ 參照 [日] 松本三之介《國學政治思想の研究》，東京：未來社1972年版；[日] 渡邊浩《"道"と"雅び"——宣長學と"歌學"派國學の政治思想史的研究（1）—（4）》，《國家學會雜誌》1974—1975年87卷9·10號，11·12號，88卷3·4號，5·6號。
④ 參照 [日] 佐藤昌介《洋學史研究序説》，東京：岩波書店1964年版。

儒學·國學·洋學

圍繞洋學的歷史性質是對封建制的批判還是加強有所爭議①，而另一方面與幕末洋學的軍事科學化所不同的以民生爲主要方向的在村蘭學者被挖掘出來②。這些研究基本上具有共通的歷史認識，那就是想要在封建到近代的發展過程中定位儒學、國學、洋學。但是現在，以儒學、國學、洋學的歷史性質作爲切入點的研究已經消失。也因此，這段時間雖然各自的實證研究得到了迅猛發展，但也反而使得將儒學、國學、洋學作爲整體來進行理解變得困難③，更何況建立三者之間的關係就更難了。而且，在研究的個別專門化等於蛸壺化（タコツボ化）的背景下，已經出現了批判迄今爲止從封建到近代這一共通的近世思想史的大框架，即不再是在近世思想裏追溯與近代同質的思想譜系的近代化物語，而是提出了解構性問題，即探索在異質他者的近世思想裏對近代批判的可能性問題④。在近世思想史研究的細分化與擴散化中，需要重新建立起三者的新的歷史性關係。

本稿將儒學、國學、洋學概括爲"學問"來把握，我想以此來回答這個課題。單説"學問"太寬泛，所以在此我想把學問界定爲讀書之學。讀解四書、五經的儒學和注釋《古事記》《萬葉集》等日本古典的國學屬於讀書之學，這比較容易理解。只是關於洋學（蘭學），如果因爲其有着攝取以醫學和天文學爲代表的近代西歐自然科學的側面就規定爲讀書之學的話，也許就會有從考察的初期開始便掐斷了其實證性合理性思想萌芽的危險⑤。但是，近世的洋學

---

① 批判説參照［日］高橋磧一《洋學思想史論》，東京：新日本出版社 1972 年版；［日］遠山茂樹《明治維新》，東京：岩波書店 1951 年版；［日］佐藤昌介《洋學の思想的特質と封建批判論·海防論》，《日本思想大系 64 洋學》（上），東京：岩波書店 1976 年版。此外補强説參照［日］沼田次郎《幕末洋學史》，東京：刀江書院 1950 年版。

② 參照［日］田崎哲郎《在村の蘭學》，日本：名著出版 1985 年版；［日］青木歲幸《在村蘭學の研究》，京都：思文閣出版 1998 年版。

③ ［日］渡邊浩《日本政治思想史〔十七～十九世紀〕》（東京：東京大學出版會 2010 年版）在考慮到現在的研究成果的同時和與對象保持一定的距離中，對各個思想家（伊藤仁齋、新井白石、荻生徂徠、海保青陵等）的思想內容以及歷時性主題（"御威光""家職國家""儒學""性""西洋"等）進行了生動地描寫。

④ 參照［日］子安宣邦《"事件"としての徂徠學》，東京：青土社 1990 年版；《方法としての江戶——日本思想史と批判の視座》，東京：ぺりかん社 2000 年版。

⑤ 因爲將儒學與洋學作爲讀書之學問，本稿沒有涉及儒學性自然觀與西洋諸科學自然觀的異同這一洋學研究史上重要的主題。關於這一點參照［日］吉田忠《自然と科學》，《講座日本思想 1 自然》，東京：東京大學出版會 1983 年版。

（蘭學）是通過蘭書的讀解來移植、研究西洋學術的"作爲翻譯的學問"①。因此，在本稿中嘗試把這三者當作學問等於讀書之學來把握，並通過考察以下三個問題來建立起三者的新關係。

第一是在近世國家中學問等於讀書之學的意義，以及把學問作爲專門職業的學者的社會地位的問題。像之後會敘述的那樣，近世國家是家職國家，要求人們勤勉於世襲而確定的家職（家業）。在這個家職國家之中學問是如何被認知的，還有學者是怎樣的社會性存在，這是第一個問題。第二是學問等於讀書之學繁榮昌盛的原因。在中國（宋、明、清）或者朝鮮，學習儒學的讀書人可以通過在國家的高級官僚測試即科舉中考試合格，從而參與天下國家的政治。與此相對，原本被戰鬥者武士所支配的"德川社會，知識的習得或學問的達成與社會地位之間的關係不曾有任何制度性保障"②，儘管如此，不僅是儒學，國學與洋學也會被學習。近世日本的人們究竟爲何會去學習這些學說，這是第二個問題。第三，各種各樣的近世學問在近代日本國民國家的形成中具有怎樣的貢獻的問題。即便是描繪從封建到近代的物語，該如何規定近代，這一問題也是一直以來思想史研究的重大爭議點③。在此，我想嘗試着從作爲近代化物語之一的身份制國家到近代國民國家的形成這一視角出發，架構從江戶到明治的橋樑。其中，尤其想要闡明的是國學與洋學對國民形成發揮了不同的作用，以此揭示二者的對立性質。

---

① 參照［日］吉田忠《蘭學と蘭學者》，源了圓編《江戶後期の比較文化研究》，東京：ぺりかん社 1990 年版。吉田定義"蘭學是江戶時代通過荷蘭語被移植及研究的西洋學術的總稱"，在視蘭學爲"作爲翻譯的學問"的基礎上，關於蘭學者規定"勉强能翻譯蘭書者"爲狹義的蘭學者，規定像平賀源內和司馬江漢那樣的，在參照狹義蘭學者的譯書等同時還著有關於西洋學術、知識的人們爲廣義的蘭學者。此外關於蘭學與洋學的區別，連同幕末明治的英法德系的福澤諭吉和加藤弘之也包含在內，在此意義上本稿使用比蘭學更具包括性的洋學一詞。

② ［日］子安宣邦《江戶思想史講義》，東京：岩波書店 1998 年版，第 221 頁。子安通過大阪懷德堂的中井履軒分析了德川社會中的"近世儒者知識人的存在以及知的位相"。

③ 針對丸山《日本政治思想史研究》的"近代"，有着批判其爲"近代主義"的立場。參照［日］本鄉隆盛、深谷克己編《講座日本近世史 9　近世思想論》，東京：有斐閣 1981 年版。圍繞丸山的"近代"，［日］源了圓《德川合理思想の系譜》（東京：中公叢書 1972 年版）、《近世初期实學思想の研究》（東京：創文社 1980 年版）從"合理主義""實學"的立場進行了批判；［日］安丸良夫《日本の近代化と民衆思想》（東京：青木書店 1974 年版）從民衆思想的立場進行了批判。

一、家職國家與學者

如大家所熟知，丸山真男參照黑格爾的"持續的帝國"首次描繪了朱子學走勢的物語，而這於史實並不恰切已經成爲了定說①。然而丸山自己在大學的講義之中，一方面説"把江户時代作爲整體來看的話，不能説是權力把作爲學說的朱子學（通過强權）正統化了"，而另一方面也説道，在那個時代與文化和教養的世界多多少少有所關聯的人們，把儒學範疇作爲主要的概念框架來構成世界像，在這個意義上近世儒學是"體制意識形態"。丸山區分了作爲學問的儒學與作爲意識形態的儒學②。本稿接受這一理論體系層面與社會共通觀念層面的區分，在此之上想要闡明，近世國家在思想層面上是怎樣的國家；作爲學問的儒學在近世國家中是出於怎樣的目的、願望而被學習的；甚而由丸山説的儒學範疇所構成的"體制意識形態"是怎樣的社會共通觀念，諸如此類的問題。

近世國家的人們在嚴格的上下階層秩序之下，擔負着各種各樣的"役"（職位）而生。尾藤正英將武士、百姓、町人把完成各自的"役"視爲義務的社會規定作爲"役"的體系③，並且舉出荻生徂徠（1666—1728）的萬人"役人"論作爲這種思想的表現。根據徂徠，"世界之總體由士農工商之四民而立，此古之聖人之御立"，"人乃至脆之物，分分散散别無長物，人君乃百姓之父母，滿世界之人悉皆助其之役人也"（《徂徠先生答問書》上卷，1727年刊）。由東照大權現神君家康賦予權威的《東照宫御遺訓》中，"國家是像一隻鳥"一樣的有機體，從"大將"到非武裝的"百姓、職人、町人"的"一切的國民"，都是這個有機體的構成要素。不僅武士，非武裝的農工商之三民亦包含在内，作爲"役人"對"國家"的有用性都受到了認可。

這種由整個社會組織起來的"役"的體系的原型，最早出現在軍隊組織

---

① 參照［日］尾藤正英《日本封建思想史研究》；［日］渡邊浩《近世日本社會と宋學》；［日］黑住真《儒學と近世日本社會》，《近世日本社會と儒教》，東京：ぺりかん社2003年版（初版1994年）。
② 參照《丸山真男講義録第7册　日本政治思想史1967》，東京：東京大學出版會1998年版，第175—184頁。
③ 參照［日］尾藤正英《江户時代とはなにか——日本史上の近世と近代》，東京：岩波書店2006年版（初版1992年）。

裏。把軍隊組織原理擴大到國家統治的近世日本的兵學書中説道，武士、百姓、町人應該完成各自的"役"①。兵學者北條氏長（1609—1670）、山鹿素行（1622—1685）、讀《太平記》的參考書《太平記秘傳理盡鈔》②，都是如此。"役"的體系曾以軍隊的組織原理爲原型，這意味着第一，近世國家是設想了如天主教那樣的外敵的國家；第二，排除了不能擔任"役"的無用者；第三，根據絕對服從的"軍法"來保持上下階層的秩序。此三者以"御威光""武威"這樣的名目一直到幕末都是近世國家的統治原則③。

在"役"的體系中，"役"應當以士農工商的"職分"，進而以"家"的"家職""家業"這樣的形式來分擔④。"其天下分爲士農工商四民，各盡其職，子孫繼其業而整頓其家"（三井高房《町人考見録》序，1728年成書）。"士農工商"各具其職，經營"家"之家職便是承擔國家的一個職能，石井紫郎把這樣的國家稱爲"職分"（"家職"）國家⑤。這裏就需要業績（能力）主義與身份（門第）主義的平衡。近世的"家"是把經營"家職""家業"視爲一體的經營體、機構，因此，一方面爲使其永續需要相當的能力和業績，另一方面爲使家職自身世代相續所以血統也受到重視。"一般而言，在近世日本所謂的業績主義、能力主義與身份主義並存，並取得了微妙的平衡。"⑥

在這個家職國家之中，學問有着怎樣的意義，而學者又佔據着怎樣的社會地位呢⑦？衆所周知對於近世的人們而言，是需要有一定的讀寫能力的。這是因爲在文書主義的近世國家，爲了充分地發揮家職，讀寫是必須的。武士自不

---

① 參照拙著《近世日本の儒學と兵學》；拙著《兵學と朱子學・蘭學・國學》，東京：平凡社2006年版。
② 參照［日］若尾政希《"太平記読み"の時代》，東京：平凡社1999年版；［日］今井正之助《太平記秘伝理盡鈔》，東京：汲古書院2012年版。
③ 參照［日］渡邊浩《"御威光"と象徵》，《東アジアの王權と思想》，東京：東京大學出版會1997年版。
④ 參照［日］佐久間正《德川日本の思想形成と儒教》，東京：ぺりかん社2007年版。
⑤ 參照［日］石井紫郎《日本國制史研究Ⅱ　日本人の國家生活》，東京：東京大學出版會1986年版。
⑥ 同上書，第186頁。異姓養子在這一平衡中能夠被理解。
⑦ 參照［日］渡邊浩《東アジアの王權と思想》；［日］黑住真《近世日本社會と儒教》，東京：ぺりかん社2003年版（初版1994年）。

用説，百姓與町人也同樣如此①。但是，超出讀寫能力以上的學問，只有在不妨礙家職的前提下才能被容忍，僅僅是業餘愛好罷了。比如在鴻池家的家訓中，依據《論語》的"泛愛衆而親仁，行有餘力，則以學文"（《學而篇》）訓戒道"以家業之餘力勉勵學問，學問有修身齊家之用，然不可偏於學問而懈怠家業"（《幸元子孫制詞條目》，1614年）。學問是家業之餘暇可做的藝能，這種"餘力學文"的觀點，從武士廣泛地滲透到百姓之中②。

本來，學者在家職國家之中，被定位爲擔任處理文字的"讀書"（熊澤蕃山《集義和書》卷八，1672年刊）之"役"者。即便是在以戰鬥爲目的的軍隊裏，學者也擔當着不可或缺的一分子。北條流兵學之始祖北條氏長在軍隊組織之一的"備"中作爲"諸役之外可召隨入陣者"的非武裝者，列舉出"儒者、醫者、內科、外科、木匠、鍛冶、開礦、搜尋忍者的帶路者、擅長算數的穀倉管理員、能樂、馬匹治療師、水手、出家者"，把"儒者"列爲了諸"役"的第一個（《兵法雌鑒》人事卷，1635年序）。但是，儒者之役是軍隊及其擴大化的"國家"的一部分，僅此而已。因此，作爲"心繫天下國家的知識人（讀書人）"③的日本儒者，在與中國的讀書人官僚即士大夫的比較中，不斷控訴自己社會地位的悲慘④。朱子學的原理主義者佐藤直方（1650—1719）也曾慨嘆，儒者不過是與其他多數的藝能者一樣被認知的，"予年來有嘆，以學問爲一藝，認爲儒者與醫者、佛者、天文者、軍法者、歌道者、俳諧師、陰陽師、棋者之類一同，可悲也"（《學談雜錄》）。因爲在江戶時代，不僅儒者，附有"者"字的藝能者都曾遭受蔑視。平田篤胤（1776—1843）曾對江戶的庶民説，"總之所謂學者，被著以'者'字稱謂，是因爲與常人相異，也就是被視爲畸人，所以並非有趣之事"（《伊吹於呂志》卷上，1813年成書）⑤。

---

① 在使用文字的前提下構成了制度和結構的社會，辻本雅史在此意義上論述近世是"文字社會"。參照［日］辻本雅史、沖田行司編《新體系日本史16 教育社會史》，東京：山川出版社2002年版。

② 參照［日］高橋敏《日本民衆教育史研究》，東京：未來社1978年版。

③ ［日］田尻祐一郎《江戶の思想史》，東京：中公新書2011年版，第39頁。此書以"人與人的聯繫"爲軸心概述了近世思想史。

④ 近世日本朱子學之祖林羅山感嘆道："如余者，與草木同朽，與瓦石齊棄。天地之間一廢人也。"（《羅山文集》卷八）參照拙稿《林羅山的挫折》，《近世日本の儒學と兵學》。

⑤ 民俗學者柳田國男在一九四零年代述説道："至少在民間衆俗的感覺當中，作爲同醫生、算命先生、靈媒、藝伎等一起，學者也是被附上'者'字之人，沒有從特別對待的慣例中脱離出來。即一旦進入到此道，就不指望在上年紀後再次進入到尋常的民衆生活之中。而且這種特殊的修業方式至今在某種程度還被繼承着。"（"學生生活と祭"《日本の祭》）

儘管受到周遭的白眼，做學問之人，也有着與之相應的堅強意志。因爲他們是想通過學問留名而擁有着旺盛名譽心的人。不願"與草木同朽"這句他們的口頭禪，顯示了拒絕凡庸一生的意志。貝原益軒（1630—1714）寫了數量衆多的平易的規誡書，也就是"益軒十訓"，其中教導道，"若不學聖人之道，不行道，此世活着之時便同禽獸，沒有生而爲人的價值，死後便與草木同朽，無歆羨之佳名可留，無可傳於後世"（《大和俗訓》卷二，1708年序）。朱子學者室鳩巢（1658—1734）也說過，"凡生而爲人謂有志於學，若生之時無益，死後亦無可傳聞之事，與草木同朽，則殊爲可惜"（《駿臺雜話》卷五，1732年自序）。想要通過生而爲"人"而留下"佳名"，這不僅是儒者，亦是國學者、洋學者共通的願望。本居宣長（1730—1801）在着手畢生大著《古事記傳》之前，在《題述懷》一文中吐露道，"與無心之木草鳥獸同列，無所事事度日，耗盡活着之世，徒然腐朽於苔下，甚爲可惜，當不值一提"（《鈴屋文集》卷下）。繼承了宣長的古道論的平田篤胤也說道，"大丈夫生於如此極佳的御代之世，生活連西戎國人也卑視，只是飯袋而朽，怎不可惜乎。然立堅實之志，當先專於學道，不言而喻"（《氣吹舍筆叢》卷上，立志）。進而在十八世紀後半葉，前野良澤（1723—1803）、杉田玄白（1733—1817）他們對通過蘭書移植、研究西洋學術的學問即蘭學重新進行了"創業"，在他們那裏也有着意氣軒昂的志向。以良澤與玄白二人之名字來爲自己取名的大槻玄澤（1757—1827），面對蘭學入門者，訓誡如下：

> 實際上，吾人沐浴泰平之恩澤，得以鼓腹欣抃，豐衣美食，與草木同朽，丈夫所恥也。茲荷蘭有勸學警戒之語，曰："Men moet eten om te leven, maar niet leven om te eten"（人們爲了活着而吃，不是爲了吃而活着——前田注）。翻譯這句話就是，人受天地之稟賦而生，因爲飲食才能全其生命，然而不能只爲了飲食而生。解釋其意思，這裏包含着各司其職，立天下後世有所裨益之一大功業的教意。（《蘭學階梯》卷上，1788年刊）

玄澤勸誡以蘭學爲志向之人應當發奮，拒絕凡庸之生，在此世中留下些許存在過的痕跡。這種尋求作爲"人"之名的志向，在向民間普及農業技術的宮崎安貞（《農業全書》凡例，1697年刊），或者大藏永常（《農具便利論》總論，1822年刊）那裏也是共通的精神。不願"與草木同朽"這句話暗示的是，學問是拒絕在家職國家中被埋沒的個人的果實。在"沒有任何制度性保障知識的習得或學問的達成與社會地位之間的關聯"的"德川社會"之中，立志學問的理由是因爲學問給予了這些覺醒的個人以"生爲人的價值"即活着的意義。

二、儒學者的讀書目的與方法

近世日本的儒學中有朱子學、仁齋學、徂徠學,以及折中學、考證學等各種各樣的學派,如果從最大公約數來說,讀解四書(《大學》《中庸》《論語》《孟子》)、五經(《易經》《書經》《詩經》《禮記》《春秋》)的經書是讀書之學,在這一點上他們是相同的。那麽到底,儒學者爲什麽要讀書呢?

首先談朱子學,正如"學以至聖"這一口號所明確顯示的那樣,是爲了追求道德上的完美人格。朱子學用"一句話來說,是以聖人爲目標的思想體系"①。人通過克服"人欲之私",改變氣質的混濁,恢復善的本性即"本然之性",就可以成爲聖人②。而這種可能性,世人皆有。這是因爲人生下來即被賦予了"天理"。長崎的町人學者西川如見(1648—1724)曾說道,"畢竟人在根本之處没有尊卑之理,唯根據教養才有所知。即便城中很多的下賤者之子,也可因自小磨練風流,而達到足以欺騙衆人的風姿風俗。何況在人本心之上,豈有貴賤之差別乎"(《町人囊》卷四,1692年自序)。無"貴賤之差別",誰都可以成爲聖人,確實這可以說是"即便是普通的俗人也可以成爲聖人的過度自信的說法"③,但也因此,生活在上下身份階層秩序之下的人們是滿懷感激來學習儒學的④。據說中江藤樹(1608—1648)十一歲時,讀到《大學》"自天子以至於庶人,壹是皆以修身爲本"這一句,"嘆息道,學以至聖。爲生民而遺此經,何其幸哉。在此感動不已淚濕衣襟。自此懷抱成爲聖賢之志"(《藤樹先生行狀》),開始學習朱子學。

應該注意的一點是,成爲聖人不是在上下的身份秩序中一味順從地活着。這是因爲朱子學一方面批判否定五倫(君臣、父子、夫婦、長幼、朋友)的佛教的出世性,並從人的本性等於"天理"出發爲上下身份的秩序找到了根據;

---

① [日]三浦國雄譯注《"朱子語類"抄》,東京:講談社2008年版,第88頁。
② 在慶長年間的小瀬甫庵《明意寶鑑》中已經引用了宋學者程伊川《顔氏好學論》中的"學以至聖之道也"這一節。[日]玉懸博之《近世日本の歷史思想》,東京:ぺりかん社2007年版,第30頁。
③ [英]Ronald Philip Dore《江戶時代の教育》,[日]松居弘道譯,東京:岩波書店1970年版,第32頁。
④ 可以說近世日本的朱子學者主要以道德性人格爲目標,即在一體性理解人格性修養和政治性有效性的朱子學的思想體系當中偏向於修己,而強烈持有這種傾向是因爲朱子學是由在上下身份秩序之中,謀求"生而爲人之意義",即生存的意義已經覺醒的個人所學習之物。

另一方面要求作爲臣、作爲子，要把天理爲則的生存方式作爲本分。他們拒絕與草木同朽的凡庸的人生，立志成爲能够超越所有人的道德上的忠臣和孝子。這裏有着强烈的個人意識。闇齋學派的原理主義者佐藤直方講道："學者若不信自己的理，就沒有根本。相信聖賢雖善，不及相信我之理。於曾子、子夏可見。程子曰：'信人而不信理。'相信並倚靠神道者之神明，則大本已失。人有尊於己者，天理也，其尊無對。我心之外無可以依賴之力。"(《學談雜錄》)室鳩巢更進一步談道："三代之聖人，以我而立於天下之上，天下惟我獨在，誰與我志相違。後世之賢人，以我立於萬人之外，即便是千萬人，也只知我之事。既如此，尋我在之處，乃一念未生之時，本然未發之本體也。君子存養其而不毁損，則天地亦由我而位，萬物亦由我而育，鬼神亦由我而感應。何事不由我而在焉。"(《駿臺雜話》卷一)擔負"天地""萬物"，相信普遍的"自我之理"，斷言"我心之外無可以依賴之力"，"何事不由我而在焉"，這裏有的是已經自立的"我"①。

當然，這樣的"我"並不能簡單地確立。在朱子學中，"凡人，不知何時會生出何樣之心"(《學談雜錄》)，在直視自我之心的背理性的同時，又確信着自己具備了上天所賦予的善之本性，也就是具備了憑藉自身力量救贖自我的能力②，這就必然要求作爲理性的學問即讀書的格物究理，與作爲内省修養的居敬這兩種實踐。"人一能之己百之，人十能之己千之"(《中庸章句》二十章)，要求相比常人而言更多的努力。這種努力的姿態，佐藤直方用"吐血的程度"來表現。根據直方，不用中世神秘的神道的祈禱或佛教的念佛等"非常容易的宗教"，"用吐血般的精力"來努力成爲"賢人君子"以至於"聖人"(《學談雜錄》)。他們抱定讀書與修養的困苦終會有回報的信念。這是因爲在這個世間，貫穿着如"天道福善禍淫"(《書經·湯誥》)的善因善果、惡因惡果的原理。"天道福於人之善，禍於人之惡，這是根據人的行爲的善惡，由天報以福禄之理。此爲天道常理，不可懷疑。"(貝原益軒《初學訓》卷三，1718年刊)否定佛教三世因果、輪回轉生説的朱子學者，相信善行必有回報，如"人之身難得二次，不可虚度此生"(《大和俗訓》卷二)所説，將僅有一次的人生押在了學問之上。

---

① 尾藤正英强調朱子學的個人主義、理想主義的側面，重新評價了作爲封建思想的朱子學。參照[日]尾藤正英《日本封建思想史研究》。本稿也是從這一尾藤的立場來理解朱子學。

② 參照[日]吉田公平《陸象山と王陽明》，東京：研文出版1990年版；《日本における陽明學》，東京：ぺりかん社1999年版。

如大家所熟知，關於荻生徂徠的聖人作爲說，丸山真男建立了一個從自然到作爲的圖示。在"聖人"——"君子"——"小人"的三層分段之中，丸山以作爲道的製作者的"聖人"爲焦點論述了徂徠學思維方式的劃時代性①。但在此我想着眼的是學習聖人之道的"君子"這一方，因爲做學問即讀書的是"君子"。根據徂徠，所謂"君子"，"君者治下者也，士大夫皆以治民爲職"（《辯名》卷下，1717年左右成書），即承擔作爲治民之政治一翼的治理者。這是徂徠針對到了十八世紀還因襲戰國時代遺俗，對自身是治理者沒有自覺心的武士，講述的爲使他們成爲"治理下者"的"君子"的學問②。

根據徂徠，所謂"道"就是聖人爲了安民而製作的"禮樂刑政"即政治、社會制度，也即社會技術③。古代中國的堯舜等聖人一邊以"相親、相愛、相生、相成、相輔、相養、相匡、相救"（《辯道》）的社會共同性爲基礎，一方面製作了可以發揮多樣的個性和才能的社會技術。因此，學習聖人之道的學者會在不知不覺中習熟這種社會技術，並能夠由此而具備與各自個性和才能相應的德。"夫聖人聰明睿智之德，受諸於天。豈可學而至乎？"（《辯道》卷上），像這樣徂徠否定了朱子學的"過度自信之說"，以"米有米之用，豆有豆之用，米不可變爲豆，豆也不可變爲米"（《徂徠先生答問書》卷中）的氣質不變說的立場，說明豆即以豆，米即以米來使個性和才能得以伸展。學問對於徂徠而言，不是爲了成爲朱子學那樣的道德性人格者而讀書，而是爲了學習使天下國家安定的社會技術，爲了通過個性和才能成爲擔任政治一翼的治者、"君子"而讀書。

習熟聖人製作的"禮樂刑政"的"君子"，是具備了可以活用於當代治世的"才智"的人，而不是具備完美道德的人。徂徠斷定，"寧學爲諸子百家曲藝之士，不願爲道學先生"（《學則》，1717年左右成書）。十八世紀中期，與徂

---

① 從君子的立場對徂徠學進行再構成是丸山以後的徂徠研究的視角。參照［日］黑住真《儒學と近世日本社會》，《近世日本社會と儒教》；［日］田尻祐一郎《荻生徂徠》，東京：明德出版社2008年版。

② 關於徂徠的學問論，參照［日］辻本雅史《近世教育思想史の研究》，京都：思文閣出版1990年版。

③ 根據種田明，一般來說在技術當中有三個維度。科學技術、社會技術、經驗技術的三種，技術則指這三種的總體（三位一體）。其中社會技術指"組織和制度的技術"，是"表達、經營、統制、管理、法務等，是在社會環境中對科學技術與經驗技術的齟齬、衝突進行緩和、調整的技術。是基於教養的後天性學習獲得的體系性的技術"。［日］種田明《近代技術と社會》，東京：山川出版社2003年版，第24頁。

徂徠學的流行共同捲起的反徂徠學的批判，矛頭也指向了這一輕視道德的言論①。從家職國家的問題來考慮，這種對"才智"的重視，蘊藏着對重視"門第"的世襲制的批判②。徂徠批判當時的世襲制，既然是將軍家則，"哪怕某個人原本是農民或町人，只要他有才智、被起用爲御家人，那麼憑藉將軍的威力，他們在治理國家方面就沒有什麼可畏懼的。總之，看重血統門第和選賢舉能是完全相反的兩件事，國家的治與亂的差别也在於此"（《政談》卷三，1726年成書），也就是説，在上下階層秩序之中，應當録用有"才智"的"賢才"。徂徠並没有否定階層秩序自身，而是在其中讚賞了擁有個人"才智"的能力，而非道德性的人格。

話説回來，對於徂徠而言，所謂學問等於讀書就意味着習熟記録着"禮樂刑政"的六經。徂徠從明代的李攀龍、王世貞那裏學到的古文辭學，其實就是解讀六經的方法。根據徂徠，因爲"世以言遷，言載道以遷"（《學則》），在學習六經也就是學習古代中國的語言時，必須意識到這種差異。可是，如果利用附上返點的漢文訓讀法來讀解漢語，就不會自覺到這種差異。因此徂徠提倡以唐音直讀六經中的古言，並"譯"（即翻譯）爲現代的通俗易懂的日語。這種古文辭學的方法，也被活用於國學者的古典解釋和洋學者的蘭書翻譯之中③。而且，應該注意的是徂徠在"譯"之時，也在與許多人共同讀書。徂徠以前的讀書方法，一般而言是背誦經書的素讀法，還有解説經書意義或語句的講釋法。徂徠批判這種講釋法剥奪了學習者自主思考的機會，而推崇與朋友相互切磋琢磨的會讀法。所謂會讀，是一些人定期集中在一起，就一本書一邊討論一邊讀書的讀書方法④。徂徠學的劃時代性，不僅體現在聖人作爲説這種儒學體系，也體現在這一讀書方法的轉换之中。

應該注意到會讀具有相互交流性、對等性以及結社性三個特點。參考徂徠之後的史料對會讀進行理念型地解釋，即在以沉默爲最高辨別力的近世日本社會，"會讀之法的意思説到底就是爲了論究道理直至明白之處，而相互虚心地

---

① 參照［日］小島康敬《增補版　徂徠學と反徂徠》，東京：ぺりかん社1994年版。
② 根據石井紫郎指出："我國的情況，某個地位的世襲制被特別地論述、否認的情況是極爲稀少的。像徂徠這樣强調能力主義，依據孟子而論述'在聖人之道中（中略）深切戒備在家族血統裏代代傳承名爲世官的重大職務（《政談》卷三）'的例子，不如説屬於例外。"［日］石井紫郎《日本國制史研究Ⅱ　日本人の國家生活》，第195頁。
③ 參照［日］平石直昭《日本政治思想史——近世を中心に》，東京：放送大學教育振興會1997年版，第98頁。
④ 關於會讀，參照拙著《江户の讀書會——會讀の思想史》，東京：平凡社2012年版。

讨论"（金澤藩明倫堂《入學生學的》），如此積極地獎勵"討論"，這一點值得刮目相看。而且，在相互討論之中，"不拘尊卑先後，皆得以發問。只是，應適當謙遜"（《春臺先生紫芝園後稿》卷一五，紫芝園規條），"師生間的發難討論，即便至聲色俱厲，亦所不能責也"（浜松藩《經誼館揭示》），像這樣規定了無論"尊卑先後"，即便師生之間也都應當對等相待。會讀之人還會結成"社中"，即將日期與一定的場所規定好，並且以讀書爲目的自發地組成的集會。他們將自己參加的會讀的團體稱爲"社中"。比如，徂徠的社中是蘐園社中。會讀的場所因着上述三個特點，而成爲了上下身份秩序謹嚴的家職國家中一個特殊的空間。這裏是拒絕凡庸人生、已然覺醒的個人平等地進行討論、競爭"才智"、發揮自己的個性與實力的場所。

十八世紀後半葉，作爲舉行會讀的自發性集團的社中（詩文社中、蘭學社中、鈴屋社中等）在全國各地遍地開花。這裏是志同道合的人敢於選取深奧的書籍，在討論中閱讀的空間，也是知識的好奇心滿溢的空間。蘭學史上劃時代的作品《解體新書》（1774年刊）就是前野良澤、杉田玄白等在"同志戮力，憤然立志，盡心竭力"（《蘭學事始》上卷）的決心之上，"會業不怠勤於其中"（同上，下卷）翻譯《Anatomische Tabellen》的成果。不僅在民間的私塾，會讀還普及了幕府的昌平坂學問所和藩校。寬政二年（1790）也就是在寬政異學之禁以後，一方面朱子學成爲"正學"，被採用爲學問所的教科書，另一方面隨着素讀吟味、學問吟味的實施，會讀被納爲學習方法。雖然讀書範圍被限定，但在學問所和藩校的會讀有着產生出與競爭"才智"的徂徠學或蘭學私塾的實力競爭有所不同的可能性。因爲朱子學是以道德性的"學以至聖"爲目標，所以出現了"磨練心術下功夫"的獨特想法。天保年間，在積極導入會讀的金澤藩校明倫堂中，張貼了如下的會讀規則：

> 會讀法不僅是讀書之修行，朋友切磋之間亦能有心術之工夫。杜絕意必固我之義，此乃元來日用隨時心術之工夫，爲聖教第一不易之義。然而會讀討論等，若取以對方爲對手之義，則容易出現上文之心病，所以此等之類費心修行即可。以上不僅是書籍詮釋之修行，也是增長心術磨煉之工夫，自身可得應對萬事皆能得當之心得。（《入學生學的》）

互相討論"道理"的場所並非競爭"才智"的場所，而是克服自我偏見的道德性修養的場所，可以視爲"心術磨煉之工夫"的場所。到了明治時期，昌平坂學問所的儒者中村敬宇（正直）（1832—1891），之所以能夠翻譯出談論寬容少數意見的約翰·斯圖爾特·密爾的《論自由（On Liberty）》（《自由之理》，1872年刊），也是因爲他自己就成長於跟不同意見相互碰撞的會讀之場。這其中也蘊含着朱子學者中會讀的思想性的意義。

三、家業道德論與儒學・國學・洋學

十八世紀，已經覺醒的個人，拒絕埋没於家職國家之中，拒絕與草木同朽，他們之所以能夠經常在會讀的場所相互"討論"，其背景是君臣、父子、夫婦之間的情誼、情愛淡薄，人際關係稀薄化的社會現象。换言之，即是在元禄時代以後商品經濟的發展下，"以衣食住爲首，哪怕一根筷子也必須買"的社會經濟化的現象①。與徂徠同時代的在京都講解神道的增穗殘口説道，即便是在家職國家的單位"家"之中，"賣親者死一倍，賣主者同判"，"博士、知識、藝術師、隱遁、道者、農、工、商、士，皆成商人之事，簡直是土府②之下的黑暗夜市"（《艷道通鑑》卷五，1715年刊），感嘆"無情的金銀耍威風，所有人情之真"（同上，卷一）都丢掉了的事態。十八世紀前半期，具有嚴格的上下身份秩序的家職國家因爲"金錢"而出現了動摇。

從這種金錢之世的狀況之中，産生出了家業道德論。此道德論是在商品經濟的發展中直面没落之危機的人們，通過倡導所有人的道德平等性，把職分、家業本身作爲人的本性，主動來督促朝家業的方向更加努力的道德論。本來如之前的西川如見所説的那樣，道德的平等性與家職國家不一定相矛盾③。只是，家業道德論與朱子學的不同點在於，把家職以外的藝能、學問作爲異端加以排斥，對才智進行了徹底的否定。寫作了《家業道德論》（1740年刊）的河田正矩（？—1768）説，"我已經省悟，所謂的道是不能離開家業的，一刻也勿讓

---

① 參照［日］速水融、宮本又郎編《日本経済史1 経済社會の成立 17—18世紀》，東京：岩波書店1988年版。
② 校者注：土府，即土府神，陰陽道中的土神之一。據説如正月是丑方、二月是巳方那樣，土府每月會移動，當月在那個方向掘土，家人當中就會出現不幸。
③ 尾藤正英説："握鍬之百姓，持算盤之商人，只是各自'家業'不同，在根本上'其人之一心，萬人皆無差别'（西鶴《武家義理物語》），如此所説作爲人皆是平等的這一意識，在這一時代（元禄時代）爲人們所共有。"［日］尾藤正英《江戸時代とはなにか——日本史上の近世と近代》，第161頁。

我走向所作之外的異端外道"(《家業道德論》卷上)①。而且,"大抵讓一般人稍微去學點學問,那麼十人之中九人會成爲玩世不恭的頑固之人,還會成爲疏遠親族之交、矯枉過正之輩",因爲盡是這樣的人,所以説道"比起輕率地崇尚理學、甘願成爲風流之人,不如專攻我之職業,武士則勵行武術奉侍君主,庶人則勤務其職孝養父母,能如此豈不是勝於學文百千倍。誠哉,老子云'絶學無憂'"(同上,卷中),並且宣傳無智無欲的老子之流的"無能比有能更益於其身"(同上,卷上)②。也就是"才智是束縛我之繩索,藝能是役使我之主宰"(同上)。這裏一方面用太極、陰陽、天地萬物的儒學範疇來宣傳道德性平等,另一方面卻一味地鼓勵上下身份秩序的家職,追求自足於被給予的"分"的生活方式。朱子學通過"吐血程度"的學問等於讀書所斷言的那樣"學者特立獨行,則不必依賴任何之事"(《學談雜録》),培養出了從家職國家中脱離出來的強烈的個人意識。與之相對,家業道德論則是以精於家業本身爲目的,連發揮才智、藝能的學問等於讀書都加以否定的反學問論。之前提到過丸山真男所引用參照的教誡"別往上看""做身内之事"的作爲意識形態的儒學,就是指這種家業道德論③。

這種家業道德論與作爲學問的儒學差别在哪裏?分歧的焦點在於對職分、家業和學問、藝能的思考方式。儒學者,尤其是徂徠學派在職分、家職之外追求學問的領域。根據徂徠,學問"與公儀之勤不同,畢竟是私密之事"(《政談》卷四)。會讀的場所之所以會遍地開花,是因爲通過相互競爭學問(詩文能力、翻譯技術)可以提高自己的名聲。當然,並不能由此而獲得政治社會地位。這是因爲在學問與立身出世無關的近世日本中,即便是競爭也只限定在學問、學校的場合④。因此,就像徂徠學詩文派自嘲的那樣,"吾徒爲學,本來於

---

① 關於河田正矩《家業道德論》參照[日]佐久間正《德川日本の思想形成と儒教》。河田正矩(?~明和五年)是自詡爲"我乃農家者流"(《家業道德論》卷下,佐久間正《德川日本の思想形成と儒教》,第315頁)的讚歧國山田郡元山村的上層農民。

② 關於十八世紀老莊思想的流行現象,參照[日]日野龍夫《近世中期における老莊思想》,《宣長と秋成》,東京:築摩書房1984年版。

③ 渡邊浩指出家業道德論是"正確地對應了'家職國家'的構造的道德觀、人生觀"。[日]渡邊浩《日本政治思想史[十七~十九世紀]》,第83頁。

④ 其中,例外性空間是私塾。尤其是在廣瀨淡窗的咸宜園,入門時通過將年齡、學歷、門第歸爲白紙的三奪法使學生徹底地平等化,在此基礎上用會讀來相互競爭實力。關於江户時期教育中的競爭意義,參照[日]江森一郎《"勉強"時代の幕開け》,東京:平凡社1990年版。

己於世都是贅疣也"(《南郭先生文集 三編》卷五,送田大心序),無用者意識和孤高的文人意識相互交織的儒者,把會讀的場所變爲了競争詩文技術的社交場合。

另一方面,朱子學者批判輕視道德的徂徠學,他們對這種遊戲性的詩文派也加以批判,在始終以完成道德人格爲目標的同時,不認可徂徠學派那種自恃"才智"的"學者的學者氣"。如前所述,這是因爲對"者"字的忌避感作爲社會的共通觀念根深蒂固。到了十八世紀中期,這種忌避感的本質逐漸暴露。本居宣長在京都遊學之時所師事的朱子學者堀景山(1688—1757),在《不盡言》(1742 年成書)中敘述如下:

> 無學之人雖然在其内心深處知道必須學文,但是因爲懊惱鬱悶被學者看不起而處於卑下的地位,就從壓制之心出發,尋出那些學文之後變得高傲即人品變差之人,然後以果真立志於學文那麽大家最終人品都會變差爲由,鼓吹完全没有學文的話斷然更好。又有人説,學文爲唐國之事,我邦本是武國當以武而治,兩者間畢竟不相適應。武士説武士之道,温吞的儒者只會紙上談兵,不能治理好國家。

從景山的敘述中,在"無學之人"的内心中,既感到"必須學文",又"懊惱鬱悶被學者看不起而處於卑下的地位",從這樣的矛盾心情出發,强辯還是不做學問爲好,並進一步説因爲"學文爲唐國之事","我邦本是武國,以武而治",提出中國與日本的差異,使自己的無學正當化。只是即便朱子學者知道"無學之人"的非難是出於對學者的怨恨,但是只要追求道德的人格理想依然是在上下身份秩序内,就不可能存在超越秩序的邏輯。"盡性分之本然,務職分之當然,如此而已"(佐藤一齋《言志録》,1823 年),與徂徠學不同,朱子學者並未否定世襲的職分、家職本身。因此,如前面涉及過的在寬政異學之禁以後,朱子學作爲教科書在昌平坂學問所和藩校得到了普及,並實現了一定的教育效果(其中之一,是前面看到的"心術磨練之工夫"),但實際上可以説,作爲一個整體的朱子學在思想上停滯了。

相反,洋學者與國學者雖然與儒者一樣有着不願"與草木同朽"的强烈個人意識,但卻有着超越家職國家的邏輯,而且在超越的方式上,洋學與國學的方向是不同的。如果先説結論的話,對於洋學者而言,不是要在上下身份秩序内成爲孝子或忠臣,而是要通過家業之外的"藝"的實力來求取個人的功名。與此相對,國學者認爲在世襲秩序内勤勉於家業,不是作爲普遍性的"人"而是作爲"皇國人"的正確本分。

被杉田玄白評爲"非常之人"的平賀源内（1728—1779），雖然不是親自翻譯蘭書的蘭學者，但卻是最能體現洋學者精神之人。根據源内，遺留自己之名的"藝"，不是由家元制度得以固守的藝道之藝，而是創造性的新的藝即技術。源内在"戲作"① 中對其進行了描述，"近年來的笨蛋們，學者被唐之廢紙束縛，（中略）其餘諸藝皆走向衰微，如果自己沒有工夫才智，甚至連古人所不屑之事也望塵莫及，這是不用心之故"（《風來六部集》卷上"放屁論"，1780年序）。在鬧市的街頭技藝中，發出各種各樣放屁聲音的雜耍也是，"不僅日本，從唐土、朝鮮到天竺、阿蘭陀等諸國"也沒有這樣"工於新鮮之事"的"自己的工夫才智"。還有廣義上的蘭學者司馬江漢（1747—1818），"我今年七十有餘，始知壯年以來之誤，想我自年輕時便立志，無論如何也要以一技之長成就名聲，一件及至死後仍可留名的事"，據說他年輕的時候就立志於刀劍工（《春波樓筆記》，1811年成書）。像這樣，源内和江漢希望通過自己的"藝"立身揚名，背景正是從道德評價轉換爲徂徠學以"才智""技藝"爲評價標準。

與洋學者重視"才智"和"藝"相對，十八世紀的家業道德論通過重視"血脈""譜系"的"日本"神話將世襲的階層秩序加以正當化。提倡家業道德論的河田正矩說，"才智是束縛我的繩索，藝能是役使我的主宰"，在否定通過"才智"和"藝"來立身進而擁護世襲制之時，他對比了"神國"日本和"異國"中國，"異國偶有智慧才智被録用之事，本朝乃神國神裔不絶，代代統御宇内，自大樹將軍到諸侯大夫士庶人，世世爲官傳家產於子孫，無胡亂升降職掌之事"（《家業道德論》卷下"本朝留心立身非道辯"）。這與徂徠學派的太宰春臺批判學者世襲制形成了對照。此外，感嘆變爲"金錢"的世界，人與人之間的關係淡薄化了的增穗殘口（1655—1742）也說"日本自神代伊始便以譜系爲第一"。

> 日本自神代伊始便以譜系爲第一，立四民之祖神，不亂先祖之血統。此血統乃血脈也。經世代，以家傳相續爲規模，爲功績，稱之爲達官顯貴。士作爲士世世相傳，農工商亦代代相序，歷歷分明。經年祭祀氏神，專於土產之敬。今之世，即便是暴發户目前也享受富裕，衣領寬厚坐擁許多金銀，這些溫飽之人被稱爲貴人。即便是穢多或者皮剝，只要有錢就能成爲人上之人而嘲笑侮辱譜系姓氏之人。這是開始忘記了亂世以來的國之

---

① 校者注：戲作，江戶時代後期的通俗娛樂小説類的總稱，如黃表紙、灑落本、義本或合卷、詼諧小説、言情小説等。

基、國之本。最終會失去對祖神氏神的誦念。利慾熏心者，積蓄錢財而混入上層之中，厭惡此輩之譜系，只是好支那尊德智國風之人也。因此，"守一""以本爲本"之神訓，逐漸衰微。（《神國加魔袚》卷地，1718 年刊）

這與斷言"俗姓門第亦無妨，只有金銀才是町人的氏族譜系"（《日本永代藏》卷六，1688 年刊）的井原西鶴（1642—1693）形成鮮明對比。殘口一邊煽動對被歧視民的歧視意識，一邊對京都的庶民講説，守護先祖的"血脈"使得"家業相續"之人方爲"日本人"（《有像無像小社探》卷上，1716 年刊），靠發揮才智上位之人是"好支那尊德智國風之人"。這裹面有對通過自己的智慧和才智發跡之人的怨恨。洋學者們努力通過家業之外的"藝"的實力來留自己之名，與之相對，講求忠實地勤勉於家業的家業道德論者則用"神代"以來的"譜系"即血統的高貴性，在心理上來彌補自己"才智"的欠缺①。這種"譜系"等於血統主義在之後也由國學者傳續下去。

四、國學者的"皇國""我之天皇"觀

近世日本的國學者强調，與中國相對，世襲階層秩序的不變性才是"皇國"日本的優位性所在。與能通過學問、能力立身出世的中國相對，日本正因爲擁戴從神代開始萬世一系的天皇，並嚴格規定"君臣之分"，如此才優越。國學之大成者本居宣長説，"皇國自神代伊始便早早定下君臣之分，君從本原上開始就真的尊貴，而且這種尊貴與德無關，只取決於種，在下之人無論具有多麼高尚的品德，亦不能有所改變，直到萬世之末代，君臣之位也儼然不變"（《葛花》卷下，1780 年成書），他認爲皇國的尊貴性重視的不是"德"，而是"種"，否定了儒學的易姓革命。這一點暗示了國學與家業道德論相同，是從忠實勤勉於家業的人們的立場出發所建立的邏輯，也就是松本三之介所説的從被治者的立場出發的邏輯②。

那麼，宣長的特性在哪裹？在於他對學問的定位。宣長教導要順從各個時

---

① 可以説是丸山真男指出的在"天下泰平"基礎上的"社會性諸價值的分散與相互的抑制均衡"。（《丸山真男講義録第 6 册　日本政治思想史 1996》，東京：東京大學出版會 2006 年版，第 161 頁）在此有對"成功者"的憤懑感。
② 參照［日］松本三之介《國學政治思想の研究》。松本論述到，國學以被治者一側爲問題，重視被治者的心理構造，由此形成了由被治者的内面心情來支撑政治的政治思想。

代的習俗，他吟詩道"切勿懈怠於家業，不論是讀雅書之時，還是詠歌之時"（《鈴屋集》卷九），倡導讀書與詠歌之藝應當在家業之外努力。這一點，與當時的"餘力學文"的社會通識沒有差別。宣長的劃時代性在於，與反學問的家業道德論不同，他認同應當用餘力去學習讀書、詠歌這些固有的領域。解讀《古事記》《日本書紀》等"皇國"古典的學問和知"物哀"的詠歌文學，是與政治及道德完全不同的確定的領域，這一點與徂徠學相同，但另一方面，它們也是無論治者還是被治者誰都可以參與的世界。從這個意義上說，與朱子學倡導萬人道德平等的方式不同，宣長試圖謀求的是學問和文學的平等化①。

像大家熟知的那樣，宣長說，"志於學道之輩，第一在於清除漢意、儒意，應以加固和魂之事為要"（《宇比山踏》，1798年成書），排斥作為中國式思維樣式、價值觀的漢意。之前提到的"吐血般"努力之人會有回報，這種儒學的"天道福善禍淫"的善因善果、惡因惡果的原理，在宣長看來是"漢意"最具代表性的表現。宣長說，在"貧者愈貧，富者愈富"（《秘玉本匣》卷上，1787年成書）這種以金錢為務的"世之中"，滿滿的都是不合理。這種不合理的現實擺在眼前，"善人必得福，惡人必遭禍，以此為至高無上之人，要麼是困惑那些賣的藥能與說明書上寫的那樣療效顯著，真是愚昧之心。要麼是已知不像說明書那樣有效，仍然欺騙他人而想要強賣之人"（《葛花》卷上），識破了儒學的天道報應說只能是隱蔽現實的虛偽和偽善。

應該注意的點是，善因善果、惡因惡果不僅是作為學問的儒學的原理，亦為家業道德論所宣揚。家業道德論的德目中也有勤勉、儉約、正直、孝行、謙讓等通俗道德，且以"心"的哲學為基礎②。這種"心"的哲學，正如"只要心中達到了誠之道，即便不祈禱也自有神佑"這一和歌中所象徵的那樣，根據

---

① 詠歌是平等得到實現之場所，這一點室鳩巢說"閱覽古昔我朝敕撰之和歌集，卑賤之野僧妓女之類，亦列其名在天子公卿之中，和歌中無尊卑之差別。此謂和歌之德。今翁語節操，在良家名族之士中列舉乞丐等，一體稱之，其意亦如此。節操中無貴賤之隔。此當謂節操之德"。（《駿臺雜話》卷三）。

② 安丸良夫高度評價了專注"心"之哲學的民眾進行自我形成、自我鍛鍊的努力。參照［日］安丸良夫《日本の近代化と民衆思想》。雖然安丸認為作為"心"之哲學的石門心學是通俗道德，但石門心學也是家業道德論即"作為意識形態的儒學"。這是因為石田梅岩一方面強烈推出家職國家的武士、百姓、商人在"心"上的平等性，另一方面敘述"閱讀書物，不知書之心則不謂學問。聖人之書自含有心，知其心乃云學問。然只知文字，亦為一藝，故云作文字藝者"（《都鄙問答》卷四），批判作為"一藝"的"文字藝者"，"萬事皆由心而為"，正直、儉約等都被收斂於"心"之中。

安丸良夫,通過將人的所有幸與不幸都收斂進自己的"心"中,在江户後期激發了龐大的人性的社會性能量。但是在宣長看來,"'只要心中達到了誠之道'等説法的道理,只存在於佛家之教儒學之見中,甚爲違背神之道也"(《直毘靈》,1771年成書),像這樣只要站在善人得善,努力就會有回報這種善因善果、惡因惡果的原理之上,就是同儒佛一樣的"漢意"①。宣長認爲"漢意"可以説是"染附於世人心底之中的痼疾"(《宇比山踏》),看穿了當時的通俗道德中的虚僞性和僞善性。

那麽,一邊忍受着不合理,一邊過着日常生活的人活着的意義在哪裏呢?宣長將之訴諸於"神"。如"只要心"之歌所述,人的善惡、正邪不會帶來"神"的報應,"神"與人的善惡、是非無關,只是單方面地下達吉凶禍福並且掌管命運。尤其是在面對惡神"禍津日神"的所爲時,人們只能説"無可奈何,這是多麽悲哀的行爲"(《直毘靈》),不得不放棄。但是,生於"皇國"之人也不是没有希望。這是因爲作爲天照大神的太陽就在眼前閃耀光輝,其"御子"天皇治理着"皇國",天皇之位是"與天地同在,堅如磐石,永不會變"(《直毘靈》)。"惡終究不能戰勝善,這是神代的道理。又彼神敕之大本,不可動摇之故",像北條、足利氏那樣的"逆臣之家,終究皆都滅亡,子孫也都不在"(《玉匣》)了。在近世日本的神道家之中,以《日本書紀》的天壤無窮的神敕爲根據來論述天皇之位的永恒性,本身是不稀奇的②。而宣長的劃時代性在於以此爲根據,把上述不得不放棄的個人之生與天皇結合起來。在這一點上,家職國家之中勤於家業的個人就與天皇聯繫了起來。

在古之大御世之中,從臣到民,皆只以天皇之大御心爲心,只顧敬畏順從大命,庇蔭於大御現身之下,各自祭祀祖神,恰如其分地盡當爲之事,安樂渡世,除此之外別無其他。今將談其道,受別教,有當行之業乎。(《直毘靈》)

生活在"皇國"的"從臣到民","恰如其分地盡當爲之事",也就是勤於家業,意味着"順遂着天皇之所思所見之心來侍奉,自己絲毫不存私心"(《直

---

① 參照拙稿《宣長における"心だに"の論理の否定》,《近世神道と國學》,東京:ぺりかん社2002年版。
② 山崎闇齋的垂加神道是其代表。關於垂加神道參照拙稿《呪術師玉木正英と現人神》,《近世神道と國學》;《近世天皇權威の浮上》,《兵學と朱子學・蘭學・國學》。

毘靈》），以"天皇之大御心"作爲自己的心的生活方式①。天皇不僅僅是在京都的天皇陛下，更是與自己的人生直接相關的"吾天皇尊"（《直毘靈》）。這一點於平田篤胤也是相同的。篤胤一方面詠誦着孤獨，"我之思道，如漁夫撈到的海藻中住着的蟲子'我破'一般，只是放聲哭泣"②，"越仔細思考越覺得悲哀，世間中竟無一人（可與我共鳴）"（《氣吹舍歌集》"詠誦所思的和歌集"）；另一方面又說着"我之尊貴天皇，直系天照日大御神之御胤，我等亦皆神之後裔"（《玉襷》卷九，1813年成書）。到篤胤的弟子生田萬（1801—1837），對"我之天皇"的思慕更進一步加強。館林藩士生田萬提出藩政改革之書《岩上之苔》（1828），不僅沒被採納還從"御家""故鄉"中被放逐出去。他吟唱着"我所痛恨至極的世間，我竟反被世之人所抛棄"（《加賀美能牟呂乃於毛迦宜》"述懷"），在疏離感之中，"在高處閃亮的日之子照耀八隅，我之大君處於與古代不似之御代之中，沒有古之御稜威，不禁憤然，御髮倒竪，而此事亦已習慣，只能緊握御手。與貧窮之吾相重疊，慨嘆萬分，今宵借醉以明之"（同上《天保五年之暮所詠之歌》），將自己本身的不遇與憤恨與"我之大君"相重合，並加深了其程度③。

　　如此，作爲將不遇的個人人生與"皇國""天皇"的心情一體化的必然結果，國學者的"皇國"優位主張應該也能被理解了。宣長認爲，"皇國"是"照耀此四海萬國的天照大御神出生之國，因此乃萬國元本大宗之御國，萬事皆優秀於異國"（《玉匣》，1789年刊）。篤胤在面向江户的庶民講說時，進一步說出生於"神國"的"御國之人"，"從身份低微之人到我們，在同爲神之後裔上並沒有差別"（《古道大意》卷上，1811年成書）。在這裏，擁戴萬世一系的天皇的"皇國"是比"萬國"更爲優越的，這一點是通過所屬其中的自我的尊貴性而被意識到的。而且，正因爲是忍受着不合理而活着的個人，所以"皇國"意識就肥大化及獨善化了。此外，應該注意到，國學者在希求作爲"人中之神"而"與凡人遥遠尊貴可畏"（《古事記傳》卷三）之"吾天皇尊"的純淨的同時，還加強了對佛教以及對被歧視民的污穢的忌避意識。宣長歌道，"污

---

① 尾藤正英指出，這一宣長的"限於當有之作爲"，是"役"的體系中的"對應身份及職業的個別性的社會職能"。參照［日］尾藤正英《江戸時代の社會と政治思想の特質》，《江戸時代とはなにか—日本史上の近世と近代》。

② 校者注：此句借用了《伊勢物語》中的和歌"海人の刈藻にすむ虫の我からと、音をこそなかめ世をばうらみじ"。意思是，就像漁夫所捕獲的海藻裡生存的名叫"我破"的蟲子，此番放聲哭泣只因我自作自受，而不是恨我與那個人之間的親密關係。

③ 參照拙稿《生田萬の思想形成》，《近世神道と國學》。

穢乃神之最忌，家身國切忌沾染之"（《玉鉾百首》）。篤胤則在批判神佛習合的語境中向江戶的庶民論説，《法華經》的行者日蓮"是安房之國小湊町穢多之子，如此污穢之人，如何能將其收作弟子。其身爲賤民之子的證據，有日蓮自身留下的書物爲證。佛法本就爲求施捨者，所以無論是穢多還是非人，並無太大區別，但假若當初自稱有神祇道之家世，但卻是如此不淨之人，那麼還能成爲師生嗎？"（《伊吹於呂志》卷上）①。這與之前見到的增穗殘口一樣，是對被歧視民的露骨的歧視意識。在此與殘口同樣，運用血統的高貴來心理性地填補"才智"的缺乏，内含着在上下身份秩序中生存的被統治者的憤懣感。

十八世紀後半葉，"貧者愈貧，富者愈富"（《秘本玉匣》卷上），當忠實地勤於家職變得越發困難之時，國學者希求家業的永續，宣傳對於家業的勤勉。宣長説"不僅天津日嗣如此，直到臣連八十伴緒，都重視姓氏，子孫八十代，承繼其各自之家業，與祖神無有不同，只如一世，如神代一般侍奉爾"（《直毘靈》），認爲繼承家業本身就是"神代"以來的"侍奉"。只是宣長的情況如之前所見，在家業與學問、詠歌之間既孕育着緊張又保持着平衡。但是到了篤胤，一方面作爲古學的學問被專門化、職業化（本居大平和本居内遠到紀州德川家的任職），另一方面則從勤勉於家業自身中產生了積極的意義，這就是家業、職域奉公論②。

篤胤説勤於家業就是學習"神世之道"。"作爲天皇治下的百姓，當常思身爲百姓之由緒，思以從屬侍奉大御神之天皇之事爲本，感激奉御其御始，各各好其家業，勤勉不怠。爲士之人好士之業，爲農之人好農業，工商亦好其各自之業，由此各各皆精於其業。然深入其道之事，還當以習神世之道之心爲本也。"（《玉襷》卷八）在與篤胤同時代的橘守部（1781—1849）看來，勤於家業本身就是對"天皇"的"奉公"。"雖然世人只把直接在皇宮侍奉稱爲奉公，然此日月之照下，豈有不事天皇之人。（中略）當所有人都如此理解而勤於各自的職業之時，天地之皇神亦爲之護佑，自然能立身也。"（《待問雜記》卷上，1828年成書）這樣的家業、職域奉公論是篤胤以後，在地方村落中擴大的草莽

---

① 篤胤對"旃陀羅之子"日蓮的批判是從佛教原本的平等主義立場出發的反論，關於這一點參照拙稿《仏教と江戸の諸思想》，末木文美士編《新アジア仏教史13　日本Ⅲ　民衆仏教の定着》，東京：佼成出版社2010年版。

② ［日］松本三之介《國學政治思想の研究》，第119頁。芳賀登定義"家職產業奉公論"爲"全體人民專心於各自之家業，其本身就成爲對天皇的侍奉這樣一種思考方式"。（《日本思想大系51　國學運動の思想》，東京：岩波書店1971年版，第589頁）

國學的共通思考①。越後國新津的大莊屋桂譽重（1817—1871）説：“士農工商之四民，先祖以來代代從事家業，役人以勤於役爲家業，農人以耕作田地爲家業，其根本來自神的授予，既是受神所命之職業，則不敢等閑、懈怠，面面勤侍，即對神與君之奉公也。役人勤於役爲奉御，農人作於田亦爲奉御，木匠建築房屋，商人專營買賣，皆是奉御也。”（《濟生要略》卷二，1863 年刊）這樣的家業、職域奉公論在十九世紀受到了試圖重建困窮化農村的豪農階層的支持。“以天子之大御心爲御心，從將軍家、諸侯到以下的大夫、有司，最後到鄉吏、村長等，總之帶有役之字者，承繼其御心，作爲御百姓行立繁衍，爲侍奉上者而處事，乃今日之專務也”（《濟生要略》卷一），像這樣以將軍——大名——家臣——村長的上下身份秩序爲前提的大政委任論，雖然提高了豪農階層的權威，但是正因爲將原本就對不合理現實抱有憤懣的個人同“我之天皇”進行了心情性的聯結，從而隱藏着超越家業、職域奉公論的框架，直接爲天皇驅馳的行動性能量。

五、洋學者的“予一人”意識與國益論

與國學者在家職國家之内倡導家業、職域奉公論相對，如前所述，洋學者則是想要通過家業之外的“藝”的實力來留存自我之名的雄心勃勃的個人。因爲洋學者以醫者爲家業居多②，所以醫術的修得本身常常就是繼承家業，但是他們卻有着與“親子兄弟”的血緣關係不同的，作爲“别物”的“予一人”這種強烈的個人意識，甚而還有從家職國家中脱離出來的情況③。

> 天地無始而開，其中無始而生人，是以此後，於無終之年數，生人之事無量也。其中謂我者，乃予一人也，雖有親子兄弟，皆爲别物也。（司馬江漢《春波樓筆記》）

“予一人”這樣的自負，雖然是在身份秩序内的道德性人格者，但不是由“天皇”“皇國”的心情同一化所帶來之物，而是以自己的“才智”和“技藝”

---

① 參照［日］芳賀登《幕末變革期における國學者の運動と論理——とくに世直し狀況と関連させて》，《日本思想大系 51　國學運動の思想》。
② 參照［日］吉田忠《蘭學と蘭學者》，源了圓編《江戸後期の比較文化研究》。
③ 參照［日］田尻祐一郎《司馬江漢と“日本”像》，《江戸の思想 4　國家（自己）像の形成》，東京：ぺりかん社 1996 年版。

爲根據。在平賀源内看來，世間之人不顧自己的智慧或者工夫的不足，反而將有智慧或者工夫的人蔑稱爲"山師"，這些人一定是"律義者"，都是些"斤斤自守，以謹孝自稱，即便鞭策也裹足不前，與草木同朽泯滅無聞"（《鳩溪遺事》）之人。源内所謂的"律義者"，是指順從家業與孝行的家業道德論等於通俗道德論的凡庸之人。然而，"予一人"則是以自己的"才智"爲根據，有着創造性的新的"藝"（技術）的"創業"精神①，就像"主人不奢侈，知行不附飯粒於足底，奔走於想去之地，嫌煩之地隨便打發即可"（《風來六部集·放屁論後編》卷上），是從家職國家中跳脫出來的個人。

更值得注意的一點是，"予一人"是想要通過自己的"才智"和"技藝"，來謀求日本整體"國益"的個人。洋學者在翻譯蘭書之際，明確地擁有着"國益"這樣的意識。"今好荷蘭學之人翻譯蘭書爲日本之辭，與國有益之事雖不少，然因社中多醫者，故翻譯醫書或如本草類之書，而爲天文地理奇器之譯者鮮矣"（司馬江漢《荷蘭俗話》，1798年成書），"醫術之事自不必説，天文、地學之道，亦當於我國有所補益"（大槻玄澤《蘭譯梯航》卷上，1816年成書）。而且，不是爲了"國益"而捨棄自己的利益，"天生之才智當用之於世，此於國有益，於己有利，終得志留名於後世，此當謂人之本性"（司馬江漢《獨笑妄言》），如此所言，在使"於己有利"和"國益"並存之處有其劃時代的意義。這是與以克服"人欲之私"的朱子學的禁慾主義以及國學者捨棄自己的"漢意"來侍奉"天皇""皇國"的滅私奉公不同的獨特思想。這個"國益"是大槻玄澤所説的"成天下後世之裨益之一功業"（《蘭學階梯》卷上），不僅包含炮術、兵制等軍事方面，還包含了民生的方面，即並不都是增強國家權力之物。通過牛痘種法等醫術來幫助民生的在村蘭學者②們，可以説就具有這樣的"國益"意識。在洋學者那裏擁有着以自身的"才智"爲日本的整體人民貢獻的國民意識③。

洋學者之所以能有這樣的國民意識，原因之一是從翻譯的西洋地理書中獲取了信息。書中宣傳西洋諸國會使每個個人的才能得到發揚，洋學者便瞭解到

---

① 参照［日］平石直昭《近世日本の〈職業〉觀》，東京大學社會科學研究所編《現代日本社會4 歷史的前提》，東京：東京大學出版會1991年版。

② 参照［日］田崎哲郎《在村の蘭學》，日本：名著出版1985年版，以及《國立歷史民俗博物館研究報告 地域蘭學の總合的研究》一一六集，2004年版。

③ ［日］高橋磧一《洋學思想史論》，東京：新日本出版社2002年版，第199頁。参照［日］山崎彰《"和魂洋才"の思惟構造の形成と國家意識——大槻玄沢を中心に》，有阪隆道編《日本洋學史の研究3》，東京：創元社1974年版。

與家職國家相異的別的選項。比如司馬江漢説，"歐羅巴之國風貴賤不拘，尊崇天生所得之才氣，選賢舉能，因此其國妙者甚多""日本若從其政，有才之人必四面而起"（《荷蘭俗話》），把西洋作爲模範國家來設想。只是必須注意的一點是，正如先前見到的荻生徂徠對世襲制的批判那樣，在儒學當中也有不拘貴賤有才之人便會被國家錄用這種想法。洋學者也並不是將其作爲完全新奇的思想來看待的，而是從儒學當中推導出來的。反過來，在儒學者當中也湧現出了從翻譯地理書中獲取信息，從而對西方政治制度抱有共鳴之人，比如昌平坂學問所的儒者古賀侗庵（1788—1847）。與大槻玄澤有交流的侗庵説，"西洋意大裏亞等之國，自古皆位於歐羅巴州，遴選賢者，立以爲君。於是禍亂不作，篡奪不萌。斯其之美，比之堯舜亦多有不讓"（《殷鑑論》，1814年成書）①。幕末開明思想家橫井小楠（1809—1869）則認爲堯舜三代之治在美國的大統領制中得以實現（《國是三論》，1860年成書）。

那麽，洋學者在哪方面進行了新的思考呢？其中之一是在"國"與政治權利的關係之中。成爲焦點的是一直以來被洋學研究史議論的文化八年（1811）的蠻書和解御用所②的問題③。佐藤昌介在關於所謂蘭書翻譯局創設的意義上説道，作爲"唯由自己所好而爲之私學"（《蘭譯梯航》卷下）興盛起來的洋學，一方面作爲侍奉權力的知識、技術受到公認，另一方面又只能爲權力所隸屬化④。確實，幕府權力曾企圖統制、獨佔洋學。但是，如果就大槻玄澤的主觀想法而言，他自己因爲"命爲御用，御義實爲御國家，所謂有益之書有用之學，乃爲被統治被任命之御義，同學之者亦先以此爲難得之幸木懷之義"而欣喜，出仕蘭書翻譯局不正是實現如字面意義上的"國家之大益"嗎？在這之前，天明五年（1785）玄澤從支藩的一關藩出仕本藩仙台藩的條件中，要求住在江户，這也是因爲想要繼承杉田玄白的"終將成爲國家之益"這樣的"志向"翻譯蘭書，在領地仙台是不方便的⑤。當玄澤説"國家之益"的時候，不是指仙台藩，而是意味着超越了一個藩的日本整體，藩也被相對化了。幕府御

---

① 關於古賀侗庵，參照拙著《近世日本の儒學と兵學》；[日] 真壁仁《德川後期の學問と政治》，名古屋：名古屋大學出版會2007年版。
② 校者註："蠻書和解御用所"是指1811年由江户幕府設立的以蘭書爲中心的翻譯機構。
③ 參照 [日] 沼田次郎《洋學》，東京：吉川弘文館1989年版；《蠻書和解御用創始の經緯をめぐって》，《日本歷史》1992年524號。
④ [日] 佐藤昌介《洋學史研究序説》，第117頁。
⑤ 參照 [日] 佐藤昌介《大槻玄沢小伝》，洋學史研究會編《大槻玄沢の研究》，京都：思文閣出版1991年版，第10頁。

用所就是幕府正式認可了的想要通過翻譯蘭書來貢獻"國益"的蘭學者的夙願的體現，這大概是玄澤他們的認識。

需要注意的還有在西洋信息中傳達出了與儒學不同的關於國家結構的選項。在儒學中政治體制的概念，自古代中國以來只有封建與郡縣這兩種①，與之完全不同的西歐的政治體制論被翻譯介紹了過來②。小關三英翻譯普林森的《地理學教科書》第二版（1817）而成《新撰地志》，以之爲基礎渡邊華山論道，在西歐世界裏存在着"獨立之國"等於專制君主國、"守明之國"等於立憲君主國、"共治國"等於共和國這三種政體的區別（《外國事情書》）。特別是在"共治國"處注記着"推舉賢才豪傑，以至君長，公治一國的政治制度"（《外國事情書》）。尤其應大書特書的是，他們還傳達出了自立於"國"的諸個人是橫向聯繫的形態，暗示這一形態的是"Maatschappij"（馬特西卡培）這一荷蘭語。

"Maatschappij tot Nut van 't Algemeen"，吉田忠譯爲"爲了一般大衆的利益團體"，是在十八世紀荷蘭科學的大衆化及普及化這一動向的基礎上所設立的地方學會之一。蘭學者翻譯的荷蘭書中，很多都是這種"Maatschappij"所刊行的啓蒙書、入門書③。尤其是作爲荷蘭語學習的入門書而受到廣泛利用的《蘭文法》（Grammatica, of Nederduitsche Spraakkunst）、《構文法》（Syntaxis, of Woordvoging der Nederduitsche Taal）。前者的第二版（1822）由箕作阮甫題爲《和蘭文典前編》（天保十三年刊），後者由阮甫題爲《和蘭文典後編成句論》（嘉永元年刊），被翻刻了出來。小關三英的《鑄人書》④ 對這種"Maatschappij"加上了饒有興味的說明。根據此書的說明，人們設立"會社之黨"（Maatschappi），可以實現"人們互相幫助通力合作，爲諸般之世營"⑤。"會社之黨"是由"一些同志集合形成的黨"，分爲"自然黨"和"隨意黨"兩

---

① 參照［日］張翔、園田英弘共編《"封建"·"郡縣"再考》，京都：思文閣出版2006年版。

② 參照拙稿《蘭學者の國際社會イメージ》，《江戶後期の思想空間》，東京：ぺりかん社2009年版。

③ 參照［日］吉田忠《十八世紀オランダにおける科學の大衆化と蘭學》，吉田忠編《東アジアの科學》，東京：勁草書房1982年；《講演 江戶時代の西洋學》，《ビブリア》2007年128號。吉田翻譯"Maatschappij"爲"共益社"，"社"與蘭學"社中"具有同樣的意味。

④ 《天理図書館善本叢書 洋學者稿本集》，東京：八木書店1986年版。

⑤ 關於人爲性設立的團體，英語的"society"的譯詞"社會"，參照［日］齋藤毅《明治のことば 文明開化と日本語》，東京：講談社2005年版（初版1977年）。

種。自然黨是"親之黨",指由"父母子及諸親眷"組成的血緣集團。由自由意志結成的"隨意黨",分爲"宗門黨""朝廷黨""夫婦黨""士民黨""各種黨"五類。最後的"各種黨",是因爲"隨着人智的開發,謀求之事漸趨繁多,因之術學大盛"而興起,是"爲了增長培養術與學"的學術團體。"此黨之主攻爲價廉,且著有便於輕鬆了解諸學藝的書籍,給予貧士,使其能通過學藝瞭解道德,由此而有裨益於可爲良師之人才養成之鄉教",此黨的特點在出版廉價且帶有啓蒙性質的學術書。

《鑄人書》傳達了這一信息,即"Maatschappij"是由從國家權力中獨立出來的,抱有"增長培養術與學"的明確目標的同志們,人爲設立的自發性結社。說起來小關之所以能理解荷蘭"Maatschappij"的存在,大概是因爲有着《解體新書》以來在蘭學社中會讀的親身經驗。森有禮號召幕末的洋學者(箕作秋坪、福澤諭吉、西周、加藤弘之、津田真道、中村敬宇)所結成的明治的明六社,正是這種"Maatschappij"的實現。

結語——"國民"形成的兩條道路

在明治國民國家的形成之際,福澤諭吉等啓蒙思想家們面臨的一大課題,是如何將家職國家中被職分與家業分割爲士農工商的四民,塑造成爲國家之主的均質的"國民"。維新政府四民平等的政策廢止了世襲身份制,人們不再受到與生俱來的家職(家業)的束縛,可以自由地選擇職業,通過努力和才智,立身出世成爲可能。但是,正如福澤諭吉(1834—1901)敏鋭看透的那樣,"日本只有政府未有國民"(《勸學篇》第四編),是因爲尚未有擁有獨立自尊精神的"國民"。針對這一"國民"形成的課題,敘述至此的儒學、國學、洋學起到了怎樣的作用呢?最後再來探討一下此點。

衆所周知,福澤諭吉在《勸學篇》(1872—1876年刊)中說道:"一身獨立則一國獨立"(第三編)。"大凡作爲人,爲一身之奉養以及給予其妻兒以衣食,此爲天下之通理。現今如有生於此國而成就大功者,則不僅由此而成其國家之益,且親自興一家之產業,使其子孫免於飢寒之患,完成不受拘束獨立的生計,可謂是一舉而成公私兩方面之幸福"(《西洋事情外編》卷三,1868年刊),這是"一身"之利益與日本全體之"國益"的公與私一舉兩得的看法,也是通過自己的"才智""技藝"爲"國益"盡力的洋學者的看法。當然,對於福澤而言,完成"國益"的"一國"之支柱,不局限於一部分的學者,而是"一國人民",他試圖將在先驅的洋學者中已經萌發的國民意識推廣到"一國人民"全體之上。

原本福澤所説的個人的獨立就不單單意味着經濟的自立,這是因爲如果是衣食住的"獨立的活計"則"禽獸魚蟲"也都可以做到。福澤追求的是在此之上的"高尚"的生活方式,"我輩之職務,在於遺留下今日在這世上我輩所生存過的痕跡,並能够遠遠地傳給後人這一事,應該説這一任務還很重"(《勸學篇》第九編)。福澤這種獨立自尊的精神,也貫穿在了與"勸學篇"並立的明治初年的暢銷書《西國立志編》〔中村敬宇所翻譯的英國斯邁爾斯(1812—1904)的《自助論 Self Help》〕之中。"天助自助者"這一《自助論》的語言與朱子學者中村敬宇的價值觀恰好重合,他被昌平坂學問所儒者佐藤直方評爲用"吐血"般的努力,"自强、自勉、自己開拓自己的命運之人"(石井研堂《自助人物典型 中村正直傳》,1907 年刊)。這一價值觀與拒絶在家職國家中被埋没,不願與"草木同朽"想要留下個人之名的近世日本學者的願望相聯繫。當然,認爲明治初期僅僅是出於個人立身的上升意欲,以此來認識許多人熱心向學的現象則有些過於片面。這樣説是因爲在全國範圍内,以學習明治的新學問爲目的結成的"Maatschappij"、自發性學習結社叢生,不僅只是交换知識和信息,在會讀的場所互相討論譯出的西歐近代的經濟書、法律書,甚至還出現了起草私擬憲法草案之人。學問的場合與以設立民選議院爲目標的自由民權運動相關聯,這一目標用徂徠流的話來説,就是制作國家社會的新的制度①。在這裏,難道不可以説有着胸懷天下國家之念的近世日本學問者的氣概嗎②?

另一方面,在鼓舞這種獨立自尊精神的洋學者看來,將個人與天皇的心情同一化的國學者的"以天皇之大御心爲心"(《直毘靈》)的生活方式,不過是奴隸根性罷了。加藤弘之(1836—1916)對"國學者流之論"作了如下批判:

> 我邦之臣民,敬戴天皇,遵奉朝命,固是當然之義務,然以天皇之御心爲心是何事?此即爲吐露卑屈心之愚論也。歐洲稱有此卑屈心的人民爲奴隸。吾輩人民亦既與天皇同爲人類,各備一己之心,有自由之精神者也。豈有放擲此心此精神,只管以天皇之御心爲心之理哉?吾輩人民若至於放擲自己之心,只管以天皇之御心爲心,與牛馬何異?

---

① 參照拙著《江戸の読書會——會読の思想史》。
② 參照 [日] 宫城公子《日本の近代化と儒教的主體》,《幕末期の思想と習俗》,東京:ぺりかん社 2004 年版(初版 1987 年)。

但是儘管有洋學者這樣的批判，明治國家還是以天皇爲國民統合的基軸。在四民平等政策之下從世襲制度解放出來的平等化了的個人，作爲"以天皇之御心爲心"的天皇的臣民被統合起來，也就是所謂的一君萬民的思想。因此，在以富國强兵爲目的的激進的經濟、産業的近代化之中，用宣長之流的話説"今之世，貧者愈貧，富者愈富尤甚"（《秘本玉匣》卷上），天皇權威才能一直保持着意識形態性的機能，即填補個人生存於不合理世界中的不安精神的機能。

(作者單位：(日本) 愛知教育大學
譯者單位：北京大學外國語學院日語系
校者單位：北京大學歷史系)

德川學者對孟子政治思想的脈絡性轉換之關係

張崑將

【內容提要】 相較於中國儒者對孟子學的爭議，日本德川儒者對於孟子的政治思想之爭議更爲激烈，尊孟與非孟議題幾乎籠罩整個德川思想界，啓之於德川初期的古學派中彼此的論爭，即伊藤仁齋的古義學派和荻生徂徠的古文辭學派的尊孟非孟之爭；再爭於程朱學派反對古文辭學派的反孟思想；更在德川末期因尊王攘夷的勤王武士之鼓吹，孟子的不尊王政治思想，成爲衆矢之的；到了明治維新以後，孟子的民本論思想又一度成爲自由民權派學者擷取民主思想的泉源。由於孟子政治思想有這般激烈的爭議性，很值得讓我們探討脈絡性轉換的課題，本文從"脈絡性轉換"的關鍵概念，探索孟子的本源思想與被轉換後的日本儒者脈絡的思想所呈現的轉換關係，分析他們之間的"增減關係"與"對立關係"，從而由此更深入探索日本德川學者吸收與消化孟子學之際所展現的思想特質。

【關鍵詞】 脈絡性轉換　孟子政治思想　古學派　伊藤仁齋　荻生徂徠

一、前　言

本文所謂的"脈絡性轉換"之定義，是指將異地傳入的文本、思想、法政制度或經貿規範加以"去脈絡化"，再予以"再脈絡化"於本國情境之中，以融入於本國的文化風土或政經制度之中①。職是之故，只要有"本源"與"派生"之關係，就有可能失去脈絡而有"橘逾淮爲枳"的轉換現象，不再是原滋原味。以投票式的民主體制而言，起源於希臘雅典民主城邦，但近代發展出的

---

① 有關"脈絡性轉換"係黃俊傑教授近幾年來，針對東亞文化交流過程中所提出的方法論課題，參氏著《東亞文化交流史中的'去脈絡化'與'再脈絡化'現象及其研究方法論問題》，《東亞觀念史集刊》2012年第2期，第55—78頁。

各個國家之民主體制,因應各國脈絡而有議會民主制、議會共和制、總統制、半總統制等不同型態。以思想詮釋而言,思想只要進行詮釋時,就已經"脈絡性轉換"了,《莊子·齊物論》中所論一般人常"以是其所非而非其所是"的"彼"與"此"的對待關係,便說明偏見的產生來自於"主客對立"的必然性,所以"轉換"根本是必然之事,只有轉換的"多"與"少"的問題,並無"沒有轉換"這回事。

其次,"轉換"並不是從A到B全然不同的關係,而應是A與A+或A－的關係,即增加了某種成分於A上或減少了A的某種成分,我們可謂之"轉換的增減關係";即便對立的A(姑且稱爲－A),仍然是一種轉換關係,或可稱爲"轉換的相對(對立)關係",因爲無A的話,也無法藉着對立面的－A來強化B。以思想的轉換而言,孔子思想(A)經過孟子的"私淑"轉換形成A+或A－(如性善論),朱子思想再對孔子、孟子思想進行"私淑"轉換形成第二層次的A+或A－(如理學觀),這類"轉換的增減關係"也很微妙,畢竟增減關係是一種"部分"對"整體"的關係,此消彼就長,此長彼就消,存有一種互相涵攝的關係,即增加了A的某成分而成爲A+的混合物,但必然使整體的A也減少了其純粹的成分。增加的成分愈多,A褪色的成分也愈多。太極的陰陽圖可以充分説明這個道理,陰盛就陽衰,陽盛則陰衰,故盛衰或增減也有此相互涵攝之關係。

探討脈絡性轉換的思想課題,或可針對甚具爭議的思想而發,孟子的政治思想便具有這樣的特質。由於孟子以民本論的仁政理想爲基軸,強調"民貴君輕""土芥寇讎""王霸異質""湯武革命"及"勸諸侯行王道"等君臣相對觀的論點,在宋代以前引起過相當多的爭議,批評者如荀子(前313—前238)有《非十二子》篇,非議子思、孟子,其後東漢王充(27—約97)著《論衡》有《刺孟》篇,至宋司馬溫公(1019—1086)有《疑孟》,李覯(泰伯,1009—1059)有《非孟》,晁説之(1059—1129)有《詆孟》(已佚),黄次伋有《評孟》,馮休有《删孟》(未見其傳)等。爲孟子辯的有余隱之(允文,約?—1163)并司馬、李之説而著《尊孟辨》,朱子又補充余説而有《讀尊孟辨》①。孟子的王霸異質論也引起朱熹與陳亮的王霸之辨,性善論更是千古學者爭訟不絶的課題,湯武革命論歷來也惹來不少非議。

---

① 有關宋儒對孟子政治思想的爭辯,參黄俊傑《孟子思想史論》卷二,第四章《宋儒對孟子政治思想的爭辯及其藴涵之問題》,臺北:"中研院"中國文哲研究所籌備處1997年版,第127—189頁。

相較於中國學者對孟子學的爭議,日本德川儒者對於孟子的政治思想之爭議更爲激烈,尊孟與非孟議題幾乎籠罩整個德川思想界,啓之於德川初期的古學派中彼此的論爭,即伊藤仁齋(1627—1705)的古義學派和荻生徂徠(1666—1728)的古文辭學派的尊孟非孟之爭①;再爭於程朱學派反對古文辭學派的反孟思想;更在德川末期因尊王攘夷的勤王武士之鼓吹,孟子的不尊王政治思想,成爲衆矢之的;到了明治維新以後,孟子的民本論思想又一度成爲自由民權派學者擷取民主思想的泉源。

　　質言之,儒家很少有類似《孟子》這部經典引起廣泛的爭議。就以"湯武革命論"而言,宋代張九成(1092—1159)著有《孟子傳》特批評孟子,針對"聞誅一夫紂"章而評論:"余讀此章,誦孟子之對,毛髮森聳,何其勁厲如此哉?"② 到了日本,因湯武革命論衝擊到天皇萬世一系體制的根本地位,有伊東藍田(1733—1809)撰《湯武論》(1771年刊)、佐久間太華著《和漢明辨》(刊於1778年)等直言湯武是"篡弑"而非"仁義"③。孟子政治思想有這般激烈的爭議性,很值得讓我們探討脈絡性轉換的課題,本文擬從上述脈絡性轉換的"增減關係"與"對立關係"探索日本德川學者吸收與消化孟子學之際所展現的思想特質。

二、脈絡性轉換的"增減"關係

　　如前所言,思想議題在脈絡性轉換的過程中可以有"增減"關係,亦可以是"對立"關係。本節集中探索孟子政治思想在德川學者的脈絡性轉換中的"增減"關係,又因增減關係有程度強弱的區別,故又可分爲"強意的"與"弱意的"脈絡性轉換關係。本節擬以仁齋學的尊孟學者爲例説明之,尊孟學者雖高度肯定《孟子》,但細檢之下,有些關鍵思想仍有被脈絡性轉換的情形。如果原文本是A,透過對A轉換的"增減"關係,成爲與A不同的B,圖示如下:

---

① 相關研究,可參河村義昌《江戸時代における尊孟非孟の論争について》,《都留文科大學研究紀要》,第5集(1968,日本山梨縣),第22頁。
② (宋)張九成《孟子傳》,景印文淵閣《四庫全書》第196册,臺北:臺灣商務印書館1983年版,第271—272頁。
③ 相關研究可參張崑將《近世東亞儒者對忠孝倫常衝突之詮釋比較》,收入潘朝陽主編《跨文化視域下的儒家倫常》(上册),臺北:臺灣師範大學出版中心2012年版,第153—184頁。

(一)"强意的"脉络性转化关系:以伊藤仁斋的孟子学为例

此类以伊藤仁斋的尊孟思想家为主,指一方面吸收孟子学,另一面又巧妙地转化孟子学,如仁斋高度尊孟子,但仁斋的实学性格,减煞了孟子内在超越的心学,故孟子的思想有被"强意地转化"创造而成为仁斋的实学。以下我们以仁斋的管仲论为例。

如所周知,孟子耻为管仲,认为"管仲不足为",甚严"仁之心"与"仁之功"之分际。仁斋本于尊孟立场,倡言以仁义为宗:①

> 孟子之学,以仁义为宗,而所谓浩然之气,亦皆指仁义之功用而言。

唯仁斋所强调的"仁义之功用",与孟子所言之"仁义"有别。仁斋虽以爱释仁,但对孟子即"心"以言"仁""义"则有所保留,不承认孟子所强调的"心"的优先性,甚至高度评价管仲,将"管仲之仁"同于"圣人之仁"②,甚赞管仲安民济世之功。仁斋《论语古义》中释"桓公九合诸侯"章,如是称许管仲之仁:

> (孔子)但举九合之功,以称其仁,何者?甚能修举王法,輓回风俗,利泽恩惠,远被于天下后世,则其为德甚大矣!故曰:"如其仁!如其仁!"盖仁大德也,非慈爱之心顷刻不忘,则固不可许,而济世安民之功,能被于天下后世,则亦可以谓之仁矣。故孟子以伯夷、伊尹、柳下惠,君于百里之地,皆能朝诸侯,有天下为仁,是也。此所以虽高弟弟子,不许其仁,而反于仲许之欤!③

从上引文可看出仁斋甚称许管仲之仁,而将之比拟于孟子所称许的伯夷、伊

---

① [日]伊藤仁斋《孟子古义》,收入关仪一郎编《日本名家四书注释全书》,东京:凤出版1973年版,第九卷,第58页。
② [日]伊藤仁斋《童子问》,收入家永三郎、清水茂等校注《近世思想家文集》,卷之上,第52章如是记载:问:"圣人之仁与管仲之仁,是同与不同。"曰:"同。尧舜之仁,犹大海之水,汪汪洋洋,不可涯涘也;管仲之仁,犹数尺井泉,虽不足观,然遇旱岁,则亦可以资灌溉之利,虽有大小之差,岂谓之非水而可乎!"东京:岩波书店1966年版,第218页上。
③ [日]伊藤仁斋《论语古义》,收入关仪一郎编《日本名家四书注释全书》,卷之七,第211—212页。

尹、柳下惠等諸聖人，原因是他們皆有"天下爲仁"之功，即"仁之大德"的體現。仁齋又爲管仲不死君難辯護，謂公子糾雖爲兄，桓公爲弟，但強調二人嫡庶有別，可不以兄弟議論之，我們從《論語古義》中所見仁齋之論管仲，全是正面評價，並許之爲仁。

但令人困惑的是，仁齋既許管仲爲仁人，極推尊管仲之事功，卻又在《童子問》中說："管仲非王佐之才"，仁齋説：

> 問："管仲何以不得爲王佐之才。"曰："有志、有才、有學，而後可以行王道。無其志，則不能以天下爲己任；無其才，則不斡旋大事；無其學，則雖有志、有其才，然在區區功利之間，而不能濟大道，此管仲之所以止爲管仲也。若使管仲知湯武之道，便是伊、吕之儔。予嘗序魯齋心法曰：'有實學，而後有實德，有實德，則實材隨焉，是也。'管仲雖有材，而不足爲實材者，爲其無學也。"①

如前所述仁齋論王道乃就"實德"的成效而言，無關乎個人的道德修養，故推尊管仲之事功，是極自然之結果。這裏引文中，仁齋所非議管仲的亦非"實德"，乃在管仲之"無學"，因"無學"故不能有"實學"，因不能有"實學"，故僅在區區功利之間打轉而不能知"湯武之道"，因此無法成爲伊尹、太公望之王佐之才。如此便衍生一個關鍵問題，即是：一個仁人，竟可以是"非王佐之才"，豈不矛盾？這牽涉到仁齋對"仁"的詮釋問題，仁齋並不似孟子或宋儒將"仁"視爲"天之尊爵"或可盡天下之理，仁齋的"實德"不限於"仁"，謂"蓋以仁之成德，不可以一德盡之也"②。"仁"既被降位與諸德同等地位，而仁齋又重"實德"之功效，因此稱管仲爲仁人也就順理成章了，而管仲之所以僅爲"霸才"乃因其無"實學"，因無"實學"，則管仲之"才"乃非"實才"，所以只在區區功利之間，不能濟大道，如此我們可知仁齋特強調"實學"的重要性甚於"實材""實德"。

就以上仁齋與孟子管仲論的分歧而言，可窺仁齋雖尊孟子學，但在談王霸或管仲之際，減煞了"仁心"的優位性，強化了他以"實學"爲基準的優先性。這種轉換，關鍵在於仁齋主張"心""性"各殊，反對以"心"言"性"，又認爲"仁"乃非"性"之屬，而是屬於"德"的範疇，強調"聖人貴德不貴心""皆不

---

① ［日］伊藤仁齋《童子問》，第49條，第217—218頁。
② 同上書，第217上頁。

以心爲緊要"①,如丸山真男所言:"連開口言德行,發與説擴充的道學者仁齋,政治的契機也要從個人倫理離開而獨自化。"②可見仁齋之"心"是一種"經驗意義的認知心",而非"道德價值意義的超越心"③。質言之,仁齋言"仁",事實上均只强調孟子"仁"之現實性,減煞了孟子"仁"的根源意義之超越"心",所以仁齋以"愛"言"仁",稱管仲爲仁,着重在"成德"的"愛人",而較缺乏"成己"的自反自覺根源意義。亦即仁齋着重"成物"的"推廣"一面,卻未能對"成己"的超越狀態加以關心,基本上仍是漢儒以"仁"解釋"愛人"的舊套,仁齋後學者原雙桂(瑜,1701—1773)在《桂館漫筆》中即批判説:"仁齋之徒,蓋皆模糊調停,散漫自恣,不知道之精微。然而其行己亦多庸凡鄙俗,乏俊異卓立之志,闢脱塵超凡之操"④,原雙桂之批評,指出了仁齋學問雖尊孟子學卻又不是孟子學的問題性。

筆者質疑的是,仁齋並没有認爲他的學問不是孟子學,但顯然他很清楚孟子羞比於管仲、斥管仲僅成就霸道,而何以仁齋最終要以管仲無"實學"來自圓其説?答案可能是:無非想轉化孟子以心解釋所有"德"或"性"的問題,讓孟子學回到"實學"的軌道來。仁齋作爲町人學者,在庶民階層裏打滚,他對孟子"不忍仁之心"就可推"不忍仁之政"的那套仁政理論,應該有相當保留。太過理想化的"心學",若做不出利益群生的事情來,那只是"虚學"罷了。因此仁齋駁斥佛、老之説:"大凡無補於天下國家之治,無俾於人倫日用之道者,皆謂之邪説暴行。若佛、老之學,後世禪儒高遠隱微之説是矣。"⑤則可知仁齋重視的是"有補於天下國家之治,有助於人倫日用之道者"的"實學"觀。妙的是,仁齋曾出入禪學近十年,對心學有獨到的體會,當然也很清楚孟子心學與禪門心學的關鍵不同,因此筆者認爲仁齋不強調孟子心學是"刻意

---

① [日]伊藤仁齋《語孟字義》,收入《伊藤仁齋·伊藤東涯》,東京:岩波書店1983年版,卷之上,"心"第1條,第132頁下。
② [日]丸山真男《日本政治思想史論》,東京:東京大學出版會1976年版,第60頁。
③ 有關仁齋思想中的"心",黄俊傑教授在《伊藤仁齋對孟子學的解釋:内容、性質與涵義》一文中,已經指出仁齋將"心"視爲"認知心",以及將"心""性"二分,並就"氣質"以論性善,特從"人倫日用"等具體性與特殊性之脈絡論人性,對孟子性善説中"人"所同具之普遍必然性、超然性及連續性均有脱逸。參氏編:《儒家思想在現代東亞——日本篇》,臺北:"中研院"文哲研究所籌備處1999年版,第162頁。
④ [日]原雙桂《桂館漫筆》,收入《日本儒林叢書》第七册,東京:鳳出版社1978年版,第29頁。
⑤ [日]伊藤仁齋《童子問》,第10章,第223頁上。

的",而不是"誤解的",刻意稀釋並轉化孟子的心學優位性格,回到他深有體會的人倫日用之"實學",這是仁齋對孟子學"強意地轉化"的脈絡性轉向詮解的一個鮮明例子。這類"強意地轉化"往往帶有強烈的個人主體性脈絡之意向性。

（二）弱意的脈絡性轉化關係

相較於前小節"強意的脈絡性轉換關係","弱意的脈絡性轉換關係"指的是一方面贊成孟子學,但另一方面又高度受限於日本封建體制下的尊君脈絡中,在中日彼此的不同脈絡下,企圖扭轉孟子某些政治思想的解釋,以相容於日本體制中。何以言"弱意"？乃相較於前者帶有強意的"主體脈絡性"而言,此類比較不突顯主體性脈絡,而是正視時空脈絡之不同以求化解二者出現的緊張性。其中最明顯之一即是孟子的"是否尊周"的議題,成爲辯論的焦點,尤其日本在封建體制下,有其特殊的朝幕體制,"尊周"議題常圍繞在是否尊王室的政治意義之議題,因日本有萬世一系的天皇體制,幕府將軍之實質權力,在名義上仍須得到天皇的敕許,當幕府權力結構出現鬆動之際,尊周議題便特別敏感地湧現而出,而孟子的論點常是儒者論述朝幕緊張關係的引爆點。尊孟儒者碰到這類議題,若不選擇迴避,則勢必要對孟子進行回護,頗費周章,從而出現委婉而"弱意的"脈絡性轉換的詮釋關係。

孟子的不尊周思想,迭受歷代學者所指責,尤其到了宋儒引起非常大的爭議。學者指出孟子之所以不尊周,除了身處戰國時代的政治黑暗背景之外,亦與其王霸之辨與君臣相對觀的政治思想體系的内在要求息息相關①。至於日本尊孟儒者似乎傾向解釋孟子是尊周之論,非孟儒者則一致批判孟子的不尊周論。例如極爲尊孟的古學派伊藤仁齋,他並不指孟子爲不尊周,而説："孟子説齊梁王以仁義,欲其自悟僭王之非,而尊周室也。"連尊孟者也都傾向解釋孟子仍然是尊周之論,顯然與宋儒劃分孔子尊周、孟子不尊周之論截然不同。於此又可見孟子思想在日本脈絡下的求同存異之消融情形,頗緩衝了現實政治的緊張關係。而其間的關鍵脈絡,當不離日本的萬世一系之天皇體制,如一位折中學者冢田大峰（1745—1832）一語道出日本儒者何以辨尊周議題,他說：

> 中夏開闢以來,廢興存亡,皆無常矣,唯以天命與民心,而未必以世系乎。如我東方,開闢以來,世系以御天下,復未嘗有天疏民背之上也。

---

① 關於宋儒對孟子不尊周思想的爭辨,參前引黄俊傑《宋儒對於孟子政治思想的爭辯及其藴涵的問題》一文中,有精彩的討論。

未嘗有天疏民背之上，則或有天親民懷之下在焉。然未嘗得革天命也。①

上述言中國"唯以天命與民心，而未必以世系"，實道出了中日對湯武革命或尊周王室之所以有不同理解的關鍵原因。如果日本沒有萬世一系的天皇體制，日本儒者或許不會對孟子的湯武革命論或是否尊周論如此地敏銳，但也正因日本有此天皇體制以及其所根據的神話史書，才使得孟子的政治思想能在異國文化中掀起如此大的波瀾。由此亦可知，尊孟儒者不太可能把孟子解釋為不尊周室者，乃因有此一特殊性的政治脈絡，故須用委婉而弱意的脈絡性轉換方式以回護孟子，如伊藤仁齋之子伊藤東涯（1670—1736）即說：

> 方孟子之時，周室衰弊，不足以服天下，諸侯放恣，民憔悴於虐政，然則勸齊、梁之君，行王道以安天下，文武之心也，不此之出，而還致紛爭，故非之固非所以非之。②

岡田龜（號月洲）針對反孟論作品的《思問錄》，特有以下之評論：

> 孔子之時，天下惟一周王，除吳楚之外，諸侯未有僭號者，君臣之分猶明，故得唱尊周之說。及孟子之時，天下諸侯，盡皆吳楚也，七王國皆方千里，而周纔存有七縣，又為權臣所奪，分為東西二周，周王寄食其間，當時周人猶不知有王，惟知有權臣耳，況列國乎？而欲使孟子襲尊周之說，請問往何國，見何人，而開口鼓舌。譬如揭衣冠裸裎國之市，強聒終日，無有一人過而問者，則惟有抱濟民之道，深隱巖穴耳。設使孟子如長沮、桀溺，不顧此民塗炭，而獨潔其身，吾恐又有以背馳孔子責之者。③

又云：

> 按周烈王時，齊魏皆僭稱王，至顯王時，他諸侯皆稱王，於是君臣之義既絕矣。周室之祚亦亡矣，雖存猶亡也。孟子初至梁，在顯王之三十三年，其至齊之年，雖無明據，亦必在至梁之前後。二國之主既以王自居，視周猶一小侯，故孟子亦從而王之，今謂孟子唱勸王之說，誣亦甚矣。④

---

① ［日］冢田大峰《聖道合語》，收入前引《日本儒林叢書》第十一册，下編，第53—54頁。
② ［日］伊藤東涯《辨疑錄》，收入《日本儒林叢書》第一册，卷之三，第66—67頁。
③ 岡田龜之論，皆收入於評藤澤東畡之《思問錄》（收入《日本儒林叢書》，第四册）之附錄中，第2頁。
④ 同上書，第4頁。

岡田龜從孔孟時代的歷史背景已截然不同，論孟子在戰國時代根本不存在尊周的問題，因當時的歷史脈絡是已無周王室可尊，各諸侯已然稱王，這是歷史事實，並不是孔子時代尚有周王室可尊，因此孟子根本沒有倡議勸齊、梁之君爲王這回事。伊藤東涯指出向來批判孟子的不尊君或勸行革命之事，都是"非之固非所以非之"，將尊周論還原到孟子時代，認爲周室王令已經不行於天下，諸侯紛爭，人民憔悴於虐政，故只有一顆"安天下"之心，即文武之心而已，因而主張孟子勸齊、梁爲王，只是基於此心，無關尊君與否或勸行革命。以上岡田與伊藤之論都是典型的脈絡性轉換之解釋方法，如將其論點放到日本脈絡，當深知其回護孟子之心，採取的是一種"弱意的"方法論立場，方不致令孟子政治思想在日本時空脈絡下有所扞格。

三、脈絡性轉換的"對立"關係

此項"對立"關係，指的是以《孟子》爲文本，站在孟子政治思想的對立面，對孟子政治思想進行時空對立的脈絡性轉換。在此對立關係下又勉強可分"時間對立"與"空間對立"的思想特質，前者以古文辭學派的徂徠學爲例，後者以吉田松陰及後期水戶學之探討爲例說明之。這類對立關係多有"復古主義"（restorationism）的傾向，常欲回到時間久遠的繼承關係，或是強調日本風土空間的神聖性，以格格不入的孟子政治思想作爲參照"經典"，借其批判來凸顯其鮮明的政治立場。質言之，本節所謂"對立"並不一定是相反，而是藉相對於 A 來使 B 顯題化，A 成爲凸顯 B 的重要思想或文本根據。簡單圖示如下：

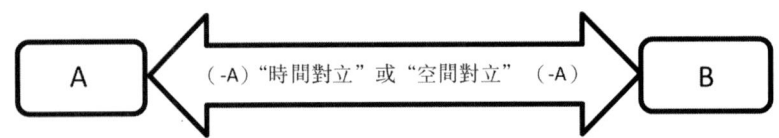

根據以上圖示，如果 A 是孟子政治思想，－A 是對立於孟子的政治思想，B 則是被凸顯在日本風土空間及時間下的政治思想，此即是典型的脈絡性轉換。

（一）時間對立關係下的脈絡性轉換

孟子雖自稱"私淑"孔子，但反對孟子思想者，常區分孔子與孟子之別，江戶後期儒者冢田大峰（1745—1832）《孟子斷》的一段話可爲代表：

> 夫孟子之志，則雖固宗孔子也，而其學風則非孔子之正統也。所謂四端之心以求仁義禮智，謂性善以明仁義之有於己，浩然之氣以謂仁義之功

用，及存心、放心、盡心之説，皆是孔子之所未嘗言，言其所未嘗言者，豈謂之嫡宗乎哉？孔子則不然，述而不作，信而好古，非先王之法言不敢道，非先王之德行不敢行，曾曰："吾嘗終日不食，終夜不寢，以思，無益，不如學也。"孟軻則不主學，徒求之於心，四端、性善、養氣、存心、盡心之説，皆是使人自思者也。以孔子見之，則是所謂以思無益而已。以其所謂無益者，如何得啓孔門之關鑰。①

上述之言是針對伊藤仁齋視"孟子之書，爲萬世啓孔門之關鑰者也"之説，充分説明孟子的許多主張是"言孔子所未嘗言"。對於仁齋視《論語》爲"宇宙至極第一書"，《孟子》是《論語》的最佳解釋者，批判這樣論點最早的是古文辭學派荻生徂徠，徂徠對治仁齋學的思想武器則是"道存六經"②。從時間軸上，所謂"道存六經"一開始就切斷孔子與孟子思想的不同，把《孟子》作爲對立關係來凸顯其所謂的"先王之道"，認爲孔子代表"先王之道"之繼承者，孟子則是開創"儒家者流"的始作俑者。徂徠極力地峻別"先王之道"和"儒者之道"，曾嘆道："吁嗟！先王之道，降爲儒家者流，斯有荀孟，則復有朱陸，朱陸不已，復樹一黨，益分益争，益繁益小，豈不悲乎。"③徂徠弟子太宰春臺也一再説明："古者未有儒家，子思、孟軻之流，降爲儒家。秦漢之際，乃有是名，則與諸子百家爲伍而已，曾謂先王之時有儒家乎！"④太宰春臺更論孟子之害⑤：

> 軻自以爲孔子之徒，而其不達道如是，自是先王之道，降爲儒家者流，遂令後世謂儒者難與進取，千百年來，儒生之談，無補於國家，由軻之誤也。然此禍胚胎於子思氏，而成於孟氏，則荀卿之非二子，可謂知言也。

按此處所謂"儒家者流"，春臺特指爲"無補於國家"，不爲世用，只知教授生

---

① ［日］冢田大峰《孟子斷》（卷上），收入《日本名家四書註釋全書》第十卷，第5頁。
② 徂徠説："仁智並言，德也。仁義並言，道也。道存六經，詩書者義之府也。"氏著《論語徵》，收入關儀一郎編《日本名家四書註釋全書》，第七卷，甲卷，第9—10頁。
③ ［日］荻生徂徠《辯道》，收入《荻生徂徠》上册，東京：岩波書店1982年版，第200頁。
④ ［日］太宰春臺《讀仁齋〈易經〉古義》，收入《附録：春臺先生雜文九首》，《日本儒林叢書》第四册，第36—37頁。
⑤ ［日］太宰春臺《孟子論》，收入《日本儒林叢書》第四册，下卷，第23頁。

徒，舌耕以食者，足見其非孟之深①。觀其《孟子論》之作，一一批判孟子的養氣論、經權論、心性論、王霸論以及管仲論等，《孟子》思想中的重要思想幾乎不爲春臺所接受。

"先王之道"的經典在六經，由於經過孔子的整理，孔子乃有整理六經之功，"道"的源頭還不在孔子，所以對於私淑孔子的孟子之著作，只是"私言"，但卻被宋儒拿來解"孔子之道"。對此，徂徠批評道②：

> 近世諸老先生多以《孟子》解《論語》，亦未知孟子與外人爭者也，豈足以解門內之言乎，其（諸子）解經，皆以理而不以道，可謂不見宗廟之美百官之富矣，其專心四書而忽略六經，亦坐是故耳。

如是，《孟子》成爲與"先王之道"對立的經典，形成"古道"失真的源頭，導致宋儒借《孟子》解《論語》，使孔子之道失真，如徂徠以下所説③：

> 程朱諸公，雖豪傑之士，而不識古文辭，是以不能讀六經而知之，獨喜《中庸》《孟子》易讀也，遂以其與外人爭者言，爲聖人之道本然。又以今文視古文，而謂乎其物，物與名離，而後義理孤行，於是乎先王孔子教法不可復見矣。

以上批判宋儒"以今文視古文""不能讀六經""獨喜《中庸》《孟子》"，都凸顯出時間軸上的"古"才是"道"的源頭，尋"道"必從六經之古文辭，不可只從"今文"著手。徂徠的聖人觀也是從"古"的立場而發："古有聖人，今無聖人，故學必古。……故欲知今者，必通古；欲通古者，必史，史必志，而後六經益明，六經明而聖人之道無古今，夫然後天下可得而治，故君子必論世。"④ 如是徂徠所謂"聖人——古道——六經——古文辭"都是驗證"先王之道"的關鍵。那麽《孟子》的問題在哪裏？徂徠説⑤：

> 孔子嘗曰："默而識之"，爲道之不可以言語解故也。孟子而下，此道泯焉，務欲以言語盡乎道也，以馳爭於不知者之前焉。夫人不可以言喻也，況可以言服其心乎，故其言之明暢備悉，適足以爲一偏之説耳。故性

---

① 春臺論孟子之害的相關論點也可參見其所著《讀仁齋〈論語古義〉》，收入《日本儒林叢書》第四册，第33頁。
② [日] 荻生徂徠《論語徵》，第352頁。
③ [日] 荻生徂徠《辯道》，第200頁。
④ [日] 荻生徂徠《學則四》，收入《荻生徂徠》上册，第257頁。
⑤ [日] 荻生徂徠《論語徵》，第301頁。

> 善性惡,聚訟萬古,程朱性理,不過爲堅白之辨,悲哉!

原來孟子及宋儒的問題是"言語道盡",心性論之辨開啓宋儒聚訟紛紛的性理學,根本違反孔子"默而識之"的不可道的原則。徂徠認爲"道"不能是那樣被"言語道盡"的道,《孟子》成爲徂徠用來凸顯"古道"的對立者,由《孟子》的對立,照映出以下徂徠學的特質:

(1) 六經的"先王之道"之"古道",並不等於孟子所謂的"王道"之"今道"。

(2) 六經之道具體地展現在先王制度之禮樂刑政,根本無孟子抽象的心性論的爭議。

(3) 只有六經下的君臣絕對觀,沒有孟子的君臣相對論。

(4) 聖人是不可學而至,不是孟子所言"可學而至"。

由此可知,宋儒以孟子爲師,開發出更上層抽象玄理的性理學,如今徂徠從孟子的對立面斧底抽薪,找回時間軸的古道。在這裏筆者看到了《孟子》在徂徠學上扮演著脈絡性轉換的對立關係,"時間"是一個相當關鍵的要素,孟子學成爲徂徠回返先王之道軌跡的對立物。

(二) 空間對立關係下的脈絡性轉換

此處空間指的是脈絡化的風土,日本儒者在讀中國經典之際,將其內容進一步脈絡化到日本的風土空間,進行對立性的評論,從而展現日本主體性或認同感。"日本風土"迥異於中國,所以孟子的政治思想有諸多與日本風土格格不入,特別是強調神道論者,對於孟子民貴君輕及易姓革命論相當反感,《孟子》這部經典是作爲脈絡性轉換的對立存在者,頗有刺激日本神皇意識的主體性之作用,我們從幕末的吉田松陰《講孟餘話》、後期水戶學藤田東湖的孟子論當中可以充分了解此項思維特色。

風土論多強調空間軸的特殊性,以與中國相較,如以下折中學者井上金峨(1732—1784)的風土論:

> 我邦表東海,與中國風馬牛不相及。先王之制,尚大古之風,緣飾以李唐之禮典,焉得求之中國,而一一無差乎?秦漢以後,不循三代禮樂之治,何況我邦乎?何況我邦之今乎?即風土之異,我之不能爲彼而我也,今之不能爲古而今也。時使之也,勢使之也。①

---

① [日]井上金峨《金峨先生焦餘稿》,收入《日本儒林叢書》第十三册,第7頁。

井上金峨道出中日風土之異，乃"時使之也，勢使之也"的必然性，不必禮樂文化皆需與中國相同。至於日本要拿出與中國不同的風土且傳之久遠的文化，學者常提到神道，幕末一位儒學者帆足萬里（1778—1852）特別強調日本神道之教與中國截然不同，他說：

> 本邦神道，窩霏爾莫尊（按：神話中的神）時，已有織祭服之事，其興龐久。神武帝以來，亦有崇節，至今三千餘年，列聖相承，四海之民，仰之如日月，尊之如神明，與異邦屢易姓者不同，亦神道之教，孚於其民也。①

以上井上金峨、帆足萬里都是儒學者，他們均意識到空間風土化的問題。在江户儒者的諸多文獻中，只要涉及日本神道或天皇意識，大多承認此一特殊性的風土，即便朱子學者林羅山及山崎闇齋都有高度的神道信仰。不過，如果僅僅停留於承認彼此的特殊性，各有其道，難免還有"漢土之歸"或"儒主神輔"的遺憾，因此主體性強烈者如吉田松陰等務必把日本特殊的空間性風土，由"特殊性"拉到"優越性"。本節以幕末尊攘志士爲例，先論吉田松陰，次論藤田東湖。

對《孟子》進行解釋，從而對照出日本主體性最鮮明的即是幕末吉田松陰的《講孟餘話》。松陰在《講孟餘話》中經常注意到中日"空間軸"的根本不同，特別區分"我邦"（日本）與"漢土"的不同性質。這種例子在論"國體""君臣之道""湯武放伐"時特別明顯，如解《離婁下·3》："君之視臣如土芥，則臣視君如寇讎"章時，松陰解曰：

> 讀書要觀主意，如此事，孟子爲説宣王，故以君道爲主意，若誤思臣道亦如是，大非也。若論臣道之時，君雖不君，臣不可不臣是也。雖君觀臣如手足，臣觀君如國人；雖君視臣如犬馬，臣視君卻如寇讎者，是云其罪萬死，何以償是。②

表面上批評孟子，但從以下之論即知是對照出日本的絕對君臣觀，皆以"空間"意識對比出與漢土的不同，如以下解朱子《孟子序説》時說：

---

① ［日］帆足萬里《入學新論》，收入《近世後期儒家集》，東京：明德出版社1972年版，第392頁。
② ［日］吉田松陰《講孟餘話》，收入《吉田松陰全集》第二卷，東京：岩波書店1986年版，第338—339頁。

> 事君而不遇之時，諫死可也，幽囚可也，飢餓可也。……在漢土君道自別，大氐聰明、睿智、傑出於億兆之上者，以其長爲道。故堯舜，讓其位於他人；湯武雖放伐其主，不害爲聖人。我邦上由天朝，下至列藩，襲千萬世而不絕，非漢土之可比。故漢土之臣，譬如簽訂半季之奴婢，擇其主之善惡而轉移，固其所也。我邦臣若爲譜代之臣，和主人死生同休戚，雖至死，絕不云棄主之道。嗚呼！我父母何國之人，我衣食何國之物，讀書知道亦誰恩，今稍以不遇主，忽然去是，於人心如何哉！我欲起孔孟與之辨此義。①

上述之論形成強烈的空間對比，以"漢土君道"對立於"我邦君道"而突顯出"我邦君道非漢土可比"，以"漢土臣道"對立於"我邦臣道"而發揮"我邦臣道絕不云棄主之道"②，一一將孟子的觀點，對照於空間不同的日本，如是，《孟子》這部經典彷如成爲對照出日本特殊性甚至優越性的作品，最後松陰還要起孔孟與之相辨君臣之義，堪稱發揮脈絡性轉換的對立關係之極致者。

其次，幕末水戶學者藤田東湖撰有《孟軻論》，反駁孟子之王道思想甚烈。東湖首揭："吾每讀孟軻之書，觀其說王道，深痛孔子之志孤也。遂有知其道絕不可用於神州矣。"③ 東湖讀孟子書，想到的是神州之道，並深覺"其道"與"神州之道"相違甚鉅，空間對立性甚爲強烈。東湖的"神州之道"是對君臣大倫採取絕對性的立場，所以特別批判孟子在戰國時期猛勸諸侯爲王的不尊周思想，而曰：

> 爲軻者，誠宜奉孔子之遺意，明《春秋》之大義。苟可以扶彝倫，尊周室者，汲汲爲之，不遺餘力。今也不然，開口則談王道，要其說之所

---

① ［日］吉田松陰《講孟餘話》，第263—264頁。
② 有關"漢土"與"我邦"作爲空間的相對參照，《講孟餘話》相當多，再舉以下解《梁惠王下·8》"湯放桀，武王伐紂"章之說："湯武放伐之事，前賢具論矣，然試陳所見。凡漢土之流，皇天降下民，是無君則不治，故必於億兆之中擇以命是，如堯、舜、湯、武其人也。故若不稱其'人職'，則不能治億兆，天必廢之，如桀、紂、幽、厲其人。故以天之所命，討天之所廢，何疑放伐。本邦則不然，天日之嗣，永無天壤及無窮者，此八大洲，天日所開之所，日嗣永守之也，故億兆之人，宜同日嗣休戚，不可復有他念，若夫征夷大將軍之類，天朝之所命，稱其職者得以居之。故足利氏爲征夷，如曠職，直可廢是，是和漢土君師之義甚相類。然如湯武，依義討賊，稱承天命，在本邦則不然，天朝天日之嗣，照臨宇内，不奉天朝之命，若擅問征夷曠職，所謂以燕伐燕者也，所謂'春秋無義戰'者也。故讀此章者，若不致審辨，適足以啓奸賊之心。"吉田松陰《講孟餘話》，第279頁。
③ ［日］藤田東湖《孟軻論》，收入《東湖全集》，東京：博文館1940年版，第235頁。

歸，不過使齊梁之君王於天下而已。嗚呼！周室雖衰，尚有正統在焉，軻生於周之世，食周之粟，何心能忍而發其説。①

接着再批孟子之王道與孔子相違：

> 軻平生貴仁義，賤霸術，而無一語及名分，乃反欲隱然移周世之鼎於田、魏強僭之國，其爲仁爲義，果何物，假使桓、文而在，則鳴罪討之，將不旋踵，軻豈暇於賤霸術乎哉！由是言之，軻之王道，非孔子所與也，亦明矣。②

東湖質疑孟子向諸王陳王道的"仁義"是否爲真"仁義"，批評孟子的王道並非孔子所稱許，此論像極了徂徠學的區分孔孟，不過徂徠學比較站在"時間軸"上批評孟子的"不够古道"，東湖這裏則強調的是"皇室正統"，講的雖是中國的"周室正統"，真正用意還在"日本皇室正統"，將尊周意識移轉到日本空間，以論日本皇室的神聖性。如以下對孟子的易姓革命論大加撻伐，東湖説：

> 西土之爲邦，能言彝倫，而彝倫常不明，尤疎於君臣之義。夫禪讓放伐，姑置不論，周秦以降，易姓革命，指不勝屈，人臣視其君，猶奴僕婢妾之於其主，朝向夕背，恬不知恥，其風土然也。……獨赫赫神州，天地以來，神皇相承，寶祚之盛，既與天壤無窮，則臣民之於天皇，固宜一意崇奉，亦與天壤無窮。而腐儒曲學，不辨國體，徒眩於異邦之説，亦以軻之書與孔子之書並行，欲以奴僕婢妾自處，抑亦惑矣。③

東湖拿日本萬世一系，與中國的異姓革命對比，以凸顯日本臣民對天皇忠貞無二的君臣大倫，這是典型的藉着反孟思想，而強調日本的神皇意識，孟子之思想在此成爲東湖脈絡性轉換的最佳對立者。由此可窺，幕末尊攘志士有一股解釋孟子的趨勢，藉着批判孟子來凸顯日本的神皇國體論，作爲脈絡性轉換的對立關係之《孟子》，正扮演這樣的角色。這種脈絡性轉換的對立關係在詮釋史上也不少見，證明所有的歷史都難逃是"當代史"的解釋模式。

---

① ［日］藤田東湖《孟軻論》，收入《東湖全集》，第 236 頁。
② ［日］藤田東湖《孟軻論》，第 235—236 頁。
③ 同上書，第 237 頁。

四、結　論

　　本文着重在一個思想被脈絡性轉換後，呈現何種轉換"關係"，此類關係約可區分"增減關係"與"對立關係"兩類型，任何一個文本或體制、規範都有可能是此兩類型，甚至可以是另一種創造性的轉換關係，端視轉換環境的脈絡性之性質如何。

　　首先就脈絡性轉換的增減關係之"強意"轉換而言，此一思維特點在於：雖然崇敬某經典，但深知經典的某思想有修正的必要，以因應自己的時空脈絡，故企圖爲之"轉化"，以適應新環境之脈絡。本文舉伊藤仁齋藉着"管仲論"來"轉化"孟子學"即心言性"的王道論，來强化他不以心性論爲基礎的"實學"王道論。類似這種強意轉換也出現在化解《論語》中的君臣關係上，如日本在第二次大戰期間，曾删除有關《論語》的教科書中的《憲問》篇兩章，即子路以及子貢質疑桓公殺公子糾，管仲不死君難而又相之的這兩章，在戰爭中的軍國主義強調忠君殉死的氣氛下，對於管仲的不死君難，而孔子仍許管仲"如其仁"的思想，自然無法接受①。删除關鍵的經典內容，筆者認爲亦屬這類强意的脈絡性轉換關係。

　　其次，就"弱意的"脈絡性轉換關係而言，以日本天皇制爲例，天皇制如同毛細孔般地滲入每一階層，有權力者如幕府將軍，擁有廢立天皇的自主權，卻都自動拋棄這個權力；也有以孔孟的聖人之道爲尊的儒者，碰到天皇制的敏感問題，也不得不迴避或委婉地詮解儒學經典中有關政治緊張的內容。本文指出這類尊孟學者頗用心良苦，爲了袒護孟子，在尊周議題上，不得不詮解孟子爲尊周論者，顯然是典型的"弱意"之脈絡性轉換關係，這與"強意"轉換仍有區别，即這類詮釋者並沒有要"化解"孟子以遂己意，而是委婉地詮解與日本相異的部分，希望能互相並容。類似這種"弱意"的脈絡性轉換關係，也常存於懷有強烈的神道信仰之儒者身上，諸如林羅山倡"理當心地神道"，山崎闇

---

①　戰爭期間所删除的《論語》教科書中的《憲問》篇兩章，是 "子路曰：桓公殺公子糾" 以及 "子貢曰：管仲非仁者與" 這兩章，瀧川龜太郎所編纂的《論語集註》亦被删除此兩章而出版，1972年始被還原並再版，在再版的第一頁，原田種成氏記載了這段有關《論語·憲問》篇的兩章被删除並覆刻的過程。以上參山下龍二《朱子·徂徠管仲論——倫理主義政治主義——》，《名古屋學院外國語學部論集》一，收入《中國關係論説資料·32》，東京：論説資料保存會1990年版，第一分册（上），第547—551頁。

齋有"垂加神道"等①,他們一方面尊孔子的聖人之道,另一方面又兼容日本的神道,主張"神儒一其揆",凡此類型皆可歸之弱意轉換之關係類型。

最後,再就"時空對立"的脈絡性轉換的關係而言,本文僅是以孟子政治思想的時空對立爲中心,凸顯古文/今文的先王之道(時間)及神皇/人皇的君臣之道(空間)之對立關係。擴大言之,諸如國學派幾視整個儒學甚至漢文爲喪失日本主體性的源頭,對立性更爲強烈,但也由此對照出日本古言中本有的"言靈信仰"之"優越性"②。有關以上脈絡性轉換的關係之分析,值得進一步詮解與運用。

(作者單位:臺灣師範大學東亞學系)

---

① 關於林羅山的"理當心地神道"與山崎闇齋的"垂加神道"兩類的理學神道之比較,可參拙著《德川初期朱子學者的理學神道思維:林羅山與山崎闇齋的比較》,收入黄俊傑、林維杰合編《東亞朱子學的同調與異趣》,臺北:臺灣大學出版中心 2007 年版,第 169—208 頁。

② 有關國學派的"言靈信仰"之相關研究,可參王小林《從漢才到和魂:日本國學思想的形成與發展》(臺北:聯經出版事業股份有限公司 2013 年版),特别是第一章,第 35—70 頁。

讀書劄記

張衍田

【内容提要】 本文分爲"'何'與'荷'""讀《韓非子·難勢篇》""辨'弋陽'與'易陽'""釋'碑'""《史》《漢》記景帝歲首有錯位""古人計算年齡用虛歲"等六部分,都是讀書時遇到問題的認知隨劄,故題爲《讀書劄記》。

【關鍵詞】 何 荷 弋 碑 石經

一、辨"何"與"荷"

何,甲骨文有"何"字,作"𠂇""𠂉"等,象人荷戈形,本義爲"肩擔"。《小雅·無羊篇》"何蓑何笠"之"何",即用本義。後來,"何"被借用爲疑問詞,表示"什麽""哪裏""誰"等義。於是,又借用"何"之同音字"荷"表示"肩擔"義。《説文》收有"荷"字,本義爲"扶渠葉"。扶渠即蓮。後世用字,常以"荷"表示蓮之整體,如荷葉、荷花等。《説文》:"何,儋也。一曰,誰也。從人,可聲。"儋,即"擔"字。《説文》係一部形訓字書,主要通過析形訓釋字之本義。《説文》"何"字,用小篆體。其形作"何"。《説文》解"何",既訓"儋",又訓"誰",顯然,許慎從"何"字之小篆構形已難以辨析"何"字兩個常用義"儋""誰"之中哪個爲本義。今天,驗之甲文,可知"儋"爲本義,"誰"爲假借義。至此,"何""荷"二字在表示"肩擔"義時之關係已明:"何"爲本字,"荷"爲借字。段玉裁《説文解字注》解"何"爲"儋"義云:"何,俗作'荷'。"《漢語大字典》解"何"爲"擔、挑"義云:"何,後作'荷'。"《漢語大詞典》解"何"爲"扛,以肩承物"與"承受"義云:"何,'荷'的古字。"幾家解説,皆指明了"何""荷"二字表示"肩擔"義時的本借、先後、主從關係。

二、讀《韓非子·難勢篇》

《韓非子·難勢篇》：“夫堯、舜生而在上位，雖有十桀、紂不能亂者，則勢治也；桀、紂亦生而在上位，雖有十堯、舜而亦不能治者，則勢亂也。故曰：‘勢治者則不可亂，而勢亂者則不可治也。’此自然之勢也，非人之所得設也。若吾所言，謂人之所得勢也而已矣。”①

這裏所引末句“若吾所言，謂人之所得勢也而已矣”，學人解讀多有歧異。陳奇猷撰《韓非子集解》徵引數家，各有其説：顧廣圻云：“‘謂人之所得’下，有脱文。”② 俞樾云：“‘勢’當作‘設’；‘設’誤作‘勢’，文不可通。”③ 王先慎據他本於“得”下補“設也若吾所言謂人之所得”十一字，且云：“‘吾’字乃‘客’之誤；‘客’誤爲‘吾’，遂不可讀。”④ 陶鴻慶云：“‘勢’字當在‘言’字下。今本‘勢’字誤奪在下，又奪‘設’字耳。”⑤

審讀本段文字，細品其語意，正確釋解字義，末句文字並無錯誤。這裏的關鍵，是對“所得勢”這一詞語結構的理解。所得勢，是一個“所”字結構。與“所”字構成“所”字結構的字，其詞性，非副即動，也就是説，不是副詞，就是動詞。這裏，與“所”字構成“所”字結構的“勢”字是實詞，不是副詞，其詞性爲名詞。名詞不能與“所”字構成“所”字結構，説明“勢”的詞性發生了變化。“勢”是實詞，不能變性爲虚詞的副詞，只能變性爲同屬實詞的動詞。這種現象，叫做詞類活用。“勢”作動詞用，與“勢”有關的動作很多，從本段文字的語意看，當言“人設置勢”。“勢”上的“得”字，在這裏作能願動詞用，意思是能够、可以。能願動詞，用於修飾説明主要動詞，有時其後没有動詞，實則不是没有，而是被省略了。這裏“得”位“勢”上，正好説明“勢”之動用。上文已指出，與“所”字構成“所”字結構的字，其詞性，非副即動。其動詞，有時用其動詞表述的動作所涉及對象的用詞，本句便是，本句與“所”字構成“所”字結構的動詞當用“設置”，而用了動詞“設置”的對象“勢”。上句也用了一個結構與本句相同的“所”字結構，那裏直

---

① （戰國）韓非子《韓非子》，長沙：岳麓書社 2015 年版，第 156 頁。
② 陳奇猷《韓非子集釋》，北京：中華書局 1958 年版，第 895 頁。
③ 同上。
④ 同上。
⑤ 同上。

接用了動詞"設"。上句用"設"而不言"勢",本句用"勢"而不言"設",何以異?上句的前半句已出"勢"字,後半句言"設",所設爲"勢"自明。本句的前半句無"設""勢"出,後半句當言及,言"設"不知何設,言"勢"而"設勢"之意皆明,故作者用"勢"而未用"設"。

《韓非子·難勢篇》所論之勢有二,一是自然之勢,一是人設之勢。本句的意思是說:像我說的,只是指言人能夠設置的勢(人設之勢)罷了。

三、辨弋陽與易陽

《史記·孝景本紀》記載景帝四年,"更以弋陽爲陽陵"。中華書局1959年版、1962年上海印刷的校點本《史記》,以"弋"爲誤,改"弋"作"易","弋陽"成爲"易陽"。改之何據?清代梁玉繩有此說。梁氏撰《史記志疑》卷七,於《史》文"更以弋陽爲陽陵"句下云:"案,'弋陽'是'易陽'之誤,《漢·地理志》可證。"[①] 梁氏之說,可商而不可輕據。

檢《漢書·地理志》,左馮翊屬縣二十四,其中有陽陵縣。班固於"陽陵"下自注云:"故弋陽,景帝更名。"《漢書》,"弋陽"二見,一即本處,一在汝南郡;"易陽"一見,屬趙國,顏師古注云:"在易水之陽。"檢《後漢書》,"弋陽"二見,皆指汝南郡之屬縣。"易陽"三見,皆指易水之陽的趙國屬縣。"陽陵"四見,三指漢景帝陵,一指陽陵縣。《後漢書·郡國志》京兆尹屬縣有陽陵,其下注文云:"故屬馮翊。"

民國時期,開明書店編印《二十五史補編》,收清代學者九部對《漢書·地理志》所記漢代建置所作補校、注、稽疑之作,皆未對陽陵原稱弋陽有疑詞。

上引資料,皆證1959年版校點本是"易"非"弋"誤,中華書局最近出版的校點修訂本廢棄誤字"易",請回正字"弋"是。

四、釋"碑"

(一)初始立石謂碑而非爲刻字記事

今天談起碑,人們都會說:上面刻著文字或圖畫而被樹立起來的石塊叫做

---

① (清)梁玉繩《史記志疑》卷七,清廣雅書局叢書本。

碑。但是，碑之初始，並非爲刻字而立。

"碑"之名，先秦已有之。但是，先秦豎石爲碑，碑非爲刻字而立。當時，碑之用，蓋有三途。

宮廷有碑，我們謂之宮碑。《儀禮·聘禮》："饗餁一牢，鼎九，設於西階前。陪鼎當内廉東面北上，上當碑，南陳。"① 此言公食大夫庶羞，正鼎之外，又設加鼎，以表示殷勤豐盛之意。所引幾句，説的是正鼎與加鼎各陳設的位置。這裏，有"碑"字。鄭玄《注》："宮必有碑，所以識日景，引陰陽也。"② 這是説，宮廷有碑，以記日影，由日影邪正以知時間之早晚，由日影長短以知陰陽之進退。

宗廟有碑，我們謂之廟碑。《禮記·祭義》："祭之日，君牽牲，穆答君，卿大夫序從。既入廟門，麗於碑。"③ 鄭玄《注》："祭，謂祭宗廟也。""麗，猶繫也。"④ 孔穎達《疏》云："君牽牲入廟門，繫着中庭碑也。"⑤ 此言祭宗廟之日，國君牽牲，君之子對君，共牽之也。卿大夫依次跟在牲之後。這是説，宗廟有碑，用來繫牲。

墓穴有碑，我們謂之墓碑。《禮記·檀弓下》："季康子之母死，公輸若方小，斂，般請以機封。將從之。公肩假曰：'不可。夫魯有初。公室視豐碑，三家視桓楹。'"⑥ 此言季康子的母親死了，年幼的公輸若掌斂事。斂，即"殯殮"之"殮"字。喪事期間，有幾項事情皆稱斂，如：爲死者改換壽衣稱小斂，將死者遺體入棺稱大斂，棺木埋入墓穴亦稱斂。這裏引文所説的"斂"，指棺木下穴。機，指設置機關，使可轉動，以作下棺之器械。封，音貶，通"窆"；穿土下棺爲窆。此言以機窆，是説公輸般想用機械下棺以代替原來的下棺辦法。結果遭到反對，説魯國有故事，即舊制，其中説到下棺用豐碑。豐者大也，豐碑即大碑。鄭玄《注》云："豐碑，斲大木爲之，形如石碑。於槨前後

---

① （汉）鄭玄注，（唐）賈公彥疏《儀禮疏》卷二一，清嘉慶二十年南昌府學重刊宋本十三經注疏本。

② 同上。

③ （汉）鄭玄注，（唐）孔穎達疏《附釋音禮記注疏》卷四七，《禮記疏》，清嘉慶二十年南昌府學重刊宋本十三經注疏本。

④ 同上。

⑤ 同上。

⑥ （汉）鄭玄注，（唐）陸德明音義《禮記》卷三，四部叢刊景宋本。

四角樹之，穿中于間爲鹿盧，下棺以綍繞。"① 孔穎達《疏》根據《禮記·喪大記》的一些記載，具體敍述了下棺的做法。他說："穿鑿去碑中之木令使空，於此空間著鹿盧，鹿盧兩頭各入碑木。"② "以綍之一頭繫棺緘，以一頭繞鹿盧，既訖，而人各背碑負綍末頭，聽鼓聲以漸卻行而下之。"③ 根據《禮記·檀弓下》鄭玄《注》與《禮記·喪大記》，下葬所用碑數，依等級地位不同而有差別，天子四碑，諸侯二碑，大夫二碑，士無碑。至於說，下墓之碑，原以木爲之，後改用石，這是鄭玄的說法，經無明文。《儀禮·聘禮》"上當碑南陳"句，鄭玄《注》云："其材，宮、廟以石，窆用木。"④ 孔穎達《疏》："云'其材，宮、廟以石，窆用木'者，此雖無正文，以義言之，葬碑取縣繩綍，暫時之間，往來運載，當用木而已。其宮、廟之碑，取其妙好，又須久長，用石爲之，理勝於木。故云'宮、廟以石，窆用木'也。"⑤ 從鄭《注》知道，宮、廟之碑用石，下棺之碑用木。又從孔《疏》知道，鄭玄"窆用木"之說，經無明文，僅是"以義"言之。鄭玄僅以義而論，斷定"窆用木"，而後世卻墨守鄭說，認其爲史實。至今如此。其實，此說大可商榷。《說文》："碑，豎石也。""碑"字從石、卑聲，是個形聲字。豎石爲碑，何以豎木而言碑？漢末劉熙撰《釋名·釋典藝》："碑，被也。此本葬時所設也，施鹿盧以繩被其上引以下棺也。"⑥ 劉熙釋碑之用，本爲下棺而設，則下棺之碑用石而非用木。因此，我們不必拘守鄭玄"窆用木"的說法。這是說，墓穴有碑，用來下棺。

可知，先秦的所謂"碑"，並不是爲刻字而設，而是各處所立之碑，各有其用。《說文》："碑，豎石也。"凡是豎立之石皆謂碑，即是說的碑之本義。所以，我們說，先秦之"碑"非指刻字之石，先秦刻字之石亦不稱"碑"。如《墨子》只說"鏤之金石"，秦代刻石中僅稱"金石刻""刻石"而已。

(二) 爲刻字記事而立碑始於漢

立石專爲刻字記事而謂之"碑"，究始何時，難以確指，依傳世實物言之，大致說來，蓋在兩漢之交。其初，可能是人們利用下棺之碑，在上面刻字以記

---

① （汉）鄭玄注，（唐）孔穎達疏《附釋音禮記注疏》卷一〇，《禮記疏》，清嘉慶二十年南昌府學重刊宋本十三經注疏本。

② 同上。

③ 同上。

④ （汉）鄭玄注，（唐）孔穎達疏《儀禮疏》卷二一，清嘉慶二十年南昌府學重刊宋本十三經注疏本。

⑤ 同上。

⑥ （汉）劉熙撰，（清）畢沅疏證《釋名疏證》卷六，清經訓堂叢書本。

死者之事。所以，最早出現的碑上刻文，當是墓碑。漢碑實物，首多有穿，即是墓穴下棺之碑爲穿以施鹿盧的遺制。《釋名》："碑，被也。此本葬時所設也，施鹿盧以繩被其上引以下棺也。臣子追述君、父之功美以書其上，後人因焉，無故，建於道陌之頭，顯見之處，名其文，就謂之碑也。"① 無故，即"物故"，指死亡。就，指就着原有的名稱。劉熙在這裏所説的，就是由墓穴下棺的無文之碑演變爲專爲追述先人功德所立的墓道刻文之碑的情況。東漢石刻最多的是碑，説明刻字之碑在東漢時期已相當盛行。

刻字之碑，墓碑之外，還有立於宗廟及神廟的廟碑。

碑體的各個部位，都有專門稱謂。碑石上端刻碑文題目的地方叫做碑額，又稱碑頭。碑額下面一段長方形的碑石，正面稱碑面，又叫碑陽，碑面是刻碑文的地方，它的反面稱碑陰，碑石左右兩邊的側面叫碑側。碑石下端有一塊馱載碑石的方石，叫碑座，又叫碑趺，趺是腳跟，碑趺是碑的腳跟之義。有的碑座刻成一個巨大烏龜，此龜有一專名叫做贔屓。相傳龍王生九子，其一名贔屓，力大，喜負重。刻成巨龜的碑座，又稱龜趺。

説到碑，還需要説一下碣，因爲歷代人們常以"碑碣"連稱。《説文》："碑，豎石也。"又："碣，特立之石也。"從《説文》之訓，看不出二者究竟有多大區別。《後漢書·竇憲傳》李賢《注》云："方者謂之碑，圓者謂之碣。"② 唐代柳宗元在敍述唐代葬令時説："凡五品以上爲碑，龜趺螭首。降五品爲碣，方趺圓首。"③ 説明唐代以石之形制來區分官品的高低。它告訴我們，碣之下端爲方形，因爲方形埋入土中較圓形穩固。後世之石，有的雖石方爲碑也題名爲碣，已乖碣之本義。

東漢末年以至魏、晉，有立碑之禁。據《宋書·禮志》記載，東漢末年，漢獻帝建安十年（205），曹操"以天下雕弊，下令不得厚葬，又禁立碑"④。入晉以後，晉武帝咸寧四年（278），又詔令禁絶，曰："此石獸碑表，既私褒美，興長虛僞，傷財害人，莫大於此。一禁斷之。"⑤

雖然如此，立碑之風，自漢以來，一直延續到今天。

---

① （汉）劉熙撰，（清）畢沅疏證《釋名疏證》卷六，清經訓堂叢書本。
② （南朝宋）范曄撰《後汉書》卷二三，百衲本景宋紹熙刻本。
③ （唐）柳宋元撰《詁訓柳先生文集》卷九，清文淵閣四庫全書本。
④ （南北朝）沈約撰《宋書》卷一五志第五，清乾隆武英殿刻本。
⑤ 同上。

(三) 石經

儒家經典刻於石者，世謂石經。

鐫刻石經，始於東漢。東漢石經，史稱"漢石經"；以其刻於靈帝熹平四年（175），又稱"熹平石經"；以其用隸書一種字體，又稱"一字石經"。《後漢書·孝靈帝紀》記載："（熹平）四年春三月，詔諸儒正'五經'文字，刻石立於太學門外。"據《後漢書·蔡邕列傳》："邕以經籍去聖久遠，文字多謬，俗儒穿鑿，疑誤後學，熹平四年，乃與五官中郎將堂谿典、光禄大夫楊賜、諫議大夫馬日磾、議郎張馴、韓説、太史令單颺等，奏求正定'六經'文字。靈帝許之。邕乃自書丹於碑，使工鐫刻，立於太學門外。於是後儒晚學，咸取正焉。及碑始立，其觀視及摹寫者，車乘日千餘兩，填塞街陌。"又據《後漢書·儒林列傳》：自漢質帝本初（146）之後，"遊學增盛，至三萬餘生。然章句漸疏，而多以浮華相尚，儒者之風蓋衰矣。黨人既誅，其高名善士多坐流廢，後遂至忿爭，更相言告，亦有私行金貨，定蘭臺漆書經字，以合其私文。熹平四年，靈帝乃詔諸儒正定'五經'，刊於石碑"，"樹之學門，使天下咸取則焉"。綜合上引《後漢書》記載，可瞭解以下幾事：1. 經典刻石原因，是爲了禁止私改經書文字與平息忿爭，爲社會提供一個統一的標準讀本。2. 經典刻石緣起，先由蔡邕會同他人奏請，靈帝批准後，刻石立於太學門外。3. 石經問世伊始，收效顯著。另外，關於所刻經數，文獻記載歧異，根據《後漢書·孝靈帝紀》"詔諸儒正'五經'文字，刻石立於太學門外"、《後漢書·蔡邕列傳》蔡邕等"奏求正定'六經'文字""立於太學門外"、《隋書·經籍志》"後漢鐫刻'七經'著於石碑"等記載，有五經、六經、七經之説。近人王國維在所撰《魏石經考》中考證，實爲《周易》《尚書》《魯詩》《儀禮》《春秋》五經與《公羊傳》《論語》二傳。

其後歷代，亦多有刻石經者。如：三國魏時，齊王曹芳正始年間用古文、篆、隸三種字體刻《尚書》《春秋》兩種儒家經典，史稱"魏石經"，又稱"正始石經""三字石經"。唐代文宗開成年間所刻石經，史稱"唐石經"，又稱"開成石經"。五代十國時，後蜀孟昶廣政年間所刻石經，史稱"蜀石經"，又稱"廣政石經"。北宋仁宗時期用篆、隸二體所刻石經，慶曆元年（1041）始刻，嘉祐六年（1061）畢工，史稱"嘉祐石經"，又稱"二字石經"。南宋石經，始刻於高宗紹興五年（1135），至孝宗淳熙四年（1177）畢工，史稱"南宋石經"；相傳其字由宋高宗所書，又稱"紹興御書石經"。清代乾隆時期所刻石經，史稱"清石經"，又稱"乾隆石經"。清石經是根據蔣衡手寫的"十三經"摹勒上石的。據《清史列傳》："蔣衡，字湘帆，江蘇金壇人。矢志鍵關，歷時一紀，在乾隆三年，'十三經'次第寫成，揚州馬曰琯爲出白金二千鍰裝潢成三百册，五十函。四年，總督高斌特疏進呈御覽，藏懋勤殿。八年卒。卒後五十年，上命蔣衡所書'十三經'刻石太學，御制序文，以垂萬世。"這是最後一部石經，所刻之經，即我們今天所說的"十三經"。今藏北京國子監。

歷代刻儒家經典於石立於太學者有七，如上述，統稱之爲"太學石經"。

儒家石經的研究資料，大都散見於研究學者的著述中。2000年，北京圖書館出版社出版賈貴榮輯《歷代石經研究文獻輯刊》，全八册。本《輯刊》彙集歷代研究石經的有關文獻五十四種，依通考、漢石經、魏石經、唐石經、後蜀石經、宋石經、清石經的順序編排。所選資料的作者，有顧炎武、萬斯同、孫星衍、阮元、嚴可均、丁晏、吳騫、瞿中溶、桂馥、翁方綱、杭世駿、章炳麟、王國維、羅振玉、吳維孝、張國淦等，皆著名金石、文獻學家。

釋、道經典，亦有刻於石者，稱爲"釋道石經"。釋、道相比，道經刻石較少。釋經刻石，當推北京市房山區雲居寺石經山之石經爲大觀。

北京市房山區雲居寺佛教石經，從隋代煬帝大業年間靜琬和尚開始在這裏刻造，此後代代相傳，直至清代康熙年間。其間，以盛唐、遼、金所刻最多。石經分別藏於石經山上九個洞穴與雲居寺西南的地穴中。中華人民共和國成立後，中國佛教協會於1956年至1958年對石經進行調查、發掘與整理，共有大小經板一萬五千餘塊，刻佛經一千餘部，三千四百多卷。雲居寺於1940年前後毀於日本侵略者之手，現在已由國家撥專款修復。研究房山雲居寺佛教石經的著述簡錄幾種，以供參閱：

1.《房山雲居寺石經》，中國佛教協會編。文物出版社1978年出版。

2.《房山石經題記彙編》，北京圖書館金石組、中國佛教圖書文物館金石組編。書目文獻出版社1987年出版。

3.《房山石經之研究》，中國佛教協會編。1987年出版。

4.《房山石經》，三十卷，中國佛教協會、中國佛教圖書文物館編。華夏出版社2000年出版。

北京市房山雲居寺石刻佛教大藏經，簡稱《房山石經》，是自隋至清初刻造的石刻佛經寶庫。自1956年開始，中國佛教協會與有關部門一起，對房山石刻佛經進行全面調查發掘與整理工作，歷時三年完成。總計得經石一萬四千六百二十石。此外，尚得殘經四百二十石，洞外各種碑銘八十二石。1978年，中國佛教協會曾將房山石經選印極小一部分經文、題記與碑銘的拓片，向國內外作了初步介紹。1986年至1993年，中國佛教協會又將房山石經的遼、金刻經與明代刻經陸續付印問世。2000年，中國佛教協會與華夏出版社合作，將房山石經的隋、唐刻經連同遼、金刻經一次性全部影印出版，並編纂了總目錄、品目與索引。

五、《史》《漢》記景帝歲首有錯位

歲首，又稱年始，即一年從十二個月的第幾月開始。中國古代有"三正"說，是說夏、商、周三代各有自己的歲首"正月"。一年十二個月用地支表示，夏以寅月爲正月，商以丑月爲正月，周以子月爲正月。到了戰國，七國曆法紛亂，歲首不一，其中，秦國以亥月爲歲首。秦滅六國統一天下以後，仍沿亥月爲歲首之法。夏曆寅月爲正月，亥月則爲十月。秦以亥月爲歲首，但不改變寅月爲正的月序，這樣，秦就形成以十月爲歲首排列的月序。漢初，自劉邦滅秦建漢，經惠帝、呂后、文帝、景帝至武帝太初元年頒行新曆太初曆凡百年之間，一仍秦法，以十月爲歲首。頒行太初曆，始改用寅月即正月爲歲首。《漢書·武帝紀》曰：太初元年"夏五月，正曆，以正月爲歲首"。顏師古注云："謂以建寅之月爲正也。未正曆之前，謂建亥之月爲正。"太初曆以後，直到今天的農曆，兩千年來，雖歷代曆制屢改，但大都使用夏曆歲首，以寅月爲正。

太初曆之前以十月爲歲首，已被考古資料所印證。1975年，在湖北省雲夢縣睡虎地十一號秦墓中出土大批簡書，其中有一《編年記》逐年記事，從秦昭王元年記至秦始皇三十年，於昭王五十六年記："五十六年，後九月，昭死。"整理者注云："秦以十月爲歲首。"秦以十月爲歲首，年之末月爲九月，年終置閏，故有後九月。又，1972年，在山東省臨沂縣銀雀山二號漢墓出土漢武帝時的簡書《元光元年曆譜》，共三十二簡，第一簡紀年，上寫"七年曆日"。這年是漢武帝七年，因爲尚未使用年號紀年，所以簡上只寫"七年曆日"，後改用年號，此年爲元光元年，所以今稱之爲《元光元年曆譜》。第二簡紀月，以十月爲歲首，年終置閏，從十月依次排列至後九月，共十三個月。

自秦至漢武帝太初元年改行以正月爲歲首之前，一直行用亥月（十月）爲歲首。所以，《史》《漢》記載秦及漢代前期史事時，一年春夏秋冬四時皆以冬春夏秋次其前後。但在《史》《漢》景帝紀中，卻有一年四時的史事以春夏秋冬爲前後排次。其錯位之年，《史》《漢》各二。《史》二，一是《孝景本紀》記載景帝四年云："四年夏，立太子。立皇子徹爲膠東王。六月甲戌，赦天下。

後九月，更以弋陽爲陽陵。復置津關，用傳出入。冬，以趙國爲邯鄲郡。"二是《孝景本紀》記載景帝後二年云："後二年正月，地一日三動。郅將軍擊匈奴。酺五日。令內史郡不得食馬粟，沒入縣官。令徒隸衣七緵布。止馬舂。爲歲不登，禁天下食不造歲。省列侯遣之國。三月，匈奴入鴈門。十月，租長陵田。大旱。衡山國、河東、雲中郡民疫。"

《漢》二，一是《景帝紀》記載景帝四年云："四年春，復置諸關，用傳出入。夏四月己巳，立皇子榮爲皇太子，徹爲膠東王。六月，赦天下，賜民爵一級。秋七月，臨江王閼薨。十月戊戌晦，日有蝕之。"二是《景帝紀》記載景帝中元四年云："四年春三月，起德陽宮。御史大夫綰奏禁馬高五尺九寸以上，齒未平，不得出關。夏，蝗。秋，赦徒作陽陵者死罪；欲腐者，許之。十月戊午，日有蝕之。"

編年記載景帝時的史事，年內四時以春夏秋冬排次，顯誤。

六、古人計算年齡用虛歲（附考）

計算人的年齡有兩種方法，一是用週歲，一是用虛歲。何謂週歲？從出生當年的出生日到出生第二年的出生日，如去年九月六日出生到今年九月六日，爲一歲。何謂虛歲？用出生年計歲，不管出生在何月何日，出生年爲一歲，出生第二年爲二歲。可知，週歲與人在世的年數同，虛歲比人在世的年數多一年。

古人計算年齡，雖也有時偶用週歲，但較爲普遍的是用虛歲。何以言之？讀史可知。爲説明古用虛歲之法計年歲的普遍性，下面舉歷代皇帝的年歲爲例以證之。

早期之史，記人生死年月較爲疏略，且多記死不記生，後人得知其生死年者，多據史事而推知。本文舉例，如此者概不取用。本文取之爲據者，必具如下條件：史書中明確記載某年生、某年死、死年幾歲。

爲使虛歲與週歲清晰比對，於史文下圓括號內增入與史文對應的公元週歲年數，用"（公元 XX 年至 XX 年，年 XX 歲）"表述。

《晉書》

東晉元帝：咸寧二年生。永昌元年死，時年四十七。

（公元 276 年至 322 年，年 46 歲。）

南北朝南朝宋齊梁陳四朝史。

《宋書》

武帝：晉興寧元年生。永初三年死，時年六十。

（公元 363 年至 422 年，年 59 歲。）

少帝：晉義熙二年生。景平二年死，時年十九。

（公元 406 年至 424 年，年 18 歲。）

文帝：晉義熙三年生。元嘉三十年死，時年四十七。

（公元 407 年至 453 年，年 46 歲。）

孝武帝：元嘉七年生。大明八年死，時年三十五。

（公元 430 年至 464 年，年 34 歲。）

前廢帝：元嘉二十六年生。景和元年死，時年十七。

（公元 449 年至 465 年，年 16 歲。）

明帝：元嘉十六年生。泰豫元年死，時年三十四。

（公元 439 年至 472 年，年 33 歲。）

後廢帝：大明七年生。元徽五年死，時年十五。

（公元 463 年至 477 年，年 14 歲。）

順帝：泰始五年生。建元元年死。（無年歲總計）

（公元 469 年至 479 年，年 10 歲。）

《南齊書》

高帝：宋元嘉四年生。建元四年死，年五十六。

（公元 427 年至 482 年，年 55 歲。）

武帝：宋元嘉十七年生。永明十一年死，年五十四。

（公元 440 年至 493 年，年 53 歲。）

《梁書》

武帝：宋大明八年生。太清三年死，時年八十六。

（公元 464 年至 549 年，年 85 歲。）

簡文帝：天監二年生。大寶二年死，時年四十九。

（公元 503 年至 551 年，年 48 歲。）

《陳書》

武帝：梁天監二年生。永定三年死，時年五十七。

（公元 503 年至 559 年，年 56 歲。）

廢帝：梁承聖三年生。太建二年死，時年十七。

（公元 554 年至 570 年，年 16 歲。）

宣帝：梁中大通二年生。太建十四年死，時年五十三。

（公元 530 年至 582 年，年 52 歲。）

陳後主：梁承聖二年生。隋仁壽四年死，時年五十二。

（公元 553 年至 604 年，年 51 歲。）

《隋書》

文帝：西魏大統七年生。仁壽四年死，時年六十四。

（公元 541 年至 604 年，年 63 歲。）

《舊唐書》

高祖：北周天和元年生。貞觀九年死，年七十。

（公元 566 年至 635 年，年 69 歲。）

太宗：隋開皇十八年生。貞觀二十三年死，年五十二。

（公元 598 年至 649 年，年 51 歲。）

高宗：貞觀二年生。永淳二年死，時年五十六。

（公元 628 年至 683 年，年 55 歲。）

中宗：顯慶元年生。景龍四年死，年五十五。

（公元 656 年至 710 年，年 54 歲。）

睿宗：龍朔二年生。開元四年死，時年五十五。

（公元 662 年至 716 年，年 54 歲。）

玄宗：垂拱元年生。寶應元年死，時年七十八。

（公元 685 年至 762 年，年 77 歲。）

附考

按，《舊唐書》卷九《玄宗本紀（下）》記載：玄宗於"上元二年四月甲寅，崩於神龍殿，時年七十八"。《新唐書》卷六《肅宗本紀》記載上元二年九月事云："去'上元'號，稱'元年'，以十一月爲歲首，月以斗所建辰爲名。"下文記事年月云："元年建子月……建丑月……寶應元年建寅月……建卯月……建辰月……建巳月……。"建巳月中，記載了玄宗、肅宗父子二帝的死日。其文云："建巳月……甲寅，聖皇天帝崩。……改'元年'爲'寶應元年'，復以正月爲歲首，建巳月爲四月。丙寅……夜，皇帝崩于長生殿，年五十二。"聖皇天帝謂玄宗，皇帝謂肅宗。玄宗、肅宗二帝的死年，可據這段記載查知。紀年以建寅爲正月，九月爲建戌月，十月建亥，十一月建子，十二月建丑，下一年的正月又建寅，如此循環反復。以此查對史文，史文未記上元二年十月事，所記"元年建子月""建丑月"並非記下年之月，而是上元二年的十一月與十二月。史文"寶應元年建寅月"開始記載上元二年的下一年。寶應元年"復以正月爲歲首"，建寅月爲正月，建卯月爲二月，建辰月爲三月，建巳月爲四月。依新書記載，玄宗、肅宗父子皆死於寶應元年四月，玄宗死於四月的甲寅日，肅宗死於四月的丙寅日，前後相隔十一天。

依舊書，玄宗在世，自武則天垂拱元年至肅宗上元二年，爲七十六年，以虚歲計，年七十七歲，與"時年七十八"不合。依新書，玄宗死在寶應元年，即上元二年的下一年，正與"時年七十八"相合。顯然，舊書誤，新書是。

如此，玄宗紀年當記爲：

垂拱元年生。寶應元年死，時年七十八。

肅宗：景雲二年生。寶應元年死，年五十二。

（公元711年至762年，年51歲。）

附考

按，肅宗死於寶應元年，即上元二年的下一年。《舊唐書》記肅宗上元二年死，誤。此誤與玄宗死年之誤同，可參讀，這裏不再贅言。

如此，肅宗紀年當記爲：

景雲二年生。寶應元年死，年五十二。

代宗：開元十四年生。大曆十四年死。（無年歲總計）

（公元726年至779年，年53歲。）

德宗：天寶元年生。貞元二十一年死，享壽六十四。

（公元742年至805年，年63歲。）

順宗：上元二年生。元和元年死，享年四十六歲。

（公元761年至806年，年45歲。）

憲宗：大曆十三年生。元和十五年死，享年四十三。

（公元778年至820年，年42歲）

穆宗：貞元十一年生。長慶四年死，時年三十。

（公元795年至824年，年29歲。）

敬宗：元和四年生。寶曆二年死，時年十八。

（公元809年至826年，年17歲。）

文宗：元和三年生。開成五年死，壽享三十三。

（公元808年至840年，年32歲。）

附考

按，《舊唐書》與《新唐書》的"本紀"記載皇帝生年與死年，舊書生年、死年、總計年歲三者皆有，新書有死年、總計年歲而無生年。舊書、新書記文宗死年與年歲同，皆云死於開成五年正月，享年三十三歲。新書不記生年，舊書記文宗生年云"元和四年十月十日生"。元和是憲宗年號，共十五年，下經穆宗長慶四年、敬宗寶曆二年、文宗大和九年與開成五年，從元和四年算起，總計爲三十二年。舊書、新書記載文宗死年與享年歲數同，舊書所記文宗生年與舊書、新書所記文宗享年歲數不合，疑舊書所記文宗生年誤晚一年，當記文宗"元和三年生"爲是。

如此，文宗紀年當記爲：

元和三年生。開成五年死，壽享三十三。

武宗：元和九年生。會昌六年死，時年三十三。

（公元 814 年至 846 年，年 32 歲。）

宣宗：元和五年生。大中十三年死，聖壽五十。

（公元 810 年至 859 年，年 49 歲。）

懿宗：大和七年生。咸通十四年死，聖壽四十一。

（公元 833 年至 873 年，年 40 歲。）

僖宗：咸通三年生。文德元年死，聖壽二十七。

（公元 862 年至 888 年，年 26 歲。）

昭宗：咸通八年生。天祐元年死，年三十八。

（公元 867 年至 904 年，年 37 歲。）

哀帝：景福元年生。天祐五年死，時年十七。

（公元 892 年至 908 年，時年 16 歲。）

五代十國梁唐晉漢周五代史。

《舊五代史》

後梁太祖：唐大中六年生。乾化二年死，年六十一。

（公元 852 年至 912 年，年 60 歲。）

後梁末帝：唐文德元年生。龍德三年死，年三十六。

（公元 888 年至 923 年，年 35 歲。）

後唐太祖：唐大中十年生。唐天祐五年死，年五十三。

（公元 856 年至 908 年，年 52 歲。）

後唐莊宗：唐光啓元年生。同光四年死，時年四十二。

（公元 885 年至 926 年，年 41 歲。）

附考

按，《舊五代史》記載，後唐莊宗享年四十三歲。中華書局1976年出版校點本《舊五代史》，於"時年四十三"句寫有校勘記云："殿本、劉本、《通鑑》卷二七五、《會要》卷一'三'作'二'。"據其本紀所記年之實數查檢，足證"三"誤而"二"是。

如此，後唐莊宗紀年當記爲：

唐光啓元年生。同光四年死，時年四十二。

後唐明宗：唐咸通八年生。長興四年死，壽六十七。

（公元867年至933年，年66歲。）

後唐閔帝：唐天祐十一年（實後梁乾化四年）生。應順元年死，時年二十一。

（公元914年至934年，年20歲。）

後唐末帝：唐光啓元年生。清泰三年死，年五十二。

（公元885年至936年，年51歲。）

附考

按，《舊五代史》記載，後唐末帝享年五十三歲。中華書局1976年出版校點本《舊五代史》，於"年五十三"句寫有校勘記云：劉本同，殿本作"年五十二"，歐陽修史卷七《廢帝紀》、《通鑑》卷二八〇均作"年五十一"。據其本紀所記虛歲之年的實數查檢，足證作"年五十二"是。

如此，後唐末帝紀年當記爲：

唐光啓元年生。清泰三年死，年五十二。

後晉高祖：唐景福元年生。天福七年死，壽五十一。

（公元892年至942年，年50歲。）

後漢隱帝：後唐長興二年生。乾祐三年死，時年二十。

（公元931年至950年，年19歲。）

後周太祖：唐天祐元年生。顯德元年死，聖壽五十一。

（公元904年至954年，年50歲。）

後周世宗：唐天祐十八年（實後梁貞明七年）生。顯德六年死，聖壽三十九。

（公元921年至959年，年38歲。）

後周恭帝：廣順三年生。宋開寶六年死。（無年歲總計）

（公元953年至973年，年20歲。）

《宋史》

太祖：後唐天成二年生。開寶九年死，年五十。

（公元 927 年至 976 年，年 49 歲。）

太宗：後晉天福四年生。至道三年死，年五十九。

（公元 939 年至 997 年，年 58 歲。）

真宗：乾德六年生。乾興元年死，年五十五。

（公元 968 年至 1022 年，年 54 歲。）

仁宗：大中祥符三年生。嘉祐八年死。（無年歲總計）

（公元 1010 年至 1063 年，年 53 歲。）

英宗：明道元年生。治平四年死，壽三十六。

（公元 1032 年至 1067 年，年 35 歲。）

神宗：慶曆八年生。元豐八年死，年三十有八。

（公元 1048 年至 1085 年，年 37 歲。）

哲宗：熙寧九年生。元符三年死。（無年歲總計）

（公元 1076 年至 1100 年，年 24 歲。）

徽宗：元豐五年生。紹興五年死，年五十有四。

（公元 1082 年至 1135 年，年 53 歲。）

欽宗：元符三年生。紹興三十一年死。（無年歲總計）

（公元 1100 年至 1161 年，年 61 歲。）

高宗：大觀元年生。淳熙十四年死，年八十一。

（公元 1107 年至 1187 年，年 80 歲。）

附考

宋高宗趙構，是北宋末年宋徽宗之子，南宋首帝。高宗紹興三十二年六月乙亥，禪皇帝位給皇太子，自書御劄曰："皇太子可即皇帝位。朕稱太上皇帝，退處德壽宮，皇后稱太上皇后。"繼高宗爲帝者是南宋第二帝孝宗。

宋高宗出生在何年？《宋史》卷二〇《徽宗本紀（二）》於大觀元年五月記載："乙巳，子構生。"《宋史》卷二四《高宗本紀（一）》於卷首記載："高宗……大觀元年五月乙巳生東京之大内。"

高宗的八十壽辰在何年？《宋史》有三處記載與八十壽辰之年有關：一是，卷三五《孝宗本紀（三）》於淳熙十二年記載："八月癸亥詔：'太上皇壽八十，令有司議慶壽禮。'"二是，同上卷於淳熙十三年記載："正月庚辰朔，率群臣詣德壽宮行慶壽禮。"三是，卷三二《高宗本紀（九）》卷末於"贊曰"前記載高宗死年曰："淳熙十四年十月乙亥，崩於德壽殿，年八十一。"

淳熙十四年，其年歲八十一，則其年歲八十自當在"行慶壽禮"的淳熙十三年。

宋高宗生於徽宗大觀元年，即公元1107年。從出生到去世，歷經徽宗、欽宗、高宗本人、孝宗凡四帝，其間年號前後更替有八，至孝宗淳熙十四年，爲公元1187年。總計高宗在世之年，爲八十年，以週歲計爲八十歲，以虛歲計爲八十一歲。古人寫史，自應依從當時習以虛歲計年之俗，又有淳熙十三年孝宗率群臣爲太上皇（高宗）"行慶壽禮"記載的實證，據之而論，以高宗八十壽辰在淳熙十三年爲是。

孝宗：建炎元年生。紹熙五年死，年六十有八。
（公元1127年至1194年，年67歲。）

光宗：紹興十七年生。慶元六年死，年五十有四。
（公元1147年至1200年，年53歲。）

寧宗：乾道四年生。嘉定十七年死，年五十七。
（公元1168年至1224年，年56歲。）

理宗：開禧元年生。景定五年死。（無年歲總計）
（公元1205年至1264年，年59歲。）

度宗：嘉熙四年生。咸淳十年死。（無年歲總計）
（公元1240年至1274年，年34歲。）

《明史》

孝宗：成化六年生。弘治十八年死，年三十有六。
（公元1470年至1505年，年35歲。）

光宗：神宗萬曆十年生。萬曆四十八年七月崩，年三十有九。
（公元1582年至1620年，年38歲。）

附考

按，光宗於萬曆十年生。萬曆四十八年七月神宗崩，其年八月朔光宗即皇帝位，以泰昌爲年號，確定以明年爲泰昌元年，但光宗於萬曆四十八年九月朔崩，在位一月，年三十有九。

熹宗：萬曆三十三年生。天啓七年死，年二十三。
（公元1605年至1627年，年22歲。）

莊烈帝：萬曆三十八年生。崇禎十七年死。（無年歲總計）
（公元1610年至1644年，年34歲。）

上舉衆例，皆爲歷代皇帝。皇帝如此，社會可知。虛歲計年歲的風氣，至今還流行民間。

又，通過稽查年歲，可發現書中記載的差誤以糾正之，成爲校勘古書文字的一種輔助方法。

(作者單位：北京大學歷史學系)

真正讀懂、科學評價孔穎達《五經正義》的力作
——呂友仁《孔穎達〈五經正義〉義例研究》讀後

汪少華

【內容提要】 讀古人書，須識其義例，而古書義例的尋得並非易事。呂友仁《孔穎達〈五經正義〉義例研究》是一部真正讀懂、科學評價孔穎達《五經正義》的優秀之作，對孔穎達《五經正義》十二條義例的揭示是"通貫全書""籀繹遺編"的結果。

【關鍵詞】 孔穎達　五經正義　孔穎達《五經正義》義例研究　義例

呂友仁先生《孔穎達〈五經正義〉義例研究》（下簡稱"呂書"）最近出版①，承蒙惠贈，謙稱請我批評。粗讀一過，感慨係之。如果説孔穎達《五經正義》堪稱經學第一要籍，那麽呂書則是一部真正讀懂、科學評價孔穎達《五經正義》的優秀之作。

清人錢大昕非常重視古書的義例。他在《潛研堂集·答問八》中説："讀古人書，先須尋其義例。"② 在同書《秦三十六郡考》中又説："讀古人書，須識其義例。"③ 義例之重要，由此可見。

而古書義例的尋得並非易事。呂思勉先生《史通評》云："古人著書，雖有例，而恒不自言其例。欲評其得失，必先通貫全書，發明其例而後可。"④ 張舜徽先生《廣校讎略》云："古人著述不言例，而例自散見於全書之中。後人籀繹遺編，多爲之方以窮得其例，信能執簡馭繁，持類統雜。"⑤ 呂書對孔穎達

---

① 呂友仁《孔穎達〈五經正義〉義例研究》，上海：上海古籍出版社2019年版。
② 錢大昕《潛研堂集》，上海：上海古籍出版社1989年版，第179頁。
③ 同上書，第260頁。
④ 呂思勉《史學四種》，上海：上海人民出版社1981年版，第110頁。
⑤ 張舜徽《廣校讎略》，武漢：華中師範大學出版社2004年版，第4頁。

《五經正義》十二條義例的揭示正是"通貫全書""籀繹遺編"的結果。

綜觀吕書，作者對《五經正義》義例的認識，可以分爲三個階段。

第一階段，2011年以前，對《五經正義》的義例毫無認識，人云亦云。

第二階段，2011年北京大學《儒藏》編纂與研究中心約吕先生整理《儒藏》精華編中的《禮記正義》，這就給他提供了第三次字斟句酌地精讀《禮記正義》的機會（此前的兩次分别是1992年至1995年爲上海古籍出版社整理《禮記正義》，1996年至1997年爲貴州人民出版社撰寫《禮記全譯》）。因爲有前兩次精讀爲基礎，這一次他讀得比較從容，有了問題意識。以此爲契機，他開始對《禮記正義》中的所謂"疏不破注"例有了與衆不同的認識。其標誌是，第一，2013年，吕先生寫了一篇《皇侃"既尊鄭氏乃時乖鄭義"的調查報告》，這是一篇爲"疏不破注"說正本清源的文字，在浙江大學古籍所主辦的禮學國際學術研討會上宣讀，反響熱烈。浙江大學崔富章教授當場以"聽君一席話，勝讀十年書"許之。第二，2014年，中華書局出版了吕先生的專著《〈禮記〉研究四題》，四題之一就是《"疏不破注"——一個亟待重新認識的概念》。在揭示《禮記正義》有"疏可破注"例的同時，意外地發現"疏可破注"的"注"，並不僅僅是鄭玄的一本《禮記注》，而是一個大概念，是指鄭玄的一家之學。換言之，是指鄭玄的全部著述。

第三階段，在對《禮記正義》上述兩條義例揭示的基礎上，吕先生產生了對孔穎達《五經正義》義例作全面研究的興趣。2014年，他以《孔穎達〈五經正義〉中疏與注的關係研究》爲題申報國家社科基金項目，得到批准。從2014年立項至2018年結項，這四年時間披讀《五經正義》是每日常課，寢饋其中。以讀《禮記正義》的感悟爲基礎，他將其他四經《正義》粗讀一過，感到收穫很大。這期間他先後發表了《試說孔穎達〈五經正義〉》的九條"例"》①《試論〈禮記正義〉中的注家破經》②《孔穎達〈五經正義〉注疏關係十六字說》③，又指導研究生王文艷撰寫了《試說〈五經正義〉撰成後的三道善後詔書》④。矻矻四年，念兹在兹，日夜以抽繹《五經正義》義例爲務，最後揭示出《五經正義》的十二條義例：

1.《五經正義》有以追求正確闡釋經旨爲第一要義之例；

---

① 載《儒家典籍與思想研究》第八輯，北京：北京大學出版社2016年版。
② 載彭林主編《中國經學》第十八輯，桂林：廣西師範大學出版社2016年版。
③ 載《歷史文獻研究》第三十八輯，上海：華東師範大學出版社2016年版。
④ 載《語文學刊》2016年第12期。

2.《五經正義》有經文自疑例；

3.《五經正義》有所選注家是指該注家的一家之學之例。換言之，是指該注家的全部著述，並非僅僅指一本該注家的該經之注；

4.《五經正義》有注的生殺予奪一操之於疏之例；

5.《五經正義》有"以一家爲主，旁及異聞，廣採博搜"之例；

6.《五經正義》有注可破經之例；

7.《五經正義》有疏可破經之例；

8.《五經正義》有疏可破注之例；

9.《五經正義》有疏須補注未備之例；

10.《五經正義》有對所選定的注家與落選注家區別對待之例；

11.《五經正義》有將落選注家的錯誤注解作爲反面教材使用之例；

12.《五經正義》在處理讖緯問題上有"各從其家而爲之説"之例。

不難看出，作者揭示的十二條義例，其中的三條與我們習以爲常的恐怕大相徑庭，而另外的九條則似乎前所未聞。其大相徑庭者孰是孰非？其前所未聞者有何意義？讓我們逐條來檢視一下。

第一條，《五經正義》有以追求正確闡釋經旨爲第一要義之例。

按：據吕書説，這條義例看似平淡無奇，實際上是十二條義例之綱，其餘十一條義例是目。這話可以理解。試看《五經正義》有疏可破經之例，便知道爲了正確闡釋經旨，就是天王老子錯了也不留情面。

第二條，《五經正義》有經文自疑例。

按：所謂"經文自疑"，實質上就是經文自破。世界上有哪部經典如此開誠佈公、自曝軟肋？怕是唯有儒家經典一家[①]。姜廣輝主編《中國經學思想史》説："我們可以把儒家視爲非宗教信仰。"[②] 確實如此。這條經文自疑例也是優秀傳統文化具有文化自信的一個生動例證。實際上，不僅經文有自破之例，而

---

① 按：經文自疑例，只存在於《禮記》一經。由于其意義重大，故特錄之。孔穎達解釋此種現象説："今檢《禮記》，多有不定之辭。仲尼門徒，親承聖旨，子游裼裘而吊，曾子襲裘而吊。又小斂之奠，或云東方，或云西方。同母異父昆弟，魯人或云爲之齊衰，或云大功。其作《記》之人，多云'蓋'，多云'或曰'，皆無指的，並設疑辭者，以周公制禮，永世作法，時經幽、厲之亂，又遇齊、晉之強，國異家殊，樂崩禮壞，諸侯奢僭，典法訛舛，是以普天率土，不閑禮教。故子思，聖人之胤，不喪出母；隨武子，晉之賢相，不識殽烝。作《記》之人，隨後撰録，善惡兼載，得失備書。"

② 姜廣輝主編《中國經學思想史》第一卷，北京：中國社會科學出版社 2003 年版，第 256 頁。

且聖人也不諱言自己會犯錯誤。《論語·述而》："子曰：'丘也幸，苟有過，人必知之。'"① 是其例。

第三條，《五經正義》有所選注家是指該注家的一家之學之例。換言之，是指該注家的全部著述，並非僅僅指一本該注家的該經之注。

按：這條義例對於我們來說，無疑是當頭棒喝，先是驚詫，後是驚喜。我們口口聲聲說"疏不破注"，而"注"的概念是什麼，到頭來我們還沒有搞清楚，這不是鬧笑話嗎！在這種情況下，我們還能說真正讀懂了《五經正義》嗎？譬如說，我們讀《禮記正義》時，會看到孔疏時而徵引鄭玄《周禮注》，時而徵引鄭玄《儀禮注》，時而徵引《毛詩》鄭箋，時而徵引《論語》鄭注，時而徵引鄭玄《駁五經異義》，時而徵引鄭玄《禘祫志》，等等，令人心憭目迷。如果我們頭腦中有注是指注家一家之學之例，就會感到怡然理順；反之，就會大惑不解，感到孔穎達這是唱的哪一齣啊？是不是"戲不夠，歌來湊"呀？作者在論證此例時，還深情地加了下面一段話：

> 喬秀岩《義疏學衰亡史論》第三章《〈禮記正義〉簡論》也徵引了此例（按：謂在《禮記正義》中孔疏徵引了《論語》鄭玄注），並云："然則，孔穎達等之意，不止謂必遵本注，而謂鄭氏一家之說，不論《禮注》與《論語注》也。"② 讀之，不禁心動，喜其先得我心也③。

第四條，《五經正義》有注的生殺予奪一操之於疏之例。

按：《五經正義》中的注與疏，誰是主？誰是客？長期以來，我們的潛意識中認爲注是主，疏是客。實則恰恰相反，疏是主，注是客。從注的定位來說，它只是一個經文的注釋成果，是《五經正義》在疏通經文過程中藉以使用的工具。注是疏家考察、使用的對象。注在被使用之前，必須經過疏家的兩次篩選。第一次篩選是宏觀上的整體篩選，是在某一經的衆多注家中進行，從中選出優勝者。注家能否從這次篩選中勝出，並不是由孔穎達的主觀意志決定的，而是由注家在歷史上的表現決定的。簡言之，決定於該注家當時是否立於學官。第二次篩選則是經文逐句的篩選。儘管《五經正義》各經的注家是第一次篩選中的勝出者，但並不意味着這些勝出者就可以從此高枕無憂，萬事大吉了。爲什麼呢？有道是"《武》盡美矣，未盡善也"，整體雖好，不見得句句都

---

① 楊伯峻《論語譯注》，北京：中華書局1980年版，第74頁。
② 喬秀岩《義疏學衰亡史論》，臺北：臺灣萬卷樓圖書股份有限公司2013年版，第119頁。
③ 吕友仁《孔穎達〈五經正義〉義例研究》，上海：上海古籍出版社2019年版，第13頁。

對，所以同樣面臨着疏家的第二次篩選。在這次篩選中，第一次篩選的勝出者不能靠吃老本，賣老資格，而是與第一次篩選落選的注家處於平等的地位，由孔疏判定其優劣是非，而後決定去取。

第五條，《五經正義》有"以一家爲主，旁及異聞，廣採博搜"之例。

按：傳統的認識則與此大相徑庭。例如，《四庫全書總目》著錄《爾雅注疏》云："疏家之體，惟明本注。注所未及，不復旁搜。"① 惠士奇《禮說》卷九："唐人《正義》，據一家之說，不旁及異聞。"② 所謂"異聞"，謂他家之注。皮錫瑞《經學歷史》說："議孔疏之失者，曰彼此互異，曰曲徇注文，曰雜引讖緯。案：著書之例，注不駁經，疏不駁注，不取異義，專宗一家。"③ "異義"，亦謂他家之注。劉師培《國學發微》說："然自吾觀之，則廢黜漢注，固爲唐人《正義》之大庇，然其所以貽誤後世者，則專主一家之故也。"④

實際上，這個"不取異義，專宗一家"的說法是不實之詞，上誣孔疏，下誤讀者。何者？姑以《周易正義》爲例，且看孔穎達《周易正義序》是怎麼說的："魏世王輔嗣之《注》，獨冠古今。所以江左諸儒，並傳其學……今既奉敕刪定，義理可詮，先以輔嗣爲本。"⑤ 說得多麽明白："先以輔嗣爲本。"本者，主也。"先以輔嗣爲本"者，謂首先以王弼注爲主也。言外之意，其次則輔以他家之注也。再看一個實際例子：

《周易·咸卦》："九五，咸其脢，无悔。"王弼注："脢者，心之上，口之下。進不能大感，退亦不爲无志，其志淺末，故'无悔'而已。"孔疏："'脢者，心之上，口之下'者，《子夏易傳》曰：'在脊曰脢。'馬融云：'脢，背也。'鄭玄云：'脢，脊肉也。'王肅云：'脢在背而夾脊。'《說文》云：'脢，背肉也。'雖諸說不同，大體皆在心上。"⑥

按：王弼注僅僅注釋了"脢"所在的人體部位，至於什麼意思，王弼沒有說。爲此，孔疏徵引了《子夏易傳》、馬融、鄭玄、王肅三家《周易注》，不計許慎《說文》，就有四家。然則所謂"不取異義，專宗一家"云云，非不實之詞而何？《周易正義》一經如此，其他四經《正義》何獨不然？

---

① （清）永瑢等撰《四庫全書總目》，北京：中華書局1965年版，第339頁。
② （清）惠士奇《禮說》，第101冊，第558頁，景印文淵閣《四庫全書》。
③ （清）皮錫瑞《經學歷史》，北京：中華書局1959年版，第201頁。
④ 劉師培《劉師培全集》第一冊《國學發微》，北京：中共中央黨校出版社1997年版，第492頁。
⑤ 李學勤主編《十三經註疏·周易正義》，北京：北京大學出版社2000年版，第4頁。
⑥ 同上書，第166頁。

第六條，《五經正義》有注可破經之例。

按：皮錫瑞《經學歷史》説："案：著書之例，注不駁經。"① 皮氏此説亦是不實之詞。何者？首先，顧炎武《日知録》卷二七《漢人注經》條早已指出："鄭康成於二禮之經及子夏之傳，往往駁正。"（例證從略）② 其次，據作者調查統計，《五經正義》中之注家破經凡58例。其中，注家直言破經者31例，微言破經者27例。所謂直言破經，注文直言不諱地説經文有誤是也。所謂微言破經，是指注家對經文的正確性表示質疑，往往使用"疑""蓋"一類表示不肯定的字眼。58例注家破經分佈如下：《周易注疏》中0例，《尚書正義》中1例，《毛詩注疏》中5例，《禮記正義》中33例，《春秋左傳正義》中19例。詳見吕書有關章節，此不贅。

第七條，《五經正義》有疏可破經之例。

按：據作者統計，《五經正義》中的疏可破經凡8例，分佈如下：《周易正義》0例，《尚書正義》2例，《毛詩正義》2例，《禮記正義》2例，《春秋左傳正義》2例。試舉《毛詩正義》一例：

《周南·漢廣》："南有喬木，不可休息。漢有游女，不可求思。"毛傳："思，辭也。"孔疏："以'泳思'、'方思'之等，皆不取'思'爲義，故爲'辭也'。……疑經'休息'之字作'休思'也。何則？《詩》之大體，韻在辭上，疑'休'、'求'字爲韻，二字俱作'思'。但未見如此之本，不敢輒改耳。"③

按：四庫本《毛詩注疏》考證："臣會汾按：《韓詩外傳》即作'休思'，朱子亦從之。蓋'休''求'爲韻，通首皆以'思'爲語辭也。"④

第八條，《五經正義》有疏可破注之例。

按：傳統認識則與此大相徑庭，"疏不破注"之説滿天飛，而且多是大師級學者。例如孫詒讓《周禮正義略例》："唐疏例不破注，而六朝義疏家則不然。"⑤ 梁啓超《中國近三百年學術史》："孔沖遠並疏毛鄭，疏家例不破注。"⑥

---

① （清）皮錫瑞《經學歷史》，第201頁。
② （清）黄汝成《日知録集釋》，鄭州：中州古籍出版社1990年版，第615—616頁。
③ （漢）毛亨傳，（漢）鄭玄箋，（唐）孔穎達疏《毛詩注疏》，上海：上海古籍出版社2013年版，第70—71頁。
④ 《毛詩注疏考證》，第69册，第152頁，景印文淵閣《四庫全書》。
⑤ 孫詒讓《周禮正義》，北京：中華書局2015年版，第9頁。
⑥ 梁啓超《中國近三百年學術史》，北京：中國書店1985年版，第184頁。

真正讀懂、科學評價孔穎達《五經正義》的力作

王國維《經學概論》："唐時學者，皆謹守舊注，無敢出入。"① 范文瀾《中國通史簡編》："《正義》解釋注文，不得有所出入。注文錯了，或有比注文更好的説法，一概排斥，總要説注文是對的，這叫做'疏不破注'。"② 張舜徽《中國古代史籍校讀法》："唐初修《五經正義》，當時宗旨，在於義定一宗。《正義》例不破注，只在舊注的基礎上，有引申發明，而没有其他不同的見解，自然失之膠固狹隘。"③ 大師們尚如此，則其他學者之持"疏不破注"説者滔滔皆是，不足怪也。

作者在論證《五經正義》有疏可破注之例上下了很大功夫。具體地説，寫了兩個調查報告。一個是《五經正義》中疏可破注的數量的調查統計報告。《五經正義》中的疏可破注分兩種情況，一是直言破注。所謂直言破注，就是孔疏直言不諱地説注錯了。二是微言破注。所謂微言破注，就是孔疏對注家的某句注釋的正確性表示懷疑，於是就旁及異聞，找來其他注家的注釋與之對比。對比的結果，對其他注家的注釋是否正確也表示懷疑。在這種情況下，孔疏往往用"未知孰是，故兩存焉"一類的詞語作結。此類破注，只是質疑，口氣委婉，故曰微言破注。據統計，《五經正義》中的直言破注凡77例，微言破注凡248例。二者相加，凡325例。疏可破注之例以百計，何"疏不破注"之有？《五經正義》中的孔疏直言破注77例分佈如下：《周易正義》4例，《尚書正義》14例，《毛詩正義》20例，《禮記正義》6例，《春秋左傳正義》33例。《五經正義》中的孔疏微言破注248例分佈如下：《周易正義》10例，《尚書正義》95例，《毛詩正義》24例，《禮記正義》51例，《春秋左傳正義》68例。

此外，作者還寫了一篇《皇侃"既尊鄭氏乃時乖鄭義"的調查報告》。爲什麽要寫這個報告？因爲孔穎達《禮記正義序》説："皇氏既遵鄭氏，乃時乖鄭義，此是木落不歸其本，狐死不首其丘。"④ 這段文字常被學者視作是孔穎達的夫子自道，是"疏不破注"説的主要理論根據。所謂"時乖鄭義"，説白了，就是"時破鄭注"。爲了正本清源，消除學者疑慮，就必須弄清楚皇侃"時乖鄭義"的真相，給讀者一個明確的説法。作者經過調查，認爲這個所謂"理論

---

① 謝維揚、房鑫亮主編《王國維全集》第六卷，杭州：浙江教育出版社2009年版，第323頁。
② 范文瀾主編《中國通史簡編》第三編下册，北京：人民出版社1965年版，第641頁。
③ 張舜徽《中國古代史籍校讀法》，武漢：華中師範大學出版社2004年版，第250頁。
④ （漢）鄭玄注，（唐）孔穎達正義《禮記正義》，上海：上海古籍出版社2008年版，第2頁。

根據"不能成立。非但不能成立，而且適足以爲疏可破注之佐證。爲什麽？因爲皇侃的"時乖鄭義"，並非全是反面教材。恰恰相反，許多"乖鄭義"（即"破鄭注"）是被孔疏肯定的。肯定的方式有五：1. 對皇侃的"乖鄭義"完全肯定。2. 認爲皇侃之"乖鄭義，義亦通"。3. 認爲皇侃之"乖鄭義"是"義或然也"。4. 認爲皇侃之"乖鄭義"是"未知然否，故兩存焉"。5. 認爲皇侃之"乖鄭義"可備一説。每種肯定方式都有例證。爲避免虚佔篇幅，此略。

可以這樣説，"疏不破注"既是古今學者强加於孔穎達《五經正義》的最大惡名①，也是最大的不實之詞，上誣孔疏，下誤讀者。吕書出版，但願一掃迷障，此説從此銷聲匿跡。

第九條，《五經正義》有疏須補注未備之例。

按：爲什麽《五經正義》會有"疏須補注未備"的設計？《朱子語類》有云："漢儒注書，只注難曉處，不全注盡本文，其辭甚簡。"② 按：朱子此言是也。孔安國《尚書序》："伏犧、神農、黄帝之書，謂之《三墳》，言大道也。少昊、顓頊、高辛、唐、虞之書，謂之《五典》，言常道也。"孔疏："其《三墳》直云'言大道也'，《五典》直云'言常道也'，不訓'墳'、'典'之名者，以'墳，大'、'典，常'，常訓可知，故略之也。"③ 實際上，魏晋之儒也是如此。例如《左傳·昭公二十五年》："爲父子、兄弟、姑姊、甥舅、昏媾、姻亞，以象天明。"經文中的"兄弟、姑姊、甥舅"六字，晋杜預未注，孔疏云："《釋親》文曰：'男子先生爲兄，後生爲弟；男子謂女子先生爲姊，後生爲妹；父之姊妹爲姑，母之晜弟爲舅；謂我舅者，吾謂之甥。'此皆世俗常言，杜不解者，爲易知故也。"④ 按：漢魏晋學者"易知"者，時過境遷，唐代的學者未必就"易知"，這就是孔疏爲什麽設計了"疏須補注未備"的原因。

第十條，《五經正義》有對所選定的注家與落選注家區别對待之例。

按：如何區别對待？曰：選定注家説得對，孔穎達自然要予以疏通；選定注家即令説錯了，孔穎達也有義務予以疏通。非獨此也，孔疏在指出選定的注家的錯誤時，還要語氣平和，點到爲止。試舉一例：

---

① 吴雁南等《中國經學史》（福州：福建人民出版社2001年版，第238頁）説："《五經正義》最爲後人所詬病的就是'疏不破注'。"
② （南宋）黎靖德編《朱子語類》，北京：中華書局1986年版，第3228頁。
③ （漢）孔安國傳，（唐）孔穎達正義《尚書正義》，上海：上海古籍出版社2007年版，第5頁。
④ （清）阮元校刻《十三經注疏》，北京：中華書局1980年版，第2108頁。

真正讀懂、科學評價孔穎達《五經正義》的力作

《禮記·三年問》:"然則何以至期也?"鄭注:"言三年之義如此,則何以有降至於期也?期者,謂爲人後者、父在爲母也。"孔疏云:"鄭意以三年之喪何以有降至於期者,故云爲人後者爲本生之父母及父在爲母期,事故抑屈,應降至九月十月,何以必至於期?以其本至親,不可降期以下,故雖降屈,猶至於期。今檢尋經意,父母本應三年,何以至期者?但問其一期應除之義,故答曰'至親以期斷',是明一期可除之節。故禮,期而練,男子除絰,婦人除帶。下文云'加隆',故至三年。是經意不據爲人後及父在爲母期。鄭之此釋,恐未盡經意,但既祖鄭學,今因而釋之。"①

按:"鄭之此釋,恐未盡經意",這是孔疏對鄭注的直言不諱的批評。在這節孔疏中,孔疏不但根據"禮是鄭學"(按:此"學"字是"注解"義)的體例,你鄭注雖然錯了也要疏通("今檢尋經意"以前,都是疏通鄭注之文),而且把正確的解釋是什麼也告訴了讀者("今檢尋經意"以後,是正確的解釋)。

第十一條,《五經正義》有將落選注家的錯誤注解作爲反面教材使用之例。

按:孔穎達何以要設計這樣一條看似庸人自擾多此一舉的義例?答曰:因爲落選注家曾經長期立於國學,其錯誤注解曾經廣有市場,爲了避免謬種流傳,故有此設計。這條義例的設計,實在是苦心孤詣,值得點讚。《尚書正義》中鄭玄是落選註家,試舉一例:

《尚書·無逸》:"其在祖甲,不義惟王,舊爲小人。"孔傳:"湯孫太甲,爲王不義,久爲小民之行,伊尹放之桐。"孔疏:"王肅亦以祖甲爲太甲。鄭玄云:'祖甲,武丁子帝甲也。有兄祖庚賢,武丁欲廢兄立弟,祖甲以此爲不義,逃於人間,故云久爲小人。'案《殷本紀》云:'武丁崩,子祖庚立。祖庚崩,弟祖甲立,是爲帝甲,淫亂,殷道復衰。'《國語》説殷事云:'帝甲亂之,七代而殞。'則帝甲是淫亂之主,起亡殷之源,寧當與二宗齊名,舉之以戒無逸?武丁賢王,祖庚復賢,以武丁之明,無容廢長立少。祖庚之賢,誰所傳説?武丁廢子,事出何書?妄造此語,是負武丁而誣祖甲也。"②

按:請讀者做一個對比,同是一個鄭玄,在《禮記正義》中説錯了,備受

---

① (漢)鄭玄注,(唐)孔穎達正義《禮記正義》,第2188—2189頁。
② (漢)鄭玄注,(唐)孔穎達正義《尚書正義》,第633頁。

呵護；在《尚書正義》中說錯了，則被孔疏作爲反面教材，嚴斥痛詆，原因何在？此無他，在《禮記正義》中鄭玄是被選中的注家，而在《尚書正義》中則是落選的注家，屬於異聞，身份不同，待遇頓殊也。

第十二條，《五經正義》在處理讖緯問題上有"各從其家而爲之說"之例。

按：這條義例的設計，本應是孔穎達《五經正義》的一大亮點，值得大書特書。不承想由於學者的誤解，反教孔穎達背了一個大黑鍋！

我們先來看孔穎達對讖緯的態度。孔穎達在《周易正義》中說："緯文鄙偽，不可全信。"① 孔穎達在《尚書正義》中又說："其緯文鄙近，不出聖人，前賢共疑，有所不取。"② 比較一下顧頡剛《秦漢的方士與儒生·序》所說："讖緯，我雖敢說它十分之九是妖妄怪誕的東西，但終有它十分之一的寶貴的資料，決不該一筆抹殺。"③ 兩家之說，何其相似乃爾！一千三百年前的孔穎達能有此種認識，堪稱難能可貴！

"各從其家而爲之說"的出處何在？按：《左傳·僖公三十三年》："烝、嘗、禘於廟。"孔疏："鄭玄解《禮》，三年一祫，五年一禘（按：此二句出自緯書）。杜解《左傳》，都不言'祫'者，以《左傳》無'祫'語，則祫禘正是一祭。古禮多亡，未知孰是。且使《禮》、《傳》各從其家而爲之說耳。"④ 請注意，孔穎達《五經正義》理性處理讖緯問題的義例"各從其家而爲之說"就出自這裏。也就是說，注家信緯，我就用緯來疏通；注家不信緯，我就不用緯來疏通。《五經正義》中的注家，哪個信緯，哪個不信緯，孔穎達了若指掌。《尚書·舜典》孔疏："鄭玄篤信讖緯。"⑤《毛詩·大雅·生民》孔疏："鄭信讖緯。"⑥《尚書·大禹謨》孔疏："孔（安國）無讖緯之說。"⑦《毛詩·商頌·玄鳥》孔疏："毛氏不信讖緯。"⑧《左傳·桓公五年》孔疏云："鄭玄注書，多用讖緯。而先儒悉不然。故王肅作《聖證論》引群書以證之，言'郊則圜丘，圜丘即郊，天體唯一，安得有六天也'。晉武帝，王肅之外孫也。杜君身處晉朝，

---

① 李學勤主編《十三經註疏·周易正義》，第 13 頁。
② （漢）孔安國傳，（唐）孔穎達正義《尚書正義》，第 3 頁。
③ 顧頡剛《秦漢的方士與儒生》，上海：上海古籍出版社 2005 年版，第 8—9 頁。
④ 李學勤主編《十三經註疏·春秋左傳正義》，北京：北京大學出版社 2000 年版，第 553 頁。
⑤ （漢）孔安國傳，（唐）孔穎達正義《尚書正義》，第 79 頁。
⑥ （漢）毛亨傳，（漢）鄭玄箋，（唐）孔穎達疏《毛詩注疏》，第 1525 頁。
⑦ （漢）孔安國傳，（唐）孔穎達正義《尚書正義》，第 134 頁。
⑧ （漢）毛亨傳，（漢）鄭玄箋，（唐）孔穎達疏《毛詩注疏》，第 2128 頁。

真正讀懂、科學評價孔穎達《五經正義》的力作

共遵王説。"① 簡言之，在《五經正義》選定的注家中，信緯的只有鄭玄一人。王弼、孔安國、毛亨、杜預等人都不信緯。而《五經正義》中，鄭玄是最大的注家，《毛詩正義》的注家中有他，《禮記正義》的注家是他。

"各從其家而爲之説"舉例：

> 例一：《禮記·郊特牲》孔疏："既以郊祭名篇，先儒説郊，其義有二。案《聖證論》以天體無二，郊即圜丘，圜丘即郊。鄭氏以爲天有六天，丘郊各異。今具載鄭義，兼以王氏（王肅）難。鄭氏謂天有六天，天爲至極之尊，其體祇應是一，而鄭氏以爲六者，指其尊極清虛之體，其實是一；論其五時生育之功，其别有五，以五配一，故爲六天。……故《周禮·司服》云：'王祀昊天上帝則大裘而冕，祀五帝亦如之。'五帝若非天，何爲同服大裘？……又《春秋緯》……又云：'大微宫有五帝坐星，青帝曰靈威仰，赤帝曰赤熛怒，白帝曰白招拒，黑帝曰汁光紀，黄帝曰含樞紐。'是五帝與天帝六也。"②

> 例二：《左傳·桓公五年》："凡祀，啓蟄而郊。"杜預注："啓蟄，夏正建寅之月，祀天南郊。"孔疏云："鄭玄注書，多用讖緯，言天神有六。天有天皇大帝，又有五方之帝。《春秋緯文耀鉤》云：'太微宫有五帝坐星：蒼帝其名曰靈威仰，赤帝曰赤熛怒，黄帝曰含樞紐，白帝曰白招拒，黑帝曰汁光紀。'五德之帝謂此也。唯鄭玄立此爲義，而先儒悉不然。故王肅作《聖證論》引群書以證之，言'郊則圜丘，圜丘即郊，天體唯一，安得有六天也'。晉武帝，王肅之外孫也。杜君身處晉朝，共遵王説。《集解》、《釋例》，都不言有二天，此注直云'祀天南郊'，不言靈威仰，明與鄭異也。"③

按：上述《禮記正義》與《春秋左傳正義》論述的問題是共同的：天有幾天？郊與圜丘，是一還是二？王肅注、杜預注不信緯書，均認爲只有一天，郊與圜丘是一碼事。鄭玄則據緯書爲説，認爲天有六天，郊與圜丘是兩碼事。孔疏的作法是，在《禮記正義》中申鄭注，在《左傳正義》中申杜注，然則是"各從其家而爲之説"也。還有一個細節我們不要輕輕放過，就是《禮記正義》中的"今具載鄭義，兼以王氏（王肅）難"這句話。這也就是説，孔穎達在

---

① 李學勤主編《十三經註疏·春秋左傳正義》，第195頁。
② （漢）鄭玄注，（唐）孔穎達正義《禮記正義》，第1023—1024頁。
③ 李學勤主編《十三經註疏·春秋左傳正義》，第195頁。

《禮記正義》中申鄭注的同時,還要拉來鄭玄的對立面王肅對鄭注的駁難。其良苦用心,值得咀嚼。

或曰:《周易正義》《尚書正義》《春秋左傳正義》中的注家都不信緯,何以也有數量不等的讖緯之文呢?答曰:孔穎達乃以信緯的鄭注作爲反面教材也。呂書第三章第四節是《尚書正義》中被孔疏作爲反面教材使用的鄭玄注,舉了69個例子,有意者請自行參看,此不贅。

可以這樣説,由於有了"各從其家而爲之説"這條義例的設計,孔穎達把《五經正義》中的讖緯處理得妥妥帖帖,各得其所。遺憾的是,由於古今學者都不知道有這樣一條義例,所以孔穎達得到的回報是一片責難之聲。

先説歐陽修的責難。宋仁宗至和二年(1055)歐陽修給朝廷上了一道《論删去九經正義中讖緯劄子》,其略云:

> 唐太宗時,詔名儒撰定《九經》之疏,號爲《正義》,凡數百篇。然其所載既博,所擇不精,多引讖緯之書,以相雜亂,怪奇詭僻,所謂非聖之書,異乎《正義》之名也。臣欲乞特詔名儒學官,悉取《九經》之疏,删去讖緯之文,使學者不爲怪異之言惑亂,然後經義純一,無所駁雜,其用功至少,其爲益則多。伏望聖慈下臣之言,付外詳議,今取進止。①

歐陽修所説的"《九經》之疏",首先是《五經正義》,再加上《周禮疏》《儀禮疏》《公羊傳疏》《穀梁傳疏》。對於讖緯,歐陽修主張不分良莠,一律斬盡殺絶。這種激進的觀點,得到後世研究歐陽修的學者的一致喝彩,迄今不絶。求諸事實,孔穎達何嘗不知道"讖緯之書,怪奇詭僻"?我們只能説這是歐陽修在没有真正看懂《五經正義》的情況下的貿然發聲。歐陽修這道劄子幸虧没有被朝廷採納,否則,後果不堪設想。皮錫瑞《經學歷史》説:"歐陽修不信祥異,請删五經注疏所引讖緯,幸當時無從其説者。從其説,將使注疏無完書。"②

更多的學者則是也認爲讖緯並非不無可取,但對《五經正義》的忽而是鄭忽而非鄭這種"變臉"表示不解。姑以馬宗霍《中國經學史》爲代表,馬氏云:"讖緯之傳,其來已古。雖語多怪誕,而律曆之數,典禮之遺,六書之舊訓,秦火後或賴緯書以傳。取以釋經,亦非鉅失。至彼此互異(如祭感生帝之爲禘,鄭説也,《禮疏》是鄭而非王,《春秋疏》又是王而非鄭。七廟之制,

---

① (宋)歐陽修《歐陽修全集》第四册,北京:中華書局2001年版,第1707頁。
② (清)皮錫瑞《經學歷史》,第109頁。

《書疏》則申孔而難鄭,《王制疏》又尊鄭而陋孔。此類甚多)則又以所作非一人,所採非一書,體之大者裁難密,亦勢之無可如何者也。"① 馬氏歸因於"所作非一人,所採非一書",是顯然不知《五經正義》有"各從其家而爲之說"之例也。

至此,我們對《五經正義》的十二條義例檢視已畢。結論是:孔穎達《五經正義》中確實有此十二條義例。遺憾的是,其中的三條長期被誤解了,其中的九條長期不甚了了。在這種情況下,我們還能說真正讀懂了《五經正義》嗎?我們還能說對《五經正義》的評價是實事求是的嗎?總之,如果說孔穎達《五經正義》堪稱經學第一要籍,那麼吕書就是一部真正讀懂、科學評價孔穎達《五經正義》的力作,是《五經正義》問世1366年之後的難得之作,功德無量。謝謝吕友仁先生!

(作者單位:復旦大學出土文獻與古文字研究中心)

---

① 馬宗霍《中國經學史》,上海:上海書店1984年版,第100頁。

徵稿啓事

一、本集刊由北京大學《儒藏》編纂與研究中心主辦，北京大學出版社出版。暫擬每年出版一輯，每輯30萬字～40萬字，當年8月30日截稿。

二、本集刊爲學術刊物，旨在貫徹百家争鳴原則，提供學術園地，面向海内外學界徵稿。

三、本集刊徵稿範圍主要爲儒家典籍與儒家思想研究方面的成果，包括專人、專書、專題和文獻整理研究以及有關的學術動態。

四、本集刊來稿均由《儒家典籍與思想研究》集刊編輯部進行初審；初審通過的稿件，再請相關領域的兩位專家匿名評審；編委會根據評審意見，討論決定是否採用。結果於收稿後三個月内回復稿件作者。未經採用的稿件除手稿外，一般恕不退還。

五、本集刊已加入《中國學術期刊網絡出版總庫》及CNKI系列數據庫。本刊録用的稿件，將一律由編輯部統一納入上述數據庫，進入光盤和因特網提供信息服務。凡投寄本刊的稿件不作特别説明者，均視爲作者已經同意將本刊刊發後的論文編入該數據庫，本刊不再尋求作者授權。作者著作權使用費與本刊稿酬一次性給付。

六、本集刊編輯部對已採用的稿件，做必要的編輯加工，一般不逕做内容修改，如需修改，提出意見，與作者溝通。

七、來稿如涉及版權問題，由作者負責。

八、來稿請遵守本集刊所登《撰稿體例》的要求。

九、本集刊歡迎電子稿，來稿請同時詳細提供作者的通信地址、郵編、電話，以便聯繫。電子稿郵件主題或打印稿信封正面請寫明"集刊投稿"字樣。

十、本集刊出版後30日内，編輯部將向作者支付稿酬並寄贈樣書2册、抽印本5份。

十一、《儒家典籍與思想研究》集刊編輯部通信信息如下：

郵寄地址：北京市海淀區北京大學《儒藏》編纂與研究中心曹建收（郵編100871）

電話：86-10-62767810　傳真：86-10-62767811

E-mail：ruzang@pku.edu.cn

《儒家典籍與思想研究》編委會

撰稿體例

1. 手寫稿件需字體規範，工整清晰，繁體橫排；打印稿使用 A4 紙打印，繁體橫排，同時提供電子版；直接電郵投稿者，用 word 文件，繁體橫排。兩萬字以內爲宜，特殊稿件字數不限。稿件應提供三至五個關鍵詞及三百字以內的中文提要。
2. 作者姓名置於論文題目下，居中書寫。作者單位寫在文章末頁下端。
3. 使用新式標點符號。
4. 正文每段首行起首空二格；文中獨立段落的引文，首行另起空四格，回行空二格排齊。獨立段落的引文其首尾不必加引號。
5. 凡帝王年號或干支紀年，須附圓括號注明公元紀年，其首不必出"公元"二字，其末不必出"年"，例如：漢武帝元狩二年（前 121）。
6. 所有圖表必須清晰，並標明編號，例如：圖一、圖二或表一、表二；同時須在正文第一次提及時隨即列出，或注明圖表編號，如：（見圖一）、（見圖二）或（見表一）、（見表二）。圖内（表内）文字也用繁體。
7. 注釋採用當頁腳注的形式，注釋號碼用阿拉伯數字加圈表示，如①、②……正文中的注釋號碼，凡注各句者，置於各句標點符號之前；凡注引文者，如引文爲完整段落則置於引文的句號、下引號之後，如引文爲節引則置於下引號之後，句號或逗號之前。
8. 文中數字原則上使用漢字數字表示，阿拉伯數字僅限於公元年代和現代形式出版物的頁碼。
9. 各章節或内容層次的序號，一般依一、（一）、1、（1）……等順序表示。
10. 著作引文出處除常見古籍可以在引文後用圓括號括注書名篇名以外，一律用腳註注明。行文格式如下：
    (1) 引用古籍，應標明著者朝代、著者姓名、書名、卷次、卷内頁碼、版本。例：
    （漢）毛亨、鄭玄注，（唐）孔穎達疏《毛詩注疏》卷三之二，第二頁，清嘉慶二十年南昌府學刻道光六年修補重印本。
    （清）王夫之《唐詩評選》卷二，第二十三頁，民國間《船山遺書》本。
    (2) 引用專著及新版古籍，應標明著者（清代及以前者加注朝代，朝代名用圓括號括注；國外者加注國別，國別用方括號括注）、書名（屬於叢書者再標明叢書書名，西文書名用斜體）、章節或卷次、出版地、出版者及版次年代、頁碼。例：

朱自清《詩言志辨·賦詩言志》，《朱自清全集》第六册，南京：江蘇教育出版社1990年版，第144頁。

任繼愈主編《中國佛教史》第三卷第一章第二節，北京：中國社會科學出版社1988年版，第22—25頁。

王叔岷《古籍虚字廣義》，北京：中華書局2007年版，第430頁。

（明）胡震亨《唐音癸籤》卷四，上海：上海古籍出版社1981年版，第29頁。

［德］加達默爾《真理與方法》，洪漢鼎譯，上海：上海譯文出版社1999年版，第231頁。

Joseph Needham, Science and Civilization in China, VolumeII, Cambridge: Cambridge University Press, 1956, pp. 10-13.

11. 引用專業期刊論文，除著者、論文名（西文論文名加雙引號）外，還應標明期刊名、年代卷次（輯刊或集刊一類出版物標出版地、出版者及版次年代）、頁碼。引用專著篇名仿此。例：

聞一多《東皇太一考》，《文學遺產》1980年第1期，第3頁。

張岱年《中國古代哲學中關於德力、剛柔的論争》，《國學研究》第一卷，北京：北京大學出版社1993年版，第3頁。

12. 引用報章論文，除著者、論文名外，還應標明報章名、發行日期和版面。例：

錢仲聯《清詩簡論》，《光明日報》1983年12月27日，第3版。

13. 爲避免繁複，再次徵引同一文獻時可略去出版者和年代，只注出作者、書名篇名、頁碼。